U0601384

国家社科基金一般项目

"抗战时期国民政府田赋征实制度研究"(11BZS045)

宝鸡文理学院优秀学术著作出版资助项目

抗战时期国民政府田赋征实制度研究

郝银侠 著

中华书局

图书在版编目(CIP)数据

抗战时期国民政府田赋征实制度研究/郝银侠著. —北京：
中华书局,2022.9
ISBN 978-7-101-15465-8

Ⅰ.抗…　Ⅱ.郝…　Ⅲ.土地税–赋税制度–研究–中国–民国
Ⅳ.F812.96

中国版本图书馆 CIP 数据核字(2021)第 246091 号

书　　名	抗战时期国民政府田赋征实制度研究
著　　者	郝银侠
责任编辑	高　天
责任印制	陈丽娜
出版发行	中华书局
	(北京市丰台区太平桥西里38号　100073)
	http://www.zhbc.com.cn
	E-mail:zhbc@zhbc.com.cn
印　　刷	三河市中晟雅豪印务有限公司
版　　次	2022 年 9 月第 1 版
	2022 年 9 月第 1 次印刷
规　　格	开本/920×1250 毫米　1/32
	印张 15⅛　插页 2　字数 400 千字
国际书号	ISBN 978-7-101-15465-8
定　　价	98.00 元

目 录

序

　　十多年前，郝银侠考到我校攻读中国近代史专业的博士生时，已是一位年过 35 岁的妈妈，不仅家中有正在读小学的女儿，有年迈的父母，还是一所高校的教师，还要承担一定的本科教学任务，一个人同时承担着这么多的角色，其压力之大是可想而知的。

　　进入博士学习以后，除了上若干专业课程和读书以外，最重要的是确定学位论文的选题。除少数原来就有明确研究课题的博士生以外，多数博士生都认为这是个异常痛苦的过程，常常会因此而寝食难安，郝银侠也是如此。她天天泡在资料室、图书馆里，翻阅报刊资料，查阅学术动态，反复思考比较。当时近代史所资料室有一套《粮政史料》，主要是民国时期国家的粮食政策、机构、相关制度等资料的汇集。郝银侠翻阅以后，产生了兴趣，在调查了这一领域学术研究状况以后，决定以民国时期的粮政作为自己的研究方向。当时我的研究重点是晚清政治，对民国史不太熟悉，但还是支持她做这方面的研究，主要原因就是对她做这个选题有信心。在平常的交流中，我感到她的学习能力强，肯下功夫，非常勤奋，有这些基本素质，定能很好地开展学术研究并取得成果。

　　果不其然，郝银侠很快进入学位论文的资料调查和收集工作之中。她抓紧分分秒秒，查阅民国时期的报刊和相关书籍。特别是博二期间，她到南京中国第二历史档案馆查阅资料。当时二档的大部分资料还没有数字化，每天要在一包包的原始档案中一页页翻检，其中只有很少一部分被允许复印、拍照，大部分要手抄，其中的甘苦只有自己知道。就这样,她差不多花了两个月的时间,抱回了一大沓资料,为博士论文的研究打下了坚实的基础。她也知道,"民国时期的粮政"是一个很大的题目,必须在查阅资料的过程中选择一个具体的、并适合做专题研究的问题,方才能做博士论文的选题。正是在这个过程中,她最终确定以"抗战时期国民政府田赋征实制度"作为博士论文研究的选题。

一般在职读博士学位者,常常要延长至五六年甚至七八年方才能完成论文和参加答辩,但郝银侠却在如此多种角色扮演之下,仅用三年时间,就写出了30多万字的博士论文,并由于材料翔实、叙述清晰、有论有据而得到答辩委员会老师的好评。

博士毕业以后,她一直延续着自己的研究,为此还申报了一项国家社科基金项目。在项目经费的支持下,她再赴南京二档,还得到赴台湾"国史馆"、台湾"中央研究院"近代史研究所查阅资料的机会。资料的丰富,使她对研究课题的认识进一步深入,并得以对论文进行进一步的修改和补充,终于完成了这部著作。

正如作者在绪论中所介绍的:"田赋征实制度是抗战时期国民政府在面临粮食问题和财政危机的背景下,于国统区普遍实行的一项重要制度,是抗战中后期国民政府获取粮食的最重要来源。"作为一项对抗战时期国民政府田赋征实制度进行专门研究的著作,该书提出并探究了如下几个主要问题:

第一,探讨了田赋征实的艰难出台过程。田赋征实从酝酿到正式出台,前后长达一年多时间,并经历了从个别省先行,到正式成为中央决策的过程。作者对此进行了较为细致的分析,一方面说明"调剂军粮民食,平均人民负担"是国民政府实行田赋征实的原因;同时也说明:在抗战特殊的条件下,此项决策是适应战争形势需要并促进抗战事业之举。

第二,探讨了田赋征实各项制度及其运行情况。田赋征实的推行有赖于一整套制度的建设,关于此,一般抗战史研究著作皆语焉不详。作者依据大量的档案史料,分门别类叙述田赋征实机构之变迁,征收、缴纳、验收、储运、配拨之过程,以及奖惩、宣传、督导之保障措施,还有相关的粮食库券、棉田征棉等制度。通过这些考察,使我们对田赋征实制度的运作有了具体和深入的了解,也有助于对其做出客观公正的评价。值得注意的是,作者并不是静态叙述这些制度,而是注意考察它们的实践过程,考察它们在运行中各自的调整与相互间的互动关系,从而说明,制度的制定和实施之间是有偏差的,而且愈往后,偏差不断扩大,从而也带来田赋征实收益的不断下降。

第三,实事求是地分析总结田赋征实的绩效。作者通过档案材料和时人评价说明,田赋征实取得的最大成效是极大地保障了粮食供应体系的基本畅通,成为抗战胜利的重要经济基础之一。但实施中因各省征率不同而导致税负不公,因比例税制有利于地主而不利于中小自耕农,从而招致广大农民不满。加上征收、仓储、运输、加工、配拨等各个环节贪污舞弊丛生,国民政府并未对各种弊端进行有力的革除,最终导致田赋征实越到后期弊端越多,成效日益减弱。

总之,在抗日战争史研究中,田赋征实是一个绕不开的话题,它是战争状态下采取的特殊的经济措施,也反映了战争状态下特殊的经济规律。通过对它的研究,将有助于深化对国民党统治时期的政治和经济制度的认识,有助于推动抗日战争史研究的深入。当然,郝银侠的这部著作仍然有其不足,该书虽然是从制度史方面展开研究的,但要深入论证和说明问题,又需要经济学的统计和分析方法,方才能得出更为确切的结论。该书虽然在这方面做了不少努力,但仍然不够充分和完整。我们期待作者在今后的研究中能够不断前行,取得更好更大的成绩。

刘 伟

2020 年 5 月于武昌桂子山

绪　论

　　"国以民为本,民以食为天,苟无食,何有民? 苟无民,何有国?"此语道出了粮食之于人民、国家的重要性。在以农为主的中国,尤在中华民族抗日殊死决战的大背景下,粮食更凸显其重要性。抗战时期,粮食问题能否合理解决,直接决定战争的胜负成败。诚如蒋介石所言:"粮食与土地,实为(战时)中国财政两大基石。"粮政、役政并称国民政府抗战的两大基石,足证粮政对抗战之重要性。田赋征实制度是抗战时期国民政府在面临粮食问题和财政危机的背景下,于国统区普遍实行的一项重要制度,是抗战中后期国民政府获取粮食的最重要来源,也是其粮政的最核心举措。田赋征实自1941年下半年开始施行,一直到1945年抗战胜利,甚至延续到1949年国民党政权失败之时,前后运行九年,其中抗战时期运行了五年。目前学术界对抗战时期国民政府田赋征实制度的关注相对薄弱,然不能因此即怀疑该研究的学术价值和现实意义。

一、选题缘起

　　中国系一个以农为主的国家,农民约占人口的80%,因之,农民、农业、土地在中国地位特殊。作为政府重要收入的土地税(即田赋)尤其重要,上关国家财政,下关农民负担,围绕土地所发生的问题,有时甚或决定国家的命运。中国历史上的农民战争多因争夺土地而爆发,故农民、土地与粮食三大问题,是中国历朝历代统治者都必须首先解决的要政。国民政府统治时期,针对日益严重的土地问题,也曾力谋解决,包括整理田赋册籍、进行土地陈报、限制田赋附加、规定最高租率、加强田赋推收、征收契税和地价税等,其主旨是减轻农民负担,获得农民对国民党政权的认同和拥护。但是,因国民政府始终不愿得罪大土地所有者,施行彻底的土地政策和合理的田赋赋税,导致大量农民没有土地耕种,田赋负担太重,最终导致农民对其政权的背离。国民党政权在抗战胜利后不几年即崩溃,和其对土地、田赋问题解决无力有很大关系。自古"得民心者得天下",在农民占人口多数的中国,亦可言"得农民心者得天下"。因而,对农民特别关心的土地及相关问题的探讨就显得非常重要,本书正是基于此种考虑。

有效的制度是一个政权存在的强有力保障。制度是人为设计的构造政治、经济、社会之间相互关系的一系列约束,它由正式的宪法、法律、规章制度和非正式的意识形态、价值观念、风俗习惯等组成,包括正式制度(有形制度)、非正式制度(无形制度)。在一定的历史条件下,二者可以互相转化,制度在执行与转化过程中的碰撞与不适会导致制度不断地改进和变迁,人类的交易行为正是在正式和非正式制度的安排约束下进行的。不同的制度安排与制度结构对主体行为的影响不同,从而对社会绩效的影响也不相同。因社会绩效与制度的密切关系,要提高效率,就必须改变制度,即制度的变迁问题。

国民政府时期,既制定了一系列新制度,又继承了北洋政府甚至清政府时期的一些旧制度,这些制度对中国产生了深远影响。故对国民政府制定的大量制度的研究,将有助于今人更好地分析其失败的原因,对现今中国也有很好的借鉴作用。国民政府相关制度的有效运行,是其在政治、军事、经济、文化等领域取得进展的基础,同时亦为人们提供了在一定范围、方式下与政府合作的自由。此种自由合作所带来的经济效益,反过来又形成人们对制度的强大支持,从而使制度寻到了存在下去的土壤。而制度设计的偏差与制度执行中的人为因素(即非正式制度),以及制度的制订者、执行者与接受者在追求福利与效用最大化利益中的矛盾,导致了制度运行中的报酬递减,当人们在制度中得不到应有的利益时,便会产生对制度的冷漠以至厌恶。此时如果统治者依然不对不合时宜的制度进行变革的话,将是民众对其政权背离之时的到来。国民政府之短命,和此不无关联。鉴于制度对社会变迁的重要性,故探讨历史,梳理清楚过去的制度变迁道路,才有可能制定出有效率的制度,打破低效率、不均衡的制度,实现富有效绩的制度变迁①。这是本书选题的第二个考虑。

抗日战争是中国历史的一个伟大转折点,国民政府又是当时国际上唯一代表中国的合法政府,其一举一动对战争影响巨大。战争不仅是中日双方军事实力的大比拼,更是经济实力的大较量。田赋征实是国民政府经济政策的重要内容,对国民政府而言,既是一项新政,亦是战时于经济领域实行的一项较具成效的制度,对解决粮食问题和缓解财政危机,尤其是粮食问题,贡献巨大,堪称抗战中后期政府财政收入的中坚。因之,研究田赋征实制度,对抗战时期经济与财政的研究是无法回避的一个重大学术问题;以田赋为核心的粮政是国家经济生活中的热点与焦点问题,对它的研究,是全面认识国民政府和抗日战争必不可少的一个组成部分,因而也是研究抗战时期国民政府历史的学者们无法回避的课题;田赋征实与抗战时期的农民、农村、农业、土地、粮食等关系密切且相互渗透,研究它,对于深化和丰富抗战史与国民政府的研究,进而对于分析国民党在大陆失败的主因等,均具有十分重要的学术价值。它非常重要,学术界研究又很不足,所以研究它,是深入认识国民政府田赋征实和粮政、抗战历史的重要窗口。这是本书的第三个考虑。

―――――――――――

① 吕爱权:《中国制度变迁的"路径依赖"探析》,《山东大学学报》(哲学社会科学版)2003年第1期。

目前农民以及和农民密切相关的土地、粮食、农业、农村等问题，依然是我国亟待解决的要政。为了促进粮食生产、保护粮食综合生产能力、调动农民种粮的积极性和增加农民收入，从 2004 年起，国家实施粮食直接补贴政策①。对农民而言，更大的惊喜则是我国政府宣布从 2006 年起，废除他们自古以来种地缴纳的农业税，这是中国历朝历代政府没有做到的。农民问题是政府必须解决的问题，更是广大农民的迫切要求。研究抗战时期国民政府的田赋征实制度，从中总结经验教训，对我国的经济建设，尤其是三农问题，有着十分重要的理论和现实意义。这是本书的第四个考虑。

本书研究对象为田赋、土地和粮食。田赋是一种收益税，以土地纯收入为税源，而课于土地永续收益之租税。田赋征实是将田赋由征收货币改为征收实物粮食、棉花；是我国田赋史上的一次重大变革；是国民政府在当时环境下的必然选择，亦为支持中后期抗战的强大物质基础。研究它，是深入了解和认识田赋制度，乃至抗战时期国民政府经济、政治、社会、抗日战争的一条重要路径。

本书力图通过对田赋征实制度出台背景与历程、实施过程、实施效果、存在问题等的探讨，特别是各项子制度的详细剖析，试图揭示它们与抗战、国民党政权、社会各阶层之间的互动关系，尽力展现历史原貌，进而为现今社会提供些许借鉴。

二、学术回顾

对抗战时期国民政府田赋征实制度的研究，大致分为三个时期，即 20 世纪 40 年代、中华人民共和国成立直到 20 世纪 80 年代以前、20 世纪 80 年代直到现在。相对有两个高潮，20 世纪 40 年代为第一

──────────

① 实为惠农政策，即国家财政按一定的补贴标准和粮食实际种植面积，对农民直接给予补贴。

个高潮,20世纪80年代直到现在为第二个高潮。

（一）20世纪40年代

最早研究田赋征实的成果出现于田赋征实实施期间。抗战时期,因粮价暴涨,军队、公教人员、市民粮食均出现问题,特别是军粮购办艰难和公教人员生活入不敷出,严重影响部队的作战力与政府行政教育机关的正常运转。为解决军队、公教人员、一般民众的粮食供应问题,国民政府决定实施田赋征实。田赋征实施行后,政府（如掌理财政者）和各阶层人士（如学者专家）对之广泛关注,出现了一批相关论著,形成了对田赋征实制度研究的第一个高潮。

国民政府财政部秘书宋同福《田赋征实概论》（中央银行经济研究处1942年版）一书,是田赋征实后出版较早的一部著作,对抗战时期田赋征实制度做了极为详细的介绍研究。内容包括田赋征实背景、理论、作用、决策、中央田赋征实前各省田赋征实及米折办法、实施概况、问题总检讨等,书末附有田赋征实各项法令,按中央、地方归类,尤为研究田赋征实的珍贵史料。全书编制体例严谨,内容丰富,有关田赋征实问题无不详细讨论研究。其中对各省实施米折办法的批评颇有见地;对初期征实法令章则的阐释颇有参考意义。不足之处:第一,阐述各省田赋征实概况中,仅四川、湖南两省较详,其他各省均较简略。第二,前后行文稍有重复之处。第三,对其问题如困难、缺点、弊端等极少论述,或一笔带过,具体批判、建议几乎无,分量明显不足。但总体上,该书仍不失为后人研究田赋征实的"一部具有参考价值的历史文献"①。

陈友三、陈思德编著《田赋征实制度》（正中书局1945年版）一

---

① 《田赋征实概论》出版后,时人评价颇高,认为该书具有"专著的价值,在今后中国财政史中实为一部具有参考价值的历史文献"（许廷星:《评〈田赋征实概论〉》,《财政评论》第10卷第4期,1943年）。

书,探讨了田赋征实的缘起、经过、成效与问题,特别是对各项子制度的论述,尤可供后人借鉴。对田赋征实的评价也较客观,认为田赋征实是成功的,但技术问题需要改善之处尚多。可惜仅在列举各项子制度的内容(即便如此,对较重要的运输、配拨等子制度却只字未提),其实就是田赋征实法令的一个简要汇编,对其运行情况缺乏详细分析。更可惜的是篇幅过短(全书仅 111 页),内容又涉及方方面面,读者读后有过于粗略之感。总体而言,该书既是对田赋征实的学术研究,又是后人研究该问题的珍贵资料。

关吉玉、刘国明编纂《田赋会要》第四、五篇《国民政府田赋实况》(正中书局 1944 年版)一书,论述了国民政府接管田赋之经过、1941年田赋征实各省概况、1942 年田赋征实中央的计划等。特别是对田赋征实第一年实况的详细介绍,为后人认识、研究田赋征实的真实面貌提供了重要的史料依据,也在一定程度上填补了《田赋征实概论》《田赋征实制度》两书之不足。缺陷在对以后各年田赋征实实况缺乏介绍,同时对 1941 年各省的论述亦有些空洞。

彭雨新、陈友三、陈思德《川省田赋征实负担研究》(商务印书馆1943 年版)一书,对四川各县清代、民国时期(田赋征实之前)田赋税率(包括正附税)做了详细分析,着力探析了田赋征实后各个阶层粮户的田赋负担,并将田赋征实前后粮户的负担进行了比较研究,堪称研究田赋征实下粮户税负的一部开拓性著作。唯仅限于四川,对其他省则没有涉及。

陈明鉴编《田赋改征实物论集》(福建省银行经济研究室 1941年)一书,分上下篇,上篇为 15 篇论文,搜集了 15 位时人对国民政府田赋改征实物的不同看法,是研究田赋征实制度出台前后时人认识的珍贵资料。下篇收集了田赋征实的相关法规,特别是中央实施田赋征实之前浙江、福建两省相关田赋征实法规,为研究早期浙江、福建田赋征实的重要史料。因成书于 1941 年 7 月,故对田赋征实实施后各家的反应没有论及。

此外,还有郭垣《战时整理田赋问题》(国民图书出版社 1942 年版)、关吉玉《田赋·土地陈报·土地税》(中国文化服务社 1943 年版)、朱博能《中国田赋改造》(中华正气出版社 1942 年版)等等著作。

这一时期,研究田赋征实的论文亦不少,尤以国立武汉大学本科生的毕业论文为代表,如朱兰卿《田赋改征实物问题》(1941 年)、罗警华《论田赋征实》(1941 年)、梁德智《田赋征实论》(1942 年)、杨泽浓《田赋征实论》(1944 年)等。这些论文对田赋征实的起因、过程、作用做了简单梳理,因写作时田赋征实刚开始施行或施行不久,对其不可能进行详细分析,但他们的见解对今人的研究仍具有一定的参考价值。这一时期,刊登在各种报刊上的大量田赋、粮政方面的小论文,亦为今人探讨田赋征实提供了丰富的史料。财政部、粮食部编印的《田赋通讯》《粮政月刊》《粮政季刊》《粮食问题》与报刊对田赋征实的宣传、介绍,亦是今人研究该制度的珍贵资料。

抗战时期,因国民政府田赋征实制度尚处于实施阶段,研究成果数量虽不少,但从内容上看,大多为资料性著作,从政治上做宣传者多,学术性强者少。从出版时间言,大多集中在对 1941、1942 年田赋征实的研究,对后几年研究的成果数量不多。从篇幅观之,大多篇幅较小,缺乏对田赋征实的详细梳理与分析。从评价看,受当时历史环境影响,多为其唱赞歌,也有少部成果指出其弊端和不足,但往往是一笔带过(肯定者多,否定者少)。诚然,要求前人对正处于运行中的制度做全面、客观的研究似有些苛求。虽前人研究有诸多不足,但作为制度的见证人,有些甚至参与了制度的制定和实施,在当时的历史语境中留下的史料是异常珍贵的,为今人研究做了史料的准备工作与研究的铺垫工作。

(二)中华人民共和国成立至 20 世纪 80 年代以前

中华人民共和国成立至 20 世纪 80 年代,国内方面研究田赋征

实的成果极少。受当时国内政治、意识形态制约,研究很难深入,且
保留着诸多政治性大批判的痕迹。对田赋征实偏重于揭露其负面,
而对其对抗战的积极作用明显认识不足,认为"田赋征实是四大家族
通过国家政权向农民收取地租的一部分,是一种封建性的对农民、农
村的暴力掠夺"①。

　　这一时期,研究田赋征实制度的代表作是朱玉湘《抗日战争时期国
民党政府的田赋征实与粮食征购》一文,分析了田赋征实的主要原因、
制度及其主要特点、实质与作用。指出田赋征实是旧中国田赋制度史
上形式、方法上的重大变化,是同当时的政治、经济、社会条件密切联系
着的,它使国民党政府掌握了大量粮食,一定程度上解决了财政、粮食
恐慌。但是,受国内政治气候氛围影响,基本上对田赋征实持否定态
度。认为田赋征实是粮食独占政策,是中国田赋制度史上最丑恶的篇
章之一,是暴力掠夺和政治欺骗,是国民党政府财政"管制独占"政策的
具体措施,是国民党反共反人民经费的来源之一,是促使广大劳动人民
破产和"四大家族"及其走狗发财致富的工具,是促使国民党统治区农
业生产萎缩与农村经济破产的政策。朱之观点意识形态色彩非常浓厚
(当时人对国民政府大多持否定态度),认为国民党政府"就是在这种反
人民的思想基础之上,假借抗战的非常时期,实行财政与粮食'管制独
占'的政策来进一步膨胀四大家族垄断资本势力的"②。只看到其缺
陷,未看到成效,但对田赋征实下农民负担问题的独到见解却值得
学习。

　　毛泽东指出:国民政府田赋征实是"不顾人民困难,只顾政府和

①黄逸平:《民国经济史研究述评》,曾景忠编:《中华民国史研究述略》,中国社会
　科学出版社1992年版,第21页。
②朱玉湘:《抗日战争时期国民党政府的田赋征实与粮食征购》,《山东大学学报》
　(历史版)1963年第1期。

军队的需要,竭泽而渔,诛求无已。这是国民党的思想"①。

(三)20 世纪 80 年代至现在

20 世纪 80 年代至现在,随着政治空气的自由,学术上亦出现了百花齐放的局面,对田赋征实的研究亦较客观翔实,相对第二阶段,研究成果明显增多。但迄今为止,大陆方面尚无专著问世,仅仅是在一些经济、财政、通史论著中有所涉及,但往往语焉不详,或是局限于田赋征实某一领域的探究。成果大多是论文,因论文篇幅有限,研究大多侧重于田赋征实某一方面,全面系统论述田赋征实的论文尚无。

"抗日战争时期国民政府财政经济战略措施研究"课题组编著《抗日战争时期国民政府财政经济战略措施研究》(西南财经大学出版社 1988 年版)一书,堪称整体性较详细研究田赋征实制度少有的著作。该书运用大量史料,包括中国第二历史档案馆的田赋、粮政类档案,探讨了田赋征实的背景、出台、实施中的变迁、作用、弊端、征实后土地所有者的负担等,其中对田赋征实积极性与弊端的分析颇具价值。认为田赋征实是抗战条件下,解决国家财政、经济困难,保证军粮民食供应的最可靠、最有利的一大财政措施,战略意义重大,应充分肯定,弊端是未能认真做到公平合理。在战争环境下,其形式是落后、倒退的,实质上是进步的②。缺陷在于该书主旨是研究抗战时期国民政府的财政经济,故田赋征实仅是其中的一章(仅 47 页),又要面面俱到,似稍显简略。

王洪峻编著《抗战时期国统区的粮食价格》(四川省社会科学院出版社 1985 年版)一书,是迄今为止今人研究抗战时期国民政府粮

---

① 毛泽东:《抗日时期的经济问题和财政问题》,《毛泽东选集》(第三卷),人民出版社 1991 年版,第 894 页。

② "抗日战争时期国民政府财政经济战略措施研究"课题组编著:《抗日战争时期国民政府财政经济战略措施研究》,西南财经大学出版社 1988 年版,第 71 页。

价的一部开拓性专著。该书虽以粮价为研究主题，但亦涉及田赋征实，唯过于简略。且其中有些观点与提法值得商榷，如对田赋征实的评价，更多谈及弊端，对其成效言之甚少；再如称国民党统治为反动统治等。

杨荫溥《民国财政史》（中国财政经济出版社 1985 年版）一书，主要从财政角度分析了抗战时期国民政府田赋征实之概况，系统阐述了田赋征实对国家财政的挹注作用，并论及田赋征实后农民的负担，是一部颇具鲜明时代特征的论著。其中许多观点与提法值得推敲，如认为田赋征实是国民政府向广大农民的残酷实物大掠夺等，充分暴露了其反人民性的一面。

中华人民共和国财政部《中国农民负担史》编辑委员会编著《中国农民负担史》（第二卷）（中国财政经济出版社 1994 年版）一书，对田赋征实后自耕农与佃农税负进行了分析，并探讨了田赋征实与土地之间的互动关系。

郝银侠《社会变动中的制度变迁：抗战时期国民政府粮政研究》（中国社会科学出版社 2013 年版）一书，从实施背景、出台历程、实施过程、成效、弊失五个方面梳理了田赋征实制度，认为田赋征实在战时贡献巨大，但其弊失亦不容忽视。唯该书研究核心是粮政，粮政包括内容很多，田赋征实仅为其中一章内容，故不可能对之详细展开论述。

这一时期专门研究田赋征实的论文有 20 余篇（因较多故未列，参考文献中列），这些论文或因受篇幅限制，或因史料欠缺等原因，有的偏重于个别省份（如四川、陕西、山西、西康、安徽、福建、广西、云南、贵州、湖南、河南，其他省则无），有的从总体上阐述、评价田赋征实，虽对理解、研究田赋征实有一定的参考价值，但无法从总体上详细展现田赋征实原貌，对田赋征实出台、实施经过、效果缺乏详细分析，尤其对田赋征实中征收、缴纳、验收、宣传、督导、仓储、运输、配拨等问题鲜有关注，研究范围有待拓宽。

　　台湾方面,研究田赋征实的成果为数不多,而对田赋征实的评价则普遍较高。尹静夫《中国粮政》〔(台北)四川文献社1980年版〕一书,是目前台湾仅见出版的有关抗战时期国民政府粮政的研究专著。该书主要梳理了粮食部时期的相关粮政措置,包括田赋征实,唯史料成分居多,评价较少。

　　侯坤宏硕士论文《抗战时期粮食供求问题之研究》(台湾政治大学硕士论文1988年)[①],探讨了田赋征实的由来、实施概况、困难、流弊与效果等,认为田赋征实制度是成功的,实为我国抗战胜利之基础,但手续繁重、浪费,容易引起种种弊端,制度本身也太笨重,只宜于非常时期。论文史料丰富,为以后学者研究田赋征实奠定了良好基础。

　　台湾政治大学经济学系教授陆民仁《抗战时期田赋征实制度:实施与评估》一文,引用大量史料,梳理了田赋征实实施原因、经过与有关办法、成果、评价等,对田赋征实评价颇高。文章认为,如未实施田赋征实,则战后恶性通货膨胀的现象,在战时已经发生,战争是否能支持到最后胜利也成问题。就制度本身而言,并未过分加重农民与地主的负担,却增加了政府实质收入,解决了军队粮食及公教人员粮食配给问题。农民、地主对该制度的不满主要来自效率低的行政手段及税务人员的素质低下,与制度本身并无直接关系,应就经济特性、时代背景、战争需求,来判断田赋征实对抗战的贡献。田赋征实虽是战时的权宜之计,却支持了后期抗战,当是不容抹杀的事实[②]。

①侯坤宏硕士论文2015年由团结出版社出版,书名略有改动,内容与硕士论文基本相同,唯增加了附录,附录中有《抗战后期四川省田赋征实政策之研究》一文,对四川田赋征实的研究颇有见地。侯坤宏:《抗日战争时期粮食供求问题研究》,团结出版社2015年版。

②(台北)《"中华民国"历史与文化讨论集》编辑委员会编辑:《"中华民国"历史与文化讨论集》(第四册),(台北)正中书局1984年版,第222页。

类似的评价还有蒋永敬《孔祥熙与战时财政——法币政策与田赋征实》[①]一文。

　　国外的研究成果更少，评价亦不高。曾长期任国民政府财政顾问的美国人杨格认为：田赋征实"就财政措施言，这是支应战费支出必不可少的方法，对政府财政有所贡献。但由于执行上的技术问题，使人民对政府产生反感"[②]。美国著名历史学家易劳逸从技术上的各种缺失的角度，认为田赋征实激起农民反感，降低了国民政府的威望。易劳逸甚至对田赋征实对军需的供应、通货的收缩以及对抗战的贡献，均持怀疑态度，认为只是"官方"或"很常见"的说法[③]。银行家、实业家、长期居住美国的张嘉璈认为，田赋征实大体上解决了军粮供应问题，但对个别农民有所伤害，因此其长期的政治及社会影响超过其能为军队提供廉价粮食的短期利益[④]。

　　无论是中国台湾学者，还是国外学者，仅仅是对田赋征实的结论式评价，而对其间的具体运作、制度产生的效果以及动因缺乏详细梳理与论述。

　　从上述研究成果可以看出，近些年来不少学者对田赋征实予以关注，学者们对田赋征实实施的原因、机构、过程、效果等均进行了一定的梳理、探讨，为后人研究奠定了一定的基础。可是，目前学术界

---

① 蒋永敬：《孔祥熙与战时财政——法币政策与田赋征实》，秦孝仪主编：《革命文献》第 117 辑：《田赋征实》（四），（台北）"中央"文物供应社 1989 年版，第 352－375 页。

② A. N. Young, *China's Wartime Finance and Inflation*, 1937-1950, p. 26.

③（美）易劳逸：《农民、农税与国民政府（1937－1945）》，（台北）《"中华民国"建国史讨论集》编委会辑：《"中华民国"建国史讨论集》（第四册），（台北）正中书局 1981 年版，第 264－265 页。

④ Chang Kai Ngau, *The Inflationary Spiral*, *The Experience in China* 1939-1950, p. 144.

对田赋征实制度的研究仍有诸多不足之处,全面系统深刻的研究尚无,总的评价亦有待商榷①。主要不足有:

其一,对田赋征实实施背景研究不深。仅仅停留于从总体上探讨国统区的粮食和财政问题,两者究竟严重到什么程度,缺乏深入研究。特别是对抗战初期国民政府的粮政研究薄弱,历史具有传承性,不了解抗战初期的粮政,何以研究中后期的粮政?对孙中山的粮食国营理论及在抗战时期的发展、实践的研究,尚属空白。

其二,对初期山西、福建、浙江、陕西等省田赋征实与折征办法关注较少。其成果多见于评价田赋征实的小论文中,内容过简,难窥全貌。从初期各省田赋征实对之后中央田赋征实制度出台的促进作用上观之,确属学术界亟待加强研究的问题。

其三,对田赋征实艰难出台过程探讨明显欠缺。田赋征实从酝酿至出台,前后长达一年多。在出台过程中,中央、地方、社会各阶层对之反应如何,对制度出台产生了何种影响?因田赋征实之于抗战的突出贡献,探讨他们在其间的作为是至关重要的,亦是加深研究田赋征实的一条重要路径。

其四,对田赋征实各项子制度及其运行情况缺乏详细论证。如田赋征实机构之变迁、征收、缴纳、验收、储运、配拨、奖惩、宣传、督导、粮食库券、棉田征棉等制度,研究薄弱,多为空白,实系该问题研

---

① 目前学术界对田赋征实评价差别甚大。一种观点认为田赋征实是四大家族掠夺、搜刮农民粮食的一种暴政,对该制度基本持否定态度,20世纪80—90年代持此论者尤多。田赋征实是"国民党政府掠夺人民粮食和其他物资的措施"(《辞海》编辑委员会编:《辞海　经济分册》,上海辞书出版社1980年版,第215页)。另一种观点认为该制度是战争环境下的非常之举,对保障军公民粮、增强财政、稳定金融、评定物价都发挥了实际效益,对抗战作用不小。对田赋征实的评价较客观理性,20世纪90年代迄今持此论点者居多。近年来对其评价有拔高的倾向。

究的最薄弱环节,亟须开发。它们是田赋征实制度的必不可少的组成部分,不详细考察这些,就不可能深入研究田赋征实制度,更不可能对其做出客观公正的评价。

其五,对田赋征实作用研究不细不深。概括研究者多,细致深入研究者少,缺乏翔实的资料佐证和分析。如田赋征实绩效,田赋征实与财政、粮价、粮食供应等的关系,田赋征实后粮户的税负等问题。此种状态与田赋征实在抗战时期的重大作用相较,无疑是田赋和抗战史研究中的一大憾事!

此外,对田赋征实中重要人物和相关群体、1941年度以后各年度各省田赋征实实施情况等之研究,亦显不足。换言之,现有之研究,多为概括性,少有区域性、微观性研究,且留有大量的空白领域,此与抗战时期田赋的重要性是极不相称的,因此,学术界还需进一步全面深入地研究和认识这一学术问题。鉴于此,本书利用丰富的档案、报刊、时人论著等史料,对田赋征实背景、出台、各项子制度、作用(包括积极与消极作用)等进行了较详细的梳理,争取对田赋粮食史、抗战史的研究有些许贡献。

三、研究方法和研究要点

本书以"田赋征实"为研究基点,以"抗战"为背景,研究这一时期中国田赋的变迁过程,拟从这一角度揭示抗战时期中国社会、财政、经济、政治等的深层次变化。

(一)研究方法

本书采用历史描述的方法,在充分占有史料的基础上,坚持理论与史实相结合,采取传统的制度史架构,按照制度的演变进程逐一论述。以细致的梳理,主要探讨国民政府1941—1945年实行田赋征实的运行环境、决策过程、各项子制度的安排、在制度实施中的作用及相互间的关系,制度运行中中央、省、县三者间的互动关系,以及制度的收益等。通过对上述问题的探讨,力图阐释国民政府田赋征实制度在战争特殊环境下本身是可行的,相关制度的制定亦是较严密的,仅是制度在运行中出现的诸多问题难以克服,导致该制度虽对抗战作用较大,但也在一定程度上导致民众对国民政府的疏远。尤其是抗战胜利后,国民政府本应对不合理的土地、田赋制度进行改革,终因忙于内战,不得不在原有不公不平的赋额基础上继续征实,致使旧的弊端非但未解决,反而更甚,最终将民众推到了自己的对立面。

同时适度借鉴经济学、财政学、政治学、博弈学、社会学、统计学等相关理论,尤其是经济学、博弈学中的有关理论范畴,用以拓展本书的研究内容,同时以问题为中心进行深入剖析,试图对田赋征实在理论上做出新的阐释。

(二)研究要点

"过多的政治评论替代了历史的陈述,这是至今仍存在于中国学术界对1945年以后的民国经济史研究中的问题。"[1]事实上,不只研究1945年以后民国经济史存在此问题,恐怕整个民国经济史研究大多存在此类问题。本书对国民政府抗战时期田赋征实制度的研究,希冀以细密的叙述,用事实与证据说话,纠正往昔简单化标签化的政治判断。

第一,考察田赋征实的运行环境。田赋征实作为抗战时期国民政府的一项新政、要政,亦是国民政府认为较具成效的制度之一。国民党创始人孙中山的粮食理论、抗战时的特殊环境、各省在战初实施的田赋政策、历史上的田赋征收制度等,均对政府实行田赋征实产生了一定影响,其中抗战时期粮食和财政危机,特别是粮食危机,在制度出台中起着决定性作用。

---

[1]王菊:《近代上海棉纺织业的最后辉煌(1945—1949)》,上海社会科学院出版社 2004年版,第8页。

　　第二,分析田赋征实出台历程中中央的决策过程、机构的设置及变迁。中国地域辽阔,又恰逢抗战的特殊环境,各个省与地区的情况复杂,一个省间或存在被国民党、共产党、日伪政权三种势力控制的特殊情形,甚有朝在国民党统治下,夕被日人掠去之现象。于如此广大复杂的区域实施一个统一的制度,国民政府制定制度政策时不得不考虑地区的差异与面临的困难。田赋征实无疑是一项庞大工程,必须有一套严密的机构。通过对田赋征实出台、机构的分析,试图揭示制度制定与机构变迁中的动因和对各个利益集团的影响。

　　第三,探讨田赋征实运行中征收、缴纳、验收、储运、奖惩、粮食库券、棉田征实等子制度,以及它们在运行中各自调整与相互间的互动关系。试图说明各项子制度的制定本身是严密的,仅是制度的制定和实施之间出现了偏差,而且愈往后,偏差非但未缩小,反日益扩大,此是导致田赋征实收益不断下降之主因。

　　第四,研究田赋征实绩效,田赋征实与财政、粮价、粮食供应、土地者所有者负担、国民政府、抗战之间的相互关系。通过研究,认为田赋征实成效显著,尤其在挹注财政、稳定粮价、供应军公粮方面,起到了很大作用,实为抗战胜利的重要经济基础之一。但实施中的诸多不公不平不均未能解决,最终是大地主负担轻微,农民负担沉重,极易招致广大农民不满。战后国民党政权的迅速崩溃,与此不无关联。

　　第五,在上述研究的基础上,整体性评价田赋征实,作为本书的结语。

　　要将以上研究要点逐一详细研究,除受个人因素限制而外,还有两点很难突破:第一,对田赋征实子制度的研究,目前尚属史学界的薄弱环节,几乎无前人的成果可资借鉴,史料搜集工作难度亦很大,要将这些子制度梳理清楚,限于能力、时间等,不易做到。第二,田赋历史悠久,演变至民国,积弊愈深,各地正附税各异,税率计算办法亦

各异,相关调查资料欠缺或不确,加之田赋征实中计算标准的差异和
虚报,战时影响农民生活的因素很多,所以要精确计算出征实后土地
所有者的税负,亦颇不易。

四、史料运用

本书依据的主体史料有三部分:

一是档案史料。主要来源于三个档案馆:江苏南京中国第二
历史档案馆典藏之抗战时期粮食部、财政部、国民政府、行政院、全
国粮食管理局、农林部等档案;台湾"国史馆"典藏之抗战时期粮食
部、财政部、国民政府、行政院、交通部、内政部、司法行政部、外交
部、资源委员会、司法院、蒋中正总统等档案;台湾"中央研究院"近
代史研究所档案馆典藏之抗战时期农林部、实业部、经济部、水利
部等档案。

二是台湾出版的田赋、粮政类史料汇编。秦孝仪主编《革命文
献》第114—117辑:《田赋征实》(一至四);侯坤宏编《粮政史料(第五
册):田赋征实》,是研究抗战时期国民政府田赋征实的主干史料。秦
孝仪主编《革命文献》第110—113辑:《粮政方面》(一至四);侯坤宏
编《粮政史料》(第一至四、六册),亦是研究抗战时期国民政府田赋征
实不可或缺的史料。

三是当时的报刊。报纸类主要有:《中央日报》《新华日报》《大公
报》《益世报》等。期刊类主要有:《田赋通讯》《督导通讯》《粮政月刊》
《粮政季刊》《粮食问题》《财政评论》《财政学报》《经济汇报》《经济学
报》《经济建设季刊》《新经济》《中农月刊》等。

这些史料在已有的相关研究成果中得到利用的并不多,尤其是
南京中国第二历史档案馆、台湾"国史馆"、台湾"中央研究院"近代史研
究所档案馆保存的田赋、粮政类档案,利用率更低,却是从事该项
研究的最重要史料,因之亦是本书研究的核心史料。此外,本书尚兼

顾时人论著、地方文史资料和现有的研究成果，以丰富的史料，尽力呈现田赋征实原貌。

五、概念界定

本书的核心概念有三：抗战时期、国民政府、田赋征实。抗战时期是指 1937 年 7 月 7 日卢沟桥事变爆发到 1945 年 8 月 15 日日本投降，即目前史学界所言全面抗战时期，不包括 1931 年"九一八"事变爆发到 1937 年卢沟桥事变爆发之前的局部抗战时期。研究的主体为国民政府统治下的地区，即国统区，不包括共产党统治区和日伪统治区①。

田赋征实是指政府对土地征收实物，如粮食、棉花或布帛等，即田赋以实物而非货币的形式表现。它并非国民政府的创造发明，古代一直征收实物（曰本色），到明清时期，随着经济发展，大部分地区才逐渐征收货币（曰折色），但西康、青海、宁夏等省仍部分征收实物。1941 年，国民政府被迫实行田赋征实制度，该制度一直持续到 1949 年国民党政权在大陆结束时期。因征实未能满足需要，同时实行粮食征购制度，简称征实征购，后又改为征借。征购或征借是与征实一起征收，即随赋征购或征借，其税率亦是以土地为对象，故研究田赋征实，应包括征购征借。征实征购征借简称三征，征购征借实质均为征实，是征实的派生或衍生。故无论是时人还是后人对征实概念普遍有两种认识，即广义与狭义之分。广义的征实包括征购征借，而狭义之征实仅仅指征实，不包括征购征借。本书所指征实，除非特指，一般情况下是指广义上之征实。田赋征实从 1941 年下半年开始，因田赋是按粮食年度征

---

① 抗战爆发不久，国民政府被迫将都城从江苏南京迁往四川重庆，西南地区成为国民政府的抗战基地。抗战时期国统区包括西南、西北、湖南、贵州等省区和湖北、广东、福建、浙江、江苏、安徽、河南、山西、甘肃等省的小部分地区，这些地区被称为抗日的大后方。受战事影响，国统区的地域范围会有所变化，本书不再详细说明。

收,一个粮食年度是指上年的 10 月 1 日起至下年 9 月底为止(财政年度为本年 1 月至 12 月),故 1945 年度的田赋征收要延续到 1946 年。

　　抗战时期田赋征实的"实"是指粮食、棉花,主要指粮食,所以有必要对粮食概念做一界定。粮食有狭义、广义之分。狭义的粮食是指谷物和禾本植物,包括稻谷、小麦、大麦、燕麦、黑麦、玉米、高粱等,即国际上联合国粮食及农业组织所称的"谷物",包括麦类、粗粮类、稻谷类三大类。麦类包括小麦、大麦、青稞、黑麦、燕麦;稻谷类包括粳稻、籼稻、糯稻、陆稻、深水稻;粗粮类包括玉米、高粱、荞麦、谷子、小米、糜子。广义的粮食除谷物外,还包括豆类、薯类。本书所指"粮食",即通常意义上的广义粮食,包括谷物、豆类、薯类。因田赋征实征收的粮食主要以稻谷、小麦、玉米为主,兼征豆类、甘薯,故本书所提"粮食"主要指稻谷、小麦、玉米,旁及豆类、薯类,其中最重要的是稻谷、小麦两种。田赋征实时,国民政府为统计便利起见,又将粮食分为稻谷、小麦、杂粮①三种。

---

①稻谷小麦称主粮,稻谷小麦以外的其他粮食统称杂粮,如玉米、高粱、小米、糜子、青稞、大豆、豌豆、甘薯等。

第一章　田赋征实制度之背景

本章主要从抗战时期日益严重的财政困难、粮价的上涨、国民政府初步管理粮食的失败、孙中山粮食国营理论等视角下,揭示它们对国民政府制定田赋征实制度的影响,为之后的研究呈现一个较清晰的分析框架①。

第一节　国民政府财政的困难

一、入不敷出的财政

财政系庶政之母。抗战前,国民政府财政制度尚不健全,现代以所得税为主体的直接税制尚未建立,中央税以关税、盐税、统税为大宗,堪称其财政收入的三大支柱(每年预算仍有赤字)。表1-1表明,1927年度关、盐、统三税收入占税项收入的84.6%(该年相对较低,此与国民政府刚刚建立,政局未稳有关),之后各年度百分比明显上升,平均约95%,1931年度竟高达97.9%。亦言之,政府财政岁入90%为税项收入,而税项收入的95%为关、盐、统三税收入,足证三税在政府财政收入中所占的重要地位。且在国内政局不稳的形势下,

————————
①本章内容参考拙文《抗战时期国民政府实施田赋征实制度原因探析》,《齐齐哈尔大学学报》(哲学社会科学版)2013年第5期。

关、盐、统三税收入却呈现与年俱增的现象,1936 年度与 1928 年度相比,关税增长了 2.5 倍以上,统税增长了 3 倍多,盐税更增长了 7 倍多。三税中,尤以关税所占地位重要,常占政府税收总额的 50% 左右。

表 1-1　　1927-1936 年度国民政府关税、盐税、
统税实收数及其占税项收入百分数[①]

年度	税项收入（万元）	关税		盐税		统税		三税合占税收百分数（%）
		数额（万元）	占税收百分数（%）	数额（万元）	占税收百分数（%）	数额（万元）	占税收百分数（%）	
1927	4650	1250	27.0	2080	44.7	600	12.9	84.6
1928	25 930	17 910	69.1	2950	11.4	2970	11.4	91.9
1929	46 170	27 550	59.7	12 210	26.4	4050	8.8	94.9
1930	53 500	31 300	58.5	15 050	28.1	5330	9.9	96.5
1931	61 520	36 970	60.1	14 420	23.4	8870	14.4	97.9
1932	58 300	32 550	55.8	15 810	27.1	7960	13.7	96.6
1933	65 940	35 240	53.4	17 740	26.9	10 500	15.9	96.2
1934	41 760 (74 830)*	7120 (38 290)	17.1 (51.2)	20 670	49.5	11 530	27.6	94.2
1935	38 530 (70 490)*	2420 (34 140)	6.2 (48.3)	18 470	47.9	15 240	39.6	93.7
1936	105 730	63 590	60.1	24 740	23.4	13 130	12.4	95.9

＊　括号内系各年度预算数字。

抗日战争是中国与日本之间的一场殊死决战,必须有雄厚的财政之基。我国是一个落后的农业国家,工业极不发达,战前居财政收入主导地位的关、盐、统三大税,税源集中于东南沿海沿江等富庶地区。全

[①]杨荫溥:《民国财政史》,中国财政经济出版社 1985 年版,第 47 页。

面抗战爆发后,因这些经济发达地区沦陷(日本侵略者首先进攻的地区),尤其是1938年后,战区范围更加扩大,多数省份沦为战区,贸易日渐艰难,关税收入不断下降,由战前平均300万元以上,降到不足200万元,如将通货膨胀的因素考虑在内,则下降幅度会更大。据国民政府统计:抗战"八年之中,我国关税被敌伪劫夺者,总在二百二十六亿元以上"①。这一时期,国民政府逐年关税收入的总和估计不到30亿元②。

盐税收入,因为山东、福建、广东、长芦、两浙、两淮等沿海主要产盐区相继被日军占领,收入亦日益减少。统税是对卷烟、火柴、麦粉、棉纱、水泥、啤酒等主要工业厂商所征收的货物出厂税,是国民政府为补偿废除厘金后的损失而创立的一种新税,税源大多在经济比较发达的沿海沿江工业大城市。抗战时期,由于上述地区逐渐被日军侵占,西南、西北地区经济落后,税源有限,统税收入随之降低。这一时期在战争蔓延下,三大税税区大大缩小,而西部地区经济又较落后,所以国民政府赖以生存的三大税收入大幅锐减。1937年8—12月平均每月财政收入仅有1600万元,比抗战前减少了一大半。1938年后,随着失陷地区的愈来愈大,国民政府财政收入更形减少。

表1-2　1937—1940年度国民政府关税、盐税、统税短收情况③

年度	关税			盐税			统税		
	预算数(万元)	实收数(万元)	实收占预算(%)	预算数(万元)	实收数(万元)	实收占预算(%)	预算数(万元)	实收数(万元)	实收占预算(%)
1937	36 900	23 900	64.8	22 900	14 100	61.7	17 600	3000	17.0

①财政部《财政年鉴》编纂处编纂:《财政年鉴三编》(上册)(第六篇第一章),中央印务局1948年版,第1页。
②何思瞇:《抗战时期的专卖事业(1941—1945)》,(台北)"国史馆"1997年版,第24页。
③杨荫溥:《民国财政史》,中国财政经济出版社1985年版,第104页。

续表

年度	关税			盐税			统税		
	预算数（万元）	实收数（万元）	实收占预算（%）	预算数（万元）	实收数（万元）	实收占预算（%）	预算数（万元）	实收数（万元）	实收占预算（%）
1938	18 500	12 800	69.3	11 500	4800	42.1	8800	1600	17.7
1939	24 300	34 900	142.2	8300	6100	73.4	3200	2200	68.8
1940	25 900	3800	14.5	10 000	8000	80.0	*		
合计	105 600	75 400	71.4	52 700	33 000	62.5	29 600	6800	22.9

＊1940 年度起，改为货物税，故不列。

从表 1-2 观察，1937 年度后，关、盐、统三大税的预算皆大幅锐减。如 1939 年度，三大税预算数与 1937 年度相比，关税为 1937 年度预算数的 65.9%，盐税只有 36.2%，统税更少，仅有 18.1%。即便如此，三大税实收数却远未达到已大大降低的预算数。四个年度平均实收数和预算数相较，关、盐、统分别为 71.4%、62.5%、22.9%。1939 年度三大税实收数比 1936 年度减少了约 3/5（1936、1939 年度实收数分别为 10.146 亿、4.32 亿元）。如将通货膨胀的因素估计在内，1940 年度税收实值仅有 1936 年度的 16%，尚不及战前的 1/5。易言之，抗战以来，关、盐、统三种间接税税收因沿海沿江大半沦为战区，短绌甚巨。

战时国民政府税收较战前减少颇多，然各项支出非但不能随收入锐减而减少，反与日俱增，其中增加最多的是军费，从战前占总岁出的 30%—40%，增至战时的 60%—70%，最高达 73.9%，凸显战时岁出的特点。有人估计，抗战时每天所需战费五六百万元，每年约 20 亿元[1]。

①中国现代史资料编辑委员会翻印：《抗战中的中国经济》，1957 年，第 374 页。

表 1-3　1927—1941 年度国民政府军务费
实支数及其占总岁出的百分数[①]

年度	总岁出(万元)	军务费(万元)	占总岁出的百分数(%)
1927	15 080	13 120	87.0
1928	41 260	20 950	50.8
1929	53 900	24 540	45.5
1930	71 440	31 160	43.6
1931	68 300	30 380	44.5
1932	64 480	32 070	49.7
1933	76 910	37 290	48.5
1934	120 360	38 660	32.2
1935	133 690	36 200	27.1
1936	189 400	55 520	29.3
1937	209 100	138 800[*1]	66.4
1938	116 900	69 800	59.7
1939	279 700	161 100[*2]	57.6
1940	528 800	391 200	73.9
1941	1 000 300	661 700[*3]	66.2

*1　1937 年度起,包括军务费、国防建设费、非常军费。

*2　1939 年度起,加紧急命令拨付款。

*3　1941 年度起,包括国防支出、国防建设费、战务费、粮食费、军事运输费、紧急命令拨付款。

从表 1-3 看,1937—1941 年度间,军费支出一直占据国库支出第一位,平均约占 65%,即政府支出有 2/3 用于军费,1940 年接近 3/4,高额军费势必加重政府财政负担。反观 1927—1936 年度,军费开支除 1927 年度所占比例较高为 87%外(此与国民政府刚刚统一有关),其余各年度均较低,且基本呈现逐渐减少的趋势,与抗战时期陡增的情形迥异,1935、1936 年度更低到 30%以下。以 1937 年度为界,军

<hr>

①杨荫溥:《民国财政史》,中国财政经济出版社 1985 年版,第 70、103 页。

费支出骤升，由战前年均 45.8％上升到战时 64.8％，约上升 20％（根据表 1－3 计算得出）。据何应钦《八年抗战》一书统计，抗战期间历年军费支出（含普通军务费、国防建设费、战务费）比率最低为 51.8％，最高为 71.9％，一般多在 60％或 65％以上①。

除了军费支出，尚有他项支出，特别是债务费。关税虽已被掠夺，但关税担保的内债（公债）和外债却仍照付，更加重了国民政府财政紧张的现状。正如行政院副院长兼财政部部长孔祥熙所言："在战争爆发后的 21 个月中，中国支付之内外各债本息，数达 5.3 亿元之巨！但内外各债，多以关盐二税为担保，而关盐二税早被攫夺。又自 1937 年 7 月至 1938 年底之期间中，中国以他方面收入支付关税担保之债款者，达 1.75 亿元！但按理此项债券之本息固应由沦陷区中之关税收入支付。"②此外，将沿海沿江厂矿高校内迁至后方安全地区，在后方修筑公路铁路，亦需巨额资金③。

抗战前两年，国民政府每年财政支出已达 10 亿元，而 1937 年下半年和 1938 年一年半间，财政支出猛增至 32.9 亿元，而财政收入仅 7.6 亿元，短缺多达 25.3 亿元④。其后因战争持久，物价日涨，财政上所受压迫更甚，财政收入与支出差距更大。税收不断锐减，支出不减反剧增，导致财政赤字愈来愈大。抗战以前，据杨格统计，财政赤字最高

---

① 何应钦：《八年抗战》附表十二《抗战期间历年军费支出与国家总支出比较统计表》，（台北）"国防部"史政编译局 1982 年版。

② 延安时事问题研究会编：《抗战中的中国经济》，中国现代史资料编辑委员会 1957 年翻印，第 377 页。

③ 此项支出称建设费，平均占预算支出 1/5 多，其中国防、交通建设占绝大比例，这与国民政府致力于建设西部地区国际交通线和发展西部公路网密切相关。朱汉国、杨群主编：《中华民国史》（第三册），四川出版集团、四川人民出版社 2006 年版，第 297 页。

④ 朱汉国、杨群主编：《中华民国史》（第三册），四川出版集团、四川人民出版社 2006 年版，第 285 页。

占财政支出的 28％,最低仅占 12.3％,平均约占 20％(见表 1－4)①。

表 1－4　1929－1937 年度国民政府财政收支和赤字②

年度(每年6月30日止)	A 支出不含每期终了时金额(万元)	B 收入非借贷所得收入(万元)	C 赤字以借贷抵补(万元)	C/A(％)
1929	43 400	33 400	10 000	23.0
1930	58 500	48 400	10 100	17.3
1931	77 500	55 800	21 700	28.0
1932	74 900	61 900	13 000	17.4
1933	69 900	61 400	8600	12.3
1934	83 600	68 900	14 700	17.6
1935	94 100	74 500	19 600	20.8
1936	107 300	81 700	25 600	23.8
1937	116 700	87 000	29 700	25.4

　　从表 1－5 观之,抗战爆发后,财政赤字居高不下,猛升到 70％以上,1941 年度最高为 88.2％,平均为 77％,财政收入尚不及支出的 1/4,1941 年度仅略高于财政支出的 1/10,大约 9/10 的支出需另行弥补。财政赤字和军费支出大体吻合,说明军费遽增是造成财政赤字遽增的主因。大量的财政赤字是依赖银行垫款调剂,因银行缺乏足够资金,形成的亏空最终是靠不断增加货币发行量弥补,导致法币

———————

① 另据杨荫溥估计,抗战前各年度财政赤字多徘徊在 10％到 20％之间,后期亦至多高到 30％到 40％,此估计比杨格的估计高。杨荫溥:《民国财政史》,中国财政经济出版社 1985 年版,第 101 页。

② (美)杨格著,陈泽宪、陈霞飞译,陈泽宪校:《一九二七至一九三七年中国财政经济情况》,中国社会科学出版社 1981 年版,第 38 页。

发行量与日俱增。过多发行货币必然引发通货膨胀,通货膨胀又势必带动物价上涨,不仅越涨越高,而且越涨越快。至田赋征实前夕,法币购买力和 1937 年 6 月相比,约下降了 16 倍,而同期物价指数却上涨了 16 倍[1]。

表 1-5　1937—1941 年度国民政府财政实支亏短数
及其占总岁出的百分数[2]

年度	总岁出[*1]（万元）	实际收入[*2]（万元）	亏短数	
			数额（万元）	占实支总额的百分数(%)
1937	209 100	55 900	153 200	73.3
1938	116 900[*3]	29 700	87 200	74.6
1939	279 700	71 500	208 200	74.4
1940	528 800	131 700	397 100	75.1
1941	1 000 300	118 400	881 900	88.2

*1　总岁出为现金结存除外的实际总岁出。
*2　实际收入为债款、银行垫款除外的实际总收入。
*3　1938 年度只包括 1938 年 7—12 月半年,因为从 1939 年度起,会计年度改为历年制,以各年 1—12 月为会计年度。

二、国民政府解决财政困难的对策和实效

因财政赤字愈来愈大,财政问题遂成为中国生死攸关之问题。这一时期,国民政府主要采取增加货币发行、增加旧税、增设新税、募

①根据抗战期间法币发行指数和物价及法币购买力指数表计算而得。该表见中国人民大学政治经济学系《中国近代经济史》编写组编:《中国近代经济史》(下册),人民出版社 1978 年版,第 180 页。
②杨荫溥:《民国财政史》,中国财政经济出版社 1985 年版,第 102 页。

捐、募债等项措施来解决财政问题。

　　增加旧税方面,扩充征收范围。1937 年 10 月调整转口税,规定所有在国内运送之货物,无论于何处起运,运到何处,凡在设有海关关卡及分卡处,均需加征转口税(原仅限于轮船运输的货物,战时扩充及于民船、铁路、公路与航空运输的土货);提高税率,提高印花税税率(加征一倍);12 月公布《土酒加征与举办土酒烟丝税办法》,土酒税率提高五成(加征五成),土烟丝税定每净重 100 斤征收 2.075元,以增加烟酒税收;1938、1939 连续两年调整统税区域,1940 年 7月开征饮料品、糖类统税;1941 年将煤、铁、石油三项必需品(征收5%)以外之矿产税改为征收 10%;货物税、盐税改为从价征税[①]。

　　开辟新税方面,实施直接税体系与课征战时消费税。1939 年 1月 1 日开征非常时期过分利所得税;1940 年 7 月 1 日课征遗产税[②];1942 年 4 月开征战时消费税,凡在国内运销之货物,除法令另有规定外,从价征收。增税政策原为战时财政之中坚部分,但增税成绩则视国家税制、人民富力即战时环境为转移。显然,在战争环境之下,本不富裕的国民境况更是雪上加霜,国家战时开辟新税之效果可想而知。

　　上述措施对增加税源、解决财政危机,不无补益。1937－1941年税款收入占国库收入的百分数,最高年约占 1/5 强,最低年仅占1/20 多(表 1－6)。换言之,抗战初整理旧税与开辟新税虽多多少少弥补了一些收入,但对增加财政收入所起的作用非常有限,大量的收入系依靠银行借款解决。当然,此与战前所依赖的关、盐、统三大税收入减少过巨、通货膨胀、物价上涨等因素息息相关。

---

①贾士毅:《五十年来之中国财政》,中国通商银行编:《五十年来之中国经济
　(1896－1947)》,(台北)文海出版社 1990 年版,第 88 页。
②非常时期过分利所得税、遗产税在战前已准备实行,只不过在战时完成而已。

表 1-6 1937—1941 年度国民政府国库收入比较表①

年度	总收入（万元）	银行借款		债款收入		税款收入		税款外收入	
		借入数（万元）	占总数（%）	借入数（万元）	占总数（%）	收入数（万元）	占总数（%）	收入数（万元）	占总数（%）
1937	200 900	119 500	59.48	25 600	12.74	45 000	22.40	10 800	5.38
1938	116 800	85 300	73.03	1800	1.54	21 200	18.15	8500	7.28
1939	304 800	231 000	75.79	2400	0.79	48 300	15.85	23 100	7.58
1940	515 700	383 400	74.34	700	0.14	26 600	5.16	105 000	20.36
1941	1 075 300	944 300	87.82	12 700	1.18	66 700	6.20	51 600	4.80

说明：总收入是指银行借款、债款收入、税款收入及税项外收入之总和，不含上年度转入款。

募债分内债、外债，特别是举借外债，实为换取国际友好国家物资、改变国内物资紧缺现状、减少货币发行、缓和通货膨胀的必要措置。此对经济落后的我国，更显重要。抗战爆发后，国民政府非常想借外债，可惜一直借不到，借到的仅是少量的易货借款②，即中国以本国货源换取各友邦所能供给之货物，以节省外汇。这一时期先后给中国借款的有苏、美、英、法、捷克等国家，其中苏、美、英较多。1938—1939 年，苏联有四次易货借款，共 3 亿美元。抗战初，罗斯福答应孔祥熙，给中国易货借款 1000 万美元，然因美国国内孤立主义及中立法的影响未成，直到 1939 年 2 月才达成第一次易货借款 2500 万美元（即桐油贷款），珍珠港事变爆发前夕，美国总共给中国易货贷款 1.2 亿美元。英国贷给中国易货借款 5850 万英镑。中国借到的

---

① 关吉玉：《"四十年来之民国财政"》，（台北）《中国经济》第 19 期，1952 年。

② 所谓易货借款，就是苏、美、英给中国一个户头，说是有若干万，但并非给现金，中国买这些国家的军用品，逐项随时记在户头账上，然后运去桐油、钨、锡等类战略物资，也逐项随时记在户头账上冲销。

真正外债是在珍珠港事变以后的两个月，一为美国的 5 亿贷款，但并非一次拨付①；二为英国的 1.5 亿英镑巨额借款②。

公债方面，不但因国民所得水准甚低，不易见效，且由于北伐前军阀混战时期，政府公债形同摊派，债信早被破坏，导致抗战爆发后，以发行公债向民间筹款困难重重。这一时期国民政府共发行公债 71.54 亿元③。1937 年 9 月，国民政府发行救国公债 5 亿元，效果较好；1938－1940 年发行的几笔公债，效果却不好；1940 年发行公债仅收到 800 万元，而是年财政赤字高达 39.63 亿元④。也就是说，靠内债实难弥补财政赤字。

募捐方面，国民政府在国内发起各种捐款献金运动，并派员分赴海外宣传劝募。为便利稽考、统一用途起见，订立划一捐款献金缴解办法，积极推行。华侨汇款有益国际收支，为便利侨胞汇款，财政部一面责成中央、中国银行在海外广设分支行处，并联络福建广东两省银行、邮政汇业局组织接收侨汇金融网，一面通告海外华侨团体，劝告侨胞将汇款悉交指定之金融网承汇。虽海外侨胞踊跃输将，国内商民热忱捐献，国外友人积极予医药救济、捐助，终究数额相当有限，于解决财政困难帮助甚小。

抗战初期，国民政府财政始终处于收不抵支、赤字居高不下的状态，面对这种状态，在税源不足与借债困难之时，国民政府主要采取由银行垫款与增加货币发行量的政策。唯这两项政策推行之结果，

①何思瞇：《抗战时期的专卖事业（1941－1945）》，（台北）"国史馆"1997 年版，第 28－29 页。
②朱兰卿：《田赋改征实物问题》，国立武汉大学第十一届毕业论文 1941 年。
③何思瞇：《抗战时期的专卖事业（1941－1945）》，（台北）"国史馆"1997 年版，第 28 页。
④朱汉国、杨群主编：《中华民国史》（第三册），四川出版集团、四川人民出版社 2006 年版，第 298 页。

势必引发通货膨胀,其显然并非解决财政困难的良政。在各项财政措施无法满足日益增长的国库开支的情形下,田赋征实因所征实物非但不像法币那样,其实值随物价上涨而贬值,反因粮价上涨而升值。因之,它逐渐成为国民政府财政政策的重点之一①。

第二节　抗战初期国民政府的粮政

一、抗战爆发至全国粮食管理局成立之前的粮政

抗战以前,国民政府负责粮食行政的机关,除积谷由内政部主管,粮食的生产由实业部管理,对于粮价、粮食运输、粮食供应则未实施管理,此种状况一直延续至抗战爆发。抗战爆发后,作为最重要的战略物资之一的粮食,自引起国民政府的注意。故抗战爆发不久,1937 年 9 月,行政院即公布了《战时粮食管理条例》,这是国民政府抗战时期颁布的第一个管理粮食的公开文件。《战时粮食管理条例》规定,全国管理粮食的最高负责机关是战时粮食管理局,直隶行政院,必要时于各省市重要地点设置分局,直隶战时粮食管理局,专责粮食的生产、储藏、价格、运输、贸易、统制、分配、消费等事宜②。条例已初步提出管理粮食的机构问题,但条例所说的全国设置统一性的粮政机构战时粮食管理局及其分局,并没有付诸实行,一直到三年之后,即 1940 年成立的全国粮食管理局时期。当时实际负责管制与调剂粮食的机构为 1937 年 9 月成立的农产调整委员会,其主要工作是

————————

① 抗战时期,国民政府选择田赋征实的原因很多,诸如经济、财政、军事、社会等方面,其中经济与军事是其主因。顾翊群《田赋征实之原因及其经过》,《经济汇报》第 6 卷第 1、2 期合刊,1942 年。

② 《战时粮食管理条例》:(台北)"国史馆"档案:"国民政府"001000001678A;《粮食管理法令》(一)。

组织土特产的出口与运销业务。至于粮食管理，因抗战初粮价未出现大的波动，基本上未采取什么措施[①]。

因中日力量对比悬殊，抗战初期中国接连失败。先是 1937 年 11 月 12 日上海失陷，接着 12 月 13 日日本又占领了国民政府首都所在地南京，随着战区日益扩大，中日战争的持久性已相当明显，国民政府必须做出持久抗战的打算。12 月 22 日，国民政府公布的《战时农矿工商管理条例》正是该形势下的产物。它的颁布，标志着中国在经济上完全进入了战时体制。条例将粮食等重要物品的生产、销售、运输、储存等事宜，划归军事委员会第四部负责管理[②]。

1938 年 1 月，为统筹调剂经济结构，国民政府将实业部改为经济部，军事委员会第四部并入经济部，同时把与粮食管理有关的各机关，如原在军事委员会第四部下的农产调整委员会改组为农产调整处，隶属经济部下设的农本局，财政部下设的粮食运销局亦并入经济部。《战时农矿工商管理条例》经修订为《非常时期农矿工商管理条例》(1938 年 10 月国民政府公布)，归经济部监督施行，《非常时期农矿工商管理条例》规定经济部为全国管理物价的负责机关。这样，经济部就成为全国战时经济的总负责机关。

《非常时期农矿工商管理条例》包括的范围相当广泛，是国民政府后来颁布的一切关于农矿工商管理规章的根据，亦是粮食管理政策的根本法规。条例对粮食及其他企业或物品之平价，规定："经济部对于指定之企业物品，得就售价及利润明定适当之标准"；"指定之企业及物品，其生产者或经营者，不得有投机垄断，或其他

---

① 王洪峻编著：《抗战时期国统区的粮食价格》，四川省社会科学院出版社 1985年版，第 123 页。

② 王洪峻编著：《抗战时期国统区的粮食价格》，四川省社会科学院出版社 1985年版，第 123 页。

操纵行为";"经济部对于指定之物品,得因必要分别为禁售或平价
之处分";"经济部为适应非常时期之需要,对于指定之物品,得依
公开价格分别收买其全部或一部"①。从条例的内容观之,虽做了
诸多规定,但多为一些大的原则性规定。如对物品利润规定适当
的标准,什么是适当标准并没有说明;再如对物品之收买规定依照
公开价格,公开价格如何指定也没有一个明确标准。正由于此,经
济部对粮食管理并没有采取举动,这说明粮食问题尚未引起国民
政府的高度重视。

　　这一时期,国民政府对粮食问题不甚重视的主因是粮食问题尚
不突出。抗战爆发的1937—1938年,因农业收成较好,粮价并不高。
1937年7—12月,后方地区20个主要粮食市场平均粮价为战前七年
平均价格127.75%(以战前1930—1936年七年为100%),略高于
1937年全年126.09%,粮价与战前相比变化不大。1938年为
125.55%,与1937年全年大略相同,比1937年下半年还稍有下降。
和粮价相对稳定之不同(物价上涨粮价必上涨,故说相对稳定),物价
指数一直在上升,以1937年1—6月平均为100%,12月为109%,
1938年6月为127%,12月上升为155%②。

　　1938年4月,国民政府颁布《各战区粮食管理办法大纲》,各战区
长官司令部粮食管理处亦随之成立。大纲对粮价管理有如下规定:
"战时粮食管理处得直接办理粮食之采购、加工、储藏及配销事宜,或
委托仓库合作社、商号或其他相当机关团体代办,以供给军粮民食,
并平衡价格,但不得以营利为目的。""战时粮食管理处必要时,得在
粮食重要市场斟酌实际情形,妥慎规定粮食之最高或最低价格,以防

①顾寿恩:《战时粮价问题》,国民图书出版社1942年版,第29页。
②王洪峻编著:《抗战时期国统区的粮食价格》,四川省社会科学院出版社1985
　年版,第124、127页。

止投机操纵。"①其主旨在调剂军粮民食之供求关系,实为管制粮食之积极方法。6月,国民政府颁布《非常时期粮食调节办法》,规定各省市如实际上有特殊需要时,得由省市政府设立粮食调节机关,调剂粮食供求,并办理其他有关粮食管理事宜,其组织章程及进行计划应送经济部备核。第十三条:"各地方粮食价格如因奸民投机操纵,致发生不正常涨落情事,应由地方政府或粮食调节机关施行适当处置,予以制止,并得在粮食重要市场斟酌实际情形,妥慎规定粮食最高或最低价格,以防止操纵。"第十五条:"粮食行商加工厂所仓库堆栈或私人囤积大宗粮食,致妨碍军糈民食之供给时,地方政府或粮食调节机关得令其出售,必要时得平价收买之。"第十九条:"各省市县政府或其粮食调节机关,应于适当地点酌设粮食仓库,办理粮食之收购、加工存储及运销,以调剂盈亏,平衡价格,但不得以营利为目的。"②

《各战区粮食管理办法大纲》和《非常时期粮食调节办法》分别适合于战区和非战区各省(接近战区地方非常紧急时,经主管机关核准,得参照战区粮食管理办法大纲规定,酌量办理),较《战时粮食管理条例》和《战时农矿工商管理条例》,在粮食管理政策上已明显进步。当然,此与粮食问题逐渐严重关系密切。唯除战区因粮食问题较突出,执行较严格外,后方各省并未实施。

综上所述,《战时粮食管理条例》首先提出应管理粮食;继之《战时农矿工商管理条例》提出对包括粮价在内的整个市场物价应指定的标准,防止投机操纵,并对违法者进行处分等管理原则;而

①《各战区粮食管理办法大纲》,秦孝仪主编:《革命文献》第110辑,《粮政方面》
　(一),(台北)"中央"文物供应社1987年版,第277-278页。
②《非常时期粮食调节办法》:(台北)"国史馆"档案:"国民政府"001000001678A:
　《粮食管理法令》(一)。

在《各战区粮食管理办法大纲》《非常时期粮食调节办法》中,则将上述原则具体化了。其一,政府机关有权规定市场最高最低粮价,以防止投机操纵;其二,地方政府有权从事粮食贸易,平价销售,以谋求稳定粮价。

实际上,由政府规定市场最低、最高粮价,基本上未实行。由政府出面进行粮食贸易,由经济部、农本局会同各战区省市,主要从调剂各地粮食的有无出发而不是专门为稳定粮价,办理各地粮食购销、调节事宜[①]。即 1937、1938 两年,国民政府主要做了一些粮食的收购调剂等工作,仅是针对个别特殊地区的应急措施,尚提不到全国性的粮食管理。

1938 年底,中国重要交通线被日军阻断,军粮供应顿感困难,后方物价问题渐行突出,12 月后方重要城市物价总指数已涨至 306%,粮价虽在物价之后,但已达 220%。因粮食之于老百姓的重要性,国民政府遂出台了平价政策。

1939 年 2 月,经济部颁布《非常时期评定物价及取缔投机操纵办法》,规定由各地方主管官署(隶属行政院之市为社会局,县为县政府,市为市政府)会同当地有关机关商会或经营日用必需品之同业公会设立评价委员会,办理当地日用品评价事宜;应行评价的日用必需品,由当地主管官署按当地实际情形指定;评定的价格以生产者消费者双方兼顾为原则;评价委员会得呈请地方主管官署,命令当地生产或销售日用必需品之工厂商号将生产成本、购进售出价格、存货数量随时报告。就市场供需情形,随时注意日用必需品价格变动原因,必要时得呈请地方主管官署自办运销或委托其他机关办理;工厂商号或私人囤积大量日用必需品,并得呈请地方主管官署依评定价格强制其出售;对不依评价委员会评定的价格出售或囤积储藏大量日用

---

①张柱编著:《我国战时粮食管理》,正中书局 1944 年版,第 24 页。

必需品者,视为违反评价政策,并进行适当处分①。

《非常时期评定物价及取缔投机操纵办法》之主旨是希望通过政治社会力量,用评价的办法解决不断上涨的物价问题。办法看似面面俱到,实则漏洞百出。如对评价委员会的性质没有做具体规定,对应评价的日用必需品种类也没有一个大致规定,而是交由各地自行决定。对评定的价格更没有明确具体规定,仅规定由成本加相当利润,成本和相当利润怎样计算亦无确实依据。尤其在各地对粮食生产成本无确实调查的背景下,是无法亦不可能评定出一个合理的粮价。因而所谓的合理粮价只能是按照一般粮食供销情形与原有的市场价格,经由地方政府会同粮食业同业公会及有关机关评议协商妥协的一个价格,该价格对平抑粮价难有实效。同时对于囤积的界定无明确解释,适用上必感困难。粮食生产遍布于各地,为人人必需之商品,何种情况下方能强制其出售,也没有明确规定。故办法缺乏实施基础,地方政府亦无具体行动,即便实施,效果也是极其微弱的。换句话说,国民政府对粮价的管理还是停留于口头阶段②。

1939 年 5 月,行政院通过《各地方政府办理评价应行注意事项》,命令各地银行会同各地商会、公会等筹设评价委员会,经济部亦通知各省(市)政府设立评价委员会,办理当地日用必需品的评价事宜,按产运成本、合理利润分别评定价格。之后,大多数地方的评价委员会始相继成立。各地所指的评价物品大多为粮食、肉类、蔬菜、火柴、肥皂、布匹、煤炭、木柴等③。国民政府希望借此降低粮价,进而解决粮食问题。但是,因政府对粮食生产成本未进行切实调查,评价没有基

---

① 王洪峻编著:《抗战时期国统区的粮食价格》,四川省社会科学院出版社 1985 年版,第 128—129 页。
② 也有人认为国民政府颁布《非常时期评定物价及取缔投机操纵办法》后,对粮价管理始渐付诸实施。
③ 杨蔚主编:《战时物价特辑》,中央银行经济研究处 1942 年版,第 39 页。

础,所谓的评价不能远离市价。事实上,如评定价格与市面价格相左,评价亦无法执行,重庆市就因评价价格低于产米区米价,导致有价无市。1939 年评价结果,事与愿违。后方重要粮食市场粮价,1939 年 2 月为 151%,11 月已高达 199%,粮价上涨之风不但未得到遏制,反而愈来愈高,"评价"似乎把粮价愈评愈高。此点连蒋介石亦不否认,他在 1940 年 3 月给川康绥署及川黔省府的手令中指出:"连日以来渝蓉各地米价飞涨,在一旬之间由旧制衡量每石四十元激涨至每石六十余元……政府日日宣言平抑物价,今乃并此民生日食最需要之米谷亦复愈平愈高,将何以对人民。"①

因消极的评价与局部的防止投机操纵难收平定粮价之效,所以在 1939 年 12 月,经济部颁行《日用必需品平价购销办法》《取缔囤积日用必需品办法》,希望以政府之力,用行政干预的手段稳定物价,即冀以由政府积极的自办购销,并取缔囤积以平抑物价。可惜,《日用必需品平价购销办法》《取缔囤积日用必需品办法》并不能稳住上涨中的物价。

第一,平价购销之主要目的是以竞争的办法确保日用品的供应,使商人售价不致高于购销机关的售价而常盘旋于政府的评价范围之内。其经营原则,《日用必需品平价购销办法》规定:"采购日用必需品应维持其最低价格,以维护生产者之利益;批售日用必需品时,应规定其最高价格,以维护消费者之利益;……规定批发零售价格,应采取稳定主义避免激剧更动,并不得依随市价涨落,弋取不合理之利润。"②但对何为最低与最高价格无原则规定,更重要的是,欲达平价购销实施有效,政府手中必须掌握有大量商品随时在市场上抛售,且

①(台北)"国史馆"档案:"行政院"014000001330A:《粮价平抑办法》(二)。
②顾寿恩:《抗战以来之粮价管制》,(台北)"国史馆"档案:"交通部"017000017581A:
　《战时粮价特辑案》。

要直接售给消费者,使其不致落入中间商人之手而辗转图利,方能控制物价。以粮食言,因是生活必需品,需要的数额庞大,实施普遍的平价购销异常困难。国民政府曾在重庆市办理平价供应,市场较稳定,但所需国库贴补巨大,很难推行于其他各地。由此观之,平价购销虽不失为平定粮价的良好方法,但仅靠这种办法,很难收到重大成效。

第二,《日用必需品平价购销办法》规定:平价购销处为经济部所设,负责办理西南西北各省日用必需品的平价购销事宜,但在经济部平价购销处业务范围之内的粮食等商品的购销工作却委托农本局等单位办理,平价购销处本身并没有实际工作,仅负指导监督之责。专门为平价而设立的平价购销处却不管平价购销,平价效果可想而知。

第三,依照《取缔囤积日用必需品办法》规定,商品由政府规定公平价格,商人应按此价格出售商品。对于未按政策规定的价格、时间出售的商品予以定价收买,即政府用行政手段规定市场商品的价格,强制出售。对粮食贸易而言,生产市场散布于广大农村,粮食属于笨重商品,具有运输难、流通渠道复杂等特点,而消费市场在城市,很难做到"公平价格"。要监督、取缔囤积,政府必须具备大量的市场管制人员,而当时国民政府并无这个力量。即便有,要取缔囤积,必须经过调查、登记、劝导、警告等程序才能收买并治罪,过程过于迂缓,也很难有实效。

由于上述办法之缺陷,最关键的是政府手中没有大量粮食,管理粮食效果甚差。更可悲的是,抗战已爆发三年,我国连一个全国性的粮政机构都没有。当粮食问题严重时,各省就按照《日用必需品平价购销办法》《取缔囤积日用必需品办法》规定,各取所需管理粮食,彼此之间封锁禁运,势同敌国,违反了粮食市场的自然流向规律,反更加剧了粮食供需矛盾,刺激粮价上涨。后方 20 个城市粮价指数,以1930—1936 年为 100%,1937 年 12 月为 127%,1938 年 12 月为 130%,

1939 年 12 月为 220％,1940 年 6 月为 424％,1939 年 12 月到 1940 年 6 月,半年间粮价几乎涨了一倍(上涨幅度为 193％),而同期物价上涨幅度为 159％①,低于粮价。可见到 1940 年上半年,粮价涨速已超过物价,粮食问题日益严重②。这一时期各省管理粮食的办法主要有:

浙江是以县为单位进行粮食调剂,亦有以乡镇为单位的。各乡镇粮食出境要经乡镇粮管会许可,省内县与县之间的粮食流通由省政府控制,不得自由进行,粮食未经省粮管处批准不得私自出境,市场粮价的确定由各级粮管处酌情于每月评定公布③。福建将全省分为余粮区和缺粮区,在省内进行调剂,由余粮区供给缺粮区。粮食收购价格以生产成本加农民合理利润,一般物价与该省粮价为标准,由各县粮管会议决定,呈省核定。批发、零售物价和收购价格相差无几,粮商利润不得超过 30％。广东因粮食历来缺乏,故采取的办法是大量鼓励购买外省粮食和洋米进口,交公卖处出售。湖南属粮食有余省份,粮食管理的重点是余粮,省内县与县之间粮食可以自由流通,省外粮食贸易必须经由第九战区粮食管理处批准。其余江西、广西、贵州、四川等省亦各有各自办法④。

整个经济部时期,国民政府对于粮食管理,无论是关于评价、平价购销或防止投机操纵取缔囤积,均有规定,不过大多侧重于评价的实施,而评价又因机构人事不健全、产销地区缺乏联系以及调查规章

①1939 年 12 月为 306％,1940 年 6 月为 487％,上涨幅度为 159％。史全生主编:《中华民国经济史》,江苏人民出版社 1989 年版,第 458 页。

②关吉玉认为粮食之成问题,是自 1940 年春夏之交开始,此后日益严重。地点自昆明开始,不久重庆即占首要地位,此后渐次普遍及于全国。关吉玉:《粮食库券与购粮问题》,《经济汇报》第 6 卷第 1、2 期合刊,1942 年。

③全国粮食管理局编印:《全国粮食会议报告》,1941 年,第 57 页。

④王洪峻编著:《抗战时期国统区的粮食价格》,四川省社会科学院出版社 1985 年版,第 135－136 页。

的欠周密,或则依市场购销情形随时高涨,缺乏稳定的作用,或则强制评定售价,然市场交易又不依此执行,以致评价自评价,市价自市价,根本不相一致。如强制执行评定价格,则又发生有价无市现象。"不评则已,评则发生黑市,甚至有愈评愈高。"[①]实质上,在政府未充分控制粮源之前,几乎无甚效果。对此,国民党当局也不否认,"虽则我们不能否认实行评价办法,对于平定粮价会收相当的效果,但在没有控制充分的粮源以前,其效果却很微"[②]。至于平价购销,由于受财力限制,并未普遍实施。而取缔投机操纵囤积,手续又过于迂缓,难有显著成效。

二、全国粮食管理局时期的粮政

粮食问题突出表现在粮食价格方面。1940年之前,农业收成不错,特别是1938、1939年连续两年粮食大丰收,因此粮价未因人口的大量涌入而上涨。1940年1月之后,各地粮价扶摇直上。1940年,国统区十五个省的粮食产量因大旱普遍骤减,总产量约减少10%,占十五个省粮食产量1/5的四川,产量仅及常年的六成八[③]。此时随着战区人口大量涌入后方,粮食供应矛盾加剧,到1940年,由战区转移到后方的人口约5000万,后方人口较战前增加约28%[④]。供需失衡,粮价必迅速暴涨,后方20个主要粮食市场全年平均粮价指数为533%,是战前七年的五倍以上[⑤],重庆米

---

① 重庆市档案馆编:《抗日战争时期国民政府经济法规》(上册),档案出版社 1992年版,第110页。

② 顾寿恩:《战时粮价问题》,国民图书出版社1942年版,第38页。

③ 蒋君章:《近五年来我国粮食生产概况》,《经济汇报》第5卷第6期,1942年。

④ 刘殿君:《评抗战时期国民政府经济统制》,《南开经济研究》1996年第3期。

⑤ 王洪峻编著:《抗战时期国统区的粮食价格》,四川省社会科学院出版社 1985年版,第4—5页。

价指数从 5 月的 213 上升到 11 月的 1004[1]，"成都一隅,抢粮之风潮,一再发生"[2]。如果说 1937、1938 年粮价基本平稳,1939 年渐涨,1940 年则开始暴涨。粮价愈涨,军粮采购愈难,定价过低,不易购到粮食;定价过高,因粮价日益高涨,政府财政不堪重负。各地粮荒开始发生,且日趋严重。易言之,1940 年下半年,粮食问题成为国民政府战时最突出的难题之一。

　　在此背景下,1940 年 8 月 1 日,国民政府成立隶属于行政院的全国粮食管理局。全国粮食管理局职司全国粮政,主要任务为:统筹全国粮食的产储运销;调剂省与省间或省与直辖市间的粮食供给和需要;负责指挥监督各省直辖市管理粮食事宜;管理国有粮食事业。全国粮食管理局设局长 1 人,副局长 2～3 人,设秘书室、研究室、行政管制处、业务管制处、财务处五室处,设主任秘书 1 人,每处设处长 1 人[3]。各省设粮食管理局,隶属于省政府,并受全国粮食管理局指挥监督,主办全省粮食管理事宜。设局长 1 人,局长得列席省务会议,副局长 1～2 人,设总务科、管制科、粮情室、会计室四个科室。各重要城市设粮食管理局。各县设粮食管理委员会,隶属于县政府,附设于县政府内,主办全县粮政,设委员 9 人,县长为主任委员。乡以下设粮管干事[4]。从上至下粮政机构的建立,足证国民政府对粮政的重视。

　　就业务范围言,全国粮食管理局应管理全国的粮食市场与粮价

---

[1] 张公权著,杨志信摘译:《中国通货膨胀史(1937—1949 年)》,文史资料出版社 1986 年版,第 17 页。

[2] 陈正谟:《田赋征实与粮食征借之检讨》,《四川经济季刊》第 1 卷第 2 期,1944 年。

[3] (台北)"中央研究院"近代史研究所档案馆档案:"农林部"20-08-004-29:《全国粮食管理局组织规程》。

[4] 侯坤宏编:《粮政史料(第一册)——农政机构与组织》,(台北)"国史馆"1988 年版,第 278—285 页。

稳定。就地域范围言,应统筹整个国统区的粮政。但是,从成立一直到被撤销,其粮管的重点仅限四川一省,对其他省则很少过问。全国粮食管理局时期,粮食管理依旧侧重行政管制,主要包括派售余粮、平价配购、取缔囤积、实施平价等政策。

派售余粮,即以乡镇为单位,合并计算乡镇生产和储藏总量,除去总人口共需的一年总消费量,然后确定该乡镇应出售市场的总供给量[1]。各省按照蒋介石与全国粮食管理局的指示制定各自的粮食管理办法,规定派售余粮按照从大粮户至小粮户的顺序进行。可是,因种种原因,"派售余粮"政策并未得到很好的贯彻实施,反而变成了摊派粮食。地方上的土豪劣绅同官府勾结,尽可能地将其负担转嫁给一般粮户,反而导致有粮的大粮户不售粮,无粮的小粮户则扫地荡尽,完全违背了派售余粮的原则与意义。因小粮户本身没有余粮,导致派售任务很难完成。

"派售余粮"之关键是要有"余粮",粮户中有余粮的正是主持粮政工作的乡镇保甲长,派售余粮就是让他们将自己的余粮出售,但战时粮价不断上涨,囤积粮食显然比出售更有利。因此,"派售余粮"政策必然会遭到这些人的阻挠,要么余粮调查不确,要么将负担转嫁予一般中小粮户,最终使余粮派售任务难以完成。由于余粮调查不确与恶霸势力的阻挠,要真正完成余粮派售任务阻力重重。以战时陪都重庆为例,1940 年 12 月,全国粮食管理局规定重庆市附近十八县每月供给重庆市食米 253 000 市石,而实际上十八县 12 月仅供给 5100 市石,1941 年 1 月供给 6 万市石[2]。战时国民政府统治重地重庆尚且如此,其他各地可想而知!

---

① 蒋中正讲,中国国民党中央执行委员会宣传部编印:《总裁关于粮食问题的训示》,《江西粮政》第 1 卷第 4 期,1941 年。

② 杨蔚主编:《战时物价特辑》,中央银行经济研究处 1942 年版,第 53 页。

国民政府将"派售余粮"视为解决市场粮食短缺的治本方法。派售余粮的实质是政府以行政命令的手段控制粮户余粮,由政府进行合理分配,售予缺粮地区,以达平衡供需、平抑粮价之目的。按理说该政策施行后,粮价应有所降低。但是,这一时期粮价却在飞速上涨,足以说明全国粮食管理局粮食管理政策,特别是"派售余粮"政策的失败。从 1940 年 8 月到 1941 年 7 月,整个大后方粮价总指数已从 539% 涨到 2716%,一年之中上涨了五倍多[1]。之后成立的粮食部亦认为全国粮食管理局时期的"派售余粮"政策"成效甚微"[2]。

平价配购,即粮户按期售出的余粮,应由各级粮管机关配售于当地市民及其他市场有组织之粮商,应购买粮食的市民按月购买,其量以一个月之需要为限。各地粮价由各该地粮食管理机构随时召集有关机关及团体议定,宣牌公布[3]。事实上,将粮价的评定执行与粮食分配购售大权完全交于地方粮政机关。为实施"平价配购",国民政府从中央到各省再到各县以至乡镇均制定了相关法规。

粮食是一种商品,必然受价值规律支配,在总的供求关系基本平衡的前提下,采用行政干预的手段,可以缓和市场上的供求矛盾。可是,用平价的方法解决粮食问题,若评定的价格距离市场价太远,必会出现有价无市之现象。若评定的价格过高,则失却平价之意义。如江西评定价格过低,粮商所得利润较薄,于是粮商迟疑,有款不购粮,有粮不售款。一时无米应市,形成粮荒与粮食暗盘,黑市粮价远远高于平价粮价,导致江西粮食问题由涨价问题而

[1] 王洪峻编著:《抗战时期国统区的粮食价格》,四川省社会科学院出版社 1985 年版,第 150 页。

[2] 顾寿恩:《战时粮价问题》,国民图书出版社 1942 年版,第 51 页。

[3] 王洪峻编著:《抗战时期国统区的粮食价格》,四川省社会科学院出版社 1985 年版,第 152—153 页。

踏入闹荒问题①。如果政府手中没有巨量粮源,采用行政干预手段,即便是强行平定粮价,对粮价波动所起影响亦不会大。最终政府平定的价格还是不得不随产地价格与市场价格之变化而变化,产地、市场价格高,则平定价格即高,反之则低。

在通货膨胀的背景下,试图用评价来制止粮价上涨显然是行不通的。况且参加评定粮价的人员大多为米粮业同业公会及商会的主席,这些人实为希望粮价上涨的代表人物,正是在这些人的操纵下,粮价一再上涨,因而评定的结果自然是粮价愈评愈高,而一般老百姓则被剥夺了话语权。所以评价委员会组织应有生产者(他们应是最了解粮食生产成本的人)参加其中才能称得上公允,即便县单位评价委员会生产者难以参加,乡为单位之评价委员会参加亦可,而各省市县乡镇无论各级均无生产者参加,平价自难公允。时人夏宗绵认为:政府管理四川粮价,"先后订定四川省各县市粮食调剂及价格平定暂行办法,但推行未尽彻底,市场粮价反更趋动荡。再粮食生产区域与消费区域之划分,亦未能使生产区域粮食源源运至消区"②。足证平价配购成效之差。1940年,粮价始终未压下来。

1941年,粮食产量继续下降,意味着流向市场的粮食减少,一般民众宁愿储藏粮食,而不是日益贬值之货币,投机者更愿囤积大量粮食,导致粮价、食品价格以至整个物价上涨。如重庆,从1940年至1941年,食品价格几乎攀升了1400%③。也就是说,粮价高涨之势在1941年非但未能遏制,反由1940年的腾涨发展成飞涨,国统区粮价

①舒国藩:《统制江西粮食价格平议》,《粮政月刊》第1卷第4期,1941年。

②夏宗绵:《四川省粮食价格之研究》,(台北)"国史馆"档案:"交通部"017000017581A;《战时粮价特辑案》。

③(美)费正清主编,章建刚等译:《剑桥中华民国史》(第二部),上海人民出版社1992年版,第641页。

总平均指数上升到了 2134％,即比战前七年平均水平高出了 21 倍以上①。是年春,军粮民食均感迫切,前方军粮催索的电报急如星火,有如雪片飞来,尤以鄂西第六战区与鄂北第五战区几将断粮,而第一、第三两战区亦感军粮缺乏的威胁。后方不但中央所在的重庆市粮价暴涨,日几数起,即素号天府粮食有余的成都平原,粮食亦少到市,粮价风涨不已,且成都、重庆两市亦先后发生抢粮事件,影响所及,全川各县与贵阳、遵义等处粮价普遍猛涨,势不可遏,前后方军心民心均感动摇②。

表 1－7　战时全国批发物价分类指数(1937 年 1－6 月＝100)

时间	总指数	食物类	衣着类	燃料类	金属类	杂项类
1937	103	100	107	103	109	103
1938	131	108	160	131	167	164
1939	220	163	308	284	305	240
1940	513	406	763	629	732	486
1941	1296	1170	1720	1374	1844	1152
1942	3900	3254	5527	4347	5760	3704
1943	12 541	9425	23 633	4274	17 354	11 556
1944	43 197	34 808	77 059	47 621	50 448	43 227
1945	163 160	149 245	231 657	184 918	183 870	146 717

材料来源:根据国民政府主计处统计局材料编制,谭熙鸿主编:《十年来之中国经济》(中册),中华书局 1948 年版,第 13 页;张维亚:《中国货币金融论》,《台湾新生报》1942 年,第 150 页。

---

① 王洪峻编著:《抗战时期国统区的粮食价格》,四川省社会科学院出版社 1985 年版,第 6 页。
② 尹静夫:《中国粮政》,(台北)四川文献社 1980 年版,第 5—6 页。

说明:统计地区包括重庆、成都、康定、西安、兰州、昆明、贵阳等后方城市。

从表1-7看,1937—1940年,食物、衣着、燃料、金属、建材、杂项六类价格指数,食物类指数上涨最慢,居最后一位。1941年,升到第四位,高于建材和杂项,说明1941年粮食问题较1937—1940年严重。1942—1944年,退至第五位。1945年,国民政府对沦陷区十省免征田赋,田赋征实征收粮食总量大幅锐减,致求远大于供,食物类上涨指数又居于第四位。也就是说,除了1945年,食物类指数上涨最高最快的一年是1941年,即1941年成为抗战时期国民政府粮食问题最严重的一年。是年6月,粮食问题愈形严重①。

粮价的稳定对于整个物价的影响意义重大,为稳定粮价,1941年,国民政府先后颁布了《非常时期取缔日用重要品囤积居奇办法》《非常时期违反粮食管理治罪暂行条例》。《非常时期取缔日用重要品囤积居奇办法》对何谓囤积居奇作了界定并制订了处置办法。属于囤积居奇行为的有:非经营商业之人或非经营粮食业之商人,购囤粮食营利者;经营粮食业之商人,购囤粮食不遵粮食主管机关规定出售者;粮户或农户之余粮,未经粮食主管机关规定出售而规避藏匿者。对囤谷5000市石或小麦3000市石以上者至谷50市石或小麦30市石以上者分别处于死刑、无期徒刑、有期徒刑、拘役或1000元罚金等处罚,并没收全部粮食②。"取缔囤积"政策的贯彻情况,可于国民政府要人蒋介石、孔祥熙的讲话中窥知。1940年11月,蒋介石在《粮食管理要点与县长的重大责任》的训话中讲到:四川"大多数的县长仍旧是阳奉阴违,与从前的官僚完全一样;不是背地讥评,就是怀疑观望,县粮食管理委员会徒具形式,对于规定办法,不能彻底执行,贯彻到区乡镇保,以致囤积的依然囤积,隐匿的依然隐匿,规避的依

---

① 尹静夫:《中国粮政》,(台北)四川文献社1980年版,第91—92页。
② 《国民政府公报》渝字第361号,1941年5月14日。

然规避。……这是何等痛心的事"[1]。1941 年 2 月,孔祥熙在召开的全国粮食会议上指出:"一般奸商,乘天气亢旱之余,起而囤积垄断,以致市面供求渐呈波动现象,粮价遂更番上涨。……于是各项物价,一致暴涨,粮食为人民日常生活的必需品,价值的高涨,更不能例外了。"[2]蒋、孔二人一致认为囤积居奇执行不力,其严重后果是粮食不上市,导致粮价上涨,这是粮价不得平抑的一个主因。能够囤积居奇者,一般均是地主与社会上的特权阶层,即便是地主,亦非仅为单纯占有土地之人,其在政治及军事上都有一定的潜势力,故取缔囤积居奇实质上是利益再分配问题,取缔的成败取决于政治、军事等综合实力导向。而粮管当局"未能采取此项政策,或虽采取此策而未能切实推行,其别有苦衷在耶"[3]。言外之意,取缔囤积居奇失败的主因是政策执行不力。为何执行不力呢? 苦衷何在? 恐怕更多是指上述特权阶层的阻挠吧!

　　不仅如此,地方与中央意见不一致,亦使中央政府的政令大打折扣。在蒋介石、孔祥熙等人大谈特谈取缔囤积居奇之时,时任川康绥靖主任、副主任的邓锡侯、潘文华却公然与中央唱反调。他们二人认为四川、西康粮价高涨问题,并不是因为囤积居奇,要完全解决粮食,节制粮价,最好是准许并奖励大家公开囤积,本来囤积是没有什么大害的,必须禁止的是居奇[4]。他们将"囤积"和"居奇"分开讲,事实上是行不通的。邓、潘之意见完全与蒋、孔等人的意思相反,蒋、孔二人

---

① 秦孝仪主编:《革命文献》第 110 辑,《粮政方面》(一),(台北)"中央"文物供应社 1987 年版,第 124 页。

② 全国粮食管理局编印:《全国粮食报告》,1941 年版,第 17 页。

③ 张櫆任:《四川省粮食管理之回顾与前瞻》,《西南实业通讯》第 4 卷第 5、6 期合刊,1941 年。

④ 邓锡侯:《抗战八年之川康后防》,川康绥靖主任公署秘书处编印 1946 年版,第 27—39 页。

认为囤积居奇罪该万死,应予取缔,而邓、潘却认为"没有什么大害",应该奖励。上层意见如此相左,"取缔囤积"政策的效果可想而知!

因各种措施均不能制止粮价飞涨,全国粮食管理局决定对政府机关人员、城市贫民发售平价米,即"实施平价"政策。由于政府掌握的粮食过少,平价米的发售范围是相当小的,它仅是将国民政府各级人员的食米问题从市场上解脱出来,由国家负责发放。实质上正是政府无力解决粮食问题的表现,即在不能解决全部人员粮食问题的条件下,退而求其次,只负责解决部分政府人员的粮食供应,从而放弃了广大民众。易言之,"实施平价"政策的出现,系以市场不能满足需要、无法控制粮价飞涨为前提的。以重庆市为例,全市人口100万,人均每月食米2市斗,每月共需20余万市石,而平价米只有3万市石,仅占全市总需要量的1/7多,且大部分是供给政府机关的公务人员,大多数重庆市民是吃不到平价米的。供给贫苦市民的食米数量,每月为1.2万市石,仅够6万人一个月的口粮,重庆的贫苦市民又何止十倍于此[1]!

时人对全国粮食管理局期望颇高,陈正谟认为它"开吾国近代粮政史上之新纪元"[2]。全国粮食管理局时期粮政效果如何?以国民政府管理粮政力度最大的四川为例,四川省粮食管理局指出:"本省粮食管理,如调查粮食,登记存粮,组织粮商,管理市场,核定粮价,电报粮情,以及确定供销区,分配供销量等项,本局无不以最大之决心和努力,奋勉将事。终以环境演变与意外事件之发生,致未尽量达成预期计划,直至现阶段为止,愈形严重,军糈民食,需要迫切。"[3]时人

①王洪峻编著:《抗战时期国统区的粮食价格》,四川省社会科学院出版社1985年版,第164页。
②陈正谟:《田赋征实与粮食征借之检讨》,《四川经济季刊》第1卷第2期,1944年。
③王洪峻编著:《抗战时期国统区的粮食价格》,四川省社会科学院出版社1985年版,第166页。

于登斌认为粮食管理，"成效未著，反使粮食退藏愈烈，粮价飞涨愈甚，以致造成三十年粮荒之严重现象"①。上述二者的言外之意，粮政愈实施，粮食问题似乎愈严重了，似从另一个侧面反映出全国粮食管理局时期粮政之失败。粮食问题的症结是市场粮食缺乏，因而粮价高涨，政府管制粮价仅仅从价格本身着手是没有用的，必须掌握相当数量的粮食才有实效可言。换言之，要稳定粮价，必须掌握粮源。全国粮食管理局亦意识到了此问题，所以拟定了以量管价之原则，力图迅速解决粮源②。可惜，其"管理粮价最感困难的是如何控制粮源"，没有粮食，要平抑粮价自无可能。

　　从抗战爆发至粮食部成立之前，国民政府对粮食的管理是伴随着粮食问题的日趋严重而不断加强管理的力度。抗战初期，因粮食丰收，甚至出现谷贱伤农现象，粮源充足，所以国民政府并未意识到粮食管理的急迫。因而国民政府虽颁布了一系列管理粮食的法令，设置了一些机构，但大多停留于口头或形式，并未真正贯彻实施，实质上对粮食采取的仍是自由放任政策。1940 年，大后方以四川为首，粮价猛涨，影响军粮民食，国民政府始成立全国粮食管理局，开始了抗战时全国统一的"粮政"时期。全国粮食管理局时期，尽管采取了一系列政策措施，试图稳定粮价，可惜，国民政府一直想用政治方法，以行政干预的手段解决粮食问题。恰恰相反，粮食问题属于经济问题，必须用经济方法设法解决，单靠行政命令无法解决，非但未稳定粮价，反致粮价愈涨愈高，最终国民政府撤销全国粮食管理局，宣告全国粮食管理局管理粮政之失败。

---

① 于登斌：《战时粮食管理政策与重庆粮食管制》，《四川经济季刊》第 1 卷第 4 期，1944 年。
② （台北）"国史馆"档案："国民政府"001000006650A；《物价管制》（一）。

第三节　粮食国营之理论与实践

一、孙中山的粮食国营理论

孙中山是国民党的创始人,他的各种理论对国民党的影响很大,每当国民党遇到难题时,总喜欢在孙的著作中寻找理论根据。以孙中山继承人而自居的蒋介石,也不例外。抗战时期,在国民政府遇到粮食危机之时,孙有关粮食问题的理论对国民党而言,至为重要。孙对粮食问题的解决之策,就是粮食国营。

孙中山对粮食问题是比较重视的。他在《三民主义》之民生主义中说:吃饭问题是重要的民生问题,吃饭问题不解决,民生问题便无法解决,所以民生主义的第一个问题便是吃饭问题。民生主义就是让四万万人都有饭吃,并且要有很便宜的饭吃;要全国的个个人都有便宜饭吃,那才算是解决了民生问题[1]。他认为要彻底解决吃饭问题,必须具备三个条件:粮食生产要充足;粮食分配要平均;人民对国家要尽义务。并认为吃饭问题是解决其他问题的基础,吃饭问题能够解决,其余问题即可随之解决[2]。此时孙有关粮食问题的探索,只是一些大的原则,尚无具体措施办法。

如何解决吃饭问题? 孙中山的主张是粮食国营,又叫粮食公卖,即粮食由国家集中管理,禁止私人经营,即不允许私人操纵垄断粮食。他在《地方自治开始实行法》中说:"地方自治草创之始,当先施

---

[1] 中国国民党中央执行委员会宣传部编印:《国父关于粮食问题的遗教》,1941年,第1、5页。

[2] 中国国民党中央执行委员会宣传部编印:《国父关于粮食问题的遗教》,1941年,第22—23页。

行选举权,由人民选举职员,以组织立法机关,并执行机关。执行机关之下,当设立多少专局,随地方所宜定之,初以简便为主。而其首要,在粮食管理局,量地方之人口,储备至少足供一年之粮食,地方之农产,必先供足地方之食,然后乃准售之外地。故粮食一类,当由地方公局买卖,对于人民需要之食物,永定最廉之价,使自耕自食者之外,余人得按口购粮,不准转卖图利;地方余粮,则由公局转运,售卖于外,其溢利归诸地方公有,以办公益。"①概括言之,孙粮食政策的核心是于地方设立粮食管理局和公局,对粮食实行彻底的管理和统制,避免饥馑和社会问题发生。

事实上,从《国父关于粮食问题的遗教》内容看,对粮食具体政策的实施,孙中山在遗教中并没有做系统的指示,只是在解释和探索民生主义、心理建设、物资建设、钱币革命、地方自治实行法诸篇中,提出了一个关于粮食问题的大致理论。对之适合于战时或平时,亦未做说明。至于实施粮食管理详细、具体的方法,更是缺乏。不过,我们可以综合遗教中关于粮食问题的理论,探索出一个系统的关于粮食问题的纲要:

一、管理机构:中央设立粮食管理机关,以科学方法管理全国粮食。各地方分设粮食管理机关,办理粮食生产、消费、分配、运输、仓储诸事。

二、管理原则:与土地政策及节制资本相辅而行,测量土地,制定法律,解放农民,保障其权利,鼓励生产,逐渐打破资本主义,达耕者有其田之目的。

三、管理方法:

1.生产及制造:移民殖边,扩大耕地面积,改良农业技术,开

----

①中国国民党中央执行委员会宣传部编印:《国父关于粮食问题的遗教》,1941年,第28页。

发水利，预防灾害，严密调查统计各地生产数量，各地磨米磨麦机房皆由中央管理。

2.消费及分配：精确统计人口，计算各户消费量，作合理之分配，以达计口授粮。调查各地丰歉及存粮盈虚，随时予以调节，使家给人足，各取所需，无向隅者。节制粮食之消耗，限制酿酒制糖等项所用粮食之数量，分配粮食由中央机关管理，各地粮食，均由公局买卖，永定最廉之价，使自耕自食者之外，余人按口购粮，不准转卖图利。

3.运输及贩卖：粮食之运输及出卖，均由政府办理，若输出国外时，由中央经理部之输出部经营之。运输时当尽量利用水道及铁路公路，沿河设特别船。国内各地均设谷类运转器，以求便利。地方余粮由公局转售于外，其溢利归诸地方公有，售于外国所得之资金，用以偿还外债之本息。

4.仓储及保存：各地储粮以足支三年之食为准，至少须备一年之粮。仿古代义仓制度，制定仓库法。并与货币政策相辅而行，建设各级仓库。改良仓储存粮方法，使达量多而质不坏目的。全国粮食之储存，均由中央管理，以便调节国内食粮之供需。①

可是，在南京国民政府成立后很长的一段时间里，孙中山的粮食国营理论并未引起国民政府的足够重视。只是到抗战爆发后，伴随着粮食问题的日益严重，情况才略有改观。

二、抗战初期国民党人对孙中山粮食国营理论的继承与实践

(一)以孙科为首的国民党人对孙中山粮食国营理论的继承

抗战时期，孙中山的粮食国营理论被其子孙科继承并发展。孙

---

① 闻亦博：《中国粮政史》，正中书局 1943 年版，第 142—143 页。

科认为只有推行孙中山的民生主义政策,才能解决战时财政经济问题,而粮食国营即是民生主义的一个重要方面。只有实现粮食国营,才能解决目前中国面临的困难,一方面可解决人民生活的困难,另一方面亦可缓解国家财政的压力。

孙科对粮食国营评价极高,他认为粮食国营有三大功效:第一,可平抑粮价,进而平抑物价。粮食由国家经营,革除了垄断囤积之弊,价格就不会高涨,也不致刺激各种物价上涨。因为国家公卖平价米给人民吃,价格又较低,人民就不会买高价米。因而粮食国营的第一件事,可以做到压低米价。米价一低,其他物价亦可随之而降低。第二,能收缩法币流通量,使市面通货数量减少,刺激物价上涨的作用减轻。假定四川有一万万担稻谷未卖出去,政府以市价征收,以平价售给人民,在一买一售之间,便可收缩法币流通量,防止通货日益增加。第三,可补助国家财政,并能开发国家将来的财源,解决大部分战时财政问题。"假定用一种方法,由国家收购(粮食),则进出之间,于不剥削人民利益之下,国家经营得法,便可有几十万万元的收入,以弥补国家财政。假如国家经营得法,国家不要说五万万元十万万元,即是一百万万元,也许可以做得到的。即便粮食公卖不能完全解决粮价、物价、财政等问题,至少可以相当解决。"[1]

孙科对粮食国营的期望颇高,甚至认为粮食国营是达到平均地权的一个步骤。在他看来,如果粮食国营的办法能够行得通,实际上就能将土地所生产的财富一部分集中于国家,地主看到广置土地无利可图,就是有点利,已由政府给他储蓄起来,必不再投资购买土地,对土地失去兴趣。这时国家就可对私有土地发行一种土地券,将土

---

[1]孙科:《粮食问题与抗战建国》(1940 年 11 月 30 日在立法院演讲),《中央日报》1940 年 12 月 14 日。

地收购回来重新分配①。这样距孙中山的平均地权就不远了。粮食公卖在他心目中的作用如此之大,他认为,"这种办法,在平时应该采用,在战时尤应即予实行"②。

　　要达到上述成效,政府必先掌握大量粮食,国家采用何种方式收粮,才能让握在地主手中的粮食转到国家手中呢?孙科的具体办法是:由政府直接下令,让佃农每年直接以谷物缴到国家收谷机关,由国家按规定价格支付地主现金和建国储蓄券各半,然后由政府将收到的粮食合理分配。他并以四川为例,阐释其粮食公卖理论的可行性。他认为四川农民,自耕农少而佃农多,每年收入大概有六七成归地主,四川每年产稻大约一万万担,假如地主所收谷租只占稻产的五成(实际不止),那么最少有四千万担谷子在地主手里。政府本可用革命的手段将其没收,现在用和平的方法由国家收买。国家下命令让农民将应交地主的缴谷都缴到国家收谷机关,不再交地主。地主向国家索租时,国家给他一半现钱,其余一半给建国储蓄券,替他在银行储蓄起来。这种办法并不算是没收,而把粮食转到国家手里。国家怎样收买粮食呢?即分期收。假如第一期先收一千万担,以平均市价 120 元一担收买,一半付现 60 元,一半付建国储蓄券。等到国家公卖的时候,把价钱压低为 100 元,消费者拿现钱向国家购买,国家实收 100 元,支出只有 60 元,多收 40 元。等到第二期(第二个月)再收一千万担,因为市价已经变为 100 元一担,那么每担所付的一半现钱只是 50 元,其余 50 元仍是付给建国储蓄券。等到第二批公卖时,再把价钱压低为 80 元一担,实际收米时,每担只付 50 元现金,卖出时收入 80 元,每担多收现金 30 元。到第三期收进米粮时,

---

① 孙科:《粮食问题与抗战建国》,《中央日报》1940 年 12 月 16 日。
② 孙科:《抗战期间的经济政策》(孙院长在中枢纪念周报告全文),《新华日报》
　 1940 年 12 月 5 日。

按市价 80 元,还是一半付现,一半储蓄券。照此一期一期的买与卖,一直到米价跌到合理价钱时为止,或是 30 元收 30 元卖。一方面可使稻价逐渐降低,一方面有紧缩法币的作用,此系对地主的办法。对佃农、自耕农的余粮也要由国家收买,收买佃农、自耕农的粮食,为奖励农民耕作生产起见,给予八九成现款,一二成储蓄券,或对佃农余谷收买全部付现,以为奖励。如此地主、自耕农甚至佃农的余粮,只许公卖不许私卖,就全部集中到国家手里。易言之,将土地所生产的余财动员起来,转移到国家手里,亦等于强迫地主富户储蓄,为国家建设开辟财源[1]。

　　孙科粮食公卖理论的首要条件在政府要掌握粮源,而大量的粮源是掌握在地主手中。因此其粮食公卖成功的关键在地主的态度,因为一般农民与佃农缴纳赋税或租额后是没有多少余粮可卖的。要将粮食按照他的办法收到国家手中,必会遭到地主的强烈反对。因国家收买粮食仅付给地主一半现金,另一半是建国储蓄券。在战时物价尤其是粮价不断上涨的情形下,储存现金或储蓄券显然不如存储粮食等实物有利,这亦是孙科粮食国营理论势必会遇到地主强烈反对的主因。民国时期的大地主和以前的地主大不相同,他们大多身兼军阀或商人的双重或三重身份,均是地方上有势力的人物,且根深蒂固,有些甚至是政府行政部门的要员,要真正实施粮食公卖制度,必须集中他们手中的粮食,势必引起这些人的反抗与破坏。对此,孙本人亦不否认。但他认为日本力量比地主强大得多,日本先后动员 300 多万人,跟中国打了三年多仗都未能征服中国,国家对如此强大的敌人都有办法抵抗,对地主一定也可以解决[2]。显然,面对时人的质疑,孙的反驳是软弱无力的,他并未提出强有力

---

①孙科:《粮食问题与抗战建国》,《中央日报》1940 年 12 月 15 日。
②孙科:《粮食问题与抗战建国》,《中央日报》1940 年 12 月 15 日。

的措施来保障国家可以从地主手中获取粮食。实际上,国民政府代表的正是大地主大资产阶级的利益,要它过多地损害或削弱大地主的利益或实力,是不可能亦是不现实的。正由于国民政府不愿过多伤害地主的利益,从而决定了孙科粮食国营在国民政府统治时期的不可行性。

孙科还预料到时人会以征收稻谷方法太麻烦来反对他的理论。他认为征谷麻烦,不但地主会反对,或许农民亦会反对。但他认为政府办理征兵,其麻烦与困难程度和征谷相当,征兵政府都能办到,征谷也一定能办到。征谷要动员大量公务员,毛病自难避免。关于这点,他仍以办理征兵为例,征兵不能说全没毛病,但国家并不能以其有毛病而废止兵役。虽然兵役也许一时一地办理不好,但不能因此就停办兵役,同样对于征谷,不能因有困难就不办。为了抗战,政府已动员 500 万兵,现在办理征谷,动员一二十万公务员应该也无问题①。征谷可以将地主的余粮集中起来由国家运用,此对促进抗战与建国作用甚大。征谷必须培养大量人员,特别是动员优秀青年参加粮政,没有一批高素质的人员负责,便无法实现粮食国营,贸然实现,农村必然会发生许多严重困难。后来国民政府实行田赋征实,亦遭到部分时人反对,他们不同意的原因之一就是认为征收实物太烦琐,且又必须配备大量的行政人员,行政开支太大,不符合财政节约的原则。实际上,正是田赋征实后的烦琐手续给农民缴纳粮食带来诸多不便,也使征粮人员有机可乘;也正是由于征实的复杂(与征货币相比),政府必须使用比征币时两倍或者更多的人员;由于缺乏行政人员,大量的基层经征经收人员系临时聘用或仍然任用旧式的胥吏或粮书,他们的低素质导致粮政舞弊层出不穷。

要实现粮食公卖,掌握粮源,国家首先应了解地主余粮的数量。

---

①孙科:《粮食问题与抗战建国》,《中央日报》1940 年 12 月 16 日。

要做到此点,必须进行详细的农村调查,清查农村土地所有权,粮食集中在谁的手里,大约有多少。而这一切,必须使负责调查的机关是真正能执行其职务,而不是借此鱼肉百姓的组织。唯此才能将农村的真相调查出来,才能为粮食公卖奠定良好条件。同时,要将农村粮食占有状况的真相调查出来,还应积极扶持雇农、佃农与自耕农,孤立农村囤积粮食的大地主。扶持雇农、佃农与自耕农,一方面应让他们了解粮食管理的重要,组织他们健全其组织,不致受旧势力的威胁与各个击破。另一方面对其在经济上予以协助,使他们摆脱高利贷的压迫。有了政治与经济力量的充分保证,大地主再狡,其粮食亦无法隐瞒。地主势力再大,亦无法阻止佃农将租谷交于政府收谷机关。否则,在地主的淫威下,佃农是不敢将租子交给国家的,良好的计划亦可能产生最坏的效果。所以扶持雇农、佃农与自耕农是真正保障粮食问题解决的基本条件,亦是政府法令能够彻底实行的唯一保障[1]。上述两点,对国民政府而言是难于办到的。由于国民政府依靠的不是广大的劳苦大众,而是农村中以甲长、保长为首的地主豪绅,因而不可能调查到农村粮食占有的真实情况,不知地主有多少粮食,政府就无法收买,粮源无确切保障,粮食公卖即难以实现。后来国民政府田赋征实一直采用比例制,而没有大量施行累进制,其主因亦是无从调查农村各户尤其是大户地主存粮的确切数额所致。

此外,孙科粮食公卖的出发点是建立在粮价逐步降低的基础上。按照其理论,第一期政府买粮的价格是 120 元,以后逐渐降低,政府为实现粮食公卖所付货币不多,甚或营利。事实上,战时大量增加货币发行量几乎是世界各国的通例。作为经济落后的中国,关税、盐税、统税收入急剧下降,战初又仅有少量外援可资利用,货币发行量

---

①《如何解决粮食问题——有感于孙科之粮食国营》,《新华日报》1940 年 12 月 14 日。

与他国相比只会更大量增加，而不会减少。伴随货币流通量增加而来的，即是包括粮价在内的物价飞涨，在此背景下，孙科假定粮价逐步下降是不可能的。粮价不断上涨，政府收买粮食的价格必随之而涨，财政负担亦会越来越重。同时因粮价的大幅增长，地主将更不愿将粮食售于国家，而仅仅拿到不断贬值的货币与储蓄券。这是孙科粮食公卖无法实现的又一原因。

粮食公卖的实质，是将粮食由地主手中转移到政府手中，然后由政府以平价的方式售于消费者。由于调查困难，更由于国民政府不愿开罪地主，导致孙科粮食公卖理论要在中国实现困难重重。这亦是国民政府没有采纳其理论的主因。

（二）粮食国营的实践与破产

抗战时期，将孙中山粮食国营理论付诸实践的是福建省。该省在 1940 年 9 月至 1941 年 9 月曾实行公沽制度，并计口授粮。

为实现粮食国营，福建省政府主席陈仪特在各县设立公沽局（即地方公局买卖的机构），为配合公沽进行，采取了各种措施和办法：

首先，要实现公沽制度，必须保证充分的粮源。为此，福建省特规定粮食为非自由商品，绝对禁止私人买卖行为，县际间粮食运输，除杂粮外，应申请发给运粮证明书，以凭统计。民间所有余粮[①]应依照规定售于当地公沽局或其分支局，未设公沽局地方为合法粮食购销机构或县区政府，再由他们批发售于零售商，转售缺粮人民。

其次，统制运输。各县区间运输米谷，除粮食机关特准者外，关于交运与接收两方，在已设公沽局的地方为公沽局，未设公沽局地方为合法粮食购销机构或县区政府，其余任何机关团体及人民概不准自由买卖，违则以私运论。其查缉私运工作，除在各县公沽局设立稽

[①] 这里所指余粮是粮食生产者除每人留谷 5 市担以外的粮食，所留 5 市担是为了供其自用。《福建之田粮》，福建省政府印行 1944 年，第 58 页。

查员负责稽查以外,并在南平设立临时联合稽查处,由军警以及各有
关机关会派稽查员警,联合稽查私运粮食事宜。

再次,公沽局营运资金由县区政府和公沽局总管理处双方各负
责一半,金额多少视各县购销粮食数量多寡而定。公沽局收购余粮,
除用现金收购与交付一定的定金收购外,并奖励农民自动将粮食送
到公沽局,以便公沽局收购。同时对农民因食用杂粮而节省下的主
粮,要求收购者对其予以一定的奖励。公沽局只许依一定价格购进
粮食,并依照批发价格批发粮食给零售店,不准零售粮食于人民。零
售店只准依消费者所持购米证计口授粮,不准向人民购进粮食。零
售商每售出粮食一市担,收取手续费五角。公沽局每半年办理决算
一次,其损益县区政府与公沽局总管理处定有比例分配。

最后,对公沽局掌握的粮食实行定量分配制度,即计口授粮。粮
食消费者不分男女老少,平均每人每日各予以 12 两至 1 斤的粮食
(过去 1 斤为 16 两)。对体力劳动者,如工人及船夫等人,得酌予增
加。计口授粮的办法是由县粮管会根据户口册发给购米证,人民凭
证向零售商购米。计口授粮地区以城区为限,俟有效时再推广于
农村①。

福建省实行粮食公沽制度,由公沽局收购余粮,然后按照人口授
予缺粮市民,理论上是行得通的。然而事实上,闽南及沿海各县大多
在 1941 年 6 月以后相继撤销公沽局。紧接着在 10 月,福建省政府
宣布将粮食由绝对统制改为相对管理政策,即以民营为主、官营为
辅,登记并鼓励粮商采购供应,利用粮商原有组织及经济力量,以助
政府之所不及。福建省政府将粮食政策由绝对统制改为相对管理以
及公沽局的撤销,实质上标志着计口授粮尝试的失败。未撤销公沽
局的地方已失去公沽的原意(如长汀县),其性质已由统制粮食的计

---

① 《福建之田粮》,福建省政府印行 1944 年,第 57—59 页。

口授粮机构变为军粮代办所,所授粮的口只是军队和警察。其中偶有照官粮价供给公务员者(仅限政府官吏),但性质仍不外是官粮的代办所,平民是授不到粮的(官粮价高于军粮价低于市价,实质等于平价价格),平民的食米只能自筹办法[①]。或是变为米粮自由购销的代办所,根本不是公沽,而概照市价发售,即依市价买进,再以市价加上手续费卖出,与其他粮食零售商店无甚分别。总之,尚未撤销的公沽局,本质已完全改变,已毫无公沽之原意,试验了几个月的计口授粮制度,在福建已完全失败。此点连福建省政府亦不否认,福建省政府认为公沽制度"因条件未备,难以实行"[②]。所谓条件未备,其实更多是指粮源未解决。为此,福建省政府特确定今后努力的主要途径为增裕粮源、封锁沿海与流通内地,以使政府手中掌握大量粮食,借此解决粮食供应问题。可惜的是,在田赋征实之前,收效甚微。

公沽局出现于福建省沿海各县米粮极度恐慌、米价飞涨及政府平价米粮政策失败之后,换句话说,公沽局成立于"平价即无米"时期。计口授粮是在民众对统制失去信仰的时期开始,亦是商人感觉政府无能为力之时期开始。此时公沽局的成立,其目的不外是想以计口授粮的方法,以平价米解决民食问题。按照公沽制度规定,凡持有购米证者(原不限于军警或公务员)均可凭证向公沽局依公沽的官定价格(公沽价格实为平价价格)购买应有的粮食(如每成年人每日12两等)。发放购米证的标准是根据保甲户口调查,因而实质上,公沽局实系计口授粮的行政机构。因福建保甲制度办理尚力,各种统计较完善,计口方面问题较少。易言之,米粮需要量方面的估计较为准确。但问题及失败的焦点是各公沽局无粮可沽,结果计口授粮变为口已计而粮不能授。根本未取得购米证的人姑且不论,即已有购

<hr>

① 黄开禄:《福建计口授粮试验的失败》,《新经济》第 6 卷第 5 期,1941 年。
② 《福建之田粮》,福建省政府印行 1944 年,第 59 页。

米证者,亦常等候终日而仍空手而回。因此,平民虽有购米证,亦多需要三五天的"抢购"或其他方法,始能购到一日之粮。因政府禁止粮食自由运销与自由买卖,若严格执行公沽制度,则公沽局实为唯一合法的零售粮食机关。如公沽局无能力供给市民粮食,而市民又不能一日不食,不能从公沽局买到粮食之市民,不得不在黑市上以市价购买粮食,因此黑市米价突飞猛涨。1941年3月,福州白米每市担竟涨到500元,且不易买到,各地亦有类似情形,以致出现各县党部及民众团体多请求取消米粮统制以济米荒的事情①。

要实施公沽制度,必须具备四个基本条件:其一,粮食的来源必须有充分准备,以便公沽局有粮可沽,有粮可授;其二,要有准确的人口统计,可以确定消费量;其三,配售办法务求完密简化;其四,办理人员必须具有新知识与丰富经验。四个条件尤以前两个条件最为关键。如前所述,福建的户口统计尚较准确,故粮食需要量方面问题不大,问题出在粮食供给量方面。公沽制度试验的失败,就是事前没有做公沽局粮食供给来源的统计,更没有考虑到怎样统制供给问题,以致余粮逃避,导致公沽局无粮可沽、无粮可授。

公沽局粮食供给的来源,是以强制公沽的价格向民间购买余粮。民间余粮的估计,是根据各户人口与耕地的多少决定。公沽局强制收买余粮的官价较市价低,一般为市价的五折或六折,必须如此,公沽局始能以平价价格沽出,否则若以市价购进,再以高于市价之价格卖出,则将失却统制及公沽的真意。在没有完全取消私人自由买卖粮食的局部统制之下,或在黑市尚可活动时,余粮若能逃避统制而变为私粮,便可在非公沽的市场上取得加倍的价格。此乃诱使大量余粮逃避公沽局公沽的主因,亦是公沽局办理计口授粮成败的关键所在。福建省试验的失败,就是因为绝大多数的"余粮"逃避了政府的

①黄开禄:《福建计口授粮试验的失败》,《新经济》第6卷第5期,1941年。

统制。

理论上而言,凡是粮食自给的省,若其余粮统制得法,则该省的计口授粮不应该失败。以县为单位论,若该县的粮食自给,则该县内的公沽局不应无粮可沽。事实上,福建数月的试验是:不但粮食不足县内的公沽局无粮可授(如福州),即自给的(如长汀)及有余的(如宁化)皆无粮可公沽或根本未实行公沽制度。由此可知,其失败的原因不是由于绝对供给的不足,而是由于张三的余粮没有由政府收购以公沽给粮食不足的李四,或是甲县的余粮没有为公沽局收到以供给缺粮的乙县。总之,就是因为余粮逃出政府统制。

因事前无准备,公沽局决定余粮的主要方法是任凭各户自报人口、耕地、余粮数,此种办法既可避免与地方上有势力的人物产生摩擦,又可省去诸多麻烦。方法虽较简便,无形中却导致许多有耕地的人少报耕地或多报人口,结果不但无余粮,还不够吃,反倒向公沽局要求发给购米证。而大地主因无法隐瞒,不便直接报无余粮,但却可报"原可有余粮百担不过因为甲也已购去五十担,乙也已购去三十担,今只有余粮二十担"[1]。公沽局只能向其收进 20 担,而其余的大量余粮则逃出统制。余粮逃避的去处主要是逃往市场上变为私粮,其次为流出省外(广东、浙江为主),最后为逃往敌区被日寇收买(沿海各县较多)。因而公沽局在公沽不久之后,即出现无粮可沽、无粮可授的局面,心有余而力不足,最后只能放弃。

福建省公沽制度施行的失败,说明要实现孙中山之粮食国营,首先要解决粮源,福建省收购余粮的办法显然不可行,国民政府只有另辟他径,政府掌握粮食最简单、最易行的方法只有田赋改征实物。

---

[1]黄开禄:《福建计口授粮试验的失败》,《新经济》第 6 卷第 5 期,1941 年。

第二章 田赋征实制度之出台

本章主要梳理田赋征实制度出台的环境与过程。以山西田赋征实的成功,诠释田赋征实的可行性;同时对国民政府制定田赋征实制度的过程予以考察,说明国民政府在该制度出台过程中的谨慎态度和制度实施之必然性。

第一节 地方田赋征实的先行试办

一、山西省的田赋征实

田赋改征实物之议,首先发端于山西。抗战初期到 1940 年前,因粮食丰收、战区较小,粮食尚不存在问题①。1940 年,随着粮食歉收、战区扩大,粮食问题凸显,主要表现是粮价高涨、军粮购办不易及市民买粮困难,上述矛盾在山西表现尤为突出,因之,这里亦成为最早实施田赋征实的省份。山西省地处抗日前线,较早遭到日军进攻,1938 年临汾战役后,全省重要城市大多陷于日军控制之下,国民政府军队分别转入晋西、晋西北、晋南山岳地带与日军开展持久游击战。晋西、晋西北、晋南各山岳地带历来属于产粮地区,其中有几个

---

① 粮食在全国普遍出现紧张状态是在 1940 年,山西因情形特殊,早在 1938 年即开始出现危机。

县,按本地人口和产量,本应是余粮县,但因驻军多达数十万、地处战区以及农民无法安心耕作而大量逃亡等原因,导致余粮县变成了严重缺粮县。因山西境内大军云集,饷需浩繁,再加上地狭且瘠,省税短缩,晋钞跌价,物价特别是粮价剧涨,致当地驻军就地购粮深感困难,官兵薪饷不敷食用,且时有部队买不到粮食之忧。军队买不到粮食,军纪即难以维持。

1938 年,山西就开始准备田赋改征实物,但当时并未实行[①]。是年春,倡行一种所谓合理负担摊派办法,系将财产在 3000 元以上的富户分为三等九级,按累进比例摊派捐款(即累进摊捐),使有钱者出钱,以求负担公平,并以所筹款项就地购粮[②]。该省政府想通过上项办法解决军粮不足之难题,然因物价继续上涨,其仅可救急一时,不能持久,军粮供应困难仍未能解决。1939 年,物价飞涨,山西驻军改行借粮办法,即所谓评价购粮,由当地驻军评定(所谓评定实为规定)粮价,强制向县政府与人民购(名为购实为要)粮,名曰官购,实同征用。一因购价太低,评定价格“与市价相差多自三倍五倍以至五十倍,人民赔累不堪”[③],纷纷请求救济,或多规避不售;二因漫无标准,军队无限制开条要粮,或派兵强搜,名为代购实系征收,致流弊发生,纠纷特多。守法驻军用和平方法按规定评价向人民购粮,根本购不到粮,只有每日派半数士兵沿门乞售,形同乞丐,甚有乞购终日而不得一饱者。而不法驻军则多乘机以平价购入(即派购),以市价售出,转手渔利百倍[④]。此种办法,军民双方交受其困,军粮供应仍困难重重。

---

①《山西田赋改征实物,实施一年成绩尚良好》,《大公报》1941 年 7 月 6 日。
②陈友三、陈思德编著:《田赋征实制度》,正中书局 1945 年版,第 2 页。
③宋同福:《论田赋改征实物与实物折价》,《中央日报》1941 年 1 月 28 日。
④宋同福:《论田赋改征实物与实物折价》,《中央日报》1941 年 1 月 28 日。

到 1939 年夏,晋西北部队士兵每月伙食费竟高达五六十元以上。该省当时有句流谚:"兵吃上尉,马吃中尉。"①即士兵每月伙食开支和上尉薪金相等,马乾费用每月与中尉薪金相等。结果士兵难得一饱,人民叫苦连天。在借粮办法弊病百出的情形下,为解决日益严重的粮食问题尤其是军粮供应问题,防止弊害,是年冬,战区司令长官阎锡山下令"停止评价购粮,实行田赋改征食粮,供给军食"。关于该省田赋改征食粮的原因、目的、实施决心,可于阎锡山为申明田赋改征食粮政策的手令中窥之。

　　田赋改征食粮,一方面是为解除人民评价购粮之苦痛,一方面是为解决军队吃饭问题之困难。过去评价购粮,粮价贵的地方,军队付价,不及市价十分之一。贱的地方,市价亦比评价高过三倍四倍。所以军队集中的地方,人民受不了供给食粮的痛苦,安分者叫苦连天,不安分者逃赴敌区,今年驻军多的县份,土地多荒芜无人耕种,即系人民逃亡之故。至于军队,因评价强派食粮,人民不愿交出,有沿门搜索甚至跪地哀求,而不得升合者,有以半数士兵出去发动食粮,而空手返回者,纷纷请求,要粮饷划分。我一方面为解决人民逃亡之危机,一方面为解决军队吃饭的困难,才决定停止评价购粮,实行田赋改征食粮,供给军食。现在开始实行,当然不免有许多不合适处,军政民各方应大家协力解决。如不能解决者,报我解决。②

虽然阎锡山决定实行田赋改征食粮的决心很大,但仍然阻力重重。1939 年春,阎命人研究筹备田赋改征食粮时,该省军政人员大

---

①宋同福:《田赋征实概论》,中央银行经济研究处 1942 年版,第 131 页。
②宋同福:《田赋征实概论》,中央银行经济研究处 1942 年版,第 131 页。

多认为："事繁难举,同时中央主管当局,尚未有决定改征实物之意,对晋省改征食粮办法,亦无具体意见。"[1]仅是因阎一再坚持,认为问题迫切,非实行征粮不可,故才有 1939 年田赋改征食粮办法的出台[2],并建议中央研究采用。

山西田赋征实的种类包括粮食、棉花、布,因山西产粮种类以小麦为主,故田赋征实亦以小麦为主,不产小麦或产量较少地区得以其他杂粮缴纳,不能交粮食现品者,准按市价折交省钞。征收标准为原征田赋粮银 1 两者,改征小麦一官石,或土布 4 斤,或棉花 10 斤(产棉县如不愿缴纳食粮者,可缴纳土布或棉花)[3]。为便利粮户完纳起见,规定小麦杂粮之间的折合率,小麦一官石(约等于市秤 155 斤)[4]折合小米一官石,莜麦(即油麦)一官石二斗,小豆、红豆、绿豆、豌豆、扁豆等各一官石五斗,谷子、黑豆各二官石。山西所辖 105 县已破碎不全,田赋征收食粮方法按各地区实际情形,将全省分为三区:我统治区、敌我交错区、敌侵占区。我统治区采用集中方式;敌我交错区由人民自行保管;敌侵占区则由人民直接缴纳钱赋[5]。按山西地亩完纳田赋平均数,为二十亩负担正银一两,每两改征一官石,每亩平均不过小麦五升,负担较轻。过去山西田赋每粮银一两折征银元 2 元 7 角 5 分,抗战前山西小麦每官石平均价格大约 3 元左右,故按正银一两改征小麦一官石,与过去每两正银折缴款数所折合小麦之数

①宋同福:《田赋征实概论》,中央银行经济研究处 1942 年版,第 131 页。

②山西于 1939 年 10 月着手筹备,1940 年 4 月开始实施,旋召集全省粮食会议,详研征粮办法,进行尚称顺利。秦孝仪主编:《革命文献》第 115 辑:《田赋征实》(二),(台北)"中央"文物供应社 1988 年版,第 187 页。

③《山西田赋改征实物,实施一年成绩尚良好》,《大公报》1941 年 7 月 6 日。

④系山西官担,每担重 130 斤,合市斤衡制 155 斤 1 钱 7 分 2 厘。

⑤上项改征标准,在晋东南各县,因驻军干涉,推行困难。后经第三行署主任电请减征 1/3,按 2/3 征收,即每正银一两改征小麦六斗六升,杂粮以之比折。

大略相符①。所以山西田赋改征食粮所采用的每两一官石标准,是
比较公允的。

山西田赋改征食粮机构和军队粮饷划分办法同时进行,故征收机
构之设置,为便于军粮供给起见,上级机构由山西省政府财政厅和第二
战区长官部粮秣处联合办理,省成立粮赋处,下级机关由各县组织供给
部,负实际征收分配保管运输之责。县供给部设部长 1 人,由县长兼
任。副部长、会计、监理各 1 人,由第二战区长官部派充,下设征收、保
运二科,各设科长 1 人,科员 2~3 人,士兵夫役 3~4 名,均由县长委任
或派用。易言之,由各县供给部一方面向人民征收粮食,一方面又配给
各地驻军食用,随征随发。因所征粮食系随征随发,事实上并不存在保
管问题。缴纳粮食运输,由吃粮者自取 70 里,人民送不过 80 里,如超
过上述范围,则由公家负担。食用上述粮食者为:军政人员直属眷属;
各公务单位每月有客饭 100 份;公务人员出差,公家设代办站,由村长
负责。口粮为每人每日 30 两,马料每日 3 斤,驴折半,皆系旧称②。

最早实行田赋改征实物的是山西,而收到相当效果的亦仅有山
西,但所收效果并不如想象中的大。因为至山西实行田赋征实前夕,
抗战已进行了三年多,全省大多数县已被日军蹂躏,国民政府军队占
领的晋西、晋南、晋东各山岳地带县份,能行使政权者不过 50 县,其
中完整者不足 10 县。又因晋南、晋东驻军关系,田赋征实在事实上
无法推行。即使在晋西约 30 县中,完整者不过五六县,且这五六县
中,有些原本属于缺粮县,其余 20 余县中或完全沦陷或一部分沦陷,
故田赋征实实际征起数和原来估计数相差颇巨,每年所能征到的粮
食数尚不敷晋西驻军半数军粮之用③。又据该省财政厅厅长王平对

①宋同福:《田赋征实概论》,中央银行经济研究处 1942 年版,第 131－132 页。
②朱博能:《战时中国田赋之改革》,《福建青年》第 1 卷第 9 期,1941 年。
③宋同福:《田赋征实概论》,中央银行经济研究处 1942 年版,第 132 页。

《大公报》记者言,山西 105 县破碎不全,全年田赋共 284 万两,1940年开征,共征有粮 30 万石,另有棉 10 万斤,布 400 斤①。

对于山西田赋征实之作用,阎锡山的评价是:"征粮实行以后,人民因负担平均,军队有取粮处,行政人员供给军队有了标准,三方面都感到便利,可以说田赋改征食粮制度已成功了。"②从山西每年征到的粮食数尚不敷晋西驻军半数军粮之用的结果看,阎之评价显然有些过高。但田赋征实首先倡行于粮产不丰、政权不完整、驻军骚扰的山西,已经收到相当效果③,如再推行于其他政权完整之省,收效应比山西大。山西田赋征实的初步成功,对中央后来决定在全国实施田赋征实无疑起着非常重要的促进作用。

山西实施田赋征实后,因系临时办法,加之标准不完善,所以未为各方重视④。上报中央后,国民政府以非常时期,山西情形特殊,当令准试办,1940 年 7 月准予实行,山西遂成为我国抗战时期田赋征实的策源地。之后相继举办田赋征实的有福建、浙江、陕西、甘肃等省,此为中央未收回田赋以前,各省酌征实物之初期试验。

二、福建、浙江、陕西等省的田赋"征实"

在国民政府中央批准山西田赋征实的同时,为统筹军粮民食起

---

① 《山西田赋改征实物,实施一年成绩尚良好》,《大公报》1941 年 7 月 6 日。
② 宋同福:《田赋征实概论》,中央银行经济研究处 1942 年版,第 132 页。
③ 山西田赋征实的效果如何,时人看法不一。宋同福认为,所收效果非如外人想象之大。理由是每年所能征到的粮数,尚不敷晋西驻军半数军粮之用。陈友三、陈思德则持相反观点,认为成效颇著。陈友三、陈思德编著:《田赋征实制度》,正中书局 1945 年版,第 3 页。本书赞同前者,因山西地处战区,大多数地区已经沦陷,在省政府已无法完全行使政权的前提下,田赋征实的效果必然大打折扣。
④ 财政部田赋管理委员会编:《三年来之田赋整理与征实》,中央信托局印制处 1943 年,第 2 页。

见,行政院订定《本年度秋收后军粮民食统筹办法》,规定:"粮食之筹集,以征购与实谷折征田赋,两者并行。"此后各省或为管制粮食平抑物价,或为弥补财政收支,或为救济军粮民食,或为节制均衡人民负担,或借口发展地方事业,大多拟有田赋改征实物办法或田赋改征实物米折小法。最先呈报中央而付诸实施的有福建、浙江、陕西等省。

福建是继山西后第二个实行田赋改征实物的省。自 1940 年 10 月 1 日起,福建在全省六十三个县区次第实行田赋征实,此举实开全国田赋改征实物折价制风气之先。其主要目的有二:第一,调节粮食,抑平粮价;第二,平衡税负,恢复战前田赋负担。

《福建省田赋改定征收实物米折标准办法》规定:以各县七七抗战前一年之平均米价为标准,将现有田赋正附赋额折成米额,改征米谷。"田赋未改制县(区),以丁粮每两石正税及原有省县附加如随粮捐,附加税一成,征收费三成,自治费二成,建设费、新旧教育费、保安壮丁基干队附加等并计,依该县(区)在七七事变之前一年,即二十五年七月至二十六年六月平均米价为折合标准,假如某县地丁每两正附税四元四角,粮米每石正附税九元六角(共十四元),二十五年七月至二十六年六月平均米价每一百市斤十元,即应改纳米一百四十市斤。""田赋已改制县(区),按新订各等则税率为标准,假如一等一则每亩税率九角,依该县(区)二十五年七月至二十六年平均米价每一百市斤十元即应改纳米九市斤。"

但该办法同时又规定:"各县(区)每期或每忙征收实物如有困难时,得定一米折合价,各以其本县(区)上年十月至本年三月之六个月平均米价为其第一期或上忙标准①,本年四月至九月之六个月平价米价为其第二期或下忙标准。前项每六个月平价米价,假定每百市斤四十元,其应纳米一百四十市斤者,即改纳米折国币五十六元,惟米折价时,准由各县(区)按当地实际情形呈报省政府核定公布。"改征米折计算方法,依据《福建省田赋改定征收实物米折标准办法施行细则》第三条规定:"(一)如七七事变以前一年(即二十五年七月至二十六年六月)平价米价每百市斤一十元。(二)如业户原有赋额为五十元,即应改纳米五百市斤。……假如每百市斤四十元为米折合价,依此计算则该业户应改纳米折国币二百元。"①该折征办法无疑是鼓励业户缴纳货币,在粮价上涨之际,纳税时的粮价已较过去六个月平价粮价高出很多,业户自不愿缴纳实物。实际上,福建(之后的浙江、陕西亦同)后来正是征收了货币而非实物。

1941年1月23日,行政院核准福建田赋征实,准照原案办理,1940年度下忙暂准八折征收,1941年度起应七折实收,以减轻人民负担。

浙江田赋改征实物及米折办法,大体与福建相似。浙江筹议田赋征实在福建之前,但至1941年1月始付诸实施(即浙省倡议甚早而实施迟于闽省)②。1940年夏,浙江省政府即有筹议田赋改征之议。据说"案未决而消息外传。闽省闻之……即派员来浙,详加研究,归而实行"③。易言之,福建田赋改征实物办法是抄自浙江,所以两省办法大同小异。继之实行田赋"征实"的陕西,大致是仿照福建、浙江田赋征实折价办法,其法较福建、浙江又高一筹。

---

①《福建省田赋改定征收实物米折标准办法》和《福建省田赋改定征收实物米折标准办法施行细则》,秦孝仪主编:《革命文献》第114辑:《田赋征实》(一),(台北)"中央"文物供应社1988年版,第180—185页。

②福建商讨半年即实施,而浙江筹议时间较长。

③据袁稚明言,闽省田赋改征实物米折办法系抄自浙省,而时人多以为浙省抄自闽省。袁稚明:《实物田赋》自序,1941年,第1页。转引自宋同福:《田赋征实概论》,中央银行经济研究处1942年版,第138页。而严家淦在《闽省建立田赋改征实物制度的目的》一文中,却认为田赋征实为闽省首创。即便不算浙省,晋省早已实施田赋征实,故严所说不实。

福建、浙江、陕西三省田赋"征实"办法基本相同,但在具体实施上又略有不同。对比《福建省田赋改定征收实物米折标准办法》《浙江省田赋征收实物及米折办法》《陕西省战时田赋改征实物暂行办法》,三者主要不同之处有:

(1)折征标准不同。福建是以 1940 年 10 月至 1941 年 3 月六个月平均米价为第一期或上忙标准,1941 年 4 至 9 月六个月平价米价为第二期或下忙标准。浙江是以各期田赋开征两个月前四个月内之平均公定米价为折征标准。陕西是以 1940 年 7 至 12 月普通等类粮食平均价格为 1941 年上期田赋折收标准,1941 年 1 至 6 月平均价格为 1941 年下期田赋折收标准。

(2)税收分配方法不同。福建规定自田赋征实后,其溢额以民三修正赋额为标准,除省款县款部分分别拨解外,其余可作为抵补各县(区)取消田赋临时附加、废除苛细杂捐暨实施县各级组织纲要后第二年起应增经费及支应其他应办事业应增经费之用,由省政府统筹支配。浙江、陕西税收分配方法更明确,浙江规定各县田赋改征后,征起赋款除提支 3%拨充各项征收经费外,余额在省县财政划分县,省县各 50%;省县财政未划分县,省 60%县 40%。陕西是以 45%解省,55%留县充作县地方款。

(3)浙江对业户逾期或抗缴税款做出处罚,粮户逾期或抗命不缴者,根据不同情形分别处以加收滞纳金、拘追、提取欠赋地收益、查封财产等处分。福建、陕西则无处罚规定。

(4)积欠田赋的处理不同。福建、陕西对以前价征各年积欠田赋仍照旧征收,不改征实物或米折,对征实后以前未完田赋亦未做出处罚。浙江规定 1940 年及以前各年旧赋,在改征后六个月内仍照旧征收,六个月后则一律按改征实物米折标准改征,较福建、陕西办法妥当。业户为避免改征后加重旧欠负担,定会争先清缴,对清理旧欠无疑是有利的。

(5)其他不同规定。浙江对游击区规定仍照旧征收田赋亩捐,地价税区仍照旧征收地价税,不改征实物或米折(征实可减成实收,折缴国币须照十足征收)。陕西因地处大后方,没有游击区,故仅规定对征收地价税县及城市区仍照定章办理。此系对战区与地价税区的特殊处理办法,福建则无规定。陕西规定其办法以战时为限,故办法名称特加"战时"二字,意即战争结束就停止田赋征实。福建、浙江则对中止时间无明确规定①。

从上述对比分析,浙江、陕西办法较福建全面,尤以浙江为甚。从表面上看,三省似以征实为原则,折征是在征实有困难时迫不得已而采取的变通办法。但从执行情况看,实仍系折征法币。即先以粮户原有赋额,按照七七事变以前一年平均米价为折合标准,折合成实物,然后再以某一时期的米价为标准征收法币。改征实物制是将原来以货币完纳田赋之税物,代之以实物完纳田赋税物之税,绝对不许纳赋人有以货币折价代缴之通融性。改征实物折价制是先以应完纳田赋之货币额,按规定标准米价折成米谷石数,然后再以现在市价将折成之米谷折回货币额以完纳田赋之税。即纳赋者只限以货币单位按折算数额以货币完纳,而不许缴纳实物代缴,此系两者的最大区别。因之改征实物是一种名实相符的实物税,改征实物折价系假田赋征实之名,变相加赋,是一种虚名实物税。以此判断,山西是改征实物制,福建、浙江、陕西则是改征实物折价制②。两者所起之作用亦大不相同,征收实物折价利在地方,

①《福建省田赋改定征收实物米折标准办法》《浙江省田赋征收实物及米折办法》《陕西省战时田赋改征实物暂行办法》,秦孝仪主编:《革命文献》第114辑:《田赋征实》(一),(台北)"中央"文物供应社1988年版,第180—193页。

②浙江最初曾有改征实物之议,即以谷代钱,谷每市担法币5元,粮户将应缴谷送到县粮食管理处,县粮食管理处在收谷后,给粮户谷价收据,再由粮户持收据向粮柜缴纳。消息传出后,全浙震动。后停止改征,仍实行米折办法。《东南日报》1940年8月18日。

增加了地方财政收入，缓解了其财政压力，而对调剂粮食、抑平粮价效用甚微①。改征实物利在中央，解决了国家面临的粮食问题。换言之，改征实物折价制仅以财政为唯一目的，改征实物制则是财政、粮食并顾之政策。

国民政府实行田赋征实之主要目的是调剂军粮民食、平均人民负担，解决财政问题尚在其次。故在《田赋酌征实物》决议案理由中曰："各省以粮价高涨之故，感于收支不敷，纷纷以现征之钱数，照民三或民国廿五年之粮价折成粮额，再以其折征之粮额，照现时粮价折成国币征收，反复折算，手续繁复，不惟易启纷扰，且恐难期公允，殊非所宜。"②国民政府希望各省在出产粮食而粮价高涨之地酌征实物，而无改征实物折价之意，对福建、浙江、陕西实物折价办法是不满的③。三省折征办法不仅中央政府不满，舆论亦是大加抨击，认为是变相加赋。

以福建为例，据该省财政厅厅长严家淦讲，《福建省田赋改征实物或米折标准办法》及《福建省田赋改定征收实物米折标准办法施行细则》之优点：一是不提高田赋税率；一是取消田赋临时附加。纳赋者不特不因改征实物而增重负担，反因临时附加之取消（各县区田赋临时附加计有 310 余万元均予取消），而减轻其负担。政府并可赖此收调节粮食、抑平粮价、便利收支、维护币值之效用，可谓一举数

①此与福建省实施改制田赋初衷不符。1940 年春，福建筹议改制征实，主要原因系感于粮食供需脱节，财政收支失衡，公私两方并受其困，始议创立田赋改征实物制度资以解救。
②《田赋酌征实物行政院决议案原文》，宋同福：《田赋征实概论》，中央银行经济研究处 1942 年版，第 327 页。
③奇怪的是，国民政府一面对三省推行实物折价斥责，一面又核定福建、浙江以七折实收，陕西以八折实收。中央此举事实上给实物折价以法律根据，无疑是默认各省实物折价做法之合理性。

得①。后又声称，本省田赋改制着重于征收实物，而其办法为米折。即先以粮户原有赋额，按照七七事变之前一年平均米价为折合标准，折合成实物，然后再以 1939 年 10 月至 1940 年 3 月或 1940 年 4 至 9 月六个月平均米价折合成法币折收。这种做法明显有违改制初衷。对此，严之解释是在田赋征收实物创制之初，存在大量的征收制度与技术方面问题，例如，"实物之经收与检定，收藏与运销，是否纯由税务机关主办，抑与其他机关分任其事，次如仓库问题，实物检定之标准问题，量器衡器之采用问题等，均在祈求解决之中，而仓库之配置，亦未完备，故为便利人民之输纳并避免公私之损失计，不能不有或征米折之一法，相辅并行。"②并决议从 1941 年下忙开始废止米折办法，完全征收实物。后因中央决定全国一律征实，该计划搁浅③。不管严如何为该省的做法辩解，不能否认，福建米折办法因反复折算，不仅折算手续烦琐，且田赋税率增加五倍。虽和战前物价标准相比，人民负担并没有加重，但仅从此数字言，则显然五倍于战前。因而严之所谓不提高田赋税率实是不现实的。同时又因未实施真正的征实（仅征收到粮食 1000 多石④），要收到调剂粮食、抑平粮价的效用更不可能。正由于此，该省办法当时即遭舆论抨击，认为是为救济眼前地方财政困难之变相加

---

① 严家淦：《闽省建立田赋改征实物制度的目的》，陈明鉴编：《田赋改征实物论集》，福建省银行经济研究室 1941 年，第 57 页。

② 严家淦：《福建省田赋改征实物之经过》，《经济汇报》第 6 卷第 1、2 期合刊，1942 年。

③ 福建省田赋改征实物办法公布后，即于 1940 年 10 月开始改制征收，新制推行尚无窒碍。唯人民多按米折标准折价完粮，而罕以实物输纳。省政府以为本省创立田赋征实制度，其主要目的实在于取得实物以调剂粮食抑平米价，如纳赋者因米折办法之存在而悉纳钱，殊与改制初衷有违。因议于 1941 年下忙废止米折办法，完全征实。严家淦：《福建省田赋改征实物之经过》，《经济汇报》第 6 卷第 1、2 期合刊，1942 年。

④ 金天锡：《论实物田赋与粮食库券》，《国民公报》1941 年 10 月 19 日。

赋,忽略解决军民粮食问题①。

时人金天锡在《田赋改征实物的商榷》一文中,在言及福建省田赋征收实物办法时,曾一语道出其实质:"由此可知田赋改征实物(指福建),实际就是加征赋税的意思。"②他在《国民公报》上进一步指出:"福建省政府的目的,仅在加征田赋,并不是要改征实物。省政府曾规定,征米如有困难,得依米价折合,缴纳国币。每年以其过去六个月的平价米价为完纳标准。去年下半年与今年上半年米价继续步涨之际,纳税时的米价,必较过去六个月的平价米价为高。纳税者自将折缴国币而不缴纳实物,并且省府对于折缴国币的,还准以八成实收,更加鼓励人民以国币缴税。"③《中央日报》刊登《论田赋改征实物与实物折价》一文,该文作者宋同福认为:"闽省当局尽可采加赋政策,按照省县财政实际情形,加征田赋五倍或更高税率,均无不可。在战时物价高涨,农产品之售价较之战前皆高出五六倍以上,政府增加五倍或更高税率之田赋,农民亦无理由反对。似可不必借改征实物之名,而有变相加赋之实,予人民以缴纳实物政府拒绝接受之非议。"④并进一步特别指出,福建之做法对他省实行真正的田赋征实,树立了一个负面榜样。意即浙江、陕西两省实物折价的出现,福建负有不可推卸之责任。三省实物折价办法的出现,将使真正欲实行改征实物者裹足不前,进而会延缓中央田赋征收实物之经济政策的实现⑤。甚至连福建本省人士也对此持异议,认为其办法立足于两种

①福建田赋收入原为 600 余万元,改征米折后,大约可收 3000 余万元,以八折计算,也在 2400 万元上下。即改征实物折价后,田赋收入是原来的四到五倍。宋同福:《田赋征实概论》,中央银行经济研究处 1942 年版,第 138 页。
②金天锡:《田赋改征实物的商榷》,《财政评论》第 5 卷第 3 期,1941 年。
③金天锡:《论实物田赋与粮食库券》,《国民公报》1941 年 10 月 19 日。
④宋同福:《论田赋改征实物与实物折价》,《中央日报》1941 年 1 月 30 日。
⑤宋同福:《论田赋改征实物与实物折价》,《中央日报》1941 年 1 月 30 日。

观念:第一是增加财政收入;第二是确认货币贬值①。

　　舆论的猛烈抨击起了不小的作用。正如一般社会分析人士所言:"此种折价征收办法(指福建、浙江、陕西三省),时贤多论以有变相加赋之议,舆论非之。故其他省份亦鲜有仿行者。"②

　　福建、浙江、陕西三省实行田赋征实的办法,大部分是以某个时期的粮价为标准折合成货币征收,实质上是一种变相征实,也叫征实折价,与山西的办法迥然不同。双方目的亦不同,山西主要是为了解决军粮问题,而三省主要是增加财政收入,调剂粮食、抑平米价尚在其次。实际上,三省的做法是不能解决粮食问题,特别是军粮供应问题的。而且因三省所定标准须往复折算,亦颇遭地方反对③。上述四省两种不同办法的实施与效果,为中央改制田赋提供了两种不同的蓝本。后来国民政府决定改制田赋时,亦曾想采取类似于三省的做法④,唯摄于舆论对三省做法的犀利抨击而放弃,最终走上了山西道路。继三省之后,筹办田赋征实的尚有四川、甘肃(甘肃 6/10 县本就征实,征实仅是 4/10 县改征)等省。其实不仅上述诸省筹议实施田赋征实,其他各省也纷纷以粮价高涨、农民负担减轻、财政收支失衡为由,加倍征收田赋,各种以田赋为名的附加亦层出不穷。由是足证,田赋改征实物或米折已成为地方各省一致的呼声,而地方纷歧的做法,亦需要中央做一统筹规划⑤,以便更好地改革田赋,国民政府

---

①李黎洲:《闽省田赋改征实物平议》,《生力旬刊》第 3 卷第 13、14 期,1940 年。

②宋同福:《田赋征实概论》,中央银行经济研究处 1942 年版,第 295 页。

③财政部田赋管理委员会编:《三年来之田赋整理与征实》,中央信托局印制处 1943 年,第 2 页。

④福建、浙江、陕西三省办法,为以后国民政府在边远省份折征货币提供了一定的借鉴作用。

⑤由山西、福建、浙江、陕西田赋征收实物办理经过观察,其尚无完备之制度,待中央政府决定接管以后,办法始逐渐完备。

决定接管田赋与田赋改征实物正是此形势下的产物。

第二节　田赋征实制度的制定过程

一、田赋归属

所谓田赋归属,即田赋是属于中央政府还是地方政府的问题。国民政府决定实施田赋征实之时,田赋却属于地方政府所有,因之国民政府面临的首要问题是必须将田赋收归自己手中。要探讨此问题,必须先了解我国历史上田赋的归属问题。

田赋是我国历史上最悠久的租税,属于财政收入的一种。因之,要考察田赋归属,必须先梳理我国历史上的财政划分问题。我国是一个高度的中央集权制国家,反映在财政上就是从无中央与地方财政(也称国地财政)划分,田赋收入自然悉为国库正供(且为历代国家财政收入之大宗)。也就是说,田赋收入一直属于中央,由地方府厅州县负责征收,缴解中央,存留部分须造册报销,此种状况一直延续到清。清循明旧制,仍采财政集权办法,各省代中央征收田赋后,再上缴中央,虽贵为一省的最高长官督抚,亦无权过问。地方开始截留本应上缴中央的田赋税收,始于清末洋务运动期间。清末随着洋务运动的开展,中央权力衰微,地方督抚权力逐渐上升,中央集权制面临新的挑战。尤其是八国联军侵华之后,因清政府腐败无能,与列强签订丧权辱国的《辛丑条约》,其第一条规定,中国向列强赔款 4.5 亿两白银。无力支付巨额赔款的清政府只有令各省分摊赔款,因向地方摊派赔款与军饷,不得已将田赋的部分管理权下放给地方,于是地方纷纷借口筹款举办新政,擅自征税,甚至开始截留应上缴中央的田赋税收。但从管理体制上言,并无明确规定田赋属于地方财政收入。换言之,田赋在法理上是属于中央的,此种状况一直延续到民国初年。

1908 年,清末筹备预宪期间,资政院与宪政编查馆合奏九年预备立宪程序,其中有三年订颁国家税地方税章程之拟议,清政府的要员正式提出划分国家税与地方税,为我国税项划分之滥觞,但提议未实施。

最早建议将田赋划归地方政府的是江苏都督程德全。1912 年,程德全倡议划分国家与地方之间的财政权力与收入,建议将关税、盐税与其他间接税列为中央税,而把田赋和其他一切直接税列为地方税。程之建议引起各省重视,各省纷纷致电中央,或主张趋重中央集权,或趋重地方分权,意见分歧较大。而中央则认为:"未议国地财政划分之先,宜先确定国家与地方之界说,而地方团体之级数亦应先为确定,国家与地方职权亦应先为划分,然后国地财政之划分,方有所依据,前提未先决定,而议国地财政划分,在情形复杂之当时,徒滋纷扰耳。"①是年冬,财政部命调查委员会讨论并解决上述三个前提问题。后由于种种原因,程之建议被搁置,田赋仍然是属于中央政府的税收。

整理财政之道,首在改良税制,改良税制之方,首在厘定国地两税。民国初年,旧章既废,新章未立,故 1913 年 11 月,财政部制定《国家税地方税草案》,1914 年对该草案稍事修正,以资遵循。草案认为田赋等税目,或历史上久为正供,或性质上不宜归地方,故均应纳入国税范围。至于商税等十九种税目,或本属国家税之一,或向为地方税源,以其参差零星,性质上也应划归地方团体。而田赋附加向来带征各类,既系随正带征,实含有地方税性质,名目庞杂,难资划一,且征收颇多寡悬殊,情形亦极错乱,故于地方税内,设田赋附加科

---

① 钟淦恩:《论我国之国地财政划分》,《经济汇报》第 3 卷第 1、2 期,1941 年。

目以概括之①。因而将田赋等十七项税项列为国家税（即中央税）②，田赋附加税③等二十项税项列为地方税，且因地方举办自治需费，深恐各地需索无度，特规定田赋附加不得超过 30％，如超过此数，必须经财政部许可④。至于地方各税何者属于省，何者属于县及市乡，则由各级地方政府自定。此次因袭清朝旧制，列田赋为国家税，未几各省虽仍有漕粮改归地方之争，然当时慑于中央威力，未敢异议。《国家税地方税草案》的颁布，标志着分级财政管理体制在中国的确立。这是我国历史上第一次明确划分中央税与地方税。

田赋征收手续复杂，需要地方监督之处颇多，更重要的是，它是地方唯一可恃之税源。财政部却以其"历史上向为正供"为由，列入中央税系统，同时关税、盐税、印花税、遗产税、营业税等诸税均为中央税，地方收入只有杂捐、杂税。此次划分，税权明显偏重于中央（即财权集权特征明显）。因地方政府的财政收入主要来源于税收附加，数额有限，而其职责却十分繁复，故实施不久，即出现了地方财政收不抵支的现象，地方自治体系难于维持。为维系自治体制，地方政府

---

① 贾士毅：《民国财政史》，商务印书馆 1917 年版，第 113—114 页。

② 十七项国家税是：田赋、盐课、关税、常关、统捐、厘金、矿税、契税、牙税、当税、牙捐、当捐、烟税、酒税、茶税、糖税、渔业税。贾士毅：《民国财政史》，商务印书馆 1917 年版，第 107—109 页。

③ 北洋政府时期，把清末各种名目的附加并入正赋，又在其外加征田赋附加。按北洋政府最初规定，田赋附加税率上限为不超过正税的 30％。名为限制，实际上使附加征收合理化。田赋既然控制在各地军阀手里，故在实际征收过程中，各省田赋附加的内容有所不同，名目繁多。田赋附加的实际税率大大增加，有的地方甚至超过了正赋税率。

④ 二十种地方税是：田赋附加税、商税、牲畜税、粮米捐、土膏捐、油捐及酱油捐、船捐、杂货捐、店捐、房捐、戏捐、车捐、乐户捐、茶馆捐、饭馆捐、肉捐、鱼捐、屠捐、夫行捐和其他之杂税杂捐。贾士毅：《民国财政史》，商务印书馆 1917 年版，第 109—110 页。

只好靠截留本应属于中央政府的财政收入来保证自己的开支需求,造成中央政府财政收入的严重不足。万般无奈之下,1914 年 6 月,财政部呈准取消国地两税名目,统由主管财政官署统筹支配,地方政府的各项财政支出亦随之改归财政部统一安排,嗣后分级财政管理体制一度中断实施,财政又恢复原来的状态,即所有税项仍由中央统一收支,田赋及其附加税仍属于国税。

1916 年 8 月,众议院建议恢复 1913 年财政部厘定的《国家税地方税草案》,后经国务会议决议通过。国家税地方税再次划分,田赋属国家税,田赋附加则属地方税。

北洋军阀首脑袁世凯死后,我国出现军阀割据的局面,政局紊乱,中枢号令不行,地方权力遽增,专权跋扈,各省军阀蓄财养兵,恃兵敛饷,增设苛捐、截留国税之风甚炽。先是四川军阀截留盐税,各省相继效尤。盐税之外,继之为田赋、烟酒、印花等税,最终中央税收全部被各地军阀截留。但从法理上讲,仍是属于中央政府的国税①。为改变这种情形,军阀们无不从法律上谋求税收征收的合法性,加之社会思潮日新月异,地方分权之说愈唱愈高,影响所生,渐及财政,主张地方收入应增加,如田赋之类应归地方,初则倡为议论,终复见诸法规。联省自治即是此政局下的产物。联省自治者主张地方分权,认为 1913 年国地收支划分草案和标准,中央财权过大,地方政费无着,自治建设事业无法推行,主张地方税

①袁世凯时代,实行强权统治,尚能约束住各省军阀,军阀们把他们所僭收的田赋至少缴一部分给中央。袁世凯死后,继任大总统的黎元洪是著名的软弱人物,实际掌权者为段祺瑞。段祺瑞时代,各地军阀长期霸占田赋和他项税收,此种局面至曹锟和张作霖统治时期依然没有改变。换言之,自袁之后,军阀混战,田赋虽名义上为国家税,实则已成为完全由地方军阀把持的税收,而中央却无权过问,成为地方的一项主要收入。只在中央预算中列为充抵各省代付国家支出的项目,实际上全数田赋都被地方截留,不再上缴中央。

应增加田赋等税项。湖南、四川、浙江、湖北、江苏、广东等省并付诸行动,先后自行颁布省宪,自定省税(湖南首先颁布省宪,四川、浙江等省继之)。如湖南省宪第六十九节规定:"省税由省议会决定之,省政府征收之。"①将省税的决定与征收大权赋予湖南省而不是中央。浙江省宪第九十九条规定:"本省各种赋税,均为省收入,省政府依法律规定征收之。"②将其境内所有租税均定为省税。其他各省省宪亦有类似规定。

　　迫于各省的强大压力,亦鉴于田赋已完全被各省截留的事实,1923年10月北京政府颁布的《中华民国宪法》(被人们称为"曹锟宪法"或"贿选宪法"),就是本着扩充地方政府权利之旨而制定的,宪法规定的财政管理体制较民国初年制定的财政管理体制更倾向于分权化。《中华民国宪法》最显著之特点,即将向为中央收入的田赋(包括附加)完全划归地方政府③。这是我国历史上首次政府明文规定将田赋划入地方,亦是该宪法关于财政管理体制方面的一个创新。由于田赋收入较充裕,因此对保证地方政府的财政需求具有非常重要的意义,同时亦是中央政府无可奈何的选择④。如若宪法各项条款能够付诸实施,对于分级预算管理体制的真正建立将大有裨益。然北京政府时期,西南、北方诸省已非中央政府政令所及,军阀们凭借兵力,任意把持或裁留税款,各省增设苛杂更是相习成风,因此国地收支划分实质上已失却其意义。加之《中华

①钟淦恩:《论我国之国地财政划分》,《经济汇报》第3卷第1、2期,1941年。
②钟淦恩:《论我国之国地财政划分》,《经济汇报》第3卷第1、2期,1941年。
③《中华民国宪法》规定:中央税为关税、盐税、印花税、烟酒税、各项消费税、全国税率应行划一之租税六项;地方税是田赋、契税、其他省税三项。贾德怀编:《民国财政简史》(上册),商务印书馆1941年版,第21页。
④袁世凯死后,军阀混战,中央政府控制力弱,田赋已完全被地方军阀截留,中央政府无权过问,因此此次北京政府索性将其明确划为地方税。

民国宪法》是曹锟贿选的产物,故仅是昙花一现,不可能得到真正落实,不久即被临时执政府组织令推翻①。宪法虽没有实施,但之后,田赋应划归中央抑或地方,便成为我国财政上争论不休的难题。1925 年,北洋政府财政总长李思浩亦主张田赋划归地方,但未见实行。

北伐战争期间,国民政府军费支出遽增,然所辖数省的财政却无章可循,无法予政府于财力上的支持。1927 年 6 月,财政部部长古应芬召集中央财政会议,提出并通过《国家税地方税暂行条例》,将田赋等十项税收划为地方税,盐税等十一项税收划入中央税②。此次划分列田赋为地方税首项,然付诸实施的仅江苏、浙江、江西、福建、安徽等省,其余大部分省并未实施。

民初虽有筹议划分国地收支系统,各省当局力争划田赋为地方收入,中央虽屡有此议,然迄未实行,直到 1928 年北伐结束国民政府才决定实行将田赋划归地方。主要原因据财政部田赋管理委员会分析为:"我国税课收入,以田赋为大宗,故国家财政,自来以此为砥柱。……盖无一项税收,足堪抵补此项缺额也。"③

1928 年 7 月,为进一步解决国地收支划分界限不清、地方任意截留税收的严重问题,统一财政基础,财政部第一次全国财政会议制定《划分国家收入地方收入暂行标准案》,正式将田赋等十二项收入划

————————

① 时人认为"曹锟宪法"列田赋为地方税迄未实施之主因是:"中央狃于旧制。"贾德怀编:《民国财政简史》(下册),商务印书馆 1941 年版,第 584 页。

② 此次划分的中央税是:盐税、关税、常关税、烟酒税、卷烟税、煤油税、厘金及邮包税、印花税、矿税、国有营业收入、禁烟罚款十一项。地方税为:田赋、契税、牙税、当税、商税、船捐、房捐、屠宰税、渔业税、其他之杂捐杂税十项。贾德怀编:《民国财政简史》(上册),商务印书馆 1941 年版,第 22—23 页。

③ 财政部田赋管理委员会编:《三年来之田赋整理与征实》,中央信托局印制处1943 年,第 1 页。

为地方税①,并正式付诸实施。此后田赋就成为地方一项大的税收来源,一直延续到1941年。

此次划分是财政上的一大分水岭。显然,国民政府这次划分的主要目的有二:一是谋地方财政基础之巩固;二是促进田赋本身之整理。因之,规定田赋的监督指导之权仍操诸中央。缺陷是中央地方归属虽厘清,但省县财政如何划分未予明确规定,由地方自行决定。实际上,地方财政由省控制,县财政无独立税源,仅为省之附庸。县因支出多而收入少,政务推行困难,不得不自筹资金,唯多仰仗苛捐附加或临时摊派,县级财政更加混乱,对国家税源造成恶劣影响。

1934年5月,第二次全国财政会议通过《财政收支系统法》,确定建立中央、省、县三级财政体制,使省县各有固定收入,将原属省收入的田赋附加、营业税、印花税、屠宰税、房捐等一定分成划为县税。其意在限制省财权,充实县财力,用以建立县财政基础,为县自治之前奏,补救县财政收不抵支的弊端。

田赋划归地方后,各省为增加收入,虽对于田赋征收迭有改革,但附加繁重,税目纷歧,粮地失实之弊,仍难尽除。故中央不断督饬各省减轻附加,整理地籍,并对税则税目合理调整,但效果甚微,尤以田赋附加为甚。以至于6月,中央政府重申今后不许再增加田赋附加的法令。

1935年,立法院公布《财政收支系统法》,划全国税收为中央、

①第一次全国财政会议把盐税、海关税及内地税、常关税、烟酒税、卷烟税、煤油税、厘金及一切类似厘金之通过税、邮包税、印花税、交易所税、公司及商标注册税、沿海渔业税、国有财产收入、国有营业收入、中央行政收入、其他属于国家性质之现有收入十六项收入,划为中央税。将田赋、契税、牙税、当税、屠宰税、内地渔业税、船捐、房捐、地方财产收入、地方营业收入、地方行政收入、其他关于地方性质之现有收入十二项,划归地方税。贾德怀编:《民国财政简史》(上册),商务印书馆1941年版,第23—24页。

省、市县三级，将田赋列为县及直隶于省之市的主要税源①，县市财政自此有了可靠来源。此次调整明文规定省县税源，将国家政务重心赋予中央、县市两级，限制省财权，加强县市财政，是一种虚省财政制度。唯在省政府强权之下，让其放弃在地方收入中居中坚地位的田赋，显不可能，故该法令一直处于决而未行的状态②。

1937年7月，抗战全面爆发，沿海沿江工商业区域相继沦陷，通商口岸被日封锁，关税、盐税、统税收入锐减，田赋遂成为主要可恃税源。各省财政不敷者，纷纷谋取于田赋，且战时支出遽增，原有收入顿感不敷，故各省均有增赋举措，增赋之风与日俱厉，只因方法各异，轻重互异，使得本就失去均平的人民负担更加不平。

1940年夏，各地物价粮价暴涨，尤其是军费支出大幅扩充，通货膨胀严重，中央财政日益困难，乃有将田赋收归中央改征实物之议。时人亦认为：作为农业国家的我国，土地为最大财产之一，粮食为最大富源之一，而将田赋划作地方税，颇为失策。尤其当关、盐、统三大税税收锐减，而直接税又缓不济急之时，更凸显田赋在战时之重要，乃有收归中央之议③。因之，田赋在战时收归中央应该说是反映了时人的呼声。

1941年，粮食问题更趋严重，最突出的表现是粮价暴涨以及随之而来的军粮采购的艰难。欲解决粮食问题，必须掌握大量粮食，粮食来之土地，而当时中央却无征收田赋之权，要摆脱困境，唯有将田赋收归中央并征实。4月，在国民党五届八中全会上，田赋划归中央

---

① 同时列为县市收入的还有房产税等税，以及由中央与省分给之所得税、遗产税、营业税。

② 1937年3月，国民政府颁布《财政收支系统法实施条例》，规定自1938年1月1日起施行，旋因抗战爆发，遂遭搁置。1940年，国民政府再次明令将《财政收支系统法》及其《实施条例》延期至1941年1月1日实施。陈友三、陈思德编著：《田赋征实制度》，正中书局1945年版，第2页。实际上，最终亦未施行。

③ 朱偰：《中国战时税制》，财政评论社1943年版，第61—62页。

初步确定。6 月,在第三次全国财政会议上,国民政府正式宣布将田赋收归中央,田赋由地方手中再次转入中央之手。至此,1927 年以来各省各自征收田赋的历史宣告结束。为使各省接受该结果,蒋介石特意向各省说明田赋划归中央征收之理由及其结果。他认为如果田赋划归地方,而使人民只向地方政府完粮纳税,无异将国家整个的土地与人民,完全与国家脱离关系,使人民只知有地方,而没有国家观念。启发人民的国家思想,提高他们的国家观念,就必须将田赋划归中央,这是立国的基本精神。田赋收归中央,其动机与目的完全是为整个国家财政与国计民生着想①。第三次全国财政会议后,各省市县先后成立了田赋处,负责接管田赋和土地陈报等事宜。

　　抗战时期,国民政府将田赋收归中央,应该说是适应了战争的需要。诚如蒋介石所言:“战时财政利在统筹,中央地方原属一体,分之则力小而策进为难,合之则力厚而成效易举。故为调整国地收支,并平衡土地负担起见,亟应仍将各省田赋收归中央整顿征收,以适应抗战需要。”②故田赋收归中央和改征实物,在战时意义重要。抗战胜利后不久,田赋又划归地方。

　　纵观民国时期田赋划归的全过程,可以看出,一国国地财政划分制度能否顺利推行,固有待于划分之是否得当,然更有待于是否有力量保证实施。若一国中央政令不出都门,各省可以任意截留税款,则虽有善法亦无法推行。国地财政划分之制,只能是徒具虚名而已(具体到田赋划分亦同),北洋政府统治时期如此,国民政府统治时期依然如此。换言之,中央政府的巩固和强大是国地财政划分之基础,而

①关吉玉、刘国明编纂:《田赋会要》第五篇《国民政府田赋实况》(下),正中书局 1944 年版,第 345—346 页。
②秦孝仪主编:《革命文献》第 114 辑:《田赋征实》(一),(台北)“中央”文物供应社 1988 年版,第 197 页。

非法令空言所能奏效。唯法令之效力,亦足明权责而促实行。

二、田赋征实制度的出台

(一)田赋征实制度之决策历程

田赋改征实物之建议,始于江苏人袁白。早在全面抗战爆发不久,袁白即倡议政府实施田赋征实。1937 年 10 月初,袁白以"肃清积弊,调剂民食,储备军粮,顺乎民情"为由,分呈国民政府军事委员会和江苏省政府,请求变通田赋现制,改行货币与实物并征制度,以应非常之变,而利军国之需。

袁白之主要理由有四:

(1)抗战时期,人民为应付非常事变,便于转移迁徙,其重视储藏货币之观念,自甚于储藏实物,政府必令人民以货币完纳田赋,是无异夺民之所好而好之,因民之所贱而贱之。

(2)调节民食,据浙江省各县粮情报告,产米之区,每石稻米价格有低至五元左右者,而省城价格,则高至十元以上,同在一省而稻米价格之高低若此,田赋改制,酌征实物,政府可用征起谷米,调节各地民食。

(3)供应军需,储备军粮,数额甚巨,立时采购,颇感困难,田赋改制,酌征实物,则政府可以征起谷米,供应军粮之需要。

(4)历年征收田赋,弊在人民积欠不完,无由催征,或不易催征,际兹非常时期,政府需用浩繁,决不能再有积欠之款,田赋改征实物,人民自愿献其所有,尽量完纳,催收容或较易,欠户亦当减少。[1]

---

①秦孝仪主编:《革命文献》第 115 辑:《田赋征实》(二),(台北)"中央"文物供应社 1988 年版,第 177 页。

当时粮食价格不但未涨,反而低落,甚有谷贱伤农之感。因粮价低廉,军粮供应较为顺利,田赋征实尚未列入财政部的考虑范围,加之袁白未拟具详细办法,故财政部的答复是"应毋庸议"[1]。

其后主张田赋改征实物的是浙江省临时参议会议长徐青甫。1939年,徐青甫"以田赋积弊日深,人民感受负担不公,粮价高涨,政府无法控制,一般小学教员与低级公务人员待遇菲薄,生活无法维持,地方自治之实施,经费无由取给,出征军人家属难沾优待实惠,影响役政前途等理由"[2],拟具田赋改征实物办法三十一项,倡议田赋征收实物,恢复古代什一税制。要点为:废除正附税各税,一律改征实物,以正产收获量什一为课税标准,且以谷物为本位[3]。徐之办法颇自成一说[4],但因当时粮食问题尚不突出,该纲要也被搁置。同年4月,中国地政学会在重庆召开第五次年会,以"中国战时之土地政策"为讨论主题,亦曾建议政府采行田赋征实[5]。几乎在徐青甫建议被否决的同时,山西省已开始实施田赋征实。

1939年9月,军事委员会会同行政院颁布《战区土地租税减免及耕地荒废救济暂行办法》,提出征收实物的办法。规定:"(1)经沦陷为敌人之地区,赋税暂行豁免。(2)沦陷区经过克复,或游击队武力控制,能行使行政权之地区,土地赋税及附加税,应予减征,以不超过税款百分之五十为原则。又田租应予减低,承租人应缴之佃租,以不超过原额三分之二为原则。(3)接近战区及将成为战场之地区,土地征税及佃租,亦应减轻,准用第二项规定。(4)上述

---

①宋同福:《田赋征实概论》,中央银行经济研究处1942年版,第127页。

②秦孝仪主编:《革命文献》第115辑:《田赋征实》(二),(台北)"中央"文物供应社1988年版,第177—178页。

③杨泽浓:《田赋征实论》,国立武汉大学第十三届毕业论文1944年。

④陈肇斌:《我国粮食管理纪要》,《中农月刊》第8卷第12期,1947年。

⑤萧铮:《中华地政史》,(台北)台湾商务印书馆1984年版,第302页。

二三两种地区之土地赋税,得以农产物按照市价折算缴纳实物。本办法规定土地赋税,得以农产物按照市价折算缴纳实物,为变更田赋征收标准之首案,亦即田赋改征实物之先声。"①但以上办法亦未能切实执行②。

1940年,湖南何浩若③"陈述田赋改征实物,已有充分之理由,签请军事委员会,委员长蒋手令实施"④;同年,第九战区粮食管理处为减少征购粮食困难,充足军食,建议田赋改征实物。该处陈述了田赋改征实物的理由,并拟具了办法,提出湖南全省第二次扩大行政会议讨论⑤。同年8月10日,内政部常务次长黄季陆提出《关于田赋征粮与实施粮饷划分办法》,主张田赋征实,并发行与存粮数量相等之粮食券⑥。10月22日,财政学家朱偰在《中央周刊》上发表《田赋改征本色以筹集军粮刍议》一文,亦主张田赋征实,并认为田赋改征本色有以下五个好处:"(1)不加重人民负担;(2)不致因米价上涨而受田赋上之损失;(3)可筹集大量军粮;(4)可避免筹款搜购粮食之困难;(5)系我国旧制,简而易行。"⑦11月11日,四联总处对于筹集抗战军粮计划中,亦主张田赋改征实物,认为田赋征实既不致影响金融制

---

① 秦孝仪主编:《革命文献》第115辑:《田赋征实》(二),(台北)"中央"文物供应社1988年版,第178—179页。
② 朱博能:《战时中国田赋之改革》,《福建青年》第1卷第9期,1941年。
③ 何是国民党中央常务委员,1940年1月任国民政府军事委员会政治部第三厅厅长、三民主义青年宣传处处长,旋任《中央日报》社社长、经济会议副秘书长。
④ 秦孝仪主编:《革命文献》第115辑:《田赋征实》(二),(台北)"中央"文物供应社1988年版,第178页。
⑤ 《第九战区粮食管理处业务纪要》,秦孝仪主编:《革命文献》第112辑:《粮政方面》(三),(台北)"中央"文物供应社1987年版,第26—27页。
⑥ (台北)"中华民国史料研究中心"编印:《黄季陆先生与中国近代史研究》,1986年版,第9—14页。
⑦ 朱偰:《中国战时税制》,财政评论社1943年版,第68—69页。

度,于财政收入亦复有利①。11 月 26 日,孔学会何璜、沈苑明,"以为田赋征收实物,在公家得资源丰富之聚集,民间无完粮折算增减之弊端,改制之后,诚利多弊少,函陈本部孔兼部长(孔祥熙)促助政府早日实施;其他报章杂志,建议田赋改制者,更盈篇累牍,不胜纪书"②。

　　国民政府决心实施田赋征实,除战时财政需要、通货膨胀、粮价上涨等原因外,与美国人居里的建议极有关系③。1941 年 2 月,美国总统罗斯福特使、经济学家居里抵达中国,谒见蒋介石,与蒋会谈十次,详谈政治及经济等各项问题,数次讨论田赋改革问题,其中以 22 日及 23 日的两次讨论地税问题最为重要。居里认为中国以农立国,土地为国家财富所寄,政府主要税收来自土地税,为求预算平衡,应将土地税划归中央统制并征实。"政府今以非常时期有整顿税制必要为辞,径将地税划归中央统制亦何尝不可。况此种调整迟早必应实行。与其期诸异日,曷不断然行之于此有史以来唯一之非常时期。"④居里之言,蒋介石和孔祥熙颇为赞同。由此观之,田赋由征收货币改为征收实物粮食,以便筹集军糈民食,解决粮食与财政困难,适合战时需要,提出者不乏其人。

---

① 四联总处秘书处编辑:《四联总处重要文献汇编》,(台北)学海出版社 1970 年版,第 417—421 页。

② 秦孝仪主编:《革命文献》第 115 辑:《田赋征实》(二),(台北)"中央"文物供应社 1988 年版,第 178 页。

③ 居里 1941 年 2 月 7 日到达重庆,27 日离华,其间与蒋介石多次会谈,并与孔祥熙会谈。宋子文曾予居里以很高评价。他在密呈蒋的电中云:"此君(指居里)年少力强,(美)总统八年任中大刀阔斧之经济政策及颁布经济法律,皆经其手。"蒋永敬:《孔祥熙与战时财政——法币政策与田赋征实》,秦孝仪主编:《革命文献》第 117 辑:《田赋征实》(四),(台北)"中央"文物供应社 1989 年版,第 365 页。

④ (台北)"中国国民党中央委员会"党史委员会编印:《"中华民国"重要史料初编——对日抗战时期:第三编:战时外交(一)》,1981 年,第 575、578—579 页。

　　山西早在 1939 年冬就已开始实行田赋征实,并于 1940 年 7 月获国民政府批准实施。中央在同意山西做法之时,自身对田赋是否征收实物问题,仍在考虑之中,并无一致的具体意见,此从蒋介石给四川省政府的电文中可窥知。1940 年 7 月,蒋介石致电四川省政府,认为战时因物价高涨,警察团队、公务人员、小学教员等阶层生活程度日高,应积极筹备薪饷划分制度,拟定具体实施办法。如何实现薪饷划分制度,解决以上阶层的吃饭问题呢? 蒋以为只有将田赋改征实物。原电第七项言:"以后征粮,应以米谷为准,而不以货币为主。此虽新定办法,初行或甚不便,但非此决不能持久生效,务望于此令各有关机关切实研究实施。"①此系中央最早提到田赋征实。蒋虽认识到田赋征实是解决粮食问题的最佳选择,但因征收实物手续烦琐,恐地方不愿实施,亦只是建议四川省政府能尽量征实,并未对其做硬性规定。再如,他在令部下研究田赋问题时,态度又有所变化,似倾向于照原有田赋数增加成数征收。可见此时蒋对田赋是继续征币还是改征实物,尚犹豫不决。

　　1940 年 7 月 28 日,行政院制定《本年度秋收后军粮民食统筹办法》,规定筹粮的办法有二:一为征购,一为征实,两者可并行。但第三项规定:"各县应否办理实谷折征田赋,应由各县政府会同征收局斟酌情形决定之。"②即中央虽有规定,但田赋是否征实,决定权在地方,而非中央。此实为中央对田赋改征实物之初议。自《本年度秋收后军粮民食统筹办法》公布后,因中央无具体规定,各省大多自拟办法。

　　国民政府最早通过并公布的田赋征实文件是 1940 年 11 月 29 日

①邱挺生:《四川田赋改制丛谈》,载《四川田赋改制专刊》。转引自陈友三、陈思德编著:《田赋征实制度》,正中书局 1945 年版,第 3 页。
②陈友三、陈思德编著:《田赋征实制度》,正中书局 1945 年版,第 3 页。

的《田赋酌征实物》一案。虽田赋改制刻不容缓,但田赋究竟应如何改制,各方意见颇不一致。孔祥熙认为田赋征实既为战时的必要手段,自不宜听令地方各省"枝节应付,致违合理原则"①。因此,11 月 13日,他在行政院召开的第 409 次会议上提出《为救济军民粮食,平均民众负担起见,拟请准各省田赋得酌征实物,其征率分别专案核定案》一案(即《田赋酌征实物》案),并顺利通过②。

孔对田赋征实的理由是这样说的:

> 查吾国田赋,现时以国币征收,本为顺应时代之进步办法。无如年来粮价飞涨,以昔年所定之税率,征此粮价飞涨后之田赋,按之收益税之原则,粮价税率相差甚距,显不相当。……田赋在昔原从实物征收,今各省中既有粮价飞涨情形,则适应时势所需,平衡民众负担,自可恢复旧制,由各省酌收实物。与政府不加田赋附加之原则,既可相符,而各省之田赋随粮价之上涨而增收,亦无背乎取民有制之义。人民之负担,既可平允,政府之损失,亦可补偿。而军粮民食复得资以调节。手续简单,较易推行。③

至此,国民政府对田赋改征办法始有初步规定。从《田赋酌征实

①财政部田赋管理委员会编:《三年来之田赋整理与征实》,中央信托局印制处 1943 年,第 2 页。
②孔祥熙的原意是希望各省田赋酌征实物,并定一划一征率。但经行政院决议后,并由财政部赋税司和该部有关人员会商结果,却认为中国幅员广大,各省情形和生产数量各不相同,很难定一个合乎全国适用的标准,结果只根据国防最高委员会决定的原则,定为民国三十年田赋应开始酌征实物。陈明鉴编:《田赋改征实物论集》,福建省银行经济研究室 1941 年,第 1—2 页。
③财政部田赋管理委员会编:《三年来之田赋整理与征实》,中央信托局印制处 1943 年,第 2—3 页。

物》(以下简称决议案)①内容看,可资批评之处有三:

首先,决议案之办法的伸缩性太大。从其名称看,似强调"酌征",中央初衷是便利各省于实施时因地制宜,用意虽善,唯却为各省贯彻中央政策留下很大的活动空间,各省可征实也可不征实,或变相实施实物折价等。决议案规定,凡出产粮食而粮价上涨过高之区域,得酌征实物。可是对何区域粮价过高或粮价达到何种程度为过高无具体规定,不免增加各省实行时的难度。事实上,福建、浙江、陕西正是钻了中央政策的空子,而实行了名曰征实,实为改征实物折价的政策。因各省办法各异,导致省际间田赋负担难免有畸轻畸重不公平的现象。中央实施田赋酌征实物之初衷,一为解决军粮民食;二为平均人民负担。而各省大多是为增加各自财政收入,非谋军粮民食之解决,和中央最初目的迥然不同。

其次,决议案之改征办法的不确定性。决议案未拟定具体的改征办法,仅规定各省改征办法及所定赋率,由各省政府根据本省实际情形拟定,报由行政院核定。即将大权授予地方政府,因各地情况差异,各省所拟办法自必分歧不一,有失国家行政统一之精神。田赋征实为战时一项要政,中央必须有统一的办法和规定(即硬性规定)。而各省纷歧的办法,显然于田赋征实是不利的,将会影响国家经济收入,进而影响抗战前途。

最后,决议案之改征标准的难以实现性。决议案规定田赋征收实物标准以各该地方旧有征粮科则为标准,这在各省将难以实施。旧有征粮科则因时间过久,早已成历史陈迹,如必须以旧有征粮科则为标准,地方政府无法编造改征实物粮册。故以旧有征粮科则为标准征收田赋,必将导致田赋征实实施困难重重。

---

①决议案原文见宋同福《田赋征实概论》,中央银行经济研究处 1942 年版,第 327 页。

田赋征实在中国历史悠久（约两千年），然因实施背景不同，对国民政府而言，却是新创，且在实物验收、仓储、运输等方面困难重重。故国民政府对之始终持慎重态度，一再考虑，未敢断然决定。《田赋酌征实物》案的通过，仅止于"酌征"实物，没有做强制性规定，伸缩性较大，此表明至少在 1940 年一年内，中央政府对试办田赋征收粮食办法很慎重，还未下最后决心。故是项提案经行政院通过并颁发各省后，继浙江、福建而筹办田赋征实的仅有四川、陕西、甘肃三省。

鉴于《田赋酌征实物》案之办法滞碍难行，各省所拟实施办法更是纷歧，在财政部未拟订根本调整办法以前，为便于各省实施田赋改制（田赋改征或加征）有所遵循和兼顾地方财政以及预防各省借田赋改征实物加重人民负担起见，1941 年 3 月 29 日，行政院又公布了《田赋改征实物办法暂行通则》，内容如下：

一、田赋改征省份，应自即时起，尽量征收实物。

二、田赋改征或加征后，所增人民负担，不得超过物价增加数百分之六十。

三、各省征得之粮食，应尽先充作军粮。其处理办法，应经全国粮食管理局核准。

四、征收实物之种类，应兼顾地方出产及政府需要。

五、田赋改征或加征后，省县收入之划分，应不违背现行法令。

六、田赋改征或加征后，所有未经中央核准之省县地方税捐，应一律撤销。

七、各省改征或加征田赋，均应依本通则拟具实施办法，呈请行政院核准后，方可施行。[1]

---

[1] 秦孝仪主编：《革命文献》第 114 辑：《田赋征实》（一），（台北）"中央"文物供应社 1988 年版，第 196 页。

　　《田赋改征实物办法暂行通则》和《田赋酌征实物》对比,前者明显较后者内容详细,程度亦进了一步。前者对征收实物的种类、征收实物后所增人民负担的最高限度、省县收入划分、粮食的处理方法和用途等,做了明确规定,后者却无此规定。尤其是明文规定增税最高额不得超过物价增加数的60%,实含有减轻人民负担之意。前者要求"尽量征"实物,较后者"酌征"实物也进了一步。

　　但不可否认,《田赋改征实物办法暂行通则》内容仍甚简单,且不一致。各省实行田赋改制时还是无所遵从,尚需根据本省实际情况自行拟订具体实施办法。同时,该暂行通则不足之处尚多,最大不足之处有二:

　　第一,将田赋征收方法分为改征、加征两种。改征即田赋改征实物之意,加征即折征之意。"加征"无疑是对福建、浙江、陕西三省田赋改征实物米折办法之认可。"一时议者纷纷,多有责难政府者。"①此亦从另一个角度说明中央对田赋改征实物之犹豫不决。

　　第二,对于改征标准无补充规定,致各省实施田赋改征时,仍没有一定的标准可遵循。福建、浙江、陕西三省初期改征标准各不相同,与中央的模糊决策有关。如陕西改征标准分为两种,未办土地陈报县份依照未改折色前原定每亩应纳粮石数征收;已办土地陈报县份则以陈报后新定赋额半数照原日粮石改征银元比率,回折粮石数征收。其改征标准勉强可称为以旧有征粮科则为准(土地陈报县份除外)。福建、浙江两省则均以战前一年米价为标准,折成实物税额,然后再按开征前六个月平均米价或开征两个月前之四个月平均米价折成货币额征收,改征标准与中央规定截然不同。

　　这一时期,能代表中央政府对田赋征实具体意见的,当推1940年12月财政部指示四川省研究田赋改征实谷办法纲要,较上列行政

────────

① 宋同福:《田赋征实概论》,中央银行经济研究处1942年版,第143页。

院决议案及其暂行通则更为详尽和具体,从纲要主要内容可窥见国民政府对田赋征实之真正态度。

1.田赋改征实物,应以旧有征粮科则为标准,不以现征之钱数,照以前粮价折征粮;亦不以折征之粮,再照现时粮价折征货币。其旧有征粮科则,以各县地方之废册,档卷,或县志等所载者为凭,无案册可查者,得按照附近县份之科则核定之。并规定省正税改征食粮后,不得再征附加。县附加不得超过正税。

2.田赋征收实物,应由县政府经征机关负造册制串、通知、催征、处罚等稽征之责。由粮食机关负验收、保管、运输、分拨等经收之责。权责既分,可免流弊。

3.不产米谷之区域,经省政府核准者,得由粮食机关,按粮价差别,改征杂粮,凡不种米谷之粮户,经县政府核准者,得由粮食机关按当时粮价折成货币购粮代缴。

4.省县田赋税收,除提拨食粮充用外,统由粮食机关折价发给。

5.凡完成土地陈报之县份,其田亩收获量,如经查定折改,按本办法征粮标准,从新拟订科则。[①]

该纲要的基本精神有二:第一,田赋必须征收实物,不能以现在所征法币数,照以前粮价折征粮,或再按折征后的粮数,再照现时粮价折征法币(此实系对福建、浙江、陕西三省实物折价做法的否定)。不产粮食的粮户必须由粮食机关按当地当时粮价折成货币,向粮户折收法币,然后由粮食机关代粮户购粮代为缴纳。第二,田赋征收实物采经征经收划分制度。田赋征实第一年,国民政府采用的即是经

_____

①宋同福:《田赋征实概论》,中央银行经济研究处 1942 年版,第 129 页。

征经收明确划分的制度。故此纲要虽系对于四川研究田赋改制而设,其适用性应不以四川一省为限,可大略折射出国民政府对田赋征实之真实意图。唯其改征标准仍以旧有征粮科则为标准,仍不出《田赋酌征实物》一案之窠臼,亦可视为纲要的最大不足之处。

因田赋征实牵扯到验收、仓储、运输等诸多烦琐问题,不似征收货币方便,故国民政府虽有征收实物之意,但始终未下最后决心,因之才有酌征与折征田赋之议。随着粮价不断上涨,军粮、民食尤其是军粮筹集困难重重,各大消费市场均有米荒现象,且各地间有发生抢米风潮者①;各省要求田赋改征实物呼声逐渐普遍,加之中央财政因战争延长愈来愈困难,军费支出愈形庞大,关税、盐税、统税收入反大幅下降,作为重要税源的田赋收入,凸显其重要性,有收归中央做通盘支配的必要,因而国民政府遂有将田赋收归中央与改征实物之举。

田赋由中央接管及征收实物,定为全国性的制度,应出自国民党五届八中全会的决议,而由第三次全国财政会议商订的实施办法。1941 年 4 月,国民党召开五届八中全会,以田赋收归中央便于"完成土地陈报俾赋则跻于公平,改按地价征税使溢额补助地方,通盘筹划中央与地方财政俾作合理之分配,田赋改征实物调剂各地军粮民食,调整地方税则使符合中央法令,改善田赋征收俾其合理与经济"等为由,通过了"为适应战时需要拟将各省田赋暂归中央接管以便统筹而资整理案"(蒋介石交议),初步确定将田赋收归中央。原案办法乙项第五点规定:"中央为适应战时需要,得依各地生产交通状况,将田赋之一部或全部征收实物。"②中央改征实物之决策,殆始于此。时人

<hr />

① 陈友三、陈思德编著:《田赋征实制度》,正中书局 1945 年版,第 11 页。
② 秦孝仪主编:《革命文献》第 114 辑:《田赋征实》(一),(台北)"中央"文物供应社 1988 年版,第 199 页。

认为:此"实为战时财政调整税源与安定社会之必要措置"①。此外,对田赋征实机构亦做了明确规定。

从上述内容观之,五届八中全会实际上已决议将各省田赋收归中央接管,并普行改征实物。其主要目的有二:一以谋赋政之统一办理;一以解决战时粮食问题。

至1941年6月,田赋征实已刻不容缓。6月16—24日,国民政府在重庆召开第三次全国财政会议②,邀集专家学者、各省财政厅长及有关机关代表共100余人③,集思广益,专门研究战时财政问题,田赋征收实物问题尤成为会议第一中心议题。会议总共通过决议案11件(一说为20余件),其中以孔祥熙交议的"遵照第五届八中全会田赋暂归中央接管整理之决议,制定接管步骤、管理机构及各项整理实施办法案""遵照行政院决定田赋酌征实物之决议制定实施办法案"为主,其次粮食部提"拟定田赋征收实物经征经收关系办法案"一案亦甚重要,其余田赋征实各案均可包括于孔祥熙交议的法案内。本次会议对田赋问题非常重视,专门设置了田赋组审查委员会。田赋组审查委员会开审查会时,对田赋征实问题,曾设有特种小组审查委员会,其组织由田赋组和粮食组召集人、财政部代表及各省出席的财政厅长等20多人组成。代表们切实研讨田赋征实问题,提供具体意见,

---

① 马骅:《四川田赋征实与粮食征购(借)问题》,《四川经济季刊》第1卷第2期,1944年。

② 财政部4月11日部务会议原本决定7月15日召开第三次全国财政会议,嗣以整调收支、改革税制均为急切要政,而田赋收归中央与征收实物,亟待于本年秋收以前筹备妥善,付诸实施,尤属迫不容缓,故将会期提前一个月举行。会议原定举行8天,后延长1日,24日闭会。

③ 一说出席者为294人,有中央各机关及各省主席代表及各省财政厅长、地政局长、粮食管理局局长、财政部指定出席人员及专家会员。秦孝仪主编:《革命文献》第115辑:《田赋征实》(二),(台北)"中央"文物供应社1988年版,第214页。

然后提出田赋审查会议通过,以便提出大会决议。当时各省财政厅长多以"事艰难举",强烈反对田赋一律征实,希望留有活动余地(即折征机会),其中对田赋接管机构争论尤烈。故最后通过的审查报告内容,颇具折中性质。

财政部原提草案办法甲项:"凡军糈民食亟待调剂地方之田赋,一律征收实物(稻麦或杂粮)。其产粮不足地方,呈经中央核准者,仍征国币。"乙项:"田赋征收实物标准,依三十年度省县田赋正附税之全额,按元酌征实物(每元酌征稻麦一市斗至四市斗)。但情形特殊省份,得依现行田赋正税一征折合银元数按元酌征实物,或依田赋原额按两酌征实物。"①该草案并附有《战时各省田赋征收实物暂行办法草案》十九条。从甲、乙两项办法看,征实区域与标准均不确定,特别是改征标准弹性过大。

经财政会议第一组(田赋组)审查委员会决议结果,将上述甲项办法改为:"自民国三十年下半年起,各省田赋征收实物。其有特殊情形之地方,一时不及举办者,得呈准比照当地市价折征国币。"乙项改为:"各省田赋征收实物之计算标准,得由各省依照当地情形,拟定呈准施行。并以各县估计业主收益十分之一为度(如系自耕农应比照邻地业主收益额计算征收)。"②办法折中意味极为明显,特别是以地主收益1/10为标准③,以我国各项调查详细数字之欠缺、地方势力

①秦孝仪主编:《革命文献》第114辑:《田赋征实》(一),(台北)"中央"文物供应社1988年版,第214页。
②秦孝仪主编:《革命文献》第114辑:《田赋征实》(一),(台北)"中央"文物供应社1988年版,第217页。
③1941年5月,财政部次长徐堪因田赋征实问题赴重庆向四川省军政士绅征询意见,并经会商解决办法两项,其中甲项即是田赋征实兼用征购办法,按照地主收益征收1/10。秦孝仪主编:《革命文献》第115辑:《田赋征实》(二),(台北)"中央"文物供应社1988年版,第197页。足证当时主张按照地主收益征收1/10似较普遍。

之阻挠,尤为窒碍难行。因田赋组的修改办法难于实行,而田赋征实又势在必行,所以大会全体人员一致同意将原审查意见加以修正,通过了《遵照行政院田赋酌征实物之决议制定实施草案》,规定原则四项:

甲、自民国三十年下半年起,各省田赋战时一律征收实物。

乙、田赋征收实物以三十年度田赋正附税总额每元折征稻谷二市斗(产麦区得征等价小麦,产杂粮区得征等价杂粮)为标准。其赋额较重之省份,得请由财政部酌量减轻。

丙、征收实物实施办法及细则,由各省财政厅分别于本年七月三十日以前拟订呈准施行。

丁、各省征收实物采用经征经收划分制度。凡经征事项,由经征机关负责。经收事项,由粮食机关办理。①

上项实施草案较财政部原拟议办法更具体确定。自上列重要原则决议通过后,田赋征收实物方大体决定②。换言之,标志着田赋征实已由研讨磋商阶段而转入如何付诸实施阶段。7月1日,国民政府匆忙成立了粮食部(粮食部成立于全国粮食极度恐慌之际,故较匆忙)。随后财政部以各地秋收将届,为把握时机,根据第三次全国财

---

① 宋同福:《田赋征实概论》,中央银行经济研究处 1942 年版,第 144 页;另据陈友三、陈思德讲,所定原则为三项,没有宋所说的丙项。陈友三、陈思德编著:《田赋征实制度》,正中书局 1945 年版,第 11－12 页。宋曾担任财政会议秘书,宋之说法应较可信。梁德智所说与宋所说亦一致。梁德智:《田赋征实论》,国立武汉大学第十二届毕业论文 1942 年。另据财政部《财政年鉴》编纂处编纂:《财政年鉴续编》(中册)(第五篇第四章),时事新报印刷 1945 年版,第 83 页,也与宋说法一致。

② 财政部田赋管理委员会编:《三年来之田赋整理与征实》,中央信托局印制处 1943 年,第 4 页。

政会议决议的四项原则制定了《战时各省田赋征收实物暂行通则》
（行政院第 525 次会议通过），除由行政院急电各省政府遵照办理及
报请国防最高委员会备案外，并于 23 日由行政院明令公布，分令各
省财政厅赶速准备，于 8 月 1 日成立各省田赋管理处，开始接管田赋
（财政部制定了《中央接管各省市田赋实施办法》），并即着手开征
实物。

《战时各省田赋征收实物暂行通则》是 1941 年度各省田赋征实
之最高准则，准则对田赋征实目的、征实标准、征实种类、征实单位、
实物分配、征收制度、征实期限、匿粮处分、减免、追缴旧欠、积谷与附
加等均做了详细规定。至此，国民政府彻底变更了明万历九年
（1581）张居正推行"一条鞭法"360 年以来我国田赋以缴纳银钱为主
的惯例，田赋征实作为中央的一项制度正式确定下来，并在国统区全
面实施，一直延续到国民党政权结束。

由 1940 年 11 月《田赋酌征实物》规定田赋"酌征"实物，到 1941
年 3 月《田赋改征实物办法暂行通则》规定"尽量"征收实物，再到 4
月《为适应战时需要拟将各省田赋暂归中央接管以便统筹而资整理
案》规定"一部或全部"征收实物，最后至 6 月《遵照行政院田赋酌征
实物之决议制定实施草案》规定"一律"征收实物，可以折射出国民政
府在田赋征实制度决策过程中详细而复杂的变化历程。田赋由"酌
征"到"尽量征"再到"一部或全部征"，最后到"一律征"实物，既反映
了形势日益严重，亦反映了国民政府对田赋征实认识的变化过程。
由于田赋征实的诸多困难，及顾虑将田赋收归中央的重重阻力，在制
度出台中，国民政府态度谨慎，终因粮食紧张和财政困难，而不得强
令将田赋收归中央并在全国一律实施田赋征实制度。

（二）国民政府决策艰难主因之剖析

田赋征实如从 1940 年 7 月《本年度秋收后军粮民食统筹办法》
算起，至 1941 年 7 月《战时各省田赋征收实物暂行通则》颁布，前后

长达一年。导致国民政府决策艰难的主因是：

第一，田赋收归中央阻力重重。田赋征实意在解决粮食问题，国民政府不欲达此目的则已，如欲达此目的，则必须将田赋收归中央。田赋自从 1928 年划归地方后，一直到 1937 年为止，始终是省县财政的最大支柱。因田赋在地方财政收入中的中坚地位，战时其他税收锐减，地方对田赋的依赖性更强，中央欲将田赋收回，无异是剥夺地方财权，势必遭到其强烈反对[①]。南京政府统治时期，并未真正统一中国，抗战爆发之前，地方势力一直强大，1928 年，国民政府将名属中央而实由地方征收的田赋正式划归地方，虽出于多种考虑，而地方势力强大未尝不是主因。抗战爆发之后，地方势力虽大有收敛，但其依然存在。

战时国民政府依赖的抗战基地是西南西北，如何处理西南西北地方势力的问题就凸显其重要性，稍有不慎，将使国民政府处境艰难。由于田赋在地方财政收入中的砥柱地位，在处理此问题上，国民政府必须谨慎，加之各省一直反对田赋征实，所以不到万不得已，国民政府不会将田赋收归中央并改征实物。

第二，征实远比征币烦琐。其一，征收标准不易确定，即按何标准征收？征多少？是按旧有粮册或现时所征货币？旧有粮册，其间有粮无田、有田无粮、田多粮少、田少粮多等现象很多，导致粮户负担

[①]1931 至 1935 年度，各省市地方预算中若将债款收入除外，田赋平均占岁入 1/3。田赋在县地方预算中所占地位，多者占全县收入总额十之八九，少者亦十之六七。关吉玉：《中国田赋沿革及征实政策之运用》，《经济讲座》第 1 集。1937 年，在省收入中，田赋占 23.5%，为收入各项的领导者。1940 年，显著下跌，占总收入不过 18%。各省为增加收入，虽将田赋税额提高，然每年收入仅占总收入 19% 而已。陈正谟：《田赋征实与粮食征借之检讨》，《四川经济季刊》第 1 卷第 2 期，1944 年。据财政部对江苏等二十省及各省县地方岁入统计，1939 年田赋岁入占省县岁入总数的 25%，1940 年占 21%。吴觉民：《土地陈报按地价改订科则之商榷》，《财政评论》第 6 卷第 3 期，1941 年。

不均。如按现时所征货币(此货币数大多还是以旧有粮册为标准,加上以后各省自行加赋所得数字),粮户税负亦难公平。且每元征多少合适?因中国面积广大,若全国统一定一税率,畸轻畸重现象必会加重。其二,实物收缴、储运、分配很不方便。对国家粮户双方而言,皆不易。其三,不符合税收经济原则。征实需要人员多,征收费用浩大。

第三,时人对田赋征实的反应制约着田赋征实的出台。中央开始筹议田赋征实时,社会人士纷纷发表言论,争论激烈①。赞成者认为:田赋征实可裕税收省支出,抑粮价物价,恢复粮户战前负担,最重要的是,确立了"有物出物"的原则。反对者指出:田赋征实违背赋税进化原则②;影响民众对法币的信仰;手续繁复,扰民费力;所征粮食有限,难以解决粮食问题和平抑粮价物价;粮户负担实欠公平③。就是赞成者,亦强调"酌征"④,强烈反对全国一律征实。

一项大制度的有效运行,必须获得社会上大多数阶层的支持或认可。而此时之国民政府,不仅未得到各省的积极配合,亦得不到社会上有关人士的大力支持。这是初期国民政府通过的有关田赋征实要案大多伸缩性较强的原因之一。事实上,田赋征实初期,社会上大都还存在着"看看再说"的心理,经过了一年多之后,这个疑团才被田

---

① 这一时期刊登在各种报刊上的众多关于田赋征实的文章亦反映了时人对此的浓厚兴趣。陈明鉴甚至将这一时期社会人士对该问题的言论整理编辑成书,命名为《田赋改征实物论集》。该书共收录文章 15 篇,其中 1—7 篇为赞成田赋征实者,8—10 篇为反对者。陈明鉴编:《田赋改征实物论集》,福建省银行经济研究室 1941 年。

② 金天锡:《田赋改征实物的商榷》,《财政评论》第 5 卷第 3 期,1941 年。

③ 梁庆椿:《田赋酌征实物能救济军民粮食吗》,《益世报》1940 年 12 月 22 日;唐启宇:《田赋征收实物评议》,《东南经济》第 2 期,1941 年。

④ 陈豹隐:《论田赋酌征实物》,《中央日报》1940 年 11 月 25 日。

赋征实所获得的优异成绩所冲销①。

　　第四,四川省政府态度的影响。四川作为战时陪都所在地,又是较大的产粮省份,号称天府之国,一举一动对他省影响甚大。故在田赋征实制度出台过程中,国民政府对四川政府的期待甚高,希望其能在全国起到表率作用。故早在1940年7月,蒋介石就曾电令四川省政府(蒋委员长机渝号手令),希望四川能实行田赋征实。后又多次代电四川省政府,令其征实。除蒋之外,其他党国要人亦对四川表现出特别的关注。孔祥熙曾言:"四川为大后方之谷仓,粮食产量,几达大后方各省三分之一,故对于战时粮食之供应,所负责任,亦特别重大。"②碍于蒋、孔等人的面子,四川省政府不敢怠慢,即在7月间着手研究田赋征实,研究数月结果,却认为:"田赋征粮不无困难之处……恳请暂缓实行,并拟在仍征货币之原则下,酌增临时负担,以济财政之穷。"③呈请蒋和财政部查核。蒋认为四川所陈不无理由,但亦不能为改征实物之根本障碍,并令财政部拟定《四川省田赋改征实谷办法纲要五项》,12月5日呈请军事委员会转陈四川省政府,令饬遵照办理④。蒋复于12月电令四川省切实遵照办理。《四川省田赋改征实谷办法纲要五项》之核心内容是希望四川省政府实现真正的田赋征实,坚决反对如福建、浙江、陕西三省的折征办法。

　　面对蒋介石以及财政部的催促,四川省政府态度颇为消极⑤。

---

① 周世彦:《田赋征实验收工具之比较研究》,《财政评论》第10卷第6期,1943年。
② 刘振东编:《孔庸之先生演讲集》,(台北)文海出版社1972年版,第118页。
③ 侯坤宏编:《粮政史料(第五册)——田赋征实》,(台北)"国史馆"1990年版,第56页。
④ 侯坤宏编:《粮政史料(第五册)——田赋征实》,(台北)"国史馆"1990年版,第56页。
⑤ 1940年12月,四川省参议会召开第一次临时大会,审议省政府交议之田赋战时增课案,决定仍征货币。可见,四川省政府并无征实的打算。

1941 年 3 月才成立了四川省田赋征粮制实施办法研究委员会①，延聘专家、学者以及邀集有关机关多人共同研讨详密办法，以三月为期，希望将具体办法制定完竣，以备实施。似乎此时四川实施田赋征实已没有障碍，仅是具体办法欠缺，实则仍持异议。四川的态度让蒋和国民政府颇为着急，要在全国实施田赋征实，必须先取得四川省政府对制度的认可。因田赋征实不仅要剥夺省财政，且办理烦琐，故四川省政府迟迟不表态，只是以战时财政困难为由，呈请加征临时国难费。后在蒋及中央政府的三令五申之下，到 6 月才同意②，此时国民政府已决定全面实施田赋征实。从四川同意的时间上观察，它不仅没有在全国起到模范带头作用，相反却成为阻碍中央政策推行的一股重要势力。因四川在抗战时期的特殊地位，四川省政府的迟疑态度无疑会影响中央政府对田赋征实之决策③。

　　除了四川之外，其他各省的态度也在一定程度上影响着国民政府实施田赋征实。如江西，1940 年 5 月，举行全省行政会议时，某县长提议田赋改征实物，"一时会场内反对者纷起，讨论结果，此案遂被

---

① 该委员会自成立后，即负责研究四川田赋改征实物问题，但进展缓慢。直到第三次全国财政会议召开之前，尚无具体办法。第三次全国财政会议召开后，因全国田赋征实已有统一决议，该委员会即结束。宋同福：《田赋征实概论》，中央银行经济研究处 1942 年版，第 130 页。

② 侯德础：《抗战时期四川田赋征实述评》，《四川师范大学学报》（社会科学版）1988 年第 6 期。

③ 四川省态度对其他省的影响，可从其邻省西康的做法中窥知。1941 年 1 月，西康省接到行政院田赋酌征实物的命令后，未予实施。据该省田赋处长李万华言主因之一是，"四川尚未付诸实施，以本省情形之特殊，民智之锢蔽，自未便独异，惹起人民反感"。同时令各县局仿照四川成例附征临时国难费，以资解决财政困难。李万华：《西康省田赋改征实物之经过》，《经济汇报》第 6 卷第 1、2 期合刊，1942 年。

扣留"①。"迄至三十年春夏间,各省粮食,虽仍续感困难,粮价亦普遍上扬,各省对于田赋征收实物一事,仍视为畏途,未敢仿行。"②各省迟疑不定的态度必会影响中央政府决策。

在出台田赋征实过程中,虽阻力重重,国民政府最终还是排除万难,选择全国田赋一律征实,而否定了各省"酌征"的建议。抗战特殊时期,国民政府的此项决策不但未像一些时人所言,是开历史的倒车,反因适应战争形势而变为促进抗战事业的良策。

---

①潘信中:《十七省田赋征粮近况特辑》,《人与地》第 1 卷第 18 期,1941 年。
②尹静夫:《中国粮政》,(台北)四川文献社 1980 年版,第 8 页。

第三章　田赋征实制度之子制度(上)

本章主要研究田赋征实各项子制度,包括机构、征收、缴纳、验收、储运等制度。通过梳理,得出田赋征实各项子制度的制定是较完备的,但在实际运行中尚存在很多问题,对此,国民政府虽力求解决,然因各种因素限制,效果不佳。

第一节　田赋征实机构之变迁

田赋征实机构包括经征经收两个方面,其发展变化分为三个时期。

一、经征经收分立时期之机构

1941 年,田赋征实实行经征经收分立的制度。《战时各省田赋征收实物暂行通则》规定:"各省征收实物,采用经征经收划分制度。凡经征事项,由经征机关负责,经收事项,由粮食机关办理。"①

田赋为赋税之一种,收归中央以后,自应归财政部主管。5 月 10 日,财政部根据五届八中全会决议案精神成立了整理田赋筹备委员会,统筹全国田赋的接收、整理、经征事宜,此为中央管理各省田赋的

---

① 秦孝仪主编:《革命文献》第 115 辑:《田赋征实》(二),(台北)"中央"文物供应社 1988 年版,第 2 页。

总机关,亦即中央经征机构。由部长次长兼任正副主任委员,亲主其事①。设主任委员 1 人,副主任委员 2 人,专门委员 20～30 人,主任秘书 1 人。设秘书处,其下分五组办理设计、税制、征收、人事、庶务、会计等事务。秘书 4～8 人,视察 20～30 人,编译 6～10 人,组长 5 人,组员 50～70 人,办事员 40～60 人,并得酌用雇员若干人。主管经征事务的是第一组第一、第二股,如征收章则、征收机构的设置和调整、征收考成的拟定、经征经费、经征粮串式样以及秋勘查勘的核定、征收报表的编制呈送、审核登记等项经征事务②。换言之,作为经征全国田赋的总机构,整理田赋筹备委员会仅负设计、督导之责,实际承担经征责任的是省市县各级田赋管理处。

　　1942 年 6 月 1 日,因筹备阶段已终了,同时为统办征收,整理田赋筹备委员会改组为田赋管理委员会,内部组织职掌有所变更。田赋管理委员会设主任委员 1 人,委员 5～7 人,下设总务、稽征、收储、整理四处,主管经征经收事项的为稽征、收储两处,此后田赋管理委员会成为中央负责田赋经征经收的总机关。

　　田赋经征机关在省为省田赋管理处(简称田管处或田赋处),设处长 1 人综理全处事务。为加强田赋经征等事务的推行,处长一职由各省财政厅厅长兼任,必要时设副处长 1 人,协理全处事务。秘书、技正、会计主任各 1 人,科长 3 人,科员 15～24 人,办事员 12～20 人,督导员 4～10 人。分设三科,办理田赋经征的是第二科,主管经征粮串格式制定、田赋督征报解、旧赋清理、覆勘灾歉及赋税减免的

---

①(台北)"国史馆"档案:"国民政府":2-12-01-07:《五届八中全会决议在行政院内设置贸易与粮食部案》。
②《财政部整理田赋筹备委员会组织规程》《财政部整理田赋筹备委员会办事细则》,秦孝仪主编:《革命文献》第 115 辑:《田赋征实》(二),(台北)"中央"文物供应社 1988 年版,第 17－20、30－33 页。

核报等事宜①。也就是说,省田赋管理处对经征仅负督导、报解之责,即根据中央法令,负责推动督导及办理一省田赋经征上的行政事务,对上汇报本省各县田赋征实的具体成效和问题,对下传达中央的命令与监督管理各县田赋征实的进展情况,地位介乎中央与县市之间,是田赋征实中承上转下之中层机构。

　　1941 年,全国二十八省中,辽宁、吉林、黑龙江、热河四省因情形特殊,暂缓办理田赋征实。河北因大部沦陷,暂设河北省田赋管理处筹备处(河北呈请中央缓办),准备相机征收实物事宜。新疆因远在边陲,田赋收入稀少,察哈尔地处敌后,此两省由财政厅代为征收,不设专管机构外,其余二十一省均先后成立省田赋管理处。

表 3－1　各省田赋管理处成立日期及主管人员姓名表②

省别	管理机构名称	驻在地点	成立日期	职别	主管姓名
湖北	省田赋管理处	恩施	7 月 20 日	处长、副处长	赵志垚、朱　鼎
四川	省田赋管理处	成都	8 月 1 日	处长、副处长	甘绩镛、董厚陶
湖南	省田赋管理处	耒阳	8 月 1 日	处长、副处长	胡　迈、石宏规
浙江	省田赋管理处	永康	8 月 1 日	处长	黄祖培
广西	省田赋管理处	桂林	8 月 1 日	处长、副处长	黄锺岳、唐文佐
陕西	省田赋管理处	西安	8 月 1 日	处长、副处长	周介春、徐志钧

①《财政部各省田赋管理处组织规程》,秦孝仪主编:《革命文献》第 115 辑:《田赋征实》(二),(台北)"中央"文物供应社 1988 年版,第 21－22 页。
②财政部整理田赋筹备委员会编印:《田赋通讯》创刊号,1941 年,第 22－23 页。

续表

省别	管理机构名称	驻在地点	成立日期	职别	主管姓名
河南	省田赋管理处	洛阳	8月1日	处长、副处长	彭若刚、王襄先
云南	省田赋管理处	昆明	8月1日	处长、副处长	陆崇仁、张培元
福建	省田赋管理处	永安	8月1日	处长	严家淦
贵州	省田赋管理处	贵阳	8月1日	处长、副处长	周贻春、严慎予
安徽	省田赋管理处	立煌	8月1日	处长、副处长	桂兢秋、许钱侬
广东	省田赋管理处	韶关	8月1日	处长	张导民
甘肃	省田赋管理处	兰州	8月1日	处长、副处长	陈国梁、潘锡元
西康	省田赋管理处	康定	8月1日	处长	李万华
山西	省田赋管理处	兴集	8月1日	处长	王　平
江西	省田赋管理处	泰和	8月1日	处长、副处长	文　群、刘行谦
绥远	省田赋管理处	兴櫶	8月1日	处长	李兴义
宁夏	省田赋管理处	宁夏	8月1日	处长、副处长	赵文府、魏良忠
青海	省田赋管理处	西宁	8月1日	处长、副处长	马丕烈、刘呈德
河北	省田赋管理处筹备处	—	8月1日	处长	王德乾
江苏	省田赋管理处	溧阳	8月11日	处长	李寿雍

续表

省别	管理机构名称	驻在地点	成立日期	职别	主管姓名
山东	省田赋管理处	—	9月1日	处长	沈鸿烈
新疆	财政厅	迪化	原已设立		
察哈尔	财政厅	—	原已设立		

省县田赋管理处基本按照财政部规定成立①。从上表看,7月20日成立者仅湖北一省,8月1日成立者有四川等十九省,8月11日成立者江苏一省,9月1日成立者山东一省。

各县市负责经征的是各县市田赋管理处,依其赋额多寡分为九等,年征实物在20万市石以上者为一等处,12万市石以上者为二等处,10万市石以上者为三等处,6万市石以上者为四等处,2万市石以上者为五等处,1.4万市石以上者为六等处,1万市石以上者为七等处,0.4市石万以上者为八等处,不及0.4万市石者为九等处。设处长、副处长各1人,为密切与地方行政力量的有力配合,减少田赋征实阻力,处长由掌握实权的县长兼任(湖南以田赋向不由县政府征收,故其县处处长为专任)②。其下根据需要酌设二科或三科及会计室,设会计员1人,科长2~3人,科员8~12人,助理员若干人。县

————

① 按财政部规定,省田赋处应一律于1941年8月成立,县田赋处应一律于9月成立(已沦陷或临近战区者除外),各县于开征前应照规定普设经征分处,以建立全国有系统之经征机构。特殊情形者可缓设,但在1942年1月以前,务必一律普设,完成全国征收网。

② 县田赋处处长由县长兼任的原因,财政部的理由是:"此盖以田赋征收事宜向由地方官负责,历史悠久,此次田赋改制,仍以县长兼任处长,俾与地方行政力量,协合无间,使征实工作,推行尽利。"秦孝仪主编:《革命文献》第115辑:《田赋征实》(二),(台北)"中央"文物供应社1988年版,第253页。

田赋管理处的主要职责是遵照中央与省田赋管理处规定,推动并执行田赋经征的各种业务,是经征机构体系中实际负责征实业务的基层执行机关。

　　按规定,凡成立省田赋管理处之省应一律成立县田赋管理处。唯亦有情形特殊,如原已设立统一经征机构之湖南、湖北、安徽三省因田赋征实开征期迫,准备不及,呈请在 1941 年内缓设,由原有征收田赋之税务局办理;河南因筹备尚未就绪,暂由县税务经征机关代征;西康省属各县之边远县份,因收额甚少,多由县政府代征;另由县政府代征的尚有江西、云南两省之边远县份;山东、江苏两省因环境特殊(江苏仅六县未沦陷),亦未设置;其余十五省均按规定成立县田赋管理处[①]。1942 年开始成立或由原有税务机关改组而成立县田赋管理处的有湖南、湖北、江西、安徽、江苏、山东等省。据 1942 年 4 月统计,全国已成立县市田赋管理处者,共达 1230 单位,其中四川 136处,湖南 73 处,浙江 76 处,江西 69 处,广西 100 处,陕西 75 处,河南71 处,福建 66 处,湖北 26 处,安徽 49 处,广东 80 处,贵州 78 处,云南 130 处,甘肃 67 处,西康 36 处,江苏 7 处,山西 47 处,绥远 4 处,宁夏 11 处,青海 10 处,山东 19 处[②]。

　　为便利粮户缴纳田赋起见,县以下设经征分处,为经征机构中的最基层机构,是实际担任田赋经征的业务机关,直接和粮户发生关系。经征分处设置办法,依照《财政部各省县(市)田赋管理处经征分处设置暂行办法》规定,各县得按粮区分布情形、粮额多寡、征收淡

①各省县田赋处成立时间为:山西、宁夏两省 8 月,四川、云南、广西、福建、浙江、江苏、西康七省 9 月,贵州、广东、河南、绥远、甘肃五省 10 月,陕西 11 月,湖北(一部分)、安徽(一部分)两省 12 月。陈友三、陈思德编著:《田赋征实制度》,正中书局 1945 年版,第 20 页。
②秦孝仪主编:《革命文献》第 115 辑:《田赋征实》(二),(台北)"中央"文物供应社 1988 年版,第 252—253 页。

旺[①]、交通状况,酌定多寡,以期便民省费,其辖境以半径 30 华里为原则,每县大约设置分处 5 到 10 处。其设分处具体数目及时期由县田赋管理处拟定,呈请省田赋管理处核定,并须报财政部备查;经征分处应设于乡镇公所所在地,并与粮食机关之收粮机构在同一地点办公;各县分处设稽征员 2~5 人,并指派 1 人为主任(多由乡镇长兼任)[②]。1941 年全国经征分处除江苏、山东未成立外,其余各省均已设立[③],全国共计 6910 处,其中四川 1500 处,湖南 856 处,浙江 290 处,江西 402 处,广西 500 处,陕西 276 处,河南 364 处,福建 330 处,湖北 69 处,安徽 172 处,广东 474 处,贵州 367 处,云南 638 处,甘肃 328 处,西康 129 处,山西 163 处,绥远 14 处,宁夏 35 处,青海 3 处,江苏、山东因地处敌后,经征经收人员随时流动工作,无固定机构设置[④]。

　　田赋征实经收机构采取与经征机构相配合的办法,经征机构最上层为财政部,经收机构最上层为粮食部(国民党五届八中全会,为加强粮政推进,国民政府决议在行政院设立粮食部,此案由蒋介石提出)。1941 年 7 月 1 日,国民政府成立粮食部,统管全国粮政,主要任务是办理军粮民食的收购、仓储、运输、调拨等事务。同时对各地方

---

①如旺收时期四川设 1500 处,湖南设 528 处;淡期四川设 675 处,湖南设 428 处。秦孝仪主编:《革命文献》第 115 辑:《田赋征实》(二),(台北)"中央"文物供应社 1988 年版,第 202 页。

②宋同福:《田赋征实概论》附录,中央银行经济研究处 1942 年版,第 349 页。

③1941 年全国各县经征分处设置,大抵按粮额多寡、辖区大小及征收淡旺而定。各省经征分处成立时间分别为:宁夏 7 月,安徽、山西两省 8 月,四川、广西、湖南、江西、浙江、西康六省 9 月,广东、河南、陕西、绥远、甘肃五省 10 月,贵州、云南、福建三省 11 月。陈友三、陈思德编著:《田赋征实制度》,正中书局 1945 年版,第 21 页。

④秦孝仪主编:《革命文献》第 115 辑:《田赋征实》(二),(台北)"中央"文物供应社 1988 年版,第 254 页。

高级行政长官执行本部主管事务有指挥监督的责任,就粮食部主管事务对各地方高级行政长官命令或处分,认为有违背法令或逾越权限者,得提经行政院会议决议停止或撤销之。下设总务、人事、军粮、民食、储运、财务六司和调查处一处。设部长 1 人,综理本部事务,部长一职抗战时期一直由徐堪[1]担任,政务次长、常务次长各 1 人[2]。参事 4～8 人,秘书 8～12 人,司长 6 人,处长 1 人,科长 32～36 人,科员 200～240 人,督察 4～6 人,视察 16～20 人,稽核 10～14 人,技正 4 人,技士 8 人[3]。1942 年 9 月,增设管制、分配 2 司,将储运司改为储备司,撤销军粮、民食 2 司,其业务并入分配司[4]。

各省负责田赋征实经收的为粮政局[5],是经收实物的中层机构,由前全国粮食管理局时期各省设置的粮食管理局改组而成,地位与省政府各厅处(如省田赋处)平行。根据行政院 1941 年 8 月 8 日公布的《省粮政局组织大纲》,省粮政局设局长 1 人,综理局务,副局长 1 人或 2 人,辅佐局长处理局务。省粮政局局长出席省务会议,关于本省粮食政令之发布,以省政府名义行之,局长副署;关于主管事务处理得发局令。下设总务、管制、视察 3 科及秘书、会计

①徐堪是宋子文政府的重要阁员,从 1941 年 7 月粮食部成立至 1946 年 11 月一直担任该职。1946 年因"上海粮贷案"被免职,调任国民政府主计长,部长由甘肃省主席谷正伦继任。陈开国:《徐堪其人其事》,(台北)《传记文学》第 62 卷第 5 期,1993 年。

②1944 年 1 月国民政府公布《粮食部组织法》,将粮食部次长由原来的设置 2 人变为 1 人,增设咨询委员 3 人至 5 人。《粮食部组织法》,《经济研究》第 1 卷第 2 期,1944 年。

③秦孝仪主编:《革命文献》第 110 辑:《粮政方面》(一),(台北)"中央"文物供应社 1987 年版,第 198－204 页。

④《修正粮食部组织法条文》,《中农月刊》第 3 卷第 9 期,1942 年。

⑤粮食部成立后,全国粮食管理局即撤销。同年 10 月,各省及院辖市之粮政局、各县粮政科次第成立,原设之省粮食管理局及县粮食管理委员会一律撤销。多数省成立粮政局,也有部分省在田赋征实第一年未成立。

两室,各科各设科长 1 人,秘书室设主任秘书 1 人,会计室设会计主任 1 人,设秘书 2 人,技正 2 人,视察 10～20 人,稽核 4～6 人,技士 4～6 人,科员 20～50 人。未成立省粮政局各省,其征收业务由省田管处兼办(湖南),或由省财政厅兼办(江苏),或由粮食管理处办理(山东)。省粮政局对经收实物,仅负责督导规划,办理集中、储运、配拨并及时向粮食部汇报[1],实际负责经收的是各县市粮食管理机关及各地的分仓。

各县市负责田赋征实经收机构的是粮政科,为负责经收的基层机构,地位与县市田赋管理处相同。设科长 1 人,科员办事员若干人,分股办理粮政事宜。未成立粮政科之县,经收业务由前全国粮食管理局时期设置的各县粮食管理委员会负责(如广东、浙江),设委员9 人,主任委员由县长兼任,副主任委员由县长从委员中指定,必要时副主任委员可由省粮政局派充,下设三股,分别办理调查登记、调节平价、公有仓库及积谷事项。也有另设经收处(云南、浙江、福建)或经收所办理(安徽、甘肃),湖南、山东由县田管处兼办,江苏、宁夏由县政府兼办(宁夏在县政府内附设田赋经收所)。据粮食部 1941年 12 月统计,全国已成立县经收机关者,共达 1030 处,其中四川 135处,西康 13 处,云南 63 处,陕西 52 处,贵州 70 处,湖北 26 处,湖南73 处,安徽 50 处,江西 54 处,浙江 53 处,江苏 7 处,福建 65 处,广西100 处,广东 75 处,河南 69 处,甘肃 67 处,山西 22 处,绥远 16 处,宁夏 10 处,山东 10 处[2]。

县以下配合经征分处,设置经收分处及仓库,是田赋征收的最下层机构,直接负责从粮户手中征收实物,并主管征收实物的仓储、运

① 《省粮政局组织大纲》,浙江省粮政局编印:《粮政法令汇编》,1942 年。
② 秦孝仪主编:《革命文献》第 115 辑:《田赋征实》(二),(台北)"中央"文物供应社 1988 年版,第 255—256 页。

输等事务,其组织机构及设置情形,大体与经征分处相同。据粮食部 1941 年 12 月统计,全国已成立乡镇经收机关者,共达 6272 处(绥远、宁夏未具报),其中四川 1400 处,西康 129 处,云南 436 处,陕西 307 处,贵州 330 处,湖北 182 处,湖南 528 处,安徽 151 处,江西 402 处,浙江 260 处,江苏 30 处,福建 335 处,广西 500 处,广东 802 处,河南 275 处,甘肃 42 处,山西 163 处[①]。

　　从经征经收机构设置情形分析,田赋机关负责经征,即主管串票制造、分发事宜,粮食机关负责经收,即管理粮食征收、集中、仓储、运输、配拨等事宜。且经征机构仅负责征实,征购则由粮食机关一家负责,意即征购的经征经收事项均由粮食机关主管。此种制度安排下,粮食机关的全责显然重于田赋机关。征收货币地区,则尽量采用银行代收税款办法。

　　我国过去田赋征收集发串与收款于一人之手,故经征官吏得以侵蚀中饱。对上,不将税收全部上缴国家;对下,苛征于民,影响田赋税收。一般人士均认为经征经收未严格划分是我国田赋征收的最大弊端,有鉴于此,1934 年第二次全国财政会议通过《改革田赋征收制度原则八项》,其中第一项就是:"经征机关与收款机关,应须分立。由县政府指定当地银行、农业仓库,或合作社收款;若无此等机关,则由县政府财政局或科派员在柜收款。"[②]然各省大多未遵照中央意旨办理。田赋征实确立后,国民政府规定经征经收严格划分,其用意无非是谋双方权责分明,易于分工合作,增加工作效率,借此达互相牵制之效和防弊除弊之旨。

　　然事与愿违,1941 年施行结果,经征经收分立反致效率低下(四

①秦孝仪主编:《革命文献》第 115 辑:《田赋征实》(二),(台北)"中央"文物供应社 1988 年版,第 255－256 页。
②宋同福:《田赋征实概论》,中央银行经济研究处 1942 年版,第 298 页。

川、贵州系合并办理），官民两感不便[1]。具体而言，主要表现在：

第一，在中央，经征经收分别隶属财政部、粮食部，在省级，分属田管处、粮政局，事权割裂且立场各异，意见不同，不易联系，遇事于两个机关间往返咨商，往往坐失机宜。各省田管处遇事必须先向财政部请示意见，财政部又须和粮食部协商，粮食部再征求各省粮政局意见，然后再和财政部商量决定，财粮两部各自再向各省田管处粮政局传达，最后再由各省田管处粮政局交由下级机关执行，办理困难。粮政局遇有重大事情，程序和田管处相同。省机构自由活动权太少，粮食收获有一定的时间性，征收必须在粮户收获后不久的一段时间内进行，否则，粮户有可能将粮食变价偿还债务或用于他项开支，在战时文电往返速度较慢的情形下，这种弊端暴露无遗。

第二，在县级及县级以下经征经收机关方面，暴露的缺点更明显。

首先，难收合作之效。国民政府虽明文规定经征经收机关各负专责，但实施时，需要双方协商的事务尚多，如征收分处的设置、征实种类品质的决定、仓库的配置、衡量器具的配备等，均需双方密切合作。在经征经收划分之下，双方不相统属，常常脱节，上述问题不易解决，难达合作目的。

其次，难期防弊之功。经征经收划分的另一目的，在使经征经收相互牵制，以防舞弊发生。可是在经征经收划分之下，双方人员如欲舞弊，仍可互相串通。若想防止舞弊，似可诉诸其他方面。据1941年田赋征实结果反映，舞弊多存在于经收而非经征方面。故要防止经收人员作弊，完全可以将田赋征实标准、各粮食间的折合率、衡量器换算办法等于开征前告知粮户，则征收机关作弊的机率

---

[1] 朱子爽：《中国国民党粮食政策的重要意义与实施》，《粮食问题》第 1 卷第 3 期，1944 年。

必会大大减少。此外,还可采取加强监督力量等措施,而不一定非要以经征经收划分,使之分属于系统不同的两个机关。故时人认为,可以把经征经收事务划归同一机关办理,而运用内部牵制组织,以防经征经收人员舞弊的发生,其功效或可与划分制度下所得者相同①。

最后,难达便民之利②。按照财政部、粮食部的初衷,经征经收划分之最大目的是为了便利粮户缴纳粮食。事实上,正是经征经收分立给粮户缴纳粮食带来了很多不便。缴纳粮食分属两个不同机关,因经征分处管粮串,经收分处负责验收收缴,且有时两家又不在同一地点办公,致使核算、缴粮验收、领据、制串等手续发生颇多周折。粮民要完成整个缴纳手续,往往疲惫奔波于经征、经收分处两个机关之间,间或等待几天仍无法完粮,而征购又由粮食机关单独办理,粮户缴纳征实后,尚需赴粮食机关再次缴纳征购,造成一件事两家管两家办的局面。

因有上述诸多弊端,时人认为:"经征事项由经征机关负责,经收事项由粮食机关办理,管辖不同,系统不一,纵有联系办法,研多曲折难收简单敏捷之效。纳粮人民颇感不便,似不如统归经征机构办理,经收之后,再由粮食机关集中储运分配,较为省事。"③陕西、湖南等省主管田赋征实的负责人普遍认为经征经收划分在理想上固有根据,然实施之后每有步调不齐之困难,发生作用有限,纷纷呈请中央进行调整,因此才有经征经收合并之举(湖南 1941 年经征经收机构未分立,是机构合一,工作分立)。

---

① 陈友三、陈思德编著:《田赋征实制度》,正中书局 1945 年版,第 91－92 页。
② 县以下经征分处设置,辖境以三十华里半径为原则及与经收机构同在一处办公,主旨在便利粮户缴纳。
③ 刘光华:《对于粮政的几点意见》,《中国农民》第 1 卷第 4 期,1942 年。

二、经征经收合并时期之机构

鉴于经征经收分立，推行效果不佳。1942 年，国民政府认为"欲求征收效能提高，非集中管理，加强组织不为功"①，并根据各地施行情况分别改进，决定从 1942 年度下半年起，改采经征经收合一制度，即将原来粮食机关主办之经收事务亦划归田赋机关办理（经征经收事务合并统由田管处办理）。同时，为便利粮户缴纳和节省经费，将原粮食机关主办之征购划归田赋机关。田赋机关主管经征经收，粮食机关则专责征起实物之仓储、运输、加工、配拨等事宜。至此，田赋征收完全由田赋机关办理，达到了征收行政一元化领导。

为配合此次改制，国民政府于各级田赋机关中增设经收部门，主办经收事宜。中央于财政部田赋管理委员会内增设经收科、技术室，并增加视察人员若干。省县田赋处内各增设一科，办理经收，科次列于原办经征事务之科后面，并加派技士，专司实物之验收、保管、折征标准及衡量器鉴定、仓库配建等事务。这次改制，省县田赋处组织规模有所扩大。省田赋处设秘书、技正 1～2 人，技工 2～4 人，科长 4 人，科员 15～50 人，办事员 12～20 人，督导员 8～45 人，分设四科及会计室，办理田赋经征、经收的分别为第二、第三科。县田赋处设一科至四科，科长 2～4 人，科员 4～16 人，办事员 2～10 人，技士 1 人，其仅设二科者增设 1 人②。在同一系统管理之下，仍划分经收经征业务，俾专职责。

县以下将原设之经征、经收分处合并改设征收处，设主任 1 人，指挥全处经征经收人员办理田赋征收及所辖各乡镇仓库管理事宜。

①王冠吾：《两年来本省的粮政》，《新湖北季刊》第 3 卷第 1、2 期合刊，1943 年。
②《财政部各省（市）田赋管理处组织规程》《财政部各县（市）田赋管理处组织规程》，《中农月刊》第 3 卷第 9 期，1942 年。

主任之下采分立制,设稽征、收储两股,各设股长 1 人,分股办事。稽征股相当于之前的经征分处,收储股主办原属于征收分处之事项,俾于便民之中,仍收牵制之效。

县以下征收机关,为兼筹并顾计,各县根据粮区分布情形、粮额多寡、交通状况设置征收处,以不超过 8 处为原则,全省平均每县以不超过 5 处为原则。各县市征收处设置数目,应按征收设置数目、征收淡旺分别规定,旺征时期以田赋开征前后计满四个月为限,期满应即裁并 2/3,旺征期间增设临时征收处,平均每县不超过 3 处。征收处辖境半径,以一日能挑运往返者为原则(约半径 30 华里),但赋额不及实征稻谷 1 万市石者,改设巡回征收处,其辖境亦以半径 30 华里为原则。每一驻留地之仓库地点日期及征收区域,应于开征前布告通知。征收处设立地点,应择交通便利人口较多及距离适中之地点,以便粮户完纳及集中实物①。仓库系按辖区粮额之多寡配备,每征收处约设仓库 3 所至 5 所。

上述改制在行政管理上采合一制,但为防弊起见,于经征经收手续上仍采划分精神。一方面,简化机构,集中事权,增进效率;另一方面,在经征经收手续上,仍严格采分科分股划分程序,以收内部互相牵制之效。"政府与民众,交感其便。"②经征经收机构统一,粮户不需再往返于田赋粮食两个机关之间,完纳便利。易言之,经征经收合并最大的优点是田赋征收阶段的统一。财政部田赋管理委员会主任委员关吉玉(曾任赋税司司长,后任财政部整理田赋筹备委员会主任秘书)曾对 1942 年田赋征实机构改制给予很高评价,认为这次改制

①《财政部各省县(市)田赋管理处征收处设置办法》,秦孝仪主编:《革命文献》第 115 辑:《田赋征实》(二),(台北)"中央"文物供应社 1988 年版,第 59 页。
②朱子爽:《中国国民党粮食政策的重要意义与实施》,《粮食问题》第 1 卷第 3 期,1944 年。

"使机构简化,事权集中,办事迅速,完纳便利,尤其代购军粮,使粮户减少不少麻烦,官民咸称便捷"[1]。

虽征收归田赋机关,但征收之后的集中、仓储、运输、分配却归粮食机关,故田赋机关在粮食征收后,必须与粮食机关办一次交接手续。在征收期间,田赋机关必须多一部分人员设备,粮食机关在接收粮食时亦须配备一定的人员设备,造成双方人员安排和设备上的很大浪费。粮食多一次交接即多一份损耗,在人员缺乏、粮价高涨的战时,此种安排极不经济。且粮食的初步集中归田赋机关,再度集中却归粮食机关,导致收纳仓库归田赋机关,集中、聚点仓库却归粮食机关的局面。同为仓库却因分属于两个不同的系统而不能达到有效运用(经征经收分立时期,仓库只属于粮食机关),在战时仓库严重紧缺的局势下,加之因经费限制,修建大量仓库又不甚现实,此种设置显然是极不经济的,只会加剧仓库不足现象的发生,同时双方在粮食交接中也常有摩擦。所以推行结果,机构的运用仍不灵活,效果亦不显著。徐堪认为,这次改制,"田赋机关之惟一任务为如何取得,粮政机关之最大要旨在如何运用,双方立场不同,在时间上地域上极难为适当之配合,本年(指1942年)各省开征大多已逾两月而军粮交拨颇感迟缓者,此为一大原因。……今后仍当谋进一步之调整与联系,以期其协调与经济"[2]。

三、各省田赋粮食机关合并时期之机构

经征经收合并较经征经收分立已有很大改善,然田赋征实是政府粮政的核心举措,唯有田赋粮食两个机构合并办理,方能收事权统一、运用灵活之效,国民政府也意识到了此问题,故对田赋粮食机构

①关吉玉:《论田赋征实四大原则》,《粮食问题》第1卷第1期,1944年。
②中国第二历史档案馆档案:八三(2)62;《粮食部1941—1948年工作报告》。

进行了第二次改制。

　　1943 年 4 月,国民政府将各省田赋粮食两个机关合并,采征收合一制,即将各省田赋处与粮政局合并,改称田赋粮食管理处(简称田粮处),隶属财粮两部,并受省主席指挥监督,但各级机关内部仍采分立组织。省田粮处设处长 1 人,由财政厅厅长兼任,副处长 2 人,分别办理土地赋税、粮政事宜,也有个别省仅设副处长 1 人,主管田赋粮政(如河南、绥远、青海等省)。省田粮处分八等,一至三等设七科,四五两等设六科,六至八等设五科,人员经费依次递减①。1943 年下半年田赋粮食机关先后合并的有湖南、江西、浙江、福建、安徽、甘肃、湖北、西康、宁夏、山西、青海、绥远、江苏(1944 年,江苏因征区日小,将田粮处裁撤,业务交财政厅及县政府办理)十三省。四川、广东、河南、陕西、广西、云南、贵州七省因情形特殊暂缓合并②。新疆由财政厅代办,河北、山东因收数过少,原设田赋管理处及筹备处裁撤,所遗业务由财政厅及县政府办理③。

　　田赋粮食机构合并之省,县粮政科并入县田赋处内,改称县田赋粮食管理处,隶属县政府,设处长副处长各 1 人,处长由县长兼任。根据征实征购及带征县级公粮多少,划为十等:粮额在 40 万市石以上者为一等处,30 万市石以上为二等处,20 万市石以上为三等处,15 万市石以上为四等处,10 万市石以上为五等处,7 万市石以上为六等处,4 万市石以上为七等处,2 万市石以上为八等处,1 万市石以上为九等处。折征法币及不征购县市,粮额在 300 万元或 2 万市石以上者为七等处,150 万元或 1 万市石以上为八等处,75 万元或 0.5 万市

①(台北)"国史馆"档案:"财政部"018000034446A:《各省田赋粮食管理处组织》。
②1944 年,陕西、河南、云南三省省田粮机构合并,改组为省田粮处。同年,重庆市成立田赋处,1945 年与陪都民食供应处合并,改组为重庆市田粮处。1945年,新疆成立省田粮处,各县征收业务仍由原设征收处办理。
③章子范:《调整后的各省粮政机构现状》,《粮政月刊》第 2 卷第 1 期,1944 年。

石以上为九等处,75 万元或 0.5 万市石以下者为十等处。按粮额多寡及业务繁简,分别设二或五科办事①。自 1945 年 7 月 1 日起,将各省所属县份粮额在 1 万市石以下者,裁撤县田粮处,改为田粮科。

县以下原设之征收处改称乡镇办事处,仍设收纳仓库。按田赋征实征购额多少、粮区分布情形、交通状况分别设置,以每县不超过 5 处为原则。乡镇办事处设主任 1 人,必要时可设副主任 1 人(以辖境内乡镇长充任),下设稽征储运两股,分股办理经征经收事宜②。

这次调整达到了省内田赋粮食机构的统一,粮食的征收、储运、配拨统归省田粮处管理。时人对此次调整评价颇高,"以后赋政粮政之推进,自可因机关之合理调整而益臻顺利"③。

但在中央,各省田粮处却隶属粮食部、财政部,职掌不易划分清楚,业务手续上亦有重复之处。即在地方上田赋粮食归一家管理,而在中央却划归财政部粮食部两家负责。各省田粮处遇事必须同时向两家分别汇报,田赋机构不统一的弊端暴露无遗。

针对此弊端,1945 年 2 月,行政院通过《田赋粮食机关调整办法》,对田赋粮食机构进行第三次调整,决定:

> 一、在抗战期间关于田赋管理事宜,除田赋改征实物通则及其赋则、赋率、赋额之订定修改,由财政部会同粮食部拟订,呈院核定外,其田赋征收业务,暂由粮食部办理。财政部所属之田赋管理委员会改隶粮食部,并应紧缩其组织,由粮食部妥拟呈核,其田赋机关原办之契税、土地税征收事宜,仍归财政部办

---

① 陈友三、陈思德编著:《田赋征实制度》,正中书局 1945 年版,第 30 页。
② 《各县(市)田赋粮食管理处乡镇办事处设置办法》,(台北)"国史馆"档案:财政部 018000034446A;《各省田赋粮食管理处组织》。
③ 王冠吾:《两年来本省的粮政》,《新湖北季刊》第 3 卷第 1、2 期合刊,1943 年。

理。……

　　三、四川、贵州、广东、广西四省田赋管理处及粮政局,应即合并改组织为田赋粮食管理处,其县级田粮机关亦应依照县田赋粮食管理处组织规程,一体合并改组。

　　四、各省田赋粮食管理事宜归粮食部主管,其有关各项施行章则,由粮食部妥拟修改呈核。①

　　依此规定,3月16日,田赋管理委员会改隶粮食部,各省田粮机关也遵照改隶粮食部一家,田赋粮食管理机关及其事权,至此始趋统一。6月1日,又紧缩田赋管理委员会编制,将其改组为田赋署。四川、贵州、广东、广西各省县田粮机构亦于同年内改组竣事②。上述因各种原因未改组的各省田赋粮食机关,一律改组为田赋粮食管理处,归粮食部指挥监督。征粮数额较少、业务较简县份,所设县田赋粮食管理处予以裁撤,业务归县政府③。此后国民政府田赋征实机构,中央是粮食部,部内设分配、储备、管制、财务、总务五司,人事、督导、会计三处,田赋署、统计室,而储运处、仓库工程管理处则为直辖业务机构④;各省县是田粮处,负责土地赋税粮食等事宜;县以下是乡镇办事处及仓库。粮食的征收、仓储、运输、配拨全归粮食部管辖,从而结束了一件事情两家管两家办的局面。

　　"工欲善其事,必先利其器。"欲推行政令,必先健全机构。抗战

①侯坤宏编:《粮政史料(第五册)——田赋征实》,(台北)"国史馆"1990年版,第617－618页。
②中国第二历史档案馆档案:八三(2)323:《粮食部附属机关暨各省田赋粮食管理处成立日期及主管人员一览表及有关文书》。
③(台北)《徐可亭先生文存》编印委员会编印:《徐可亭先生文存》,1970年,第153－154页。
④关吉玉:《中国粮食问题》,经济研究社1948年版,第23－24页。

时期国民政府实施田赋征实的时间是 1941—1945 年度,总共五个年度。对田赋征实机构,从设置到调整却有四次,除了 1945 年度未进行改制外,其余每个年度均对其进行调整,机构可谓一年一变,反映出国民政府对田赋征实机构相当重视。1941 年度田赋征收(经征经收)由田赋、粮政两个机关分别负责;1942 年度由田赋机关单独办理(经征经收事项统一划归田赋机关一家办理);1943—1945 年度则由合并的田赋粮食机关负责(其间又有一些小变动:1943 年度由各省田粮处办理,在中央则分属于财政部、粮食部两家负责;1944 年度实现了真正统一,完全由粮食部一家专管),最终达到了简化机构、制度划一之旨。

不断完善的机构是田赋征实绩效显著的有力保障。它对提高征实效率、改善不合时宜制度的缺点、减少征收费用与冗员、实现便民省费之原则,起了一定作用①。但多变的机构导致田赋粮政人员流动性较大,给其贪污舞弊创造可乘之机,抗战时期粮政的大量舞弊与之不无关联。

第二节　征收与缴纳制度

田赋征实比征币复杂得多,牵扯到征收、仓储、运输、配拨等诸多方面,田赋征收与缴纳制度包括征额、征率、征收种类、征收期限、灾歉豁免、国家征收、粮户缴纳等方面。

---

① 1943 年全国粮政工作人员达 175 100 余人之多,可谓最盛时期。1944 年实施紧缩,裁减人员 66 800 余人。1945 年再度紧缩,缩编为 94 972 人。"盖自田粮机关相继合并改组改隶,一切手续程序颇多简化,工作人员具有三年经验,效率提高,故裁减人员将及百分之四十六,而业务依然进行无疑。"徐堪:《抗战时期粮政纪要》,(台北)《四川文献月刊》第 11、12 期合刊,1963 年。

一、征额与征率

田赋征实的核心,是如何能达公平与合理,而公平与合理的关键可说在标准问题。故适当的标准是田赋征实公平、合理的关键,这是第三次全国财政会议热烈争辩的一个问题。因我国旧日粮额早失公平,且多无可稽考,而战时各省粮价又差异极大,故欲觅得绝对合理的标准颇为困难。对国民政府而言,有四种标准可资参考。

其一,以收获量什一为标准,地主以收益量 1/10 为标准。相传我国自开征田赋就采用的是什一税,即按农作物产量征收 1/10。之后历代征税或杂以丁税,或课以户税,但大致仍比照收获量 1/10 为原则。在第三次全国财政会议上,田赋组亦主张采用此标准,虽未被采纳,然理论上却不失为良好标准之一。它合乎历史观念,且与粮户实际负担能力相适应。因什一税实行的前提是必须计算出粮户产粮总数,而我国缺乏农产统计详细数字,故未被国民政府采纳。

其二,以旧有征粮科则为标准。这是国民政府最初想采纳的标准。1940 年 11 月《田赋酌征实物》案即规定田赋酌征实物应以各地旧有征粮科则为标准。什么是旧有征粮科则? 财政部在 12 月指示四川省田赋改征办法纲要中对之做了解释,财政部认为旧有征粮科则是以各省政府以前的征粮底册为标准,而不以抗战以后新增的赋额为标准,至于何时的征粮科则,则无明确说明。事实上,各省政府掌握的征粮底册大多是沿用明代洪武十三年鱼鳞图册时期的科则(甚有依赖古代的赋役全书),清雍正年间又摊丁入地,改征地丁银粮,太平天国运动又使江南数省征册大部被焚烧,民国以来,又废两改元,田赋征收银元,法币政策实行后,又改征法币。册籍早已散佚,即使廒册存在,因人事和地理变迁,业户和粮额都与原册不符(户地粮籍多半脱节),加以书吏从中作弊,假造鱼册,久经变迁,不足为征税的依据。所以旧有征粮科则即便能根据县志查获额征数若干市石,却早已失其庐山真面目。因之财政部主张以旧有征粮科则为征实标准,无论于理论上抑或事实上,均是无法施行的。

其三,以战前米价折征实物为标准。即以现征田赋正附税额,按照抗战爆发前一年(1936年7月—1937年6月)平价米价折成实物征收。国民政府实施田赋征实之目的有二,即解决军粮民食和恢复战前人民负担。既然以战前米价作为折征实物标准,那么田赋正附税额也应以战前一年赋额为标准,可是仅采前者,后者却以现征田赋正附税额为计算标准,战时各省因财政困难,多在田赋上加征,故此时的赋额较战前一年增加颇多(有些省甚或增加好几倍),如以现在粮价为准折算征收,也不失为良好标准之一。以现在增加之田赋,照战前较低的粮价折算,无疑是增加粮户负担。加之"初期实施米折办法之各省,其目的在变相加赋,而忽视粮食问题。时论非之。又以战前米价之统计数字,颇难寻获。在计算方法上亦较烦复。故第三次全国财政会议时,未被采纳"①。

其四,以1941年度田赋正附税总额折征实物为标准,即国民政府最终采纳的标准。以1941年度田赋正附税总额每元折征稻谷二市斗为标准,由于计算方法明了,实施简便,而被参加第三次全国财政会议的全体代表最终一致通过。不过最初代表们的意见为每元酌征稻谷一至四市斗,弹性颇大,后经协商,改为统一以稻谷二市斗为标准征收②。

上述四种标准各有利弊,为便于实施起见,代表们在第三次全国财政会议上激烈讨论,最终决定采用第四种标准,但亦非一种公平办法。1928年田赋划归地方之后,各省田赋所征正附税率,省与省异,县与县殊,各粮户间负担的田赋正附税额极不公平,且战时各省临时

①宋同福:《田赋征实概论》,中央银行经济研究处1942年版,第296—297页。
②金天锡:《论实物田赋与粮食库券》,《国民公报》1941年10月19日。

加赋的情形也不相同,但全国却按同一标准征收,这种标准是"各省各县一律凭前清遗留下来很不确实的粮券来征粮,这是何等不科学的举动"[1]!

1941 年 7 月,《战时各省田赋征收实物暂行通则》规定:"各省田赋征收实物依三十年度省县正附税总额每元折征稻谷二市斗(产麦区得征等价小麦,产杂粮区得征等价杂粮)为标准。其赋额较重之省份,得请由财政部酌量减轻。"[2]此系 1941 年国民政府核定各省田赋征额和征收标准的根据。"此项折征率规定,系假定抗战前一年之粮价平均每市石为五元,则每元可购谷二市斗,今以现实赋额每元折征谷二市斗,适可回复战前之负担。惟因各省田赋赋额,原多轻重失平,且粮食生产状况各地不同,加以战区、沦陷区等种种特殊环境,致在征额及征收标准之核定上,颇多纠纷与困难,而需变通办理者。"[3]即在征额与征率上,因各省情形不同,照同一标准折征,不无负担失平之处,为救济赋额特重省份人民起见,故通则又规定赋额较重省份,得请由财政部酌量减轻。换言之,中央仅仅规定一个大原则,各省具体按多少征收,尚需各省斟酌各自情形妥拟办法报请中央批准。

各省征额多少,大都系由财政部会同粮食部与各省政府主席商洽决定,按照各省赋额负担、粮产状况及核定军公民粮实需数覆实配定应征数额,原则是按 1941 年度原有正附税总额,以每元二市斗稻谷为参考标准计算总数,对特殊省则适当予以变通处理(对省与省、县与县间赋额有畸轻畸重者,由中央及省于配额时加以调整)。一般而言,对赋额过重的省酌减征收数量;对近几年临时加征的赋额予以

① 嘉予:《从唐宋的漕运谈到现在的粮运》,《粮政季刊》第 5、6 期合刊,1947 年。
② 秦孝仪主编:《革命文献》第 115 辑:《田赋征实》(二),(台北)"中央"文物供应社 1988 年版,第 1 页。
③ 侯坤宏:《抗战时期粮食供求问题之研究》,台湾政治大学硕士论文 1988 年,第 72 页。

豁免;对缺粮省,一般是部分征收实物,部分折征法币;对政府控制区域征收实物,在战地或紧接战地地方,则按实物折价征收法币①。此外,中央核定田赋征实数额为必须获得之实在数额,各省田赋收入历来不易足额,为预防实收减少,有误军粮民食起见,各省得斟酌情形酌加配额。如四川加征一成,广西征购一市石加征谷二市斤②。

　　1941年度实行田赋征实的共二十一省(在未征收实物前已完纳法币者,免予改征实物),完全征实的有四川、西康、湖南、福建、江西、安徽、广西、陕西、山西、绥远、宁夏、甘肃、山东十三省,兼征实物法币的有贵州、云南、广东、湖北、浙江、江苏、河南七省,要求减轻征额或一部分仍准征法币的有四川、广西等十三省③。

　　四川1941年度省县田赋正附税额较1940年增加特多,省正税预算数为533 882 564元,县附加预算数为30 489 243元,连同摊筹之保甲经费合共在9000万元以上(此预算数包括该省战时举办临时国难费及各县战时增加之附税在内),依每元折征稻谷二市斗计算,则应征稻谷约1800万市石。据四川建设统计提要记载,四川省农产谷物约为15 310余万市石(此数包括一部分旱期年作物产量,以稻谷等价折算为谷物),若以地主六成佃户四成计算,地主总收益约为9180余万市石。1940年雨水又欠,导致1941年部分地区歉收,加以战争

────────────

①战区土地变动异常,田赋征收自亦无法确定,1942年1月,行政院会同军事委员会公布《修正战区土地租税及耕地荒废救济暂行办法》,规定所谓战区分为四种:"(甲)已经沦陷为敌人控制之地区,其土地赋税确实无法征收者豁免。(乙)沦陷后经克复之地区,其土地赋税在克复后一年内照原税额减半改征实物。(丙)为我游击武力控制能行使政权之地区,其土地赋税照原税额减半改征实物,必要时得按当地官价折征法币。(丁)接近战区及将成为战区之土地赋税照原税额改征实物,必要时得按当地官价,折征法币。"秦孝仪主编:《革命文献》第115辑:《田赋征实》(二),(台北)"中央"文物供应社1988年版,第268页。

②林兴育:《三十年度广西的粮政》,《经济建设季刊》第1卷第3期,1943年。

③陈友三、陈思德编著:《田赋征实制度》,正中书局1945年版,第31页。

期中一般农村耕作力量减退,则实际收益应较上列数少。若照中央规定标准负担,显为民力所难胜,即与他省相较,亦失公平原则,后经四川省政府再三要求核减,中央核减为 1200 万市石(征实征购各 600 万市石),约减原额 1/3 稍强[1]。

江西 1941 年度各县田赋项下,按正税每元带征,普通附加 1 元,经征费 6 分,另按正附税共 2 元,加征战时土地增益捐 2 元(尚有一部分县因适应战时需要,呈准按田赋正税每元带征非常附加 1 至 7 角不等),凡改征地价税县不征附加税与经征费,仅按地价税额每元加征战时土地增益捐 1 元。结果 1941 年度田赋正附税总共仅 700 万元,临时加征即达 800 万元(即上列土地增益捐、各县田赋非常附加及田赋经征费各项合计),若按规定处理,负担太重,故对田赋正附税 700 万元以外各种临时加征赋额 800 万元一概豁免[2]。

抗战爆发后,云南对田赋加倍征收,人民负担过重,境内山多田少,又非产粮省,粮食素感缺乏,故征实时变通处理,原则是一半征实(农产较丰、交通便利地区,因农产丰,税源有把握,交通便利,实物便于运输划拨),一半折征国币(农产不多、交通不便地区)。即按田赋正附税额 1500 万元,以一半 750 万元征收实物,另一半不征稻谷,而是按五倍征收法币,即原来每元 1 元的现征法币 6 元,约可得稻谷 105 万市石,法币 4500 万元[3]。

陕西 1941 年度田赋正附税系筹划改征实物折价后的数字,较原定赋额增加两倍多,如以之改征实物,既觉负担过重且不合理,故请

---

[1]石体元:《四川省田赋改征实物之经过》,《经济汇报》第 6 卷第 1、2 期合刊,1942 年。
[2]文群:《江西省田赋改征实物之经过》,《经济汇报》第 6 卷第 1、2 期合刊,1942 年。
[3]陆崇仁:《云南省田赋改征实物之经过》,《经济汇报》第 6 卷第 1、2 期合刊,1942 年。

准以 1940 年度为折算标准,每元征收稻谷二市斗①。即较 1941 年度田赋正附税减免一半征收实物。湖北在后方行政完整之石首等二十六县征收实物,在战地或紧接战地之武昌等四十四县暂按实物折价征收法币,仍以 1941 年度田赋正附税总额每元折征稻谷二市斗,每稻谷一市石按购粮公价折征 20 元为标准,并为体恤战地粮户起见,得照折价六折计征,即每稻谷一市石实征法币 12 元②。广西因有些县负担过重,所以对已办土地陈报后新增附加及未办土地陈报县超过田赋正税三倍之附加(超过三倍者,其超过额应予免除,不足三倍者,仍照原额倍数计征)③,共 1 234 147 元予以豁免,以其余额按每元二市斗折征④。广东因自 1941 年 4 月起,临时地价税照原定税额加倍征收,致田赋赋额甚巨,如再照加倍后税额改征实物,人民负担过重,且该省又非产粮省,缺粮特多,经财政部批准照 1941 年未加征前原税额每元折征稻谷二市斗,计 100 万市石,1941 年加征地价税部分 1300 万元,则照额征收法币⑤。

　　福建 1941 年度田赋收入概算是按田赋改征实物米折办法编制,所列数字为 1940 年的五倍多,故改以 1940 年度田赋赋额为折征根据。浙江因战区沦陷区各县情形特殊,故仍征法币,永嘉县因实施地价税,税率较重,按每元一市斗征收稻谷。安徽因天长等县沦为战

----

①周介春:《陕西省田赋改征实物之经过》,《经济汇报》第 6 卷第 1、2 期合刊,1942 年。

②赵志垚《湖北省田赋改征实物之经过》,《经济汇报》第 6 卷第 1、2 期合刊,1942 年。

③如超过田赋正税三倍之附加不予减免,则粮户有不堪负荷之感。北流县附加高达八倍,正赋每元须负担征实购稻谷四市斗以上,加上附加八倍,则每元须纳谷三十六市斗以上。粮户倾其所有,亦不足以供缴纳之用。林兴育:《三十年度广西的粮政》,《经济建设季刊》第 1 卷第 3 期,1943 年。

④陈友三、陈思德编著:《田赋征实制度》,正中书局 1945 年版,第 31 页。

⑤张导民:《广东省田赋改征实物之经过》,《经济汇报》第 6 卷第 1、2 期合刊,1942 年。

区,征收困难,故酌予减轻。贵州由于地瘠民贫,交通不便,故松桃、正安等十二县仍征法币,每市斗折价 6 元,其余县按每元二市斗折征实物。江苏凡在战区各县仍征法币。甘肃因地处边陲,农产不丰,以每元折征小麦一市斗六升为标准。河南在战区沦陷区各县,视环境情形酌征法币,农民捐 1800 万元仍征法币[①]。

　　征率为每元征稻谷二市斗,征麦和杂粮地区根据各省稻谷与小麦及稻谷与杂粮之间的折合比率定征率,征麦地区一般为每元征小麦一市斗五升,杂粮则各省不一。随赋征购省,一般征购率为每元二市斗。各省大多按中央规定办理,但亦有数省因情形特殊变通征率,最特殊的为四川。四川最初拟定标准为每粮一两征购各十一市石,按粮额 622 500 余两计算,则可收足核定征购总额而有余。经提出第二次行政会议讨论,各县以一律以两为标准,因粮额县和县间失平,粮额过重县负担太重[②]。后斟酌决定采用两元并用标准、征购平摊办法,即按赋额每两折征稻谷十一市石,每元折征稻谷一市石,两元折征数目合计,再以二除之,所得之商即为应征数额。按两元并用办法计算各县征购率额,各县负担和过去征收货币时情况大略相同,每粮一两征率(征购率同)最低是六石三斗七升九合,最高是十八石二斗三升二合,在十石以下各县占全川县份总数 37%,十石以上十五石以下者占 56%,十五石以上十九石以下者占 7%,全川 135 县和一设置局平均征率为十一石五斗九升一合[③]。虽县和县间负担仍不免出现畸轻畸重现象,但较单纯以两或元为标准,相对公平一些。云南经呈准中央,实际仅征收原额

①陈友三、陈思德编著:《田赋征实制度》,正中书局 1945 年版,第 31—32 页。
②四川同为载粮 1 两,轻者课征仅数元,而重者竟达 20 余元。马骅:《四川田赋征实与粮食征购(借)问题》,《四川经济季刊》第 1 卷第 2 期,1944 年。
③石体元:《四川省田赋改征实物之经过》,《经济汇报》第 6 卷第 1、2 期合刊,1942 年。

60％,即每元征收稻谷一市斗二升。江苏每元折征稻谷一市斗,绥远每元折征小麦一市斗五升,宁夏每元折征小麦及黄米等一市斗一升二合四勺。河南虽规定每元折征稻谷二市斗,但每斗规定重13市斤,实际略低于二市斗①。河北、新疆、察哈尔因情形特殊,呈准中央暂缓征收实物,故无改征标准可言。

　　1942年6月,国民政府将《战时各省田赋征收实物暂行通则》修正为《战时田赋征收实物暂行通则》,后者和前者相比,最大的变化之一,就是田赋征收标准的变化。后者规定:"各省田赋征收实物,依三十年度省县正附税总额每元折征稻谷四市斗,或小麦二市斗八升为标准。其赋额较轻或较重之区域,由中央酌量增减。"②此征率规定比1941年度提高了一倍,此项标准,一直执行到抗战胜利。田赋是土地所有者对国家应尽的义务,与征购征借不同,因而税率即或因特殊情况有所提高,亦不应幅度太大,而国民政府仅隔了一年,就提高了一倍,必会引起土地所有者的不满。虽政府在配赋之际,曾参酌军公粮食需要、粮产丰啬、赋则轻重、人口多寡以及一般经济状况等,尽量予以改进。但各省实施征率差异仍颇大(各省征率大都不及上项规定,平均在二至三市斗之间),有按每元四市斗征收的(河南),有按三市斗的(贵州、浙江、福建),贵州1942、1943年均按三市斗征收,1944年改为三市斗五升③。最高有征到七市斗的(四川),最低仅一市斗五升(云南和江西七县、广东两县,江西其余各县按三市斗,云南折征法币县每元折征30元,广西按赋额每元征实29市斤),两者相差近五倍,导致各地农民之间负担不均(唯在一定区域其征率仍一致)。四川仍系采两元并用办

①张柱:《战时粮食征购办法之实施及其改进》,《财政评论》第8卷第1期,1942年。
②关吉玉、刘国明、余钦悌编纂:《田赋会要》第四篇《田赋法令》,正中书局1943年版,第87页。
③何玉书:《三年余来贵州粮政概述》,《粮政季刊》第1期,1945年。

法,一律依赋粮两、元旧额,每两征谷八市石,每元征谷七市斗①。

征率提高的同时,征额亦明显提高。1941 年度全国征额为 2293 万余市石。依照 1941 年 7 月财政部初步估计,全国省县正附田赋总额约为 290 139 000 元,以每元二市斗标准折征实物,可征 58 026 800 市石之巨。唯上项正附赋额中颇多为抗战以后新增加的临时赋税,折征时必须予以剔除,且各省原有负担轻重不均,折征标准有一市斗二升,一市斗六升者,故 1941 年度估计可征稻谷数仅为 22 938 498 市石。1942 年度猛增为 3349 万余市石,较 1941 年度征额约增 1/2,随赋征购为 3195 万余市石,征实征购合计为 6544 万余市石②。1943、1944 年度征额均在 3200 万市石以上③。

在田赋征额征率核定方面,国民政府虽考虑到了各省的实际情况,然在核定时,各省与中央的关系实为影响征额和征率多少的一个重要因素。在田赋征实实施过程中,中央和地方的立场截然不同,中央总是力求征收更多粮食,以便更顺利地解决粮食问题(征收的粮食越多越好,最好能完全解决军公粮供应,即以军公粮实需数量为征实征购征借数量),因之,在粮户所能承受的最大限度内,征额愈多愈佳,征率愈高愈好。而各省,则恰好和中央意旨相反。征额愈少,征率愈低,愈好推行,也愈容易完成任务。每年各省征额征率的核定,无论是对财政部粮食部,还是对各省政府、

①马骓:《四川田赋征实与粮食征购(借)问题》,《四川经济季刊》第 1 卷第 2 期,1944 年。

②秦孝仪主编:《革命文献》第 115 辑:《田赋征实》(二),(台北)"中央"文物供应社 1988 年版,第 261 页。

③1942 年度全国田赋征实总额为 3334 万余市石,较 1941 年度约增 45%。1943 年度为 3566 万市石,除灾歉特重省,如河南、广东等省酌予核减外,其他各省则较上年略增。陈友三、陈思德编著:《田赋征实制度》,正中书局 1945 年版,第 32—33 页。

田赋粮食机关而言,均是一个颇为棘手的问题。因双方利益的差异,时常为之争执不下。在双方协商过程中,各省与中央关系的亲疏就显得极为重要。

美国著名历史学家易劳逸教授称战时的中国国民政府顶多是一个相当脆弱的政治联盟。1937年全面抗战爆发之前,除东北各省外,国民政府并没有真正统辖全国各省辖境与人口,他甚至认为国民政府仅统治本部十八个省中的十一个省份及控制2/3的人口,如四川、云南、山西等省,虽名义上服从国民政府,实际上并不听从中央调遣。

抗战爆发之后,局面有所改变。如四川,随着刘湘率兵出川作战,四川基本被中央政府控制。但当蒋介石准备任命亲信张群为四川省政府主席时,仍遭到四川军阀潘文华、刘文辉、邓锡侯等的强烈反对。抗战时期,潘、刘、邓一直在阻碍中央控制四川,尽管随着国民政府迁都重庆与任命张群为四川省政府主席之后,其反对是如此地微弱无力。山西更可作为国民政府此种政治联盟的范例。抗战时期阎锡山被任命为第二战区行政长官,兼任军事委员会副委员长,然在抗战期间,阎从未去过重庆,亦不曾与蒋会晤,其管辖下的山西宛如一个独立王国。其他如云南、贵州、浙江、广东等省,与中央的关系也颇为复杂,而云南与中央的关系更为微妙。

云南因远处西南边陲,抗战爆发前,其政治地位在全国并不重要。抗战爆发后,国民政府退至西南西北,云南地位上升,仅次于四川,是中国人力物力财力的主要来源地之一,更是中国对外交通的必经之地。随着云南地位的上升,中央与云南的关系亦发生了变化。在此之前,云南对中央最关切的政策并无切身关系,中央政府亦不一定要云南政府对中央的意向呼应一致。而此时,如何治理云南,云南省主席龙云是否全心和中央合作,就显得很重要。只要云南不强烈反对中央政策,中央在可以容忍的限度内,基本采取对云南适当让步的策略，以免激怒龙云而使其投入汪精卫的怀抱[1]。这是中央在田赋征实上对云南大开绿灯的主因。抗战时期，几乎每年云南征额征率的决定，蒋介石、孔祥熙、徐堪等人均极重视，不仅蒋、孔亲自致电龙，希望龙以抗战大局为重，完成征实任务，且每年由徐亲飞往昆明与龙反复协商，而龙本人却从未去过重庆。

　　1944年，龙云提出因云南地瘠民贫，又值灾歉，请自1944年度起，免办征借单办征实，以苏民困。8月，财政部粮食部以本年度征实征借已奉蒋介石令核定，系就军粮最低需要数配列，已虑不敷，自不便再为减少，仍请照原案征实征借405万市石（征实175万市石，征借230万市石）办理。粮食部催办已久，去电后龙迄置不理。无奈，田赋开征在即，财政部粮食部呈请蒋赐电龙云照原案办理。两部认为云南军公粮共需600余万市石，原定配额不容再减少，云南1942年虽略有灾歉，1943年及1944年收成均甚良好，龙云借口灾歉实不成理由，建议最好中央如有大员赴滇，令其就近与龙云面商，或更易得结果。蒋即电龙，希望龙共体时艰，督饬主管机关遵照原案把握时期，及早开征。龙对蒋之电，迄8月底亦未回复。蒋只有嘱军事委员会参谋总长、军政部部长何应钦电令昆明军政部办事处主任马崇六就近往见龙，将中枢希望婉为转达，何9月3日签呈蒋已电马见龙，唯为有效督催该省赶速筹备开征起见，何拟请蒋指派徐堪飞云南与龙商洽，期能迅速解决。9月16日，何面告蒋，马商洽尚无圆满结果，

[1]1938年12月18日，汪精卫逃离重庆，第一站即抵达昆明和龙云会谈，汪、龙会谈的内容不可得知。1939年2月，龙云发表了一项措辞模棱两可的声明，声称不反对和平运动。龙云此举令国民政府如履薄冰。同年10月，在国民政府于对外贸易问题上对龙云做出极大让步之后，龙云立即宣布要将汉奸汪精卫置于死地的决心。（美）易劳逸：《地方政治与中央政府：云南与重庆》，薛光前编著：《八年对日抗战中之国民政府（1937—1945）》，（台北）台湾商务印书馆1989年版，第362—364页。

蒋特命徐堪 17 日飞昆明。28 日,徐报告蒋(徐 22 日才与龙协商好),最终与龙商洽 1944 年度云南征实为 150 万市石,征借 210 万市石,共 360 万市石[①]。蒋并电龙对其"深体时艰"予以表扬。

　　1945 年,云南以"人民负担过重,雨水失调"为由,呈请停办征实征借,后因后方各省续办征实征借,云南自不便提更高的要求,又请求只办征实不办征借[②]。是年因沦陷各省停止征实征借,军公民粮缺口更大,故国民政府对云南的请求予以拒绝。如非万不得已,中央对云南的请求大都予以满足。

　　事实上,云南每年征额征率较其他省为少为低。1941 年,云南征额仅 90 万市石,征率为每元征稻谷一市斗二升(1943 年同),其他省大多按二市斗征收。战时各省普遍存在加赋现象,中央似乎只顾及云南的实情而漠视其他省的请求,其中云南在抗战中的特殊地位实乃主因。中央需要在云南建立一个战时经济基地,地处边陲的云南可免遭日军进攻,又有丰富的天然资源,可以成为战时工业经济的重要地区,且与四川接壤,同时又有对外交通可通达河内缅甸,是进出口的要道,抗战中后期又突然成为全国对外贸易的吞吐中心。正因为云南的重要地位,国民政府在处理与云南的关系时,必须采取相对谨慎的态度。

　　因各省每每请求减少征额,以致 1944 年 6 月蒋介石在致各省政府主席电中特别强调:"各省征粮配额核定后,应即设法达成,不得再蹈往年积习,率请变更。"[③]一般而言,国民政府对控制力强的省,态度强硬,而对控制力弱、地位重要的省,则比较宽容。具体而言,对西北各省与四川、贵州等省,征额征率一经核定,很少变化,对其请求核减的要求,大多拒绝。如陕西,几乎每年呈请中央减少征额,却每遭

①(台北)"国史馆"档案:"国民政府"001000005944A;《田赋征实征借》(一)。
②(台北)"国史馆"档案:"国民政府"001000005945A;《田赋征实征借》(二)。
③(台北)"国史馆"档案:"国民政府"001000005944A;《田赋征实征借》(一)。

斥责。战时随着四川地位的上升和中央对四川控制力的加强,中央对四川的要求亦愈来愈高,特别是在兵役和粮食方面。战时四川征实约占全国总额 1/4 至 1/3,其征额一般由蒋介石、孔祥熙、徐堪亲自与张群商议,大多情况下由蒋亲定,且不容更改。贵州 1943 年发生霜、雹、旱、蝗灾,省临时参议会以旱蝗为灾电请减免田赋征实征购①,亦遭拒绝(贵州 1943 年征实征购与 1942 年一样,均为 290 万市石)。国民政府对陕西、四川、贵州和对云南的态度截然不同。

二、征收种类

各省征收田赋不外实物与法币两种,沦陷区域及一部分不产粮食区域经呈奉中央核准,得照应折纳实物数按当地市价回折法币征收,其余地区一律改征实物。政府规定征收种类之目的在便于保管,且适合军粮需要,故种类不宜过多。《战时各省田赋征收实物暂行通则》规定:"征收之实物以稻谷为主,其不产稻谷之地方,以其收获之小麦、杂粮等缴纳之。缴纳小麦、杂粮之比例另订之。"②从政府的立场出发,征收实物种类以稻谷为主,因稻谷为军、公、教、民粮等所必需,且征收稻谷一种实物在验收、仓储、运输上较单纯;而征收小麦、杂粮,尤其是杂粮,不利之处太多。其一,杂粮用途窄。军队、公教人员、市民不愿大量食用杂粮,配拨困难③。其二,杂粮不易长久储存。

①《贵州省临时参议会以该省旱蝗为灾电请减免征实征购》,侯坤宏编:《粮政史料(第五册)——田赋征实》,(台北)"国史馆"1990 年版,第 571 页。
②秦孝仪主编:《革命文献》第 115 辑:《田赋征实》(二),(台北)"中央"文物供应社 1988 年版,第 1 页。
③为使社会各阶层接受并食用杂粮,国民政府延请专家数人研究杂粮,并在各大报刊上多次发表杂粮营养价值高的论点,呼吁各方食用杂粮。可是,作为田赋征实主要供应对象的军队、公教人员,对政府的良苦用心反应冷淡。一般老百姓则以食杂粮者较多,食米者较少。

其三,杂粮与稻谷之间的折合率不易定得恰当(数种实物按当地价折合,不免有高有低,粮户可选择较低的实物缴纳),定得过低,则国家蒙受损失;定得过高,则粮户受害。实际上,全国各地情形不一,物产各异,少产或不产稻谷,政府又不得不准征收小麦杂粮。

根据各省报告,征收实物在南方各省施行较易,在北方各省行之较难。因南方各省主要粮食作物为稻谷,政府征收稻谷,可以配发军粮或公务员食粮,自无问题。北方各省主要粮食作物为小麦与多种杂粮,如政府征收限定一种粮食,人民必须以杂粮换成特种粮食,始得缴纳田赋①。国民政府为顾全粮户便利,不得不准各地改征小麦或酌征杂粮。

1941年度,各省征收实物种类,仅征收稻谷一种的有云南、广西(部分县实行以糙米66市斤代替稻谷100市斤)②、广东、湖南、江西、江苏、浙江、云南八省;征收两种的有贵州、福建两省;征收三种以上的有四川、西康、湖北、安徽、山西、河南、陕西、甘肃、宁夏、绥远、山东十一省;征收种类最多的是甘肃,共征收了稻谷、小麦、玉米、大豆、豌豆、粟米、黄米、白米、青稞九种粮食③,1942年度征收了稻谷、小麦、大豆、豌豆、黄豆、粟谷、青稞、糜子八种粮食。另据财政部田赋管理委员会统计,1941年度共征收有稻谷、小麦、玉蜀黍、粟谷、大豆、黄豆、豌豆、青稞、糜子九种粮食④,与陈友三、陈思德统计略有不同。如四川省规定:"本省征购粮食以稻谷、小麦、玉蜀黍三种为限,除经明令指定之县份得自由选定一种缴纳外,其余各县应一律征购稻谷,

①(台北)"中央研究院"近代史研究所档案馆档案:农林部20-21-57-01:《全国粮食会议报告》。
②林兴育:《三十年度广西的粮政》,《经济建设季刊》第1卷第3期,1943年。
③陈友三、陈思德编著:《田赋征实制度》,正中书局1945年版,第34页。
④财政部田赋管理委员会编:《三年来之田赋整理与征实》,中央信托局印制处1943年,第6页。

不得征购小麦或玉蜀黍。"①实际上，四川 135 县中，完全征收稻谷的
121 县，川西平原温江等 12 县，因距离省垣较近，需米较多，以稻谷一
市石折中熟米四市斗六升，缴纳中熟米。完全征收玉蜀黍的 7 县，兼
收稻谷与玉蜀黍的 6 县，专收青稞的 1 县（松潘不出产以上三种粮
食，仅出产青稞）②。

　　1942 年修订的《战时田赋征收实物暂行通则》，征收种类较 1941
年颁布的《战时各省田赋征收实物暂行通则》有所变化，也更趋合理。
《战时田赋征收实物暂行通则》规定："征收实物就各省主产稻谷或小
麦征收之，不产稻谷或小麦之地方，得折征杂粮，其折征比例另定
之。"③之所以认为 1942 年在征收种类上较合理，是因为 1941 年原则
上以稻谷为主，1942 年以稻谷或小麦为主，增加小麦一种。我国因
气候关系，南方盛产稻，北方盛产麦，如要求不产稻的北方各省一律
缴纳稻，在粮食收获后，粮户必须将手中的小麦或杂粮兑换成稻谷，
极易导致稻谷价格暴涨，小麦与杂粮价格跌落，对北方各省纳粮户是
不公平的。

　　国民政府规定征收实物种类以稻谷或小麦为主，而不将杂粮列
入，与上述所言杂粮不易长久储藏和军队民众不愿食用有很大关系。
理论上以征收稻谷小麦为主，唯在现实中亦不得不视地方农产情形
兼征杂粮，故又规定不产谷麦地区，得呈请折征杂粮。由各县斟酌境
内出产情形，选定稻谷小麦或其他杂粮为征收种类。为减轻储藏困
难，一县之内应以一种粮食为限，至于以何种粮食为纳赋对象，须由

①陈公干：《论本年度经收实物应注意之诸问题》，《财政评论》第 8 卷第 5 期，
　1942 年。
②马骅：《四川田赋征实与粮食征购（借）问题》，《四川经济季刊》第 1 卷第 2 期，
　1944 年。
③宋同福：《田赋征实概论》，中央银行经济研究处 1942 年版，第 428 页。

县田赋、粮食机关会商决定,报请上级经征经收机关核准后施行。各省折征杂粮数量不得超过应征数额三成①。必须征收杂粮者,各县应按当年农产物生产情形及其耐储便运程度,择其最优者确定为当年征收实物,呈准后征收。一般省选择的杂粮是苞谷,如1942年行政院公布的《财政部田赋征收实物验收暂行通则》即规定征收实物暂以稻谷、小麦、苞谷三种为限,不属上列三种之其他杂粮(即各省如有不产上述三种粮食或产量不丰区),得经呈准后暂收(称酌予配征)。实际征收时,因出产不同之关系,亦有一县内征收两种的,唯同一经征分处只准征一种②。

　　根据上项标准,1941—1945年度征收的实物种类有稻谷、小麦、玉米、荞麦、豌豆、大豆、小豆、黄豆、蚕豆、黄谷、碛米、熟米、粟米、黄米、白米、高粱、糜子、青稞、甘薯等。其中一省之中有征收一种的,也有征收多种的。1942年度,为求储存便利,对杂粮种类略加限制,稻谷、小麦之外,仅征玉蜀黍、粟谷及高粱三种。自然,国民政府此规定只能是理论上的,现实中却难以实施,不得不兼收各种杂粮。从1943年度起,为了照顾产棉区的农民,平衡粮农与棉农负担,国民政府尚在部分产棉区征收棉花。

　　欲征收杂粮,应先确定一个全国性的杂粮区定义,即一县之中种植杂粮面积占全县总面积百分数达到多少即为杂粮区,准许征杂粮,达不到规定百分数,一概征主粮。否则,随意选择征收种类,给储运配拨等带来麻烦。1941年甘肃征收杂粮种类如此之多,与国民政府没有统一的杂粮征收标准不无关系。

①秦孝仪主编:《革命文献》第115辑:《田赋征实》(二),(台北)"中央"文物供应社1988年,第332页。
②周介春:《陕西省田赋改征实物之经过》,《经济汇报》第6卷第1、2期合刊,1942年。

有鉴于此,1942 年,国立中央研究院社会科学研究所的梁方仲、丁文治、彭雨新、陈思德、严中平等人根据在四川、湖南、江西、广西、贵州五省调查所得,向国民政府提出两条建议:第一,将全县作物面积种植杂粮达到一半以上者,定为杂粮县,可征杂粮,反之只许征稻谷或小麦。第二,或在杂粮区不征杂粮而征法币,按当地稻谷或小麦市价将粮额折合成法币征收①。上述建议不无可取之处,可惜未被国民政府采纳。事实上,抗战时期国民政府对此都没有做硬性规定②。虽此举是考虑到各地情况,然过于通融的政策却使各地无所遵从(1944 年 7 月,蒋介石还要求粮食部,田赋征实应以当地农产为标准,不产谷麦地区可收杂粮,希即照此妥订办法实施具报③),亦给之后的仓储、运输、配拨等带来诸多不便。

更重要的是,既准许征收杂粮,但中央对杂粮与稻谷小麦之间的折合率并无一致规定,而是授权各省自行酌量拟定,报请中央核准④。中央此举主要是鉴于各省粮价差异,统一规定殊为困难,且不

①中国第二历史档案馆档案:八四 76:《国立中央研究院社会科学研究所关于田赋征实粮食征购之意见》。
②对此问题,粮食部已有考虑。1942 年粮食部召开全国粮政会议,征实征购组议决案第五条规定:各省田赋征实杂粮搭缴以 1/6 为限。但未强制执行,实际操作中只求得到足量粮食,对主粮杂粮比例多少并不苛求。
③(台北)"国史馆"档案:国民政府 001000005943A:《田赋征实征购》。
④《战时各省田赋征收实物暂行通则》和《战时田赋征收实物暂行通则》均规定折征杂粮时比例另订(1941 年甚至在稻谷与小麦之间亦无一个标准比例)。实际上,在田赋征实期间一直未对主粮与杂粮的比例规定统一标准,而是由各省自主决定。各省标准差异较大,甚至同一省不同年两种粮食之间折合率亦不尽相同。大率是稻谷一市斗,折合小麦七八升,玉蜀黍一市斗,粟谷一市斗四五升。财政部田赋管理委员会编:《三年来之田赋整理与征实》,中央信托局印制处 1943 年,第 6 页。在第一次全国田赋征实业务检讨会议上,河南省田赋处曾提出"拟请将各种实物折合及验收标准,统筹调整,以昭划一,而杜争执案"。会议答复:送呈财政部采择施行。但终未实施。

易公允,但因此亦多发生各省纷歧不一之情形。如四川、西康规定稻谷一市石,等于小麦七市斗,玉蜀黍八市斗,青稞八市斗;陕西则规定稻谷一市石,等于小麦七市斗五升,粟谷一市石五市斗,玉蜀黍一市石二市斗;安徽规定稻谷一市石,等于小麦七市斗,玉米、高粱一市石五市斗;湖北以苞谷八市斗、小麦七市斗、粟米一市石二市斗等于稻谷一市石为比率;河南规定稻谷一市斗,等于小麦七升五合,玉米、豌豆一市斗二升五合,黄谷一市斗五升。其间四川、陕西就玉米一项,相差每石达四市斗之巨,小麦相差五升,陕西、湖北粟谷折合率亦相差三市斗。从1942年起,全国统一规定每元折征稻谷四市斗或小麦二市斗八升,故稻谷与小麦之间的折合问题已解决,但稻谷小麦与杂粮之间的折算比例仍由各省自定,畸轻畸重的现象依然存在。除稻谷一市斗折合小麦七升,或小麦一市斗折合稻谷一市斗四升三合,系全国一律外,其余各种杂粮与稻麦之间的折合率,则视各地稻麦与杂粮价格高低而有不同。如四川、湖北、西康稻谷一市斗等于小麦八升,云南、贵州则稻谷一市斗等于小麦一市斗,河南小麦一市斗等于苞谷一市斗五升,陕西则等于一市斗七升二合①。1943年,大多省规定小麦七市斗合稻谷一市石,玉蜀黍八市斗合稻谷一市石,但也有例外,如贵州规定玉蜀黍一市石合稻谷一市石,山东玉蜀黍一市石一市斗六升合稻谷一市石。陕西、河南、甘肃、宁夏则规定一市石小麦折合稻谷一市石四市斗三升,折合玉蜀黍有一市石六市斗六升的,也有一市石五市斗的②。因之,主粮与杂粮折合率似应由财政部公布一个统一的比例数,以求一致。

在征收实物种类上,国民政府陷入了两难境地。从政府的角度

①秦孝仪主编:《革命文献》第115辑:《田赋征实》(二),(台北)"中央"文物供应社1988年版,第266—267页。
②(台北)"国史馆"档案:"国民政府"001000005943A:《田赋征实征购》。

出发,征收种类以国家所急需粮食种类为最好,且种类愈少愈好,最佳选择是只征收稻谷、小麦两种。但对粮户而言,自然希望"以土地出产物为标的",即自己种什么国家征什么,我国田赋自古即是如此。田赋是对土地征收的一种税收,系取其地面收益,故理论上应以征收土地出产物为原则,因之粮户的要求是合理的。否则,粮户产杂粮,政府征稻谷或小麦,粮户必须卖杂粮买稻谷或小麦,费时费事,困难诸多,且受各种盘剥。故在国民参政会三届一次大会上,有参政员请求政府搭征杂粮以纾民困而利抗战[①],但产何物征何物,对政府而言,征收种类越多,无疑会增加之后储藏、运输、配拨的难度,且杂粮并非政府所大量需用,征收杂粮过多,处理不易,不能达到解决粮食问题之初衷。换言之,过多的杂粮会使政府田赋征实的初衷大打折扣。因之在征收种类上,双方实际存在一个博弈过程。自然处于上层的政府定会占据上风,但同时又不得不照顾到粮户的利益,对其做出一定的让步。最终是国民政府征收了大量的稻谷和小麦,同时又不得不征收一定的杂粮这种折中的结局。

三、征收与缴纳制度

(一)征收与缴纳手续

征收与缴纳实为一个问题的两个方面,征收是国家向粮户征收粮食,缴纳是粮户向国家缴纳粮食。

田赋征收货币时期,我国田赋征收制度大致有自封投柜制、义图制、包征制三种形式。清代征收田赋多以州县官署为征收机关,在大堂内设一粮柜,纳税人合计每年应纳数目,自带银两赴柜缴纳,称自

[①] 国民参政会三届一次大会参政员韩兆鹗等21人提:请征实征购搭征杂粮以纾民困而利抗战并从严查办粮人员之渎职案。侯坤宏编:《粮政史料(第五册)——田赋征实》,(台北)"国史馆"1990年版,第310页。

封投柜制，又称署征之法。后因自封投柜，零星小户甚有所缴银两少于路途花费的现象，为免小户疲劳奔波，各图分别订立议规，按亩分庄，推选庄首一人或数人负责经征本庄钱粮，再由各庄庄首轮流充当值年员，负责征收全图钱粮，解缴县库，这就是义图制。其后太平天国运动，部分鱼鳞图册被毁，加上土地长期未进行清丈，政府手中缺乏可靠的征粮底册，征册大都藏于胥吏之手（只有他们知道实征册上的粮户究竟是谁所应负的粮额），政府征收田赋唯有依赖胥吏，世袭经征，渐渐演成包征制。民国初年基本沿用清旧制，于县政府下设财政局，负责征收各项税收。南京国民政府成立后，公布《各省县市田赋征收通则》，规定各县设处征收田赋，然实际上田赋仍多由县政府征收。自清代至田赋征实前，田赋征收始终存在无确实田赋、负担不公平、官吏中饱、胥役苛索、经征经收未划分等弊端（国民政府虽力图改革上述弊端，但因对地方控制力不强，始终难以实现）①。

国民政府实施田赋征实后，力图避免田赋征收中的各种弊端，废止过去书吏包征制度，1941 年度严格实行经征经收划分的制度，1942－1945 年度虽取消财政部粮食部之间经征经收划分的制度，但在田赋征收组织内部一直采取两者明确划分的原则。因田赋征实机构前后变化不同，征收制度亦随之而变化，以下分阶段阐述征收与缴纳制度。

田赋征实手续远较征币烦琐，但过程仍与征收法币时无差异。粮户缴粮须有田赋联单（即粮票），粮票分通知、验收、收据、存根四联。经征分处应于开征一个月前，根据征册造齐粮票，至开征前一个月将粮票通知联截送业户查览照数缴纳。通知单为通知粮户纳粮之凭证，亦为经收机关做账稽核之根据。经征机关在把通知联送给粮户的同时，将验收联内送经收机关备用，验收联为经收机关对经征机

①刘善述：《论改善田赋征收制度》，《财政评论》第 7 卷第 4 期，1942 年。

关所出之收粮证据。粮户接到通知联后，即按通知联上所载纳粮种类、数量和通知单一并赴经收机关缴纳。经收机关一面发给粮户号牌一枚，将其号数填注于验收单上，内转经征机关，一面登记账册将粮食归仓。经收机关在验收无误后，在验收联上盖章，内送经征机关换取收据联，转交纳粮人收执。经征机关收到验收单即掣取串票收据联，核对相符后，凭粮户所缴号牌，发给收据。至此，粮户缴纳手续即告完毕。经征经收机关在征收粮户实物后，尚须办理内部报核工作，即经收机关在收到粮食后，须根据通知联登入日记账内，每日终了将征收实物种类、数额、分别粮区，汇编收粮日报表三份，一份呈报上级主管经收机关，一份送经征机关核对，一份存查。经征机关在收到验收联后，除制造收据联给经收机关外，并须据以登入日记账，并与征册核销粮号。每日终了亦须汇编征粮日报表三份，一份呈报上级主管经征机关，一份送经收机关核对，一份存查。每至旬日、月底并须分别编造旬报表、月报表，以资查核。

上述程序看似简单，实则对粮户而言，手续仍颇烦琐。

第一，按规定，经收机关应在验收粮食后将验收联盖章内送经征机关，经征机关核对无误后，将收据联交给粮户作为完赋凭证。事实上，验收联自经收处至经征处须由粮户转交。转交后，粮户尚需等待经征处付给收据，因票据太多经征处人员太少，往往耗时很长。粮户缴粮须排三次队，第一次是粮食验收之前在征收处仓库，此是粮户纳粮必不可少的一次。因经征经收机构设置过少，每届旺缴时期，粮户争先恐后拥挤不堪，故粮户粮食运至后，常须等待多时，方得轮到完纳。第二次是在验收联送达经征处时。第三次也在经征处，排队领取收据联。粮户将大量时间消耗于长蛇阵中，致使其当天很难顺利完成缴纳手续。

第二，1941年，征实征购是划分办理，征实由财政部粮食部两家办理，征购却归粮食部一家办理，粮户必须进行两次缴纳方能完成纳粮任务,粮食机关也需验收两次,造成双方时间精力上的浪费①。

事实上,上述弊端在随赋征购之省得到部分改善。如四川,粮户只需缴纳一次粮食即可完成征实征购的双重任务,其征收手续亦有所变化。随赋征购省,粮票一般为五联式(即多添购粮收据一联),第一联为通知单,是粮户凭以纳粮的凭证;第二联为验收单,经收人员凭此收粮;第三联为购粮收据,粮户持此向指定金融机关换取现金和粮食库券;第四联为征粮收据,是粮户已纳粮的凭证;第五联为存根(或称存查),经征机关留以备查。具体程序如下:各县田管处于开征一个月前,根据旧有征册粮额,依照征率计算每户应完纳征实征购粮食各若干,填注串票各联,分发所属各乡镇征购办事处,再由征购办事处将通知、验收两联裁下,送交各保甲长,由各保甲长转发各粮户。粮户接到通知单后,须在三日内将应纳粮食如数运到所属征购办事处,所持验收单经粮管机关经收员盖章后,再持此向原征购办事处换取购粮及征粮收据,粮户再凭缴粮后所得购粮收据领取三成法币及七成粮食库券②。

1942年,经征经收机构合并后,田赋的经收亦归田赋机关负责,且征实征购一并办理,粮民缴粮手续有所变化。经征机关在开征前一个月,将征实征购实物联单各联造就,将通知联送粮户,查看有无错误。开征时,粮户持通知单与实物赴征收处稽征股(相当于上一阶段的经征分处)核算,稽征股在通知单内注明应纳总数,加盖核讫印记后交给粮户,粮户即持通知单和实物赴仓库照数缴纳。仓库验收

---

①1941年征购办理情形不详。不过,有些省征购要早于征实,故在这些省,粮户必须缴纳两次。而在征实征购同时办理的省,粮户应该有两张票据,一张为缴纳征实的粮票(由田赋处发放),一张为缴纳征购的票据(由粮食机关主管),有可能在某些省两者是分开办理,有些省是合并办理。

②石体元:《四川省田赋改征实物之经过》,《经济汇报》第6卷第1、2期合刊,1942年。

无误后,掣出验收联,在通知、验收两联上加盖仓库收讫章记、管理员名章,填明收讫日期,并于上端填明铜牌号次,将同号铜牌或盖有火印号次之木竹牌发给粮户,将通知联留库做账,验收联径送稽征股。稽征股收到仓库验收联后,应即登记入账,并按其号次掣出收据联,核算购粮价款,并在验收、收据两联上注明,分别加盖征收处章记及主任稽征股股长名章,并在验收联上加盖"凭此联向某某银行某某付款处兑换取购粮价款"木戳。将验收联发交粮户,粮户持此联赴当地付款处兑取券款,收据联由征收处径送付款处,并在存根联上注明完纳日期、应付券款数额。付款处在核对收据、验收两联数目相符后,即照额发给粮民粮食库券与现金,收回验收联,并在收据、验收两联上加盖"购粮价款已由某某银行付讫"戳记,并填注所付券款数额、付款日期,将收据联发交粮户收执,验收联留存做账。不带购省,由粮户将通知单缴稽征股核算注明应缴纳总数,加盖核讫章记后,仍交粮户连同实物持赴仓库照数缴纳,验收无误后,即由仓库管理员检出验收联,加盖名章并收讫截记,填明铜牌号次,内转稽征股,换取粮票收据联,征收处即在存根、验收、收据三联上,注明完纳日期及完纳数额,加盖主任名章后,将收据核发给粮户收执,以验收联留做存根做账。即不随赋带购省,程序和随赋带购省基本相同,只是少了一层领粮食库券和价款手续而已①。

　　1943 年,四川、广东、广西、福建、陕西、西康等省将征购改为征借,仅发给粮户征借凭证,不发粮食库券和现金,缴纳手续更趋简化(征购未改征借之省,手续与上一阶段相同)。原用五联粮票改为三联,即将付款、兑券两联取消,剩通知、收据及存根三联,所有征借粮食即在田赋征实粮票内,注明抵还年限,合并填给收据,征收机关于开征前将通知单发给业户,并将缴粮领据手续及地点用文字或口头详为讲明,业户将

---

①秦孝仪主编:《革命文献》第 114 辑;《田赋征实》(一),(台北)"中央"文物供应社 1988 年版,第 427-428 页。

应纳粮食缴纳清楚,经验收无讹后,即将收据联当场发给粮民收执,以存根联存查。粮户虽得不到三成法币,然缴纳却更为便利。1944、1945年,因停办征购改办征借,程序与1943年征借省办理程序相同。

(二)征收与缴纳方法

田赋改征实物后,缴纳方法与缴纳货币时大异。自封投柜制下,于县府内设立粮柜,因粮食系笨重物品,路程过远,运缴极为不便,尤其是距离县城较远的粮户,因实物不似货币携带方便,故不宜采纳。而义图制和包征制,既病民又损国家税收,亦为国民政府所摒弃。为提高征收效率,便利粮户缴纳起见,1941年,各省田赋征实曾部分采行分乡同时收粮、分乡分期流动收粮、分乡整保完粮[①]、分乡代收、分仓收粮、分期分保完粮、分区缴粮、委托经收、集体纳粮等制度。

所谓分乡同时收粮制度,即按各乡镇粮额多少,将经征经收分处人员分为三组,每乡各有一组征收人员办理各该乡镇征收事宜,粮户不必出所居住乡镇即可缴纳粮食,免去长途跋涉之苦(1941年川东各县采用)。其弊端有二:其一,将经征经收人员分为三组,人员必感紧张,且散在各乡,监督不易,舞弊机会较多;其二,征收粮食散置各乡仓库,管理较难,损耗舞弊机会也较大,且增加再度集中困难。

分乡分期流动收粮制度是事先排定各乡镇收粮日期,征收人员分期赴各乡镇流动征收。益处是便利粮户缴纳,同时亦在一定程度上缓解了征收人员不足的压力。弊端和分乡同时收粮制度一样,粮食散置各乡,再度集中困难(1941年川东各县采用)。

分乡代收制度(1941年新都实行)类似于包征制,即由经征经收分处责令各乡镇长负责各该乡镇应缴实物总额。如某乡镇应征实物

[①]1942年,江津县长刘仁庵获嘉奖的原因之一就是实施分乡整保完粮,办理迅速,人民称便。(台北)"国史馆"档案:"国民政府"001000005943A:《田赋征实征购》。

若干市石,经征经收分处即向各该乡镇长按此实物总额收取。至于该乡镇各粮户应缴实物若干及其纳粮手续,概由乡镇长负责办理。该制度于征收机关而言,可谓简捷省时,然极易发生包征制下的种种舞弊和错误。

分仓收粮制度,1941年曾在四川江津县实行。江津县曾实行分保收粮制度,即每保均可分别收粮。试办结果,因流弊过多,不久即取消,而改行分仓收粮制度。即在经征经收分处辖境内,设立分仓收粮,通常一乡镇或二乡镇设一分仓,各粮户可就近赴分仓纳粮及办理缴粮手续,于粮户不少便利。弊端是粮食散置各分仓,增加舞弊机会和再度集中困难[1]。

分期分保完粮又称分保定期完粮制度,即规定某保于某日在限期内将保内所有粮户应纳粮食全部完清。粮食要在限期一两天内完全缴完,事实上是绝无可能的。据四川江安县通讯员魏思权报道,该征粮办法未考虑到贫困粮民及有粮无田或粮多田少等无力缴纳的粮户,是十分可笑的,是闭门造车,于事无补[2]!

所谓分区缴粮,即按粮区设立征收处与收纳仓库,凡辖区内粮户皆自运赋粮赴指定仓库投完,再向征收处换取串票,征收处应与仓库在同一地点,分工合作,密切联系,俾人民在完纳程序上能尽量简单迅速,类似于分期分保完粮。

因粮食机关对于各粮区应设仓库筹措不及,或经收人员一时无法罗致,为配合经征机关开征急需起见,临时委托乡镇公所、粮食商店或殷实民户代为收纳实物,此种办法实为委托征收[3]。"受委商店

---

①陈友三、陈思德编著:《田赋征实制度》,正中书局1945年版,第92—93页。
②魏思权:《江安征购情形》,《督导通讯》第1卷第4期,1942年。
③为便利该制度实施,财政部则拟定了《田赋征收实物委托收储办法草案》。宋同福:《战时我国田赋征收实物之经过及其办法》,《经济汇报》第5卷第1、2期合刊,1942年。

或民户,应按经征机关通知应收数量,逐户验收,并以自有仓库为之保管,期满由征收机关分别点收。但因商店与民户极为分散,并不与征收机关同在一处,运输集中比较困难,故实行之地方不多。"①

所谓集体纳粮,就是由若干粮户自愿组织,集体向征收处纳粮,费用由各粮户按粮额多寡比例分摊。此制度最早倡行于湖南②。1941年9月,湖南田赋处颁行《湖南省各县粮户集体纳粮暂行通则》,具体办法为:

粮户集体纳粮以保为单位,每保按粮户户数多寡组设若干小组,就同一区域10~50户为一小组,以自由组合为原则,然赋额较多之户不愿参加者得听其单独输纳。由乡镇公所督促临时设立某某县某某乡镇第某保粮户集体纳粮站,设主任1人,由保长兼任(有合作社之保得以理事主席兼),副主任1人,推举本保公正士绅或大粮户充任,负责主持辖境内粮户集体纳粮事宜。主任副主任对于保内集体完粮事务负组合、指挥、监督之责。登记员1人,由保队附保干事兼,或推定本保公正士绅担任(有合作社之保得以书记兼),负调查登记该保粮户户名及其赋额,并汇造花名册之责。核算员1人,以本保擅长书算者充任(有合作社之保得以会计兼任),负核算各粮户应纳实物数量之责。所有人员均为临时义务,不得以夫马伙食名义向粮户摊派用费,违者依法严惩。田赋开征日期公布后,由主任将集体纳粮应注意事项,通知辖境内各甲长及各粮户;定期召集副主任、核算员、登记员、书记员开会,说明集体纳粮意义,并商讨工作进行,与副主任、核算员、登记员、书记员一起办妥粮户集体纳粮登记核算手续,并汇造名册,送当地粮柜复核,请其配定缴纳日期。主任在接到粮柜核

---

① 财政部《财政年鉴》编纂处编纂:《财政年鉴续编》(中册)(第五篇第四章),时事新报印刷1945年版,第91页。

② 关吉玉:《论田赋征实四大原则》,《粮食问题》第1卷第1期,1944年。

复配定缴纳日期后，即择定本保适中地点，为参加集体纳粮粮户谷物集合站，并通告各粮户如期集合。稻谷到达集合站，经初验合格过量后，得混合起运，如系挑运，应指定粮户中壮丁担任运输任务，其运费（船运、车运或挑运）由粮户按斗平均分摊，但纳粮代表如自身不挑送谷物者不得支取力资。粮食运输缴纳过程中，粮户可自由推定纳粮代表监督投柜完纳，每10户以推举代表2人为限。谷物运抵粮柜后，按完纳程序经核算验收后掣取粮券，由主任副主任总领，于当日或第二日按照名册交付各粮户亲收，并由各粮户在名册上盖章。粮户谷物投柜完纳后，如有短少或剩余，由该组主任副主任向各粮户凭券上所载实物数量多退少补。集体纳粮费用应按粮额多寡，比例负担。征收处对于集体完粮，应尽先办理。为鼓励各乡镇积极举行集体纳粮起见，对办理集体纳粮人员分别予以奖励。乡长、保长、甲长督催该辖境粮户于开征后两个月内参加集体纳粮户数超过该乡或保或甲粮户半数者记功一次；超过60％者记大功一次；超过70％以上者记大功两次，并由县经征机关就经征考成提奖项下配给特奖。各县每一乡镇所辖各保办理集体纳粮成绩最优者，得呈请县经征机关以税务人员登记录用。大规模集体纳粮户数一次达100户以上者，得举行献纳仪式摄影纪念，并检同影片粮户名册呈报省处备查。各县粮柜对集体纳粮粮户应设法优待，并供应茶水①。

　　田赋征收实物，粮户缴纳粮食与货币相比，其困难自非同日而语，尤其是小额粮户，输送少量实物，甚有纳粮途中费用超过实际价值之感。集体纳粮的出现，在一定程度上解决了小额粮户面临的困难。湖南集体纳粮办法确定后，即由各县经征机关发动全县乡镇保

---

① 湖南省税务局编印：《湖南省战时田赋征收实物法令初编》，1941年，第57—60页。

甲长宣传倡导,并由各乡镇保甲长集中若干户以上粮民集体向征收分处纳粮,共同运输缴纳,节省人力财力甚多,尤以小粮户及通河道独轮车运之处,获益颇多。如会同、新田、武冈、茶临、临武等县,地方乡保甲长发动粮户集体纳粮极为踊跃。据各县举行集体纳粮仪式所摄影片,每次多至数百人,足见集体纳粮之踊跃与推行之顺利。对于集体纳粮成绩优异的乡保甲长,由省田赋处分别嘉奖,以示鼓励,以便达到全省各县均能普遍推行的效果①。

　　集体纳粮对经征经收机关而言,一次经收即可以完成10～50户粮户之任务,减少了经收和验收次数,征收效率大为提高;对粮户而言,不仅免除了守候拥挤之苦,又节省了往返延宕费用,尤其对小粮户更是便利。因之集体纳粮,可谓是官民两利之办法! 1941年实施集体纳粮的除湖南外,尚有四川、安徽、广西、山西、广东等省,据称成效颇著者为四川、湖南②,次为广西,其他各省"或尚未采用,或虽经采用而未能贯彻实施,致无显著之效绩"③。

　　上述改进征收的各项制度,由于存在种种弊端,因之实施不久,大多被搁置或遭舆论抨击,仅有集体纳粮因成效较佳而被保留下来④。

---

① 胡迈:《湖南省田赋改征实物之经过》,《经济汇报》第6卷第1、2期合刊,1942年。
② 秦孝仪主编:《革命文献》第114辑:《田赋征实》(一),(台北)"中央"文物供应社1988年版,第371页。湖南成效见上述该省田赋处处长胡迈陈述,但四川具体办法和成效不详。
③ 秦孝仪主编:《革命文献》第114辑:《田赋征实》(一),(台北)"中央"文物供应社1988年版,第371页。
④ 另据侯坤宏分析,分区缴粮和委托征收两种制度似乎和集体纳粮一并存在。分区缴粮和委托征收两种制度与他种被国民政府摒弃的缴纳方法有着同样的弊端,故其存在的可能性似乎不大。另外,笔者在其他文献资料中亦未见到相关资料。因之,侯之说法尚待考证。侯坤宏:《抗战时期粮食供求问题之研究》,台湾政治大学硕士论文1988年,第74页。

　　鉴于各地粮户缴纳粮谷,因距离粮仓太远,颇感困难,或因个别缴纳,手续麻烦,进行迟缓,耗时耗力多,经收机关亦感困难,为减轻纳粮旅费,加强征收效率,同时基于集体纳粮的诸多优越之处,在各省主管田赋粮政代表的请求下,财政部决定自1942年起在全国大力提倡集体纳粮,7月20日公布了《田赋征收实物集体纳粮暂行规则》[①],该规则基本上是参照湖南的办法而定,为各省实施集体纳粮的指导性文件[②]。此后,集体纳粮在相对较广的范围内开展开来。

　　除了集体纳粮之外,国民政府还倡行分保完粮(又称整保完粮)。所谓分保完粮,即征收处在开征前,按辖境内粮户分布情形,规定各保完粮期间,事前通知粮户,按期由保长率领全保粮户前往指定地点完粮,保长并应率先缴纳。如果说集体纳粮的最大优点在于便利,那么分保完粮则强制催征的意味大于便民。分保完粮一方面可责令保长负责催征,保长要催征,必须先缴纳,否则很难有说服力,此办法在一定程度上解决了特权阶层与大户拖欠田赋的难题。另一方面分保

①《田赋征收实物集体纳粮暂行规则》主要内容:以保为单位,按粮户多寡组设若干小组,每组以10～50户为限,并应以自由组合为原则,但赋额较多之户不愿参加者得听其单独输纳;保长对于该保内集体纳粮事务,负组合指挥监督之责;集体纳粮小组应冠以某某县某某乡某某保第某某集体纳粮组字样,其组织应设组长、登记员、保管员各1人,均由粮户公推,分组负责;并设运夫若干人,由粮户充当;办理集体完粮,先根据通知单填造各户粮额清册,由组长送征收处复核并请示完粮日期后,公开检查成色及数量,集中应完粮食至经收处;征收处对于集体纳粮应予优先验收之便利;负责纳粮人应将各户通知单交经征人员核算总数,再由经收人员一次照数验收后,汇领各户收据转发粮户,其有应领征购粮食价款,亦由组长汇领分交粮户;集体完粮之必需费用,应按粮额多寡比例分摊,不得巧立名目,另有摊派或需索;各县并应将乡镇保长办理集体纳粮立为考成之一。《财政评论》第10卷第2期,1943年。
②有意思的是,陕西在中央公布办法后,又自行决定田赋征实集体纳粮办法,其办法与中央所颁大同小异,仅是规模较小,每组以10～15户为限。《田赋征实集体纳粮》,《大公报》1943年9月3日。

集体缴纳对于征收机构和粮户,亦算是一种便民方法。集体纳粮与分保完粮两项办法,"施行以后,颇著成效,粮民称便"①。

1943 年以后,除了继续推行集体完粮、分保完粮制度外,又实行大户催征、挨户验串等制度。所谓大户催征,即率先对大户进行催征之意。因各地大粮户多系地方绅耆,大粮户若能率先送缴,一般粮民即可闻风响应。所谓挨户验串,即凡应缴粮粮户,尚未取得粮串(即缴纳粮食凭证),应立刻限期缴清。挨户验串实质上是防止疲玩粮户存心观望及检查粮户有无漏缴情形的最有效办法②。"此项办法,先有浙省实行,颇著成效,嗣各省均已普遍推行。"③1943 年度,湖南省为便利粮户缴纳及调节盈虚起见,并实行粮户过县过柜托收办法,予交通困难地区粮户以不少便利,实为征收制度方面的一大改进。

不可否认,集体完粮、分保完粮、大户催征、挨户验串等制度,确实对田赋征收起到了积极作用。不过对其不能评价过高,因为它们仅仅是在较小范围内实施,所以国民政府在颁行《田赋征收实物集体纳粮暂行规则》中未做硬性规定,是以自由组合为原则,赋额较多的粮户不愿参加集体纳粮者听其单独输纳。而在广大的田赋征实区域,更多的则是粮户自行赴征收处缴纳田赋实物。

分区交粮与集体完粮之外,为防止征收舞弊,又规定县乡征粮监察制度。县设征购实物监察委员会,聘请党部、团部、民众团体代表及士绅为委员,以监察协助全县征购进行。乡镇以征收处为单位,就其所辖区域内延聘公正士绅及乡镇长为监察人,组织乡镇监察会,各监察人应轮流到征收处负监察之责,有征收纠纷或争执,由监察人会

①陈友三、陈思德编著:《田赋征实制度》,正中书局 1945 年版,第 95 页。
②侯坤宏:《抗战时期粮食供求问题之研究》,台湾政治大学硕士论文 1988 年,第 74 页。
③秦孝仪主编:《革命文献》第 115 辑:《田赋征实》(二),(台北)"中央"文物供应社 1988 年,第 331 页。

同征收主任就地解决。如有重大事件,得召集监察会解决。此外并对征收舞弊人员,规定应以军法从严惩办。

(三)征收制度存在的问题

粮户纳粮过程中,波折和困难很多,征收制度主要存在如下问题:

首先,负责编造征粮征册的经征机关没有准确的征粮底册(甚或无底册),通知单无法或很难填写。即使按时填出,却未能考虑实际情形,给粮户纳粮带来不便。

田赋征实是以1941年度田赋正附税总额为标准,1941年度田赋正附税是怎样计算而来的呢? 其实还是依据以前的征册,只不过在其基础上多附加了几倍而已。近代从没有进行过土地丈量,每一粮户占有土地多少,仍是按照明代的鱼鳞图册,且不论其当时准确性如何,鱼鳞图册最终编造完成是1393年,至1941年,中间经五百余年之久,五百余年土地变化莫测,难免出现土地等则与纳赋等级不符的情形,所以民国时期拖欠田赋的情况非常严重,地方为保证田赋收入,多实行包征制。国民政府下令全国一律实行田赋征实后,首先要确知各省田赋正附税数,尤其是各个粮户占有土地的确数与应负担的租税,唯有此才可据以编造粮册。可是,各省大多存在田赋征收没有确切或无底册,通知单无法填写的现象,其应对之策就是靠粮胥的残存材料与记忆赶造粮册,这种靠粮胥闭门造车造出来的粮册,错误漏洞自然百出,该纳粮的不纳,不该纳的偏偏要纳,出现诸多不公平不合理的冤枉事件①。甚有田赋开征时间已过去1/3,各乡镇不但未

---

① 颜耀华:《抗战期间龙溪县田赋收入和粮食管理》,中国人民政治协商会议福建省漳州市委员会、芗城区委员会文史资料委员会编:《漳州文史资料》(第十辑),1988年,第119页。

如期开征,并且通知单和验收单尚在县田赋处加工赶制①。仅是土地陈报或清丈已完成之县可据之编造新征册(是否准确先不论),然截至抗战结束,这类县约占全国总县数的1/3,大多数县只有靠旧日粮胥手中的材料和脑中的记忆编造粮册征粮。

有的通知单虽按时编造完成,然却未能配合粮区划分。1941年,因造串在前改征实物划分粮区在后,粮册的缮造和粮票的编订,因有花图花甲粮户距离粮区远近不一之故,有将距离甲区经征经收机关甚近的粮户,因其册串编在较远的乙区,不得不舍近就远赴乙区纳粮②。

其次,已经编造的通知单难于按时送达粮户(有些地方通知单根本未交给粮户),或送达粮户的通知单错误百出。

按规定,通知单应于田赋开征一个月前,由经征机关送达各粮户,使粮户预知完粮日期及应完粮额。而事实上,通知单多由经征机关发给各乡镇保甲长,再由他们转交粮户。因土地久未整理,又未归户,通知单上的粮户名多是堂名,兼或逃亡或人已去世,或土地已出卖而未进行过割,或人在甲乡镇而土地在乙乡镇,甚有人在甲县土地在乙县,还有地主不住乡村而住在城市的情况,致使保甲长很难判断土地真正的主人,即或知道亦无法送达,以致出现通知单难于到达粮户手中的现象。类似现象在各省都不同程度地存在。

1941年,四川达县通知单发出太迟,而乡籍又多错误,以致有通知单而无粮名,有粮名而无通知单,往返稽延,保甲长疲于奔命,仍有部分通知单无法送出③。江西因各县户口调查不完善,保甲组织不健全,实征册上的业户又多非现在纳税者的真实姓名,导致通知单多

---

①胡陵郝:《万源通讯》,《督导通讯》第1卷第3期,1942年。
②文群:《江西省田赋改征实物之经过》,《经济汇报》第6卷第1、2期合刊,1942年。
③陈诒忠:《征购上几个问题》,《督导通讯》第1卷第2期,1942年。

不能送达①。贵州为确保通知单切实送达粮户，规定经征分处在发给保长通知单的同时，还应备送达簿册一份，以备保长发通知单时，由粮户或代收人在簿内盖章或按手印，并要求送达簿须转县市田管处查核②。

即使按时到达粮户手中的通知单，有时却因错误百出而导致粮户无法纳粮。据《新华日报》揭露：一百张通知单上往往有几张以至十几张"误"添一倍或两倍的应缴粮谷，却从未有"误"少的情形，而被"误"添的农民只有贿赂当地的粮食管理人员才能得到改正。1943年一个农民的赋额是五角二分，1944年被增到一元零四分，在送了钱款酬谢后，没几天即得到改正③。弱势的农民只有通过贿赂的办法解决问题，此举无疑更助长粮政的舞弊之风。

再次，征收粮食没有考虑到粮户的实际情形予以变通，致粮户纳粮有舍近求远之苦。

各地征粮对于业户有田亩在两个经征区以上，或田在甲区户住乙区者，规定可申请在住在乡镇（代收机关）缴纳。由粮田所在地经征分处将该户缴纳书、收谷凭证、报查两联移送该户住在地经征分处转发住在乡镇仓库或代收机关存备收谷，并得在当地经征分处换取田赋收据。若该办法真正实施，必将予粮户很大便利。开征后，各县粮户缴纳实物间有田地虽属于甲经征分处，而欲就近往乙经征分处所属仓库缴纳，乙区却未予照收。又因乡镇公所代收关系，乡镇公所为提早完成征收任务与减少负担起见，虽甲乡粮户住所距离乙乡所

---

① 方铭竹：《整理田赋之实际问题——考察江西田赋后之意见》，《财政评论》第6卷第6期，1941年。
② 周治春：《贵州省田赋改征实物之经过》，《经济汇报》第6卷第1、2期合刊，1942年。
③ 《粮食管理人员剥削农民血汗》，《新华日报》1945年7月9日。

设仓库甚近,乙乡亦不允代收,致甲乡粮户有须远道挑运实物往本乡仓库或乡公所缴纳,将来再由本乡公所征工将所收实物运往附近粮库或县城汇缴,虚耗人财物力,增加实物损耗,公私均受弊害[①]。

最后,征收处设置过少,人员不敷,粮户纳粮困难重重。

经收制度建立的原则有二:一是便利粮户缴纳;二是节省经收经费。1941 年,中央规定,每县可设置经征分处 5 到 10 处,辖境以半径 30 华里为原则,经收分处设置与经征分处大致相同,两分处并应在同一地点办公,各处人员以 2～5 人为限。各县决定设置经收处之多寡,实为一个极困难的问题。征收实物和折征法币不同,本应多设分处以利农民缴纳,唯限于规定,特别是经费限制,各县不得不就实际情形加以伸缩。若设置过少,增加粮户纳粮困难;设置过多,必多耗经费及增加将来集中运输困难。一县辖区广袤,最多仅能设置 10 处征收处,各省大致均感征收处过少,粮柜不足,普遍出现粮户缴粮拥挤的现象。"有的粮户因为经征柜仓过少,经征人员应接不暇,以致送谷到仓后,守候三四日,还找不着人经收。结果不但劳民伤财,加重人民负担,并且无意中还授予经收人员以许多敲诈舞弊的机会。"[②]且经征经收分处"每日办公,恒有定时,星期例假即停止接收。奈粮户智识简陋,不谙办公时间及例假习惯,常致粮谷运到而办公时间已过,或遇星期例假,无法缴纳,日复一日,川资用罄,而尚不能完清手续者"[③]。纳粮粮户之艰辛可见一斑!

面临分处过少、粮民缴粮拥挤不堪的局面,各省解决之道大多为增设临时分处或分柜,临时加雇人员,延长办公时间。如江西,财政部粮食部规定的办公时间为上午七至十时,下午一至六时,该省改为

---

① 张导民:《广东省田赋改征实物之经过》,《经济汇报》第 6 卷第 1、2 合期,1942 年。
② 阮友秋:《湖南粮政的检讨》,《中国农民》第 1 卷第 4 期,1942 年。
③ 潘鸿声:《田赋征实与粮食征购问题》,《中国行政》第 2 卷第 7、8 期合刊,1943 年。

上午七时至下午六时之内,遇有粮户完纳,应随到随收。下午六时以后,对于当日业经验收之稻谷,经收机关仍应填发验收稻谷收据,经征机关并须换给串票,至各户取据换串完讫为止,借以便民而增加经征效率[①]。贵州命令各县市经征经收人员无论星期假期均应照常工作,以免粮户空劳往返,每日非将当日粮户完纳之粮收毕不得退值,并规定每日上午散值后至下午入值前之时间,征收双方须指派值日人员工作,以便粮户缴纳[②]。尽管各省采取各种措施力图改善,终因经费限制、分处不能设置过多之缘故,粮户仍感诸多不便。

1942 年,财政部召开全国第一次田赋征实业务检讨会议,各省代表纷请增设征收处,财政部却将征收处的设置原则改为:各县设置征收处以不超过 8 处为原则,全省平均每县以不超过 5 处为原则。此次改制,各县不得超过 8 处,全省平均每县不得超过 5 处,比 1941 年规定 5 到 10 处之数量已减少,虽可设巡回或临时征收处以资弥补,但在不增加经费的情况下,各县意图多设的愿望也只能是水中月、镜中花！粮户纳粮难的现状依旧未得到缓解。

1943 年,各省田赋粮食机构合并,县以下乡镇办事处以每县不超过 5 处为原则,设置处数较 1942 年的 8 处减少了 3 处,人员却力求尽量紧缩,以能办理经常事务为度,旺征及集运繁忙期间临时雇用人员,淡征及集运完毕即行解雇[③]。征收处既要减少,又要求以半径30 华里为原则,无疑是人少还想多办事,一县之内仅有 5 处,在地域辽阔的大县,要同时满足两者,殊难办到。如此调整固可大大降低征收费用,唯粮户纳粮愈感不便。

---

① 文群:《江西省田赋改征实物之经过》,《经济汇报》第 6 卷第 1、2 期合刊,1942 年。
② 周诒春:《贵州省田赋改征实物之经过》,《经济汇报》第 6 卷第 1、2 期合刊,
　　1942 年。
③《各县(市)田赋粮食管理处乡镇办事处设置办法》,广东田赋粮食管理处编:
　　《田赋粮食法令汇编》(上册),新广州印刷文具行 1946 年版,第 4 页。

纵观抗战时期国民政府对征收处的三次调整,征收处的设置数量是每调整一次就减少一次,国民政府企图用较少的征收费而得到较多的租税收入,达到赋税征收经济的原则。可是,健全而合理的征收制度,不仅是经济,还应达到便利的原则,即政府在获得租税收入的同时,尚应谋纳税者之便利。既要适应国家战时财政的需要,又要满足纳税者粮户的愿望,理应适当减少征收处。否则,政府单方面追求利益的最大化,只会不利于税源的培养,甚或损害税源。

征收是之后仓储、运输、配拨的基础,若征收制度不完善或漏洞太多,将导致部分粮食无法顺利缴入征收处,或逃避征收而进入粮食市场,成为哄抬粮价的诱因。良好的征收制度必须达到简捷详明两大原则。于粮户,应以简捷为尚,使之不致因手续繁重而发生嗟怨。于征收人员,应以详明为贵,使其无法舞弊而易考察。客观地说,因种种因素制约,田赋征收制度尚存在诸多问题和弊端,然国民政府还是克服了各种困难,根据抗战需要与实际可能,制定了一系列相对完善的政策措施,较成功地完成了征收任务。

四、征收期限

田赋收归中央之前,各省田赋征收限期,因粮食作物收获时间迟早各异,历史沿革不同,颇不一致,有漕各地分上下忙及冬漕三期,无漕各地仅分上下两期,间有一次征收者。田赋改征实物以后,本年下期及次年上期一年间之田赋应一次征足(各省田赋自本年秋收起至明年秋收前止,一次征足一年间实物,本年下忙业已缴纳法币者,应于完纳实物时照数退还),应当以应征收实物各地粮食收获季节决定征收日期,否则粮食收获以后,粮户随时可能将粮食食用或变卖,严重影响征收效率。故田赋征实必须把握时效,于粮食收获后一次征足,始能达到供应军公需之目的。征收期间均为两个月,取消上下两忙分期征收制,改为全年一次征收。

《战时各省田赋征收实物暂行通则》规定:"征收实物,应于稻麦收获后两个月内征齐,其开征日期,由省主管田赋机关拟定,报请中央管理田赋机关备案。逾期不缴纳者,应予以滞纳处分。"[1]此规则仅规定两个月期限,但对开征日期未做硬性规定。之所以如此,是因为我国地域辽阔,各地所种粮食作物有异,不同作物收获时间亦各异。南方盛产稻谷,北方则盛产小麦与杂粮,小麦、杂粮与稻谷收获期间自会有差异。即便是同一种粮食作物,亦会因气候、地质等关系,收获期间亦有早晚之差,故应因地制宜。因之,田赋征实开征日期不好全国确定一个统一时间,实质上亦不可能有一个硬性规定(即便一省之内,亦不可能有一个统一规定,如四川1943年分三期开征,分别是9月16日、10月1日、10月16日,1942年则分9月16日、10月1日两期开征)。

1941年度实施结果,各省均能按照实际情形分别拟定开征日期,分别于8至11月间先后开征。大体上征麦各省较早,有在7月间即开征;征稻诸省则较迟,甚有在12月才开征者。各省开征最早者当推陕西(7月1日征麦县市开征),其次为山西、宁夏两省(8月1日),再次为四川、湖南、江西、安徽、甘肃五省(9月),10月开征的有西康、山东、浙江、湖北四省,11月开征的有贵州、云南、福建、河南、绥远五省,广东、江苏两省最迟,12月才开征。此后各年度大体上与1941年度相同。征收期限虽规定为两个月,"惟因各省准备开征所有票册通知等项手续,往往开征以后,尚未办竣,又同一县境内收获亦颇有迟早,两个月之限期,无法严格执行"[2]。此外,"因各地县区

① 秦孝仪主编:《革命文献》第115辑:《田赋征实》(二),(台北)"中央"文物供应社1988年版,第2页。
② 财政部《财政年鉴》编纂处编纂:《财政年鉴续编》(中册)(第五篇第四章),时事新报印刷1945年版,第90页。

辽阔,运转需时,故皆有为时过促之感"①。开征过迟,势必影响田赋征收。如小地主"因收获有限,粮食几将食尽,欲其完纳实物,困难亦多"②。

1941年规定两个月必须征收足额,时人认为:"殊难近于理想。而且谷物收获不久即来缴纳,或未尽干燥,亦难合检定标准,故各省实际上多有呈请展期。至征收方式,以规定须两个月内征齐,而人力不敷分配,且公有仓库太少,不易大量容纳。"③各省多以四五个月为期限,有长至十一月者(湖南),最短的是广西、浙江,限三个月完成,陕西、河南、贵州则以七或八个月为期限,其余诸省,统限于四五个月内办理完竣。能如期完成者尚少,"各省多因时间迫促,诸如粮串之编制、仓库之觅见等等,一时均难办妥,故须延长期限"④。

1942年度,为顾及事实困难,国民政府在颁布的《战时田赋征收实物暂行通则》中,将田赋征收期限由上年度的两个月修正为三个月⑤,逾期再行加罚,以期便利粮户投完。同时并对开征日期做出规定,要求征收实物应于农产物收获后一个月内开征。此项规定既给粮户晒干粮食留有充裕时间(因农作物收获时期,一般也会伴随着下季作物的播种时节,农民既要收割庄稼,又要播种新的庄稼,时间紧张),同时又可在一定程度上防止粮户将粮食大量食用或者变卖,是

---

① 陈友三、陈思德编著:《田赋征实制度》,正中书局1945年版,第40页。

② 秦孝仪主编:《革命文献》第113辑:《粮政方面》(四),(台北)"中央"文物供应社1987年版,第447页。

③ 张柱:《战时粮食征购办法之实施及其改进》,《财政评论》第8卷第1期,1942年。

④ 秦孝仪主编:《革命文献》第113辑:《粮政方面》(四),(台北)"中央"文物供应社1987年版,第442页。

⑤ 贵州在1941年就建议中央将两个月期限改为三个月。理由是:农民收获的粮食是湿的,国家征收的是干的,粮食晒干需要相当时间,收获时期天气不一定放晴。

较合理的。开征日期不宜距收获日过久,否则余粮有限的小农户,所收粮食概充食用,已无余存,完纳实物困难重重。三个月征收期限和农产物收获后一个月内开征这两项规定,一直延续到抗战胜利,唯有时限于特殊情形,又有所变通。

1944 年度,修正通过的《战时田赋征收实物条例》,关于征收期限规定,未予变更。依照规定,开征期限均需至 1945 年二三月间始可结束。然 1944 年 11 月 15 日,财政部粮食部签呈蒋介石,希望将 1944 年度征粮业务,不论开征迟早,一律于 1944 年 12 月 31 日为结束日期。理由为:"现战局紧张,需粮迫急,非争取时效加紧催收,无以收把握粮食因应机宜之效,且查改善士兵待遇捐献粮食业务已拟定自明年元月份起开始办理,兹事体大,办理既求其必成,事前须有妥善之准备,似应将田赋征实及征借粮食业务提前办竣,俾免将来征粮献粮同时进行,顾此失彼,而致延误。职等懔于职责之重,鉴于时机之紧迫,深觉欲图全克竟全功,实有将本年征粮业务提前结束之必要。拟请钧座赐电各省主席严督所属加紧催收,如有尚未开征县份赶即开征,务于本年年底一律将三十三年度田赋征实及征借粮食全部办竣,以期应战事需要便利献粮进行。"[1]蒋同意两部意见。

宁夏田赋征实征借已于 11 月中旬扫数入仓,在规定的时间之前已经完成,故不存在问题。云南地居高原,气候寒燥,谷熟特缓,开征较迟(开征分三期,第一期 11 月 1 日,第二期 11 月 16 日,第三期 12 月 1 日),中央命令限于 12 月 31 日结束,则该省第一期开征各属仅开征两个月,第二期仅开征一个月半,第三期仅开征一个月,在短促时间内即须将征粮业务结束,实感困难。省主席龙云呈请蒋介石,对云南本年度征粮业务仍照旧案准予展至截限期满为结束日期。后财政部粮食部协商,要求云南不分开征先后,一律至 1945 年 3 月底止

---

①(台北)"国史馆"档案:"国民政府"001000005945A;《田赋征实征借》(二)。

结束征实征借。甘肃因气候较寒,麦收甚迟,1944 年阴雨连绵,影响
征收进行,故将征粮结束日期一律展至 1945 年 1 月底。湖北获准展
至 1945 年 2 月底止,湖北因荒歉之后又久雨,谷物潮湿未归仓,事实
上不易如期征集,该省主席王东原恳请展至 1945 年 2 月底止全部征
足。其余各省大多在 1944 年底结束①。

　　1945 年度,因复员工作繁剧,需粮亦急,征收期限仍援 1944 年度
成例办理。"惟各省或以收获季节较迟,或以灾歉较重……种种影
响,至截限时未能如额征足者,经分别查酌实际情形,核准展限。"②

　　五、灾歉减免

　　田赋征实与各地收成有关,如有灾歉发生,自然影响税收。灾歉
减免是对各地农作物因非人为因素即发生灾歉时,如水灾、旱灾、风
灾、雹灾、虫灾及他项灾伤等导致的减产,经政府核实属实者,对粮户
予以减免田赋的处理。

　　(一)相关规定

　　灾歉减免主要依据《修正勘报灾歉规程》办理,该规程为行政院
1936 年 8 月公布实施,1939 年 4 月、1942 年 6 月先后对其做了两次
修正而成。它对报灾程序、报灾限期、勘灾限期、减免成数、被灾救济
以及县市长与县市田赋处处长在勘报灾歉过程中的违规行为之处罚
等均做了详细规定,为战时灾歉减免的最高准则。

　　县市地亩遭灾后,先由乡镇公所造具灾歉状况表,如某某县某某
乡民国多少年份灾歉状况表,表中要写明保名、地名、被灾面积、被灾
原因与状况、被灾成数等项,报由县市政府会同县市田赋处派员实地

初勘属实后,一面电报财政厅、民政厅、省田赋处,同时造具灾歉状况表,快邮呈核。表名为某某省某某县民国多少年份灾歉状况表,表中要写明乡镇名称、被灾面积、被灾原因与状况、被灾成数等项。财政厅、民政厅、省田赋处据报后,亦应即会同派员实地覆勘,并会电内政部、财政部查核。覆勘属实后,财政厅、民政厅、省田赋处应会同造具灾歉状况表(表格内容与县市政府、县市田赋处报送省田赋处、财政厅、民政厅表内容一样),送请内政部、财政部核定。内政部、财政部认为有必要时,得派员抽查。

各地报灾限期为夏灾限立秋前一日,秋灾限立冬前一日为止,气候较迟区域可酌量展限,但临时急变因而成灾者不受此限。勘灾限期,县市初勘旱虫各灾,应随时覆勘,至迟不得超过 10 日,风水雹灾及他项急灾,应立时覆勘,至迟不得逾 3 日,省市委员覆勘限 15 日。如地方报灾不久又持续发生灾情,续报灾伤者,除旱虫各灾,仍依限勘报外,其他续灾距原报灾情之日未过 15 日者,应并入原限勘报,若初灾勘限已过,续被重灾,准另起限勘报。因情形特殊,灾案赶办不及者,常年田赋仍应依期照额开征。灾案核定后,流抵次年田赋。

地方勘报夏灾,如灾情较轻尚可播种秋禾,应统俟秋获时再行勘定分数,不可播种秋禾者,即在夏灾时勘定分数。各省市核定被灾减免分数,应以被灾地亩中稔年成收获总量为标准。收获不及 1 分者,准免全赋;不及 2 分者,减免正税 7/10;不及 3 分者,减免正税 5/10;不及 4 分者,减免正税 3/10;不及 5 分者,减免正税 1/10。其收获在中稔半数以上者,以不成灾论(原规定成灾五成以上者,即以成灾论,实与抗战非常时期有钱出钱之旨不符,此次规定成灾五成不得勘报)。土地赋税项下一切附加,准随同正税减免。

受灾严重地区,省市政府应拨款赈济,并应在内政、财政两部及赈济委员会备案。如灾情过于重大或受灾区域较广时,可将受灾情形转请内政、财政两部及赈济委员会,转请中央酌予补助。

　　县市长、县市田赋处处长,勘报灾歉有下列各款之一者,依照公务员惩戒法办理。

　　(1)地方遇有灾伤,不即履勘或履勘后,并不呈报,或呈报不实者。

　　(2)地方报灾后,若将所报灾地,留待勘报分数,不令赶种,致误农事者。

　　(3)初勘覆勘时,逾本规程所定期限者①。

　　勘报灾歉地方,经县市政府、田赋处核实后,县市政府、田赋处会呈省田赋处会同财政厅及主管地政机关复核后,造具减免赋税简明表,转请内政部、财政部及有关部会会同核定后,就被灾年份,按照核定被灾成数实减实免②。

　　《修正勘报灾歉规程》规定甚为详细,如若真正贯彻实施,必定会减轻受灾粮户负担。

　　(二)实施概况

　　田赋征实较之田赋征币,粮户负担明显增重,正由于此,各地报灾请减之风遂盛,往往以轻报重,以少报多,影响军公粮食颇巨。为切实办理灾歉减免,防止各地以少报多,以轻报重,蒋介石电告全国,各地非有严重灾歉,不得率报请减。他还多次要求省政府或当地士绅呈报灾荒,必须勘查明确,根据实况,倘有捏词瞒报,一经查明,必当绳之以法,严切惩办。如果确系情形严重,应先电财政部查核,一面由省政府、省田赋处会同遴员覆勘,按照成分,妥慎拟议,报财政部查明核办,再行饬遵,不得由省核定其减免分数。财政部遵照蒋之意

①《修正勘报灾歉规程》,秦孝仪主编:《革命文献》第115辑:《田赋征实》(二),(台北)"中央"文物供应社1988年版,第98—100页。
②《修正土地赋税减免规程》,秦孝仪主编:《革命文献》第115辑:《田赋征实》(二),(台北)"中央"文物供应社1988年版,第92页。

旨,规定凡灾歉成数在七成或七成以下者,一律不予免赋①。1944 年
6 月,蒋在指示各省政府主席关于征实征借八项方针中明确指出:因
灾减免应依照法定程序勘报核定,不得估计总数,预请减免,并严禁
朦报灾情以及预请扣留账粮②。国民政府的本意是杜绝各地谎报灾
情,保证田赋征收的顺利进行,然对灾情确属严重的县份,又不得不
按照《修正勘报灾歉规程》予以减免。

　　田赋征实后,对于因灾歉收之县,必须减免田赋负担者,均系采
用扣账与代购办法。所谓扣账,就是各县市因灾歉收,在勘报手续未
全部完成以前,省政府认为有必要时,得就各该县市原应征粮食数额
内核定成数,准许粮民于缴粮时,按成扣回作账,籍示赈恤。所谓代
购,即征购额无法缴纳之县,就征购额内划出若干石,分配于受灾粮
民,由省政府酌核,照官价每市石另加运费,由粮民缴纳现金而不缴
纳实物粮食,政府(粮食管理机关)予之代购一部分粮食缴纳。生产
特种农作物或粮食产量历来不敷消费而未受灾县份,亦可代购。
1943 年度,征购改征借,代购办法已不适用。对灾歉的处理,纯采扣
账方式,就灾重县份分别等差,于其征实征借两类内,酌量核减。

　　1941 年度,各省办理报灾及田赋减免事例较多。如四川,因旱
成灾,受灾五十六县,几乎占全川总县数 1/2,其中三十二县情形尤为
严重。各县呼吁请求救济之文纷至沓来,如依照《修正勘报灾歉规
程》责令勘报,以凭减免征购,则手续繁重,核准需时,势必引起人民
观望,影响征购进行,省政府秉承中央电令征购与救灾分别办理之
旨,确定实施扣账与代购两项临时救济办法,以资兼顾。受灾最严重
县份,扣账与代购兼施,其次单予扣账,再其次单予代购。代购时,稻

————————

① 《民国三十至三十一年度田赋改征实物状况》,秦孝仪主编:《革命文献》第 115
　　辑:《田赋征实》(二),(台北)"中央"文物供应社 1988 年版,第 268 页。
② (台北)"国史馆"档案:"国民政府"001000005944A:《田赋征实征借》(一)。

谷每市石官价定为 100 元（另每市石加运费 15 元），较市价低，政府代为购缴，以减轻粮民负担。该年度四川先后扣赈稻谷数为 371 700余市石，在该省超收额内抵扣，代购数为 758 200 余市石，严重的灾歉问题遂得解决[①]。湖南虫旱为灾，收成歉薄，报请查勘免赋者四十县，奉准减免者十八县，其中尤以临澧、邵阳、澧县、麻阳等县因旱成灾，收获均不及三成，无谷纳赋，浏阳等五县因长沙会战，灾情亦惨重，上述受灾县份总共减免赋谷 307 783 市石[②]。据朱契统计，1941年覆勘四川报灾五县，核定湖南灾案十一县，核定陕西灾案两县，此外河南、浙江、西康等省报灾县份尚多，各分别令饬查报[③]。另据农产促进委员会统计，1941 年，因歉收减低赋率情形者仅四川、广东、陕西等少数县份，如陕西富平县原定每亩征一市斗五升，因歉收减为一市斗二升五合，四川减低赋率者不过五六县，其减低成数高下不一，约在 10％至 50％之间[④]。

　　1942—1945 年度，国民政府对各省灾歉勘查及田赋减免，均依照《修正勘报灾歉规程》规定办理。唯这几个年度灾歉减免实况，除四川外，论者寓目所及，尚未见到相关史料以便佐证。1944 年度，湖北、贵州、浙江、安徽、江西、甘肃、宁夏等省或因水旱或因虫害，各省政府及省临参会纷电报灾呼请减免，粮食部将各该省被灾县份、征粮配额随时依法勘查，分别减免[⑤]。其减免数额因史料限制，不得而知。

　　1943 年度春夏之交，四川雨旸失时，各县报旱灾者甚多，所幸其

①石体元:《四川省田赋改征实物之经过》,《经济汇报》第 6 卷第 1、2 期合刊,1942 年。
②胡迈:《湖南省田赋改征实物之经过》,《经济汇报》第 6 卷第 1、2 期合刊,1942 年。
③朱契:《一年来田赋征收实物之检讨与前瞻》,《财政评论》,第 8 卷第 1 期,1942 年。
④乔启明、蒋杰主编:《各省田赋征收实物调查》,农产促进委员会 1942 年,第 20 页。
⑤(台北)"国史馆"档案:"国民政府"001000005945A;《田赋征实征借》(二)。

后霖雨数降,情形稍稍好转。截至立秋以后,完备初勘手续者共有五十九县市。经省政府派员覆勘结果,灾情确属较重者有三十七县。因扣赈稻谷数额,中央定有限制,不得不紧缩分配。其余轻灾县份,则由省赈济会统筹办理。"此种措施,固不足以慰灾区民众的殷望。然当此非常时期,中央供应急需,量出以为入,自无法作大量的削减。"①总计四川 1943 年度受灾各县市局扣赈数额共为 437 321 市石余,其中指定在征额内扣赈者 228 922 市石余,指定在借额内扣赈者 208 397 市石余②。

1944 年度,四川受灾歉收县份,先后呈报灾情到省政府者共六十八县,属于旱灾者有乐至、遂宁等五十二县,属于雨雹虫灾者有西阳、巫山等十六县。其中除灾情较轻之合川等三十四县,省政府汇请省赈济会酌拨账款救济,其扣赈之谷仍在 1944 年加成数内抵补外,其余如乐至、西阳等三十四县灾情确较严重,分别于其田赋征额内扣谷赈灾,每县大约就其征额扣赈成数为一成多,其中遂宁最高为三成九,次为安岳一成九,总共扣减征谷数 427 711 市石③。

据时人观察,灾歉减免制度的相关规定与实施,尚存在诸多不足之处急需改善。"惟勘灾之程序似稍嫌繁琐,而田赋之减免,不仅手续甚繁,且往往为时较晚。关于此点,似尚待改善。"④湖南 1941 年就因勘灾手续烦琐,以致严重影响田赋征收。主管灾歉减免的粮食部(田赋粮食机构未合并之前归财政部主管)亦意识到了上述问题。

----

① 任敏华:《三十二年度四川田赋征借实物概况》,《四川经济季刊》第 1 卷第 3 期,1944 年。

② 任敏华:《三十二年度四川田赋征借实物概况》,《四川经济季刊》第 1 卷第 3 期,1944 年。

③ 马骅:《三十三年四川之田赋征实与征借》,《四川经济季刊》第 2 卷第 2 期,1945 年。

④ 陈友三、陈思德编著:《田赋征实制度》,正中书局 1945 年版,第 69 页。

1945 年，粮食部"以各地灾案依照修正勘报灾歉规程之规定，须逐级初勘覆勘，层报中央核定后，始准减免田赋，其间辗转报核，费时甚久，每多不及于当年减免，势成流抵，灾民既未能早获实惠，而一般业户借口灾案未定，滞纳田赋，尤碍军公粮之集中与供应"[①]，将勘报灾歉规程重加修订，并改为条例，经立法院修正通过，国民政府于 1945 年 10 月 15 日明令公布实行。修正后的勘报灾歉条例克服了《修正勘报灾歉规程》规定及其实施过程中的不足，因其实施时间在抗战胜利以后，故不在本书的研究范围。

第三节　验收制度

一、验收粮食标准

验收包括验收粮食的质量、重量两个方面。粮食征收最困难而易引起流弊者，即粮食品质的验收问题。验收人员对验收成色过于放任，则所收易于多为劣质粮食；如太严，则易涉苛细，于人民极感不便，且又易引起征收人员借端苛索。农产品等级参差不齐，田赋征实后，对于缴纳实物的等级应有一个严格固定的标准，作为征收时的依据。1941 年，粮食验收由粮食机关负责，粮食部对验收粮食标准并没有出台相关通则或条例，仅是在 9 月公布的《粮食部粮食检验及分级暂行规则草案》中有所涉及。按照该草案，粮食验收采用简易验收的办法，即通过视觉、触觉、听觉、嗅觉、齿咬等之鉴别，以及利用一些简单器具进行验收。各地验收粮食应以第三等品质为标准，最低不得低于第五等，若低于第五等，经收分处可拒绝验收，对每一粮户粮

---

①《民国三十二至三十五年度田赋征实状况》，秦孝仪主编：《革命文献》第 115 辑；《田赋征实》(二)，(台北)"中央"文物供应社 1988 年版，第 334—335 页。

食至少须就全数的 3/10 加以检验,并注明应列之等级。验收人员若发现粮户所缴粮食有掺水掺杂情形,得依《粮食部取缔粮食掺水掺杂暂行条例》呈请严办。验收人员不得接受粮户招待,如有故意挑剔或勾结,以图营私舞弊情事,依惩治贪污暂行条例规定从重治罪①。

事实上,上述规定常常使经收人员在验收过程中无所适从。其一,将稻谷、小麦、苞谷分为五个等级,经收时以三至五等粮食为限。以第三等为例,稻谷第三等的标准是每升稗子最多粒数为 400 粒,红米最高百分率为 10%,杂物最高百分率为 0.5%,每市石最低市斤数为 106 市斤。小麦、苞谷分别为含水分量 14.5%、17.7%,损坏粒最高百分率为 7%、6%,杂粒和杂物最高百分率为 5%、7%,每市石最低市斤数为 140、130 市斤②。在无精确验收设备的帮助下,验收人员对于稻谷所含稗子数,红米、杂物所占百分比以及小麦苞谷所含水分、杂物、损坏颗粒多少,很难在短短几分钟内做出一个精确判断。各省验收粮食大多用量,对每市石粮食最低市斤数也无法做出衡量,加之验收人员缺乏,《粮食部粮食检验及分级暂行规则草案》并未引起各省注意。对于此项标准,粮食部负责人也感到实施困难重重③。其二,要求验收人员须就粮户所缴粮食至少 3/10 做出细致检查亦是不太现实的。旺征期间,粮户往往拥挤不堪,验收人员甚有不分昼夜工作,仍无法迅速验收完粮食,因之,只有大致验收。

实际上,粮食产自四乡,很难定一合于科学的成色标准来检定。如通常所称的潮湿掺砂掺杂,几乎每种粮食均所难免。究竟如何程度方拒绝不收,很难划出一绝对的界限。对于掺杂不良的粮食,固可

---

①《粮食部粮食检验及分级暂行规则草案》,秦孝仪主编:《革命文献》第 110 辑,《粮政方面》(一),(台北)"中央"文物供应社 1987 年版,第 346—350 页。
②《粮食部粮食检验及分级暂行规则草案》,秦孝仪主编:《革命文献》第 110 辑,《粮政方面》(一),(台北)"中央"文物供应社 1987 年版,第 347—350 页。
③中国第二历史档案馆档案:八三(2)62:《粮食部 1941—1948 年工作报告》。

以用风车过风,但过风的轻重亦很难有一定的限制。故各省均规定简易的检定方法,即最低标准,稻谷成色为每升最多含稗子 1200 粒,含红米最高率 40%,杂物最高率 2%,每市石重量须合 100 市斤,含水量不得过 16%,谷粒须未变色且无恶臭气味者为合格。小麦成色,以含杂物不得超过 10%,破碎粒最高率不得过 15%,含水量不得过 15.5%,每市石重量最低须有 130 市斤始为合格(其他碛米、杂粮等均规定有标准)。但一般农民多无科学常识,对于含水量及百分率等名词不能了解;而一般经收人员亦未必能有做精密检定的技能,且检定的设备亦一时不易办到。故只有用一种民间习惯的考验方法,即用手搓、齿咬、鼻嗅等,以辨别其干湿新陈程度。如谷之检定,以手搓碾多成碎米者湿,否则干,不成粉者干,否则湿,有霉气味者即为过陈,过湿过陈之谷物可拒收。砂土、稗粒、糠壳等杂物较易辨别,一经风车既可看出。小麦之检定,除干湿程度适用上述标准外,凡未混有土砂长芒等杂物,无大部虫蚀碎粒,且为黄褐色者,即可合乎标准①。

　　1942 年,验收粮食改由田赋机关负责,验收标准亦有所变化。依据财政部 12 月颁布的《财政部田赋征收实物验收暂行通则》规定,粮户完纳粮食应以最近一年内收获之谷物,颗粒充实、品质干洁者为限,如有潮湿、发芽、霉烂、变质不堪存储或粘有泥漫砂土过多,不堪食用者,概予拒收。实物如遭受虫伤鼠啮或杂有稗糠飘凹颗粒不纯者,应在过风车除去后再行验收。具体鉴定方法如下:稻谷含杂质(稗糠砂粒泥土虫蚀及其他杂物)不满 3‰,水分不满 15%,每市石在 108 市斤以上者为合格;小麦含杂质不满 4‰,水分不满 14.5%,每市石在 145 市斤以上者为合格;苞谷含杂质不满 4‰,水分不满17.7%,每市石在 135 市斤以上者为合格;征收杂粮验收标准按实际情形,参

---

① 张柱:《战时粮食征购办法之实施及其改进》,《财政评论》第 8 卷第 1 期,1942 年。

照稻谷、小麦、苞谷规定办理。不合上述规定者,令粮户自行翻晒或除去杂质后验收。验收人员如徇私受贿,不按规定标准验收,除将劣质实物勒令退换外,并依法严加惩处①。1944 年 6 月修正颁布的《田赋征收实物验收规则》,粮食验收标准并未变更。各省如有因水旱虫灾,致实物成色不合规定标准者,准予报请粮食部另订其标准。

事实上,各地因地势、气候、雨量等之不同,粮食很难达到统一标准,若遇灾歉,每市石粮食就很难达到财政部规定的最低市斤数。加之粮食是否合乎标准,并没有科学统一的标准,大权完全掌握在征收人员手中,征收人员为了多得粮食以便中饱,往往刁难粮户,对粮食的种类与质量过分挑剔,粮户力弱胆小,只能任其愚弄。如四川规定稻谷成色以干净纯洁无灰沙杂质为标准,一市石重 108 市斤。而实际验收时,"经收人员不辨好坏,不分品级成色是否已合于规定之标准,通以风车当场扬过一次,方准验收,是以不但多花人力及浪费时间,同时常致粮户遭受额外之损失,有时粮户亏折过多,每须重返挑运或就近购买,故粮户为预防上项麻烦计,大多多带一二成稻谷以备贴补,此项实不经济"②。再如甘肃征粮人员征粮的要求是:一要主粮(指小麦)不要杂粮;二要颗饱粒圆,晒干扬净。征粮人员将此看成勒索中饱的机会,稍有不合即拒绝验收。农民最怕验收不上,几十里背了去,验不上又要背回来,损失太大。故在送粮前均是经过详细挑拣,自家产的粮食不好,还要找别家倒换好粮。尽管如此,对收粮的人必须纳了贿赂才能交上,否则仍是验收不上③。

---

①《财政部田赋征收实物验收暂行通则》,湖南省税务局编印:《湖南省战时田赋
　征收实物法令三编》,1942 年,第 21—23 页。
②潘鸿声:《田赋征实与粮食征购问题》,《中国行政》第 2 卷第 7、8 期合刊,1943 年。
③潘锡元:《从甘肃实例看反动统治时期的田粮制度》,中国人民政治协商会议甘
　肃省委员会文史资料研究委员会编:《甘肃文史资料选辑》(第三辑),1963 年,
　第 160 页。

　　同时,各省对中央规定的标准有时只有根据本省实际变通处理,才能完成征收任务。陕西关中各县因地势、土质不同,是以所产小麦成色各异,加之乡间人工缺乏,耕种不免粗疏,合乎标准之麦为数甚少,1940年又遭遇黑雾,成色大受影响,1941年如照粮食部规定标准验收,将可能出现无可收小麦的现象。强制一律过一遍风车,一是小麦遇风后不能久藏;二是遇风时轻重无一定限制,倘故意加重,有可能导致良好小麦亦有被风除去的可能,且给经收人员故意挑剔、舞弊造成可乘之机。因之,限制不得不略为放宽①。湖南湘西湘南宜种晚稻,湘中多种中稻,滨湖各县宜种早稻,益阳产万年红谷,永兴、新田产红谷,新化产青子谷,澧县、桂东、新田、资新、辰溪五县产须谷,绥宁产糯谷。须谷每粒有须,长约二三寸许,验收时空占容积,入仓后须脱量减,耗率较大。青子谷系靠山阴之田,受日光不足影响或虫旱后再生禾稻,过时不能黄熟,以致壳呈青色,如经久收藏,吸收其他谷粒熟度后即成黄色,损耗亦大。万年红谷及红谷出米全红或花红,壳呈麻色。若按《粮食部粮食检验及分级暂行规则草案》规定验收,上述谷物都达不到验收标准。最终湖南省粮政局和田管处只有降低验收标准,如所缴稻谷确系粮户本产,并无蒙混取巧事情,即按稻谷第三等品质,以每市石重106市斤为标准予以验收,绥宁所产糯谷因验收后无法使用,经呈准财政部粮食部折收法币②。

　　因特殊原因而导致粮食无法达到验收标准时,财政部粮食部亦往往根据各地实情予以减低标准验收,此种情况几乎每年均有。如1942年受灾各省粮食品质较次,达不到验收标准,为体恤民艰,保障粮食征收的顺利进行,对受灾地区减低重量或兼收芽谷。湖南部分

---

①周介春:《陕西省田赋改征实物之经过》,《经济汇报》第6卷第1、2期合刊,1942年。
②胡迈:《湖南省田赋改征实物之经过》,《经济汇报》第6卷第1、2期合刊,1942年。

县根据受灾轻重不同,将稻谷每市石分别降为 100、103、104 市斤三个标准征收;河南征稻各县每市石一律减为 105 市斤;广西部分县兼收芽谷,唯每百市斤加收 3 市斤、6 市斤 4 两或 3 市斤 2 两不等,使成米总数仍能达到征实额征谷一米之标准[①]。1943 年绥远、宁夏小麦按每市石 130 市斤收交。1944 年江西部分受灾县稻谷按 104 市斤验收,湖北西北各县稻谷按 106 市斤验收,甘肃小麦按 140 市斤验收。1945 年湖南滨湖各县稻谷按 104 市斤验收[②]。

二、验收工具——衡器与量器

所谓验收工具,即用什么标准衡量实物的问题。我国衡量实物的工具有两种:衡器和量器。决定体积用量,计算重量用衡,量以斗计,衡以秤称,故验收工具问题,即用斗还是用秤的问题。民国时期各地习用的斗秤颇为复杂,不仅数十数百里之外大小不同,即同一小的地区内也往往是几种并用,漫无标准。国民政府为统一度量衡,曾于 1929 年 2 月颁布度量衡法,规定度量衡采取标准制与市用制两种。所谓标准制,即万国公制,亦即米突制。标准制重量单位为公斤,即一千个格兰姆。所谓市用制,即与标准制有最简单的比率,而又与民间习惯相近似的一种度量衡。市用制重量单位为市斤,一市斤合标准斤的 1/2[③]。度量衡法颁行后,国民政府曾通令全国各地一律通用市用制度量衡,但人民囿于习惯,鲜有使用新式市用制者,市用制度量衡使用范围仅及较大都市。

一切衡量器具,除非以最好的合金为制造材料,可与原器或副原

[①]秦孝仪主编:《革命文献》第 115 辑:《田赋征实》(二),(台北)"中央"文物供应社 1988 年版,第 265 页。

[②]秦孝仪主编:《革命文献》第 115 辑:《田赋征实》(二),(台北)"中央"文物供应社 1988 年版,第 331 页。

[③]周世彦:《田赋征实验收工具之比较研究》,《财政评论》第 10 卷第 6 期,1943 年。

器无显著差异,如用普通金属或竹木等制造,其本身的准确度即不可靠,使用时若略使技巧,更难达公平。因之,验收实物无论用量或衡均有弊端。

用斗之利有三:其一,合乎民间习惯。民间量粮历来用升斗合,举凡买卖、借贷、租佃、分配、土地收益甚至土地面积的计算,均用石斗为计算单位。其二,计算便利。用量均是十进制,十合为升,十升为斗,十斗为石,简单明了,折算便利。其三,制备容易。各地通用的斗、升、合多为木制,构造简单,费用低廉,制造容易。

用斗之弊亦有三:第一,分量差异较大。斗手用斗,同一斗粮,斗手既能使之有余,也可使之不足,举手间便有出入,一斗出入为数虽微,但累积计算则为数甚大。第二,成色低劣。征收粮食种类不一,品质各异,计量用斗,只求升斗足量,品质优劣无法鉴定。第三,手续繁杂费时久,工作效率低下。一次一斗,一石需十次,十石需百次,且易发生舞弊。第四,应用范围有限。用量仅限于征粮,如征棉则只能用衡。

用秤之利有四:其一,分量确实。验收用秤,论重量不论体积,税收确实。其二,成色较高。粮食品质高体积小而分量重,反之,品质低体积大而分量轻。验收用秤,可提高实物成色。其三,手续简便。用秤一次能称数百斤,效率大增。其四,应用范围较广。征收粮食、棉花等实物皆可用秤。

用秤之弊有三:第一,不合习惯。各地计算粮食习惯用量,只有粮商偶尔用秤,征实用秤,不合粮户习惯。第二,计算不便。10钱为1两,16两为1斤,计算复杂。第三,制备较难。秤之构造较复杂,制造费用比斗高。如数百斤大秤,其购置费用尤巨①。

---

①用衡用量之利弊,参见周世彦:《田赋征实验收工具之比较研究》,《财政评论》第10卷第6期,1943年。

验收实物用斗用秤,互有长短。大体用斗之利即用秤之弊,用斗之弊即用秤之利,二者短长互易。总体而言,用秤无论在时间、人力、费用上均比用斗经济,且弊端相对较少,故用秤验收较适宜。

1941 年,《战时各省田赋征收实物暂行通则》规定:"征收实物之单位,概以市石计算,其尾数至合为止,合以下四舍五入。"[1]征收实物以市斗为单位,原应专用量器,因国家并未给各省配备大量的量器,加之恪于各地习惯,所以采用何种验收工具由各省自定。各省征收时,用衡用量者皆有,也有两者并用的,大致用量者多。1941 年征实各省,十三省用量,七省用衡。各省均须斟酌当地粮食平均标准,确定一衡量器折合比例,如规定每市斗、每市石应最少重多少市斤(不足者仍须照补),其折合比例大率为稻谷每市石合 108 斤左右,小麦每市石 140 斤左右[2],以资控制,用以防止单独用衡用量之流弊。

1942 年,田赋征收归田赋机关办理后,又有所变动。12 月,财政部颁布的《财政部田赋征收实物验收暂行通则》规定:"验收实物,以市制衡器及量器为主;其无市制衡量器地方,得用当地习惯衡量器折合市制,呈经本部核准后使用之。"[3]这个通则似又为了迁就人民习惯,明令允许采用衡器和当地的计量标准,因地方衡量器不一,致纠纷时起。1944 年 9 月,国民政府公布《战时田赋征收实物条例》,更明确规定:"实物验收工具,采用市制量器或衡器,采用量器者以市石为计算单位,其尾数至合为止,合以下四舍五入。采用衡制者,以市担为计算单位,其尾数至两为止,两以下四舍五入,一省以内不得同时

---

① 秦孝仪主编:《革命文献》第 115 辑:《田赋征实》(二),(台北)"中央"文物供应社 1988 年版,第 2 页。

② 财政部田赋管理委员会编:《三年来之田赋整理与征实》,中央信托局印制处 1943 年,第 6 页。

③《财政部田赋征收实物验收暂行通则》,湖南省税务局编印:《湖南省战时田赋征收实物法令三编》,1942 年,第 21 页。

使用两种验收工具。"①事实上，田赋征实后，验收工具各省不同，一省之内有用一种的，亦有两种并用的（但一县之内限用一种）。田赋征实各省中，用市制衡量器与习惯衡量器的都有，如福建、浙江、江西、广西、陕西、山西、绥远七省用市制衡器，四川、云南、贵州、湖南、湖北、河南、甘肃、青海、江苏九省用市制量器，安徽新旧衡器并用，西康市斗与官斗并用，宁夏概用宁斗，广东市制量器与司马称并用，江西有五县用量器，河南有四县用衡器②。

三、验收制度存在问题剖析

因粮食验收中人为因素较多和全国无统一的衡量器验收标准，导致粮食验收过程中问题百出。

第一，从验收粮食标准而言，虽详细规定了粮食的水分含量、杂粒与杂物最高百分率、每市石应重市斤数等，其中除了潮湿、发芽、霉烂、变质不堪存储或粘有泥漫砂土等表面现象较易鉴别外，有些非借助工具不可，但国家却没有给征收机关配备这些简单仪器。验收粮食更多的还是依赖眼看、手摸、齿咬等感觉，主观成分较多。即粮食是否合乎验收标准，决定权完全掌握在验收人员手中。验收时，粮户希望验收标准越松越好，可以免去因验收太严而导致的粮食数量不足或验收不上再次缴粮的痛苦。而对验收人员恰恰相反，验收太松，可能导致粮食质量太差，容易变质，不便久储，损耗较大，将来交接困难，所短粮食又须自己弥补，所以验收人员为了不使将来交接时粮食短缺甚或盈余起见，往往利用职务之便想方设法多收粮食，甚至百般刁难粮户，抓住粮户最怕粮食验收不上的弱点逼其就范。双方的不

①《战时田赋征收实物条例》，秦孝仪主编：《革命文献》第115辑：《田赋征实》（二），（台北）"中央"文物供应社1988年版，第15页。
②周世彦：《田赋征实验收工具之比较研究》，《财政评论》第10卷第6期，1943年。

同心态导致验收过程中矛盾重重,此种纠纷当时在全国各地普遍存在。

　　1941 年,四川曾发生不少是项纠纷。如内江白马庙征购办事处由义茂乡乡长监管经收,对谷物品质过于挑剔,致粮户怨言载道。荣县高山场征购办事处收粮,无论谷物好坏,均须风车吹扇多至二三次。其用意无非欲在收得好粮后,将来加工时可多得盈余,以致四川省临时参议会第六次大会时,参议员于特种审查报告中特别指出:"如小农上升斗之粮挑至数十里外,经数日之久无人经收,或经收人员舞弊,借口折耗,故意挑剔,满斗高刮,至今上粮人民因差斗合小数,往返数十里费时若干日,不能完事。"①粮户之惨状可见一斑! 再如规定对不合标准的粮食可过风车后验收,然验收人员为多收粮食,连风两道三道,故意将好的粮食也风去,且风出的粮食不许粮户带走(按规定,凡过斗、过秤、过车所余粮食应归粮户所有),而是等无人时再将其倒入已验收合格的粮食中,以吃仓余。甚有某些地区,无论谷物好坏,均须过风车多至两三次。农民稍有不满,便借故勒索敲诈,谓"谷子不好,不干净要调换",或"时间已过,收不了,明天再送来"②。尤其是对距离征收处较远的农民,更是苦不堪言,哪敢有微词! "经征人员每借完纳之品级成色问题,故意留难粮户,使粮户无法缴纳,若暗中稍行贿赂,则虽品质稍欠,亦可随时验收,而粮户因囿于权势及畏惧国法,只得暗中忍气而已。又经征人员遇有地方上之有势有权人士,如当地保甲长或熟人缴纳米谷时,则毫不留难,异常容情,且有随到随交之便,其他先到者反须久候,而无法缴纳,使一般粮户发生不平之怨愤。"③粮食验收随人而易、随地而殊,非常普遍。

①陈友三、陈思德编著:《田赋征实制度》,正中书局 1945 年版,第 98—99 页。
②隆泰:《粤东粮政值得注意》,《大公报》1944 年 11 月 28 日。
③潘鸿声:《田赋征实与粮食征购问题》,《中国行政》第 2 卷第 7、8 期合刊,1943 年。

而其他有利于粮户的规定,如粮户对验收标准有异议时,得以口头向该管征收处申请复验,如仍有异议时,得申请征粮监察委员会议定[①];验收员丁如有故意变更经鉴定合法之衡量器容量或重量及浮收勒索,或收受规费等情事,应分别依刑法或惩治贪污暂行条例处断等[②],均成水中月、镜中花!

　　第二,从验收工具而言,无论用衡用量验收均有弊端。民国时期一般通用的斗的形式,有圆柱形、方柱形、圆锥形、方锥形四种。无论哪种斗,斗手均可通过手法改变斗之大小,如刨斗、升边、降底、挖荡、伪造等[③]。目的只有一个,让粮户多缴纳粮食。使用量器时,验收人员可通过用力大小、时间长短、手法的敏钝使所量实物发生差异,技巧好的斗手可使差异达5%以上。斗手一般通过踢斗、拍斗、窜斗、浮荡等手法浮收粮食[④]。技术娴熟又有经验的斗手使用上述手法时,均以迅雷不及掩耳的速度行之,这些闪电式的动作,一般粮户往往发觉不出。"倒斗刮斗多有特别技术,带帽、手摇、脚踢(踢斗)、铲斗、抛撒、倒倡、漩刮,斗手的本领就是要人民缴更多之粮。"[⑤]验收时花样更多,较普遍的是大进小出、大八搭二。所谓大进小出,即大斗进小

---

① 湖南规定粮户对验收标准有异议时,得口头申请当地保甲长会同复验核定,此项手续限立刻办毕,不得逾四小时。潘信中:《十七省田赋征粮近况特辑》,《人与地》第1卷第18期,1941年。

② 《财政部田赋征收实物验收暂行通则》,秦孝仪主编:《革命文献》第115辑:《田赋征实》(二),(台北)"中央"文物供应社1988年版,第56页。

③ 刨斗即把斗的内层刨薄;升边是把斗边的钢铁箍升高;降底是把斗底降下;挖荡是把斗的底层挖凹;伪造是伪造一种量器,形状和烙印符号完全和法定机关检验过的相同,而容量加大。

④ 踢斗是将粮食倾入斗内时趁势以脚踢之,使粮食紧压;拍斗即摇斗,粮食倾满时趁势以手拍之,使粮食紧压;窜斗是连粮食带箕趁势窜入斗内,使粮食紧压;浮荡又称尖斗,粮食倾满时以概快速平之,口面之粮高于斗边。

⑤ 佚名:《所望于粮政会议者》,《大公报》1942年6月2日。

斗出，就是验收时验收人员普遍以大斗浮收粮户粮食，大斗进一般每市石可多收稻谷一斗左右，小斗出就是征收办事处收纳的粮食在转发其他机关或县仓时，将大斗收进的粮食以小斗交接，小斗出每市石实际只出稻谷八斗左右，以贪污其间的差额。其斗从外形上看和一般斗没有区别，收进的斗故意弄坏一点使容积扩大，出仓的斗补上补丁使容积变小。按规定，收粮时应以平口硬刮为标准，把斗装满后必须用刮板刮平。然他们所用刮板是弧形的，收进时凹面向下，发出时凸面向下。装斗也有毛病，收进的粮将斗摇一摇，踢两脚，出仓的粮轻轻装入。比较恶劣的是在收大股粮时，一人装斗一人抱斗入仓，装斗的人用力摔下，抱斗的人不等粮户看清楚就倒进仓去，此做法称为"抱斗"①。老百姓称斗手是魔术家，验收粮食要多就多要少就少。所谓大八搭二，又称八搭二，就是征收办事处收纳的粮食在转发其他机关或县仓时，八斗为谷，其余两斗则为稗杂（很多就是验收时强行风出的粮户粮食或谷糠等杂物）。如一石掺杂二升，则称"小八搭二"。粮户缴纳给国家的大量优质粮食，转手时往往已经变质。四川云阳县南溪乡粮食征收员华巨卿、赖启学曾因利用大斗浮收、盗卖公谷等罪，分别被判处死刑和有期徒刑十二年②。甘肃酒泉清水镇田赋征收处主任崔炽昌也因浮收赋粮90余市石，被判处死刑③。类似的验收舞弊太多，像华巨卿、赖启学、崔炽昌三人被处罚的情况为数太少，起不到杀一儆百的作用，大斗浮收的现象依然很严重。某仓库共收粮谷400市石，出交时却变成495市石④，浮收多达将近1/5。

---

① 潘锡元：《从甘肃实例看反动统治时期的田粮制度》，中国人民政治协商会议甘肃省委员会文史资料研究委员会编：《甘肃文史资料选辑》（第三辑），1963年，第160－161页。
② 《最近经济杂讯》，《经济汇报》第5卷第5期，1942年。
③ 《浮收赋粮，甘一征收处主任枪决》，《新华日报》1943年5月12日。
④ 《粮食管理人员剥削农民血汗》，《新华日报》1945年7月9日。

用衡器验收,一秤所过重量远远超出一斗的重量,征收效率大为提高,可以避免粮户纳粮拥挤的现象,尤其对征额较多之县效果更显著,弊端较量器少,然仍不能避免。按规定,用秤应以拉平放空为合法,凡以特殊技巧致生误差者,应予严惩。通常秤手改变重量的方法有五种,即易锤、移纽、加皮、去尾、塞纽①。过秤时,秤手通过打高、打低、拉平、贴身等花样使粮食重量发生改变。最常见的手法是带秤加皮(亦称压秤),即在过秤时以手拉住秤锤,向下用力一拉或向上用力一提,等秤尾徐徐上升刚成水平便带住秤锤。验收人员把多收的粮食用来孝敬省县长官及各处人员的伙食补助、办公开支以及中高级职员的私分。有些粮户为了不受验粮压秤短秤的难关,托人在分处以粮食市价把应交的粮食合成现金交给分处,换出串票(缴粮收据联,即粮户缴粮凭证)②,而验收人员却可以用多收或风车风出的粮食弥补出卖串票短缺的粮食。粮户的做法虽系无可奈何之举,然此种做法无疑助长验收人员的舞弊之风。江西各县验收稻谷甚有私用18两老秤,并使用拉锤、呆杆等手法,浮收粮户稻谷。

验收工具的不同也导致粮户负担的差异。验收工具除去征收人员人为的舞弊之外,两种不同的验收工具本身对粮户的影响亦各不相同。同一粮食即使按照国家规定的标准验收,用衡用量结果可能差别较大。如粮食品质优,重量即重,用衡器比较公平,用量器吃亏,导致同一粮户用量器要多交粮食,用衡器即对粮户有利。反之,如粮

---

① 易锤是把衡器的锤杆互易;移纽是把秤纽向秤头或秤尾方向移动一点;加皮是在秤的力点或重点下面附以金属或泥土;去尾是截去秤尾或拔去尾部铁钉;塞纽是在秤纽下面塞以木屑或铁丝,使秤纽转动不灵或使秤纽偏向秤头或秤尾。
② 张友辅:《我所知道的凤翔田赋征收情况》,中国人民政治协商会议陕西省凤翔县委员会文史资料征集研究委员会编:《凤翔文史资料选辑》(第一辑),1984年,第120页。

食品质差,所占空隙较大,会导致与上述截然相反的结局。易言之,对同一地区的不同粮户,如用量器验收,对粮食品质差者有利(轻则粮食少,重则粮食多),对品质优者不利。若用衡器验收,则对质优者有利,对质劣者不利。1941年下半年,绥西秋禾丰收,为近20年所未有,论重量则八市斗即相当于往日一市石[1],是年绥远系用量器验收,绥西粮户显然较绥远其他地区粮户吃亏。湖南澧县等五县盛产须谷,须谷每粒有须二三寸,验收时所占容积较大,用量器验收的结果,导致此五县负担较轻,而其他县负担较重。按国民政府初衷,征收粮食当以品质优者为佳,无奈用量的结果无疑在一定程度上暗示粮户向国家缴纳品质较差的粮食。

　　量衡器之间折合率的不同亦导致粮户负担的不均。为使全国统一,量衡器之间折合率,财政部粮食部规定每市石粮食折合衡数,稻谷为108市斤,小麦140市斤,苞谷135市斤,碛米150市斤。各省大都根据规定标准执行,唯部分省仍与规定出入较大。如湖北规定稻谷1市石=110市斤,小麦1市石=142市斤;河南规定的标准更高,稻谷1市石=130市斤,小麦1市石=160市斤;陕西小麦1市石=145市斤[2]。其中河南稻谷一项,比他省高出22市斤,小麦高出20市斤,与他省相较,河南农民负担无形加重。同时每一种量器之间折合率亦不相同,政府规定每市斗大约重10市斤8两,各地因民间习惯多用老秤、老斗,且标准又不尽相同。江西每市斗重10市斤零13两,广西重10市斤零12两8钱,陕西小麦每市斗重14市斤8两,稻谷10市斤10两,苞谷13市斤8两,粟谷14市斤,湖北稻谷每市石重110市斤合老秤95斤,小麦每市石重142市斤合老秤122斤8

---

①《各省市粮情近况》,《粮政月刊》第1卷第1期,1943年。
②陈友三、陈思德编著:《田赋征实制度》,正中书局1945年版,第37—39页。

两,苞谷每市石重 145 市斤合老秤 125 斤[①],粮食征收时换算麻烦负担又不均。尽管国民政府多次要求衡量器折合比率必须统一规定,以后各省拨交军粮公粮亦得按照此项规定办理,无奈各省并未照此办理。

第三,从财政部粮食部对衡量器的使用规定变迁观之,先是主张采用量器,后又倾向于量器衡器两者并用。统计公布全国征收成绩、要求各省上报的数字及财政部粮食部两部领导人发表的各种演讲中又一致使用量器,似乎政府的主观愿望仍是希望各省以量器验收实物。既然欲选择量器,就应全国一律使用斗验收粮食,从粮户手中收粮用斗,配拨军公民粮也应用斗。可是在此过程中又准许各省用衡向粮户收粮,其用衡收来之粮却要用量向国家上报和拨交,衡量之间换算繁复。粮户缴粮时,要先按斗折算斤数赴经收处缴纳,经收处用衡验收后又须折算成量数,方能完成任务。1941 年,江西在田赋征实之初,各县粮户缴纳踊跃,经收人员就因衡量器之间换算烦琐致应接不暇,出现粮户纳粮非常拥挤的现象,不仅减低验收效率,且易滋流弊[②]。

验收工具的不一(江西省政府甚至主张改用量器,废止使用衡器),不仅给粮户、验收机关带来不便,且给之后仓储、运输、配拨带来了诸多困难,在军粮拨交中矛盾最突出。1941 年全国粮政会议规定,以斗收斗付为原则,但军粮机关接收粮食用衡,以大包、市斤为计算单位,计重拨交,士兵伙食供给标准亦是以每人每天多少市两计算。而粮食部却用量,上项原则无法执行,因双方计量单位不同,影响军粮配拨数量与效率,冲突时常发生。甚有某县政府因粮食部拨

①秦孝仪主编:《革命文献》第 114 辑:《田赋征实》(一),(台北)"中央"文物供应社 1988 年版,第 368 页。
②文群:《江西省田赋改征实物之经过》,《经济汇报》第 6 卷第 1、2 期合刊,1942 年。

军米单位为大包,县政府恐怕以斗、石折大包发生亏短损耗,不愿负责,致发生拒拨或迟拨军粮现象①。据贵州粮政负责人言,此实为全国粮政上共同问题②。1942年,在粮食部召开的全国粮政会议上,各省粮政局长纷纷提出此问题,因军粮机关执意以衡器接收粮食,最后粮食部做出让步,仍用衡器交接,但军粮总局亦同意在接交时抽出一部分粮食过斗,并在领单上注明折合石数,以做矫正③。此种结局显然不能为各省粮政局接受,之后双方依然矛盾重重,矛盾的焦点之一仍是衡量器问题。

在衡量器的选择上,财政部粮食部陷入了进退维谷的地步。要求一律使用量器,因量器弊端较多,各地斗大小颇不一致,验收效率又低,势不被各省认同,即使各省做出让步,军粮机关又用衡器接收,全国亦很难达到一致标准。强制用衡既可提高验收速度、减少经费与人员(一秤所称重量较多,且可设置秤架,一人即可操纵,减少人工),又与军粮机关步调一致,也可使全国验收工具统一化。然衡器制造费用较高,战时财政紧张,国家无力拿出更多资金添置衡器,衡器又易损坏,粮票验收联上所载粮户应纳粮额为量器数,验收时必须折算成衡器数,增加经收人员负担,又与民间习惯相左,阻碍难行。所以,尽管社会一般人士大多呼吁政府应废量改衡,但1944年国民政府仍明令规定验收以衡器量器两者为标准,其实即是此困境下的必然产物。从当时社会实际环境出发,国民政府应该采用量器,虽在军粮交接中有困难,但在征收实物中可免于换算,既减少粮户负担,又可减少经收人员利用换算之机趁机侵渔的机会,至少对粮户是有利的。否则,大量舞弊的存在只会损害粮户纳粮的积极性,不利于税

---

① 先纪斌:《两个月军粮经理纪》,《陆军经理杂志》第1卷第6期,1941年。
② 何玉书:《三年余来贵州粮政概述》,《粮政季刊》第1期,1945年。
③《全国粮政会议第六次大会决议各案》,《中国农民》第1卷第4期,1941年。

源的培养。一旦税源丧失,再探讨用衡用量问题,岂不多余![1]　对此,甘肃省早有认识,其田赋处长陈国梁认为:"田赋征实,最足病民者,厥为量器之不一致,以及经手斗民之浮收,如尖升高斗等情事,随处皆有。"[2]

　　第四,验收人员的严重缺乏以及衡量器的不足与未及时校正,亦给验收带来诸多不便与问题。按照规定,验收实物应发给号牌,依序验收;完粮如不拥挤者,并应随到随验,随验随收,验收完毕,随擎证据,不得故意延缓。但因验收人员不足,随到随验随验随收普遍难以做到。1941年,各省县以下经收分处均感人员不够。江西各县以下验收所,每所辖境均在百里以上,仅设职员2员,库丁公役各1人,负责经收填据、征购等事,旺征时期,粮户踊跃,门庭若市,拥挤不堪,而验收人手过少,粮户甚有携粮等候数日或来往两三次不能缴粮者。广西每一经收分处附设粮仓一座,仅设主任兼粮食保管员1人,办事员公役各1人。其他各省情形大抵与此相似或更差,因此各地普遍发生粮户纳粮拥挤、经收人员不及验收、坐令粮户鹄守数日始能完纳之现象。以后各年各省大多采用旺征时期临时加雇人员的办法解决验收紧张的局面,然因经费限制,收效甚微,且司秤、司斗等雇用人员因系临时性质,一到淡征时期即行解聘,更加重了验收舞弊的程度。

　　按规定,衡量器具由上级机关发交各验收处使用,每一验收单位,衡量器限用一种,但应将其他一种制备一套,以便相互校正。每一验收单位用衡器为主要验收工具者应制秤两具,用量器为主要验

---

[1] 时人建议,为防止弊端及确实起见,似可除采用斗量为主外,兼采辅以秤衡办法。马骋:《四川田赋征实与粮食征购(借)问题》,《四川经济季刊》第1卷第2期,1944年。此建议用意虽善,然限于战时财政困难与人员紧张,难以办到。
[2] 陈国梁:《甘肃省田赋改征实物之经过》,《经济汇报》第6卷第1、2期合刊,1942年。

收工具者应制备升斗各两套（每套包括五斗或三斗、一斗、五升、五合、一合各一具），校验准确，加盖火印，以杜流弊。1944 年，将量器数量减少，只制备三斗或五斗、一斗、一升、一合之量器各一具。每县田赋管理机关应制备砝码或量器检定器，以为检校验收工具之用，新衡量器使用前应经度量衡机关检定，加盖法定烙印。每年田赋开征前，应将原用衡量器复送度量衡机关校验准确，并应在旺征期内每半月检定一次，淡征期内每月或每两月检定一次，未设度量衡检定机关之县应由县政府及县田赋管理机关派员会同办理度量衡检定烙印及校正事宜。衡量器具应置于干燥处所，以免潮湿伸缩致失准确。衡量器除公差外，如发生误差，应立即停止使用，送请检验修理，不能修理者应即缴销，重新制备，并依法烙印后使用。发现误差之工具，如不依法校准，致使粮户负担加重或田赋收入减少，责由管理人员负责赔偿。擅自变更衡量器具者，依惩治贪污条例处分[1]。制度的规定与执行是两回事，规定往往尽善尽美，执行却大打折扣。

　　其一，各县开征后，省粮政局应发的验收工具没能及时发到各验收处，各县只有使用原有的验收工具（每年新制衡量器不多甚或不新制，如四川 1943、1944 年就未制备量器，类似情形各省均有），导致验收效率低下，舞弊增多。如贵州是由省粮政局制定量器二套，发各县市政府照式制备，在未制备之前，以各县市通用斗升折合市量使用。后标准量器虽发到各验收处，但每仓库所用量器只有二套，且系一斗或五合量器，缺乏三斗五斗大容量量器，如遇纳粮踊跃数量过多时，迟延之事经常发生[2]。类似情形在湖北等省也不同程度地存在。

①《财政部田赋征收实物验收暂行通则》《田赋征收实物验收规则》，广东田赋粮食管理处编：《田赋粮食法令汇编》（上册），新广州印刷文具行 1946 年版，第 4—5 页。
②周治春：《贵州省田赋改征实物之经过》，《经济汇报》第 6 卷第 1、2 期合刊，1942 年。

1942—1945 年,情形有所改变,上级机关多已将标准衡量器发到各验收处,但往往不能按规定配备齐全,特别是用量验收各地,此种情形比较普遍。因衡量器极不一致,新旧折合纠纷迭起。粮食部为解决上述弊端,1941 年度委托全国度量衡局制造新斗秤各 200 具,但仅分发四川各县使用。1942 年度拨款 38.55 万元委托全国度量衡局制造铜质量器十余套、铁斗及木质量器各数百套、杆秤数百支,每省各发铜质量器一套及铁斗若干套,以为检校标准,其余木质量器及杆秤均发给四川各县应用,其他各省所需木质量器及杆秤则由各省粮政局视需要情形与各该地度量衡检定所洽商就地制发应用①。限于经费制约,各省大多无力制备足够的衡量器具,粮户缴粮困难及征收舞弊较多,除了人员不敷外,验收工具不足也是一个原因。

其二,要求旺征期内每半月检定一次,淡征期内每月或每两月检定一次,更是不大可能。田赋征实普及农村,验收工具估计有 10 余万具,每具在旺征期内一月检定两次,淡征期内一月或两月检定一次,一个年度当中估计有 100 余万具要加检验。在人力方面,没有众多熟练的检验员是无法办到的。在财力方面,如送请法定机关检定,按全国 2/3 地区用量、1/3 地区用衡计算,每年最少需检定费 150 万元以上②。1944 年度,粮食费预算内购置和检验衡量器具费仅列了 600 万元③,上述 150 万元检定费是 1943 年的估计数,1944 年物价较 1943 年上涨颇多,即中央并未给各省充分配备购置及检验衡量器的经费。为降低检定费,各省唯有减少衡量器的检定次数,如湖南规定量器每隔三个月复检一次④,四川规定全年以检定四次为原则,旺征

① 中国第二历史档案馆档案:八三(2)62:《粮食部 1941—1948 年工作报告》。
② 周世彦:《田赋征实验收工具之比较研究》,《财政评论》第 10 卷第 6 期,1943 年。
③ 中国第二历史档案馆档案:八三 81:《粮食部 1944 年度加强建仓储运及防备旱灾实施计划稿与有关文书》。
④ 湖南省税务局编印:《湖南省战时田赋征收实物法令续编》,1942 年,第 184 页。

期间,轮番送校一次①,其他各省与之相当甚或更久,检定费是降下来了,但却便于验收人员在验收工具上大做手脚。

改善验收制度,治标之法必须从规范和充分制备验收工具、多设验收处入手,征收处人员应在同一地点办公,必要时人随仓移,以便粮户缴纳。治本之法必须慎选人员,提高验收人员的素质,如此验收存在的诸多弊端方可幸免。抗战时期,国民政府一直力求改善验收过程中的问题及弊端,然收效不大。

第四节　储运制度

粮食征收之后,最艰巨的任务是储和运两项业务,如储运跟不上,上一阶段的工作将化为乌有(河南省田赋处处长卢郁文甚至认为觅建仓库存储粮食是田赋征实后所应解决之首要问题,第二个问题是改善运输)。储运制度包括仓储、运输两项子制度。

一、仓储制度

仓储制度为解决粮食问题之调节器。田赋征收大约集中在粮食收获后两三个月内,但配拨却是逐次进行,即粮食要在粮仓内保存一段时间。要保证仓储粮食的质和量,必须具备高质量的仓库与足够的仓容。储存粮食的仓库分收纳、集中、聚点仓库三个层级体系,等级越高,储粮越多。收纳仓库设在各乡镇征收处所在地,仓库数量多且较分散,收储粮户缴纳之赋粮,故名收纳仓库;集中仓库设在各县水路交通便利地点,收纳仓库征收的粮食皆向此类仓库集中,故名集中仓库;聚点仓库设在重要转运据点、军粮交接地点或重要消费地

---

① 马骋:《三十三年四川之田赋征实与征借》,《四川经济季刊》第 2 卷第 2 期,1945 年。

点,性质和集中仓库相同,但粮食出入量较集中仓库大,业务亦较重要,主要是将各地集中仓库之粮再行集中,故名聚点仓库。集中和聚点仓库皆系集中各乡镇收纳仓库所征之粮再行分配调度,故统称为再度集中仓库。

(一)建仓机构变迁与建修仓库

1.田赋征实之前仓库状态

我国仓储制度历史悠久,春秋战国时常平仓制开其端,其作用为丰年购粮,歉年价散,以平粮价,故名常平仓,两汉因之。隋时创设义仓制,丰年建仓存粮,饥年将仓存粮食用于放赈防荒。宋时,另创社仓制度。一直延续至清,清末各种仓储制度均以年久积弊重重而颓废不堪。民国以来,旧有仓制完全废弃,旧有仓廒大多倾圮,积谷荡然无存。国民党统治时期,先后颁布《义仓管理规则》《各地方仓储管理规则》《农仓业法》《非常时期简易农仓暂行办法》等法规,令各省加强仓政,然几无成果。

实际上,迄田赋征实前夕,各省仓储制度基本上处于瘫痪状态。据全国粮食管理局统计,全国仓库截至 1941 年 5 月底,四川、西康、湖南、湖北、广西、贵州、陕西七省共计 44 总仓、32 分仓、313 座仓房,可容纳粮食 358 万余市石。按照"现有仓库数量以观,无论在分布情形与容纳数量,均与田赋征收实物所需要之数额,相差太甚。"[1]据各省田赋管理处报告,县田赋经征机关于 1941 年度内成立者,全国总计有 1000 处以上,经征分处约在 7500 分处以上。为配合经征机构起见,经收机构亦应设置总仓库 1000 处,分仓库 7500 余处。另据财政部估计,1941 年田赋征实征购总数约为 5700 余万市石,与之相对应,粮食部设置的仓库容量亦应达到 5700 余万市石才能满足需要[2]。

①宋同福:《田赋征实概论》,中央银行经济研究处 1942 年版,第 167 页。
②宋同福:《田赋征实概论》,中央银行经济研究处 1942 年版,第 163—167 页。

而实际上,全国仓库容量远不敷田赋征实之用,各省已有容量与需要容量相差在十几倍甚至二十倍以上,数量相差甚多,质量更是无法满足需要。截至田赋征实前,除少数仓房,如农本局或其他金融机关所建仓库系新式仓库外,其余全为旧有公私房屋改造或临时搭建之简易仓房,不合新式仓库标准。

因田赋征实前,全国所有仓库容量、数量均与田赋征实所需相差较远,故要顺利实施征实,完善仓储制度实乃国民政府面临的一大难题。

2.建修仓库机构变迁

粮食部主管修建仓库的最早机构是全国粮食管理局时期设置的修建四川仓库工程管理处,1941年5月设于四川,隶属全国粮食管理局,专负修建四川仓库工程之责。7月粮食部成立后改隶粮食部,但仍限于修建四川一省仓库。田赋征实后,征集粮食数额巨大,所需仓库容量为数甚巨,相度地势、设计图样、发包施工、验收考核等工作颇为繁重,原有建仓机构范围狭小,不能适应全国建仓业务之需,为统一规划各省建修仓库工程,加强督导起见,1942年3月,粮食部将修建四川仓库工程管理处改组为仓库工程管理处,成为全国性的建仓机构。各省修建仓库工程概由粮食部统筹规划,责成仓库工程管理处遵照办理。除四川由仓库工程管理处直接办理外,其余各省由各该省粮政局主持,或由粮政局临时设置工务室办理,并由仓库工程管理处选派高级工程人员前往督导。后因各省修仓大多以旧有庙宇祠堂房屋培修,因陋就简,难以适合集储配运需要,加之建仓工程由各省粮政局兼办,主管官员经常调动,工务室未臻健全,权责不专,甚或视建仓为职权范围以外的事权,坐失时机,更受物价波动影响,经常难以如期完成建仓任务,如湖北、安徽、河南、浙江、福建等省,1942年大都未能按期完成任务。

有鉴于此,1943年6月,粮食部将陕西、贵州、广东、广西四省建仓工程收归自办,分别于各该省临时设置陕、黔、粤、桂四省建仓工处(设置建仓工程处的省一般是建仓较多之省,任务完成后即行裁撤),主办各该省建仓工程,河南由仓库工程处所设陕西建仓工程处兼办。其他各省仍由各该省粮政局临时设置工务室办理,由仓库工程管理处分派工程司前往督导①。

3. 历年建修仓库概况

建立合理仓库,实为保存粮食的主要条件,因为粮食在储藏期中,发霉生虫,损耗质量,大都由于仓库建筑不良所致。仓库工程分为两类:一类是新建,系就水路交通便利地点,全部新建,其建筑设备较为良好。一类为改修,系就祠堂庙宇等公共建筑加以培修,使合于储粮之用。田赋征实后急需大量仓容,粮仓建设需款极巨,建设工料筹办不易,国家财力有限,只能分年举办,逐步扩充,并以培修临时仓库为主,建筑合理新仓为辅,以期勉应需要(如全部新建,财力无法负担,且缓不济急,故不得不利用各地原有公共建筑培修利用)。

历年各类仓库建修原则如下:收纳仓库尽量利用旧有公仓或租赁民仓应用,不足再利用公屋祠宇加以改修成仓,以不新建为原则,以免多耗国帑。集中仓库亦可以利用旧有公仓或公屋祠宇改修为原则,确实无旧仓或公屋,可在将来不征粮后亦属需仓之地点,视经费情形酌建新仓。聚点仓库原则上以新建仓库为宜,俾在征粮时期即逐渐奠立粮食运销仓库网之基础;仅为征粮时期配拨便利之地点,则不宜新建仓库,而以租仓或修仓为是②。

历年修建仓库标准分为三期:1941年为第一期,新建仓库包括散堆仓、包堆仓两种,均系委托建筑师办理,设计较为简单,成绩难如理想。修仓部分因当时需要急迫,各县缺乏技术人员,仓促推动,设

---

① 中国第二历史档案馆档案:八三 81:《粮食部 1944 年度加强建仓储运及防备旱灾实施计划稿与有关文书》。
② 胡昌龄:《粮仓管理概论》,《粮政季刊》第 4 期,1947 年。

备不免简陋,标准参差不齐。1942－1944 年为第二期,建仓仍分散堆仓、包堆仓两种,完全由仓库工程管理处重行审慎设计,直接招包监造,标准较前提高,各省修建仓工,非由仓库工程管理处直接办理者,则由该处详绘标准图多种,编印工程手册,制令各项应用章则,分发各省县参考,借资准绳。1945 年为第三期,建仓以包堆仓为主,就历年经验所得,质量并重,经济与实用兼顾,借以防免鼠雀湿热各项损耗。

1941 年 9 月,粮食部颁布《粮食部合理仓库修建暂行办法草案》,对建仓种类、仓址、工程设计、招工、经费、监工、验收等均有详细规定。是年因仓促征实,所需仓容巨大,各省原有储粮仓库总容量仅1001 万余市石[①],与征实所需仓容相差颇多。粮食部因成立不久,仓促准备,全部筹建困难重重,事实上不可能按《粮食部合理仓库修建暂行办法草案》规定办理。为配合急需,粮食部饬令四川赓续前全国粮食管理局增筹军粮民食仓库的计划,由国库拨款 2554 万余元督饬修建四川仓库工程管理处加速完成四川建仓任务。其他各省由粮食部分电各省粮政局尽先拨用公仓、农仓、租用银行及机关团体仓房,或就公共祠庙屋宇改修简易仓库,或租用私仓为主,并得利用粮食店之仓房,必要时并得由经收机关拨款修改公私房屋,作为临时仓房,而以新建合理仓库为辅(多在粮食集运地点),并拨修建费 1812 万余元督饬各省兴工修葺。

1941 年,十七省共新建仓库 143.7968 万市石,改修 1398.7791 万市石,总共建修 1542.5759 万市石,共用建修费 4380.9927 万元[②]。另据农产促进委员会调查统计,1941 年粮食部新建仓库 122 万市石,新修

---

① 全国粮食管理局统计 358.579 万市石仅包括七省,粮食部统计的 1001.0077 万市石是根据十二省报告。中国第二历史档案馆档案:八三(2)62:《粮食部 1941－1948 年工作报告》。

② 中国第二历史档案馆档案:八三 104:《粮食部 1941 年度七至十二月份政绩比较表及有关文书》。

543 万市石,共建修 665 万市石①,仅占田赋征实配额的 1/5 多。农产促进委员会所列 665 万市石与徐堪呈蒋介石电文中所列 1542 万市石相差较大,个人认为,田赋征实第一年,粮食部似乎无力大量修建仓库,徐报给蒋之数字,很可能是为了邀功而有意夸大。如表 3-2 统计,该年度各省粮食收储以利用旧有仓库、公共处所居多,旧有仓库占 51.8%,祠堂庙宇等占 27%,兴建新仓库收储居少,仅占 21.2%。也就是说,新建仓库仅占 1/5 多,4/5 是靠旧有仓库或公共处所,仅西康新建仓库较多,占一半以上,其次为江西与浙江,约占 1/3,其余各省很少。其中四川新建仓库占 6.3%,湖南最少,仅 5.4%,云南利用旧仓达 80%,广东利用公共处所达 69.9%。1941 年,仓库不敷分配为普遍现象,仓库不敷应用时,各省采取的补救办法以租借私人仓库及民房为最普遍,其次为借用其他公共处所,或另建新仓。为补救仓库数量容量不足、人民输纳困难、实物收储困难起见,广东采取了一个折中办法,规定距离粮库基地超过 10 华里以外之乡镇,由乡镇长代办经收,征粮实物由乡镇长觅地囤积保管。此种权宜办法,有种种不便利地方,其中最显明的是征存实物不能久储,因仓库简陋,征存实物易于变坏,同时乡镇长代收实物,不愿负长久保管之责,要求将征存粮食早日清拨②。此外,广东还有利用米店代为储存者,甘肃因地理环境关系,利用民间窑洞储存实物,亦有由田赋处及县府财政科负保管之责者③。

---

① 乔启明、蒋杰主编:《各省田赋征收实物调查》,农产促进委员会 1942 年,第 17-18 页。
② 胡铭藻:《田赋改征实物后广东省粮食储运及征购情形》,秦孝仪主编:《革命文献》第 116 辑:《田赋征实》(三),(台北)"中央"文物供应社 1989 年版,第 320-321 页。
③ 秦孝仪主编:《革命文献》第 113 辑:《粮政方面》(四),(台北)"中央"文物供应社 1987 年版,第 446 页。

1941年因新建仓库较少,各县尽量租用修葺公仓、民仓及祠堂庙宇等建筑物,致发生种种困难与流弊,主要有:

(1)公仓:各县原有仓廒,为数不多,容量极为有限,往往不及所需仓储量之什一;

(2)民仓:为数虽较多,但大抵容量甚小,且散置各乡镇保甲,保管储运,至感不便,去年经收机关曾租用借用是项民仓者,为数极多;

(3)祠堂庙宇:被经收机关利用者,亦复不少,但多数因限于时间或经费,事前未经修理整顿,致藏谷为鼠蚀狗偷雀食漏雨霉烂者甚多,损耗极大,此外并常因设备保管不周,而有其他舞弊情形发生;

(4)去年各县经收机关,常因无适当储藏设备而自制围包,露天收谷,此原为临时济急之用,但在搬运或改藏他处期间,因雨霉烂及其他损耗者为数极巨,去年川省江北县即有是项情形,颇引起一般人民之不满与对政府之反感;

(5)去年各县常有因借用民仓及谋迅速扫解计,采分保集中办法,致一县征购所得之粮食,散置二三百处之多,因此对于实物之保管,监督及再集中之办理,谷物加工之进行,增加无穷麻烦,流弊自亦加多;

(6)经征人员与经收人员按规定应在一处办公,但去年各地,间因牵就仓库地点,而分开工作,予粮户不少麻烦。[1]

因仓库容量与田赋征实征额相差过大,常有拒绝接收粮户所

---

[1]陈公干:《论本年度经收实物应注意之诸问题》,《财政评论》第8卷第5期,1942年。

缴赋粮或延缓接受情事,致人民往返伫候,甚为不便[1],严重影响田赋征收[2]。在第一次全国田赋征实业务检讨会议上,孔祥熙亦指出仓库准备与使用欠周密计划,影响田赋征实工作效率甚大。此与各省田赋处业务报告对征实部分的认识相同:"各省仓库,除江苏征起实物分存大户,及青海勉足敷用外,余均不敷应用,甚至有因仓库缺乏而停征者。"[3]如湖南、安徽、江西等省因仓库容量不足,有多停征现象。实际上,1941 年因仓库粮满而发生停征,或因设备过简而发生霉损的情形是不少的,各省纷纷请求增加仓库容量。

表 3-2　1941 年度各省存储实物所用仓库百分比表[4](%)

省别＼仓库类型	新建仓库	旧有仓库	公共处所 (如祠堂庙宇等)
四川	6.3	59.8	33.9
西康	53.3	46.7	……
江西	38.9	50.0	11.1
浙江	33.3	5.3	61.4
湖北	……	10.0	……

①张华宁:《粮食仓库之重要及全国所需容量》,《中农月刊》第 3 卷第 8 期,1942 年。

②广东省粮政局原定按乡普遍设置乡镇粮库,唯因经费所限,未克实现,计先后设置者,只得 802 所,仅容实物 30 万市石,至距离仓库较远地方,责由乡镇长代办经收,但待遇过薄,损耗率规定过苛,无人愿负此责,以致业户投纳实物,每有远道挑运,旺收之际,有迟候二三日始得投纳者,已足影响征实。若依粮食部核准只设仓 385 所,容量仅 175 000 市石,则更难应付,亟需增修。张导民:《广东省田赋改征实物之经过》,《经济汇报》第 6 卷第 1、2 期合刊,1942 年。

③关吉玉、刘国明编纂:《田赋会要》第五篇《国民政府田赋实况》(下),正中书局1944 年版,第 242 页。

④乔启明、蒋杰主编:《各省田赋征收实物调查》,农产促进委员会 1942 年,第 17—18 页。

省别 ＼ 仓库类型	新建仓库	旧有仓库	公共处所（如祠堂庙宇等）
湖南	5.4	54.6	40.0
云南	20.0	80.0	……
广西	13.9	66.7	19.4
广东	14.1	16.0	69.9
甘肃	25.0	54.5	20.5
河南	16.1	51.6	32.3
陕西	18.2	45.5	36.3
贵州	31.0	43.1	25.9
平均	21.2	51.8	27.0

1942年,聚点、集中仓库仍归粮食机关负责办理,收纳仓库则改归田赋机关主管(1941年收纳、聚点、集中仓库全归粮食部办理)。同为仓库却分属粮食田赋两个机构修建,无疑不利仓库的有效利用。为防止分歧,国民政府规定建修仓库的原则是:田赋机关接管1941年收纳仓库,租用民仓或借用银行仓库;修葺祠堂庙宇及其他公共建筑充作仓库,或酌采殷实大户代理收粮办法;气候干燥、雨量较少地区酌采露天仓库,以减少建仓费用;由财政部会同粮食部拟具粮食借拨办法,便利粮食田赋机关得尽量利用对方所设仓库;酌建新仓以连同上述仓库合计能达征购总额五成为度。

在第一次全国田赋征实业务检讨会议和全国粮政会议上,财粮两部根据与各省主管田赋粮政代表商议结果,将各种仓库设置原则定为:

(1)收纳仓库由田赋机关处筹设,每县以不超过十处为原则；集中仓库由粮食机关筹设，每县以不超过五处为原则。

（2）转运地点仓库应备容量，应根据逐月输入输出数字，算出某月中最高屯储量，即为应配置容量；重要消费地点及军粮交接地点，仓库容量可以两个月拨用量为标准，当地如有军粮仓库可资利用者，可酌量少建；建仓地点应以不受战事影响及能为战后利用者为限。

（3）收纳、集中仓库应尽量设法配置于可以联合使用地点，以期减少容量；聚点仓库与同在一地之军粮仓库应相互联系，尽量利用。

（4）各县收纳、集中仓库容量及其百分比率由各该省粮政局会同省田赋处，按该省征实征购总数以及收运拨交情形妥为规定，以能应付裕如不发生仓容不足、拒收或延缓收纳为标准。①

按上项规定，收纳仓库理应全部移归田赋机关，因粮食部所需聚点、集中仓库较多，无法于短时间内增设，即将收纳仓库中适合改作聚点仓库者一律改设，其余则移归田赋机关使用。

财政部规定各县应按征购粮食多寡筹设足敷容纳当地粮额五成之粮仓，免因仓容不敷迟延收纳。五成仓库容量以四成利用原有公仓民仓银行仓栈及庙宇祠堂，一成新建为原则。新建仓库分临时、永久两种，建筑材料以坚硬耐久者为限，但临时仓库得用竹木等材料及其制成品②。事实上，1942年，收纳仓库仍以利用公仓、民仓、银行仓库、公共祠堂庙宇、露天仓库为主，占总额46.1％，新修仅占5％，粮

① 粮食部编印：《第一次全国田赋征实业务检讨会议记录及第一次全国粮政会议记录》。中国第二历史档案馆档案：八三（2）62：《粮食部1941—1948年工作报告》。
② 《财政部各省县（市）田赋管理处筹设粮仓办法》，财政部福建省田赋管理处编印：《福建省田赋征收实物征收征购法规辑要》（第一辑），1942年，第16—17页。

食部移交占 24.8%，租用占 24.1%①。

粮食部规定仓储准备以征实征购额五成为原则，其中修葺四成，新建一成。四川由仓库工程管理处直接主持，部分仍照上年办法委托各县政府主办，分派工程人员巡回督导。其他各省由粮政局附设工务室酌设工务人员推进，事先由仓库工程管理处订定各式标准仓库图样颁发各省，就当地材料情形参照设计，建修时并由仓库工程管理处分派高级工程人员前往督导监修。1942 年，建修费连同仓库用具设备费总共 10 275 万元，拟建修仓库 706 万市石。截至 1942 年底，建仓 43 万余市石，占预定总容量 23.23%，修仓 404 万余市石，占预定总容量 42.15%。最终新建 167.28 万市石，改修 706.5678 万市石，两共建修 873 万余市石②，超额完成任务。虽建修仓库容量不少，但仓库分属粮食田赋两机关管理的局面，势必影响仓库的有效利用，此状态一直延续到各省田赋粮食机构合并之后。

1941、1942 年两年共建修仓库 3858 万余市石，"仅及近征收征购粮食总额之半数，自属不敷应用。今后仍须继续建仓，并积极注意于新仓之建筑；盖因培修临时仓房不能经久使用，而此后各地祠堂庙宇等公共场所，以及民房之堪以利用者，亦不可多得也"③。不足之数，则尽量租用民仓或利用民房等临时应付。换言之，建修仓库任务依然艰巨。

1943 年，田赋粮食机关合并之省，仓库全部归省田粮处统一管理，未合并之省，仓库仍如上一阶段。由于前两年陆续建修仓库，仓库建设已有一定基础，所以 1943 年以修葺为主。按照粮食部 1943

---

①陈友三、陈思德编著：《田赋征实制度》，正中书局 1945 年版，第 47—48 页。

②《粮食部三十三年度加强建仓储运及防备旱灾实施计划》，（台北）"国史馆"档案："国民政府"001000006031A；《粮政》（十）。

③中国第二历史档案馆档案：八三 106；《粮食部 1943 年度政绩比较表》。

年度施政方针规定："仓库之建设为应目前需要兼顾战后应用计,当为较普遍而永久之规划,中央与地方分担责任,共同策进。凡在重要交通地点由中央负责筹建,使将来合于一般商业上之运用,在内地责成地方政府筹建,使合于地方积谷之用。每届年度开始之前规定各省修建仓库容量及经费预算,分饬赶办,争取时效,使进度加速,适时应用。"①1943、1944 年,新建仓库均以聚点仓库为主,集中仓库为辅。1943 年,粮食部拟增建聚点仓库 250.7 万市石,经费预算 1.4 亿余元,将 1942 年所定各式标准仓库图样由仓库工程管理处斟酌实地储粮经验酌加修改,增制土墙包仓、土墙廒仓两种设计图样。四川仍由仓库工程管理处直接办理,于各建仓地点设置监工组,陕西、贵州、广东、广西四省由仓库工程管理处在各该省省会临时设置建仓工程处负责进行,并每省派一人任建仓工程处总工程司。由各省粮政局自办仓库的云南、福建、湖北、江西、湖南、安徽、浙江七省,仍按上年办法由省粮政局临时设置工务室主持办理,并饬仓库工程管理处派工程人员督导。嗣因工料日涨,原定经费不敷,粮食部只有就需要不甚迫切之处酌减仓容,截至 1943 年底,实际核定新建 148 万余市石,改修 11 万余市石,两共建修 159 万余市石,只达原计划 64％。总共完成 112 万余市石,占实建容量 70％以上。各省收纳仓库除修建及接收者外,若仍不敷应用,每征收处可租用二仓,截至 9 月底,共租借仓容 807 万余市石②。

　　1944 年,建仓经费 1.34 亿元,拟增建聚点仓库 100 万市石,修葺原有仓库 200 万市石。各省建修仓库图样由仓库工程管理处照 1943 年度所订各式标准图样,再斟酌各地实地储粮经验酌加修改。除四川仍由仓库工程管理处直接办理外,另设第一、第二、第三建仓工程

①《粮食部三十三年度加强建仓储运及防备旱灾实施计划》,(台北)"国史馆"档案:"国民政府"001000006031A;《粮政》(十)。
②中国第二历史档案馆档案:八三 106;《粮食部 1943 年度政绩比较表》。

处,分别负责主持贵州、广东、湖南建仓事宜,江西、福建、浙江建仓工程仍照上年例由各该省田粮处临时设置工务室主持办理,并由仓库工程管理处分派正工程司前往督导。该年因筹划较早,各省大都能争取时间迅速施工,受物价上涨影响较小,总共建修仓容 106.218 万市石,不仅仓容超过原计划,且完成 94% 弱,较 1943 年度情形好。各省修葺原有仓库 276 万余市石,超额完成计划[①]。

　　1945 年,各省田粮机构全部合并(田赋征收业务划归粮政机关办理),所有田赋粮食机关仓库已趋统一管理,即收纳、集中、聚点三种仓库归各省田粮处统一管理,不仅减少了粮食交接次数,且更利于仓库的有效利用。粮食部拟定增建仓库 60 万市石,其中小部分容量增建聚点仓库,大部分增建县仓库,修葺原有仓库 1000 万市石,以各省现有仓库容量 30～50% 为标准,经费概算拟定 3.42 亿元。由粮食部仓库工程管理处负责办理各省建修仓库工程的设计、审核、支款、督造、验收等事宜,四川部分由仓库工程管理处主办,黔北建修仓库工程由仓库工程管理处在贵阳临时设置第一建仓工程处负责办理。此外,新建仓库事务较繁,各省仍准临时设置工务室或建仓工程处主持修建仓库事宜。凡各省自办仓库的,均由仓库工程管理处分派高级工程人员前往督导。后行政院核定建修仓库经费仅为 2.5 亿元,较原拟经费减少 9000 余万元,而此时工料价格较 1944 年 8 月间拟定计划概算时已上涨甚多,在不增加经费的情况下,粮食部只有就原定建修仓库容量分别减少,改为建仓 30 万市石(其中 1/5 容量利用公屋修建),仅为原计划的一半,修葺原有仓库 250 万市石,较原计划减少 750 万市石。是年建仓计划转移目标,以配合军事需要为主,选择战略基地交通线上之重要城镇为建修仓库目标,并一律配建于公路沿线,以便汽车运送,俾利行军给养,分配于川黔、川滇、黔滇、黔桂四线。各省建仓 8 月底全部完成,建仓容量

---

① 中国第二历史档案馆档案:八三 107:《粮食部 1944 年度政绩比较表》。

也超过原定计划 1.25 万市石(指修改后计划)①,较 1944 年度至年底止完成 94％弱,明显进步。客观地说,1945 年度建修仓库超额超期完成任务,与粮食部大量削减原定容量有很大关系。

战争环境之下,受财力限制,仓库设置缓慢②。据徐堪记录,各年度建仓容量如下:1941 年度新建仓库容量 143.7968 万市石,改修 1398.7791 万市石;1942 年度新建 167.28 万市石,改修 706.5678 万市石;1943 年度新建 140.261 万市石,改修 22.1367 万市石;1944 年度新建 61.15 万市石,改修 45.068 万市石。总计四年来支用经费共 440 559 927 元,新建仓库容量 512.4878 万市石,改修 2172.5516 万市石,两共建修仓库 2685.0394 万市石。其中,以江西 477 万余市石为最多,四川、湖南各 400 万余市石次之,广东、安徽各 240 万余市石又次之,其余各省均在 200 万市石以下③。另据粮食部秘书王元统计,至 1945 年底,五年间全国设仓地点共达 49 800 余处,共建新仓 589.0378 万市石,改修仓库 2174.7516 万市石④,总共建修 2763.7894 万市石。徐堪与王元统计相差不大,据此可得出结论:战时田赋征实期间,粮食部共建修仓库约在 2700 万市石。然较全国田赋征实数量,仍不能适应实际需要,且为应付战时急需,大多只求数量不求质量,新建仓库少(新建仓库多为聚点仓库),仅占 17.8％,大量仓库以略加修葺的民仓、祠堂庙宇为主(改修的为收纳和集中仓库)⑤,既不合式,亦不

---

①中国第二历史档案馆档案:八三 108:《粮食部 1945 年度政绩比较表》。

②抗战时期,影响建修仓库的因素很多,主要有:建仓机构不健全、经费不足与物价工料价格上涨的制约、建仓基地不易征购、部分包商不负责任、审计工作配合不力、建修仓库机构隶属不一、督导力量的薄弱等。

③徐堪:《抗战时期粮政纪要》,(台北)《四川文献月刊》第 11、12 期合刊,1963 年。

④汪元:《五年来粮食仓储设施与推进积谷概述》,《粮政季刊》第 4 期,1947 年。

⑤中国第二历史档案馆档案:八三 81:《粮食部 1944 年度加强建仓储运及防备旱灾实施计划稿与有关文书》。

经久。"在征粮之际,分发少数经费,责成地方政府临时培修应用者,更属有名无实,多数仓库不能合于理想。少数仓库因建筑位置不当无法使用者;有因建筑材料不合、偷工减料使用效果甚微者。"①数量达不到要求,质量更无法保证,粮食储藏期间变质问题严重,激起社会人士强烈不满,其中以收纳仓库问题最多。如四川,1941－1944年,114县共有收纳仓库662处,新建仅6处,大多以公共祠堂庙宇、公屋改修简易仓库或租用民仓为主(利用祠堂庙宇占一半以上)②,设备过于简陋,损耗不免增多,且加剧再度集中之困难。

为了缓解仓库不足之现状,1943年3月,粮食部督导专员张朋根据地方士绅提议,建议粮食部在适合于修建收纳、集中、聚点仓库之地点,利用当地富户仓库分散保管粮食,由国家付予保管、翻晒费用,既可减少国家自行建筑仓库之巨量支出,又可减少任用大批员役之保管费用,效用和自行建仓者相等,国库负担可大大减轻。粮食部因怕由富户代为保管,出现富户以劣粮调换好粮及以存粮作商业运用随后归还甚或无力归还等弊端,仅同意在合于规定地点租赁富户仓库,保管则由田赋粮食机关派员自行管理③。在减少国家经费与避免损失粮食间,粮食部选择了后者,虽避免了粮食中途流失,然仓库不足的现状依然如故。

同时,仓库系统太复杂也影响到仓库的有效利用。1944年3月9日,党政高级班第一期毕业学员、军政部军需署粮秣司司长吴嵩庆上呈蒋介石,认为现行仓库系统太复杂,请将全国仓库管理一元化。财政部之田赋机关、粮食部之粮政机关、军政部之粮秣机关、后勤部之兵站机关,各自有其仓库系统,其利在各机关能自行控制其粮食,

①陈敦常:《行宪后之粮食政策》,《粮政季刊》第8期,1948年。
②重庆市档案馆档案:352-3-52;《军粮交接办法》。
③中国第二历史档案馆档案:八三656;《各地修建仓库文件及有关文书》。

其弊则不胜枚举,最大者为:

(1)同在一地,有数个不同系统之仓库,在国家整个立场上,为组织之重复;

(2)粮食多一次转运,即多一次消耗;

(3)粮食多一次交接,即多一重流弊。①

吴嵩庆以为最合理的解决办法为应将全国仓库管理一元化(除前方兵站仓库外)在粮食部之下,每省设一储运局,管理全省粮食之仓储调剂,如此则组织单纯、管理集中,粮食之转运必因到处随地补给而减少,既可应战时之需要,更可树战后全国常平仓制度之规模,就全国整个立场言,实有百利而无一害。希望蒋介石令行政院召集有关机关商讨办法②。蒋对吴之意见非常重视,26 日批示:照此意见以手令抄送各机关请一个月内切实遵办具报勿误。4 月 20 日,徐堪呈蒋,认为此案实施时,一切技术问题颇为繁复,粮食部拟具办法意见,送请行政院张厉生秘书长召集有关机关开会,共同商讨③。

5 月 19 日,张厉生向蒋介石报告,邀集粮食部、财政部、军政部及后方勤务部开会商讨,关于田赋与粮政机关仓库之归并问题,均认为无困难。在田赋粮政合并省,所有仓库已由省田粮处统一管理,尚未合并的四川、云南、贵州、广东、广西、河南六省分别洽商合并,其在田赋粮政机关仍须暂缓合并之省拟即将县市田赋处各征收处之收纳仓

①吴嵩庆:《现行仓库系统复杂请将全国仓库管理一元化》,(台北)"国史馆"档案:"国民政府"001000002091A;《抗战财经及粮管改革意见》。
②吴嵩庆:《现行仓库系统复杂请将全国仓库管理一元化》,(台北)"国史馆"档案:"国民政府"001000002091A;《抗战财经及粮管改革意见》。
③徐堪:《奉饬将全国仓库一元化于一个月内具报案先行陈报鉴核》,(台北)"国史馆"档案:"国民政府"001000002091A;《抗战财经及粮管改革意见》。

库统交粮政机关接管(于 1944 年度新粮开征前交)。唯关于粮秣机关之军粮仓库,因军队的特殊性(如军队配置的机密性、军队调动频繁等),交由粮政机构不合军事机密之原则,各部代表均谓事实上不无困难,主张仍由粮秣机关管理为妥[①]。

事实上,在田赋粮政机关合并省,该问题已经解决。1945 年 4 月 2 日,徐堪向蒋介石汇报,田粮机构合并各省,其原属田赋机关之收纳仓库及粮政机关之集中聚点仓库,已由省田粮处统一管理。粮食部并会同财政部订定了《各省田赋机关收纳仓库部分移交粮食机关接收办法》,并令四川、云南、贵州、广东、广西、河南六省田赋处及粮政局遵照办理。其中除河南、云南田粮机关先后合并改组为田粮处,已将收纳集中聚点三种仓库统一管理外,其余四川、广西、贵州、广东均以"1944 年度新粮开征期近,各县处收纳仓库办理移交,及粮政机关接收后之重新配置,非短期内所能竣事,先后电请准将收纳仓库暂缓移交粮政机关接管等情前来,粮食部为顾及事实,避免影响新粮开征贻误军糈起见,均经会同财政部核复暂照准办理。惟四川省方面经由财政部粮食部会同四川省政府规定县级田赋储运机构由县长兼处长,负责实际责任,俾统一事权,尽量减少粮食交接手续,以为实施仓库管理一元化之过渡办法"[②]。后四川贵州两省省县田赋粮食机关改组为田粮处,其收纳集中聚点仓库亦同时统一管理,广东广西两省合并稍晚一些[③]。

(二)仓储管理

粮食自收纳以至配拨整个过程中,储的时间最长,如何使粮食储

①张厉生:《奉饬调整仓库系统案办理情形》,(台北)"国史馆"档案:"国民政府"001000002091A;《抗战财经及粮管改革意见》。

②徐堪:《全国仓库管理一元化案遵办经过情形》,(台北)"国史馆"档案:"国民政府"001000002091A;《抗战财经及粮管改革意见》。

③徐堪:《全国仓库管理一元化案遵办经过情形》,(台北)"国史馆"档案:"国民政府"001000002091A;《抗战财经及粮管改革意见》。

存期间保持品质完好及减少不应有之损耗,为改进粮政的中心问题。因为粮食在储藏中,如仓房建筑不合科学原理或管理不密,易生虫霉变,损耗极大。欲合理解决仓储问题,首先必须具备大量合乎科学原理的仓库,其次加强对仓储人事和储粮的严密管理,然后方可达仓存粮食的质和量不发生或少发生变化。

1.合理仓库之配备

粮食仓库之建修与配备必须与整个粮食储运计划相配合,务使征起粮食不致无仓储存,同时亦不使仓库空置,在国家财力可能范围内,"应于重要交通或粮食集散地点建筑新式仓库,使储粮保管更获安全;他如仓址之择定,必须顾及各种应备条件,减少人力经济之浪费,凡此为粮仓管理之首要目标"①。各地粮仓容量配备必须适应实际需要,"如配备仓容不足,则一部分粮食无储存之所,如配备仓容过多,则一部分仓房空置,虚耗建修费用。……按粮额七成配备仓容,即足敷用。为宽筹仓容起见,可按粮额八成配备仓容。……收纳仓库每县按征实征借粮额百分之五十配备仓粮容。集中及聚点仓库按全省征实征借总额百分之三十统筹配备仓容"②。

战时因受人力物力财力制约,仓库设备不可能立时大量建设,只能采取逐年增添改善的办法。财政部、粮食部虽在田赋征实时期年年建修仓库,一因田赋征实数量逐年增加,且又带征县级公粮;二因建修的仓库质量不佳,特别是改修仓库,大多系用祠堂庙宇公共房屋民房等简单改装而成,不仅容量小,质量更难以保障。故 1941-1945 年五年来两部建修仓库虽不少,然与实际需要之间差距仍较大,不足之数只有租用民仓或利用民房甚或露天仓库等临时应付,而仓库所在地点与容量常常不能全部合于收纳、集中、

①胡昌龄:《粮仓管理概论》,《粮政季刊》第 4 期,1947 年。
②胡昌龄:《粮仓管理概论》,《粮政季刊》第 4 期,1947 年。

配拨上的需要。仓库所在地不仅需要交通便利,而且必须顾及纳粮、拨粮的便捷及其本身的安全,建仓机构往往贪图征地手续上的简便,而对用仓之便利未予考虑,殆建成后使用时方才发觉,因仓库不能迁移,唯有勉强使用。

　　善良保管与长期存储粮食的先决条件是配备合理仓库。为使建修的仓库适合储藏需要,减少粮食在储藏期间的损耗,财政部、粮食部对建修合理仓库做了一系列规定,以确保粮仓的质量、容量。

　　财政部主管收纳仓库以修建为主,新建很少,所以财政部制定的法规主要以改修为主。1942年8月,《财政部各省县市田赋管理处改修仓库工程实施原则》规定:各省县(市)田管处改修仓库工程由各县(市)田管处指派专人负责主持施工,并分派监工人员一人常驻工程处监工。改修仓库应以经济适用为原则,尽量利用公有房屋如庙宇、祠堂及其他公有建筑物,必要时,可租用民房,地点应和征收处同在一处,并应具备下列条件:基地高亢,洪水不致为患;交通便利易于搬运;附近有空间可资翻晒粮食之场地;四周无显著空袭目标;治安无虞;不毗连易于着火之建筑物。凡具备上列条件的房屋(至少应具备水陆交通便利之条件),为节省经费起见,改修时,仅就原有状态略加设计①。1942年,粮食部因仓库不足,将本该转交给财政部的部分收纳仓库改为集中仓库,故财政部仓促利用旧有建筑改修仓库,一时无法满足需要,只有修建露天仓囤,做临时存放粮食之用。何谓露天仓囤? 即在地势稍高之地,底下铺卵石、稻草或砻糠等物,将粮食直接倒于其上,使粮食堆成锥形,上面覆盖竹席(最少三层)。此种简易储存粮食的办法,乃一时的应急措施,时间不能长久,否则所储粮食极易变质。故财政部规定露天仓囤存储实物于平时不得超过四个月,

---

① 关吉玉、刘国明、余钦悌编纂:《田赋会要》第四篇《田赋法令》,正中书局1943年版,第117—119页。

雨季不得超过两个月①。无论改修仓库还是利用露天仓囤,仓库质量均无法保证,尤以后者为甚。

粮食部主要修建集中和聚点仓库②。1941 年 9 月,《粮食部合理仓库修建暂行办法草案》规定:修建仓库分新建、修理两种。新建系觅地另建,分永久性和半永久性两种③;修理分全修理、半修理、堆积所三种④。修建仓库应分散为若干单位,每单位容量至少须满 1000市石,最多以 5 万市石为限,但各单位分布应顾及管理上便利。设仓地址应具备下列各条件:(1)距水道及陆路交通线在 1 华里以内,且近粮食集散地点者;(2)水位安全,地质干燥,无水淹之虞者;(3)地势平坦者;(4)附近无空袭目标,且有茂密树林足资掩蔽者;(5)四邻无易于着火之建筑物毗连者;(6)仓外及邻近有空场可资利用翻晒者;(7)附近有加工设备地点可资利用者。凡符合条件的地亩房屋可分别征用或租用,但应尽先利用公共房屋。设计工程时,须注意能否适合仓库建筑上防湿、防热、防虫、防鼠、防雀五大条件,同时应顾及仓库容量之经济及合理利用。仓库方向必须置于东西长南北短之位置,以极力缩小西方及西南方墙壁面积,离西及西南方墙壁二三尺之处,应特设板坪或竹篱。对仓库其他设施,如仓库墙、仓门、仓顶、仓

---

① 关吉玉、刘国明、余钦悌编纂:《田赋会要》第四篇《田赋法令》,正中书局 1943年版,第 112—113 页。

② 1941 年和 1945 年,粮食部负责修建全国仓库,1942 年负责修建集中和聚点仓库,1943—1944 年负责田粮机关合并省的全部仓库,未合并之省的收纳仓库仍归财政部修建。

③ 永久性仓库建筑标准,在财力许可范围内,应尽量提高,使坚固耐用。半永久性仓库,纵须建仓,亦应降低建筑标准,使节省经费,至于临时性地点,则不应建仓。胡昌龄:《粮仓管理概论》,《粮政季刊》第 4 期,1947 年。

④ 全修理仓库是就祠堂、庙宇、公共房屋或民房加装仓廒、地板、天花板而成。半修理仓库是以原有祠堂、庙宇、公共房屋或民房加装仓廒而成。堆积所纯为临时性质,仅就原有房屋用苇席,苇堆下垫老糠或竹席。

底、仓窗、仓壁、屋檐、通气孔、防鼠斜条、板壁、熏蒸室、干燥室、沟坑以及办公室、宿舍、厨房等附属房屋与仓房的间隔距离等,均有详细规定。建仓机关对新建仓库应指派技术人员负责监工,监工人员应填送各种监工报表,并应请省审计处、省政府派员会同验收;修理仓库由主管机关派员验收①。

合理仓库之设备,最基本条件应以保护粮食、减少损耗为前提。从财政部粮食部制定的建修仓库的各种规章制度观之,在建修仓库过程中,两部均想达到建修仓库工程合理化之旨。不仅详密规定建修仓库的各个细节,且新建仓库的图样也由仓库工程管理处设计,各省再根据各自实情加以修改建造。用意虽善,唯各省情形不一,主管工程人员对仓库工程管理处的设计图样有时不尽明白,误解错会失却原意,各省培修的仓库更无标准可言②。事实上,两部建修的仓库质量都与上述规定不甚符合。改修的仓库自不敢保证质量,新建的仓库也好不到哪去。

战时建修仓库,限于人力物力财力紧张(尽管时人认为政府建仓修仓之费用万不可省,然战时情形特殊,难以做到),根本不可能对建修的仓库做过多过细的要求,负责验收的审计机关与主办建仓的机关往往不敢对包商过分要求,只要大致和原工程设计相符即可,哪还顾得了仓库开窗个数、屋檐等事,附建熏蒸室干燥室更是奢求。否则,如严予验收,在经费不足而工料价、工价不断上涨之战时,将会出现没有包商愿意投标事件的发生。因此在抗战期间,仓库在质量容量上均达不到规定标准。至于各仓库实施技术管理的温度计、湿度计、水分测定器、容量测定器、刚度器、扩大镜、大手耆、扦筒、捕鼠器等用具,限于经费制约,仅能就经费预算可能范围内尽量添置。水分

---

① 《粮食部合理仓库修建暂行办法草案》,《督导通讯》第 1 卷第 4 期,1942 年。
② 中国第二历史档案馆档案:八三 656:《各地修建仓库文件及有关文书》。

测定器仅在 1944 年以后在四川各聚点仓库先行配置,其他各省只能择要配置,实际上各省大多无此项设备。客观地说,历年粮食仓储损耗问题较为突出,仓库设备的不甚完善是一个主要原因。换言之,在修建仓库的过程中,两部关注更多的是仓库分布情形与容量是否达到征实之需,对其他本应达到的最低要求却限于诸多因素制约,不能苛求亦不敢苛求。如宋同福言:"现有仓库设备,是否合乎干燥、通风、受光等基本条件,吾人固不必过细研究,最重要之问题,乃在仓库之分布情形,与储藏容量,是否足用。"①

2. 仓储粮食之保管与粮仓管理员之责任

欲善储粮食,除建设完备仓库外,尚须作完密管理。换言之,仓储粮食损耗的原因,一是仓库建筑之不良,二是管理方法之不周。粮食部试图对保管人员严加要求,颁布了一系列粮食保管的办法,对任用人员、实物保管和检查及损耗、粮仓交代、粮食戒备、粮食翻晒等均做了详细规定。观其用意,无非是未雨绸缪,早为预防,减少粮食在仓储期间的不必要损耗。

第一,人员方面,粮食部要求各主管仓储机关,对所属仓库人事应妥慎督导办理。对每一仓库的主管员、会计业务员、技术管理员、仓工、斗工等必须选拔谨慎勤勉、吃苦耐劳、热心公务者充任,并须有保人担保。所属机关应制定仓库管理人员服务规程、仓库管理人员工作成绩考核规则,说明管理人员在职期间及接交时应注意事项、请假、奖惩办法等,并应向仓储管理人员传授粮食性质、粮食检验、仓储检查、粮食翻晒、防止仓储损耗等粮仓管理之基本常识。为进一步充实仓库人员的基本知识和提高其服务观念起见,粮食部一面调集主办业务人员予以训练,并督促各省粮食机关举办仓库人员讲习会;一面由粮食部编订仓储业务各种浅说,颁发各省翻印,转发各仓库人员

①宋同福:《田赋征实概论》,中央银行经济研究处 1942 年版,第 163 页。

阅读,并分别其成绩予以奖惩。此外,每一征购办事处应详列本处所有储粮之仓库名称、地点、容量呈报县主管机关,庶主管当局对本县仓储情形一目了然(1941年各县粮政科对本县仓储多不清楚),并须转送一份呈本省储运机关,以供参考①。满足仓库管理人员服务标准的最主要条件是应让他们明了自身的职责与熟悉仓库的使用方法,虽粮食部亦曾对各省做出了上项要求,除四川、陕西两省粮政局储运处曾举办仓库人员讲习会外,其他多数省却并未做到。因之,粮仓人员对管理粮仓的基本常识不甚明了,一般派驻仓库的管理员多以为仅负看守责任(各地仓库管理者仅止于防止盗窃,粮食入仓后,于仓门上贴上封条,不问仓中粮食发热、发霉、虫害、鼠蚀等,用时发现,蒙受莫大损失),对仓库使用常识与粮食应加保护不注意,致使粮食有时发生霉烂、仓库发生损坏,既不处理,亦不上报上级机关②。仓储用人最多之时,以万人计,工作告一阶段时,将大部分人遣散,来年再行招雇,仓库用人流动性极大,管理不易。

第二,实物保管方面,粮食入仓之后,即发生保管问题。若管理妥善,即可减少不必要粮损,否则人民已尽缴纳之责,而国家未受征购之益,殊为可惜。因仓库分属于财粮两部,故两部对实物保管各有规定。粮食部规定:仓库管理人员对入仓之粮应切实检验,包括子粒是否整洁、齐匀、充实;颜色是否纯正;有无虫蛀、霉烂、生芽、夹杂物。长期储藏之粮含水分量应在13.5%以下,不合标准者须处理妥善后始可入仓,粮食堆置以分级储藏及利于通风、防湿、防热、搬运、检查为原则。在粮食存储期间,仓库管理人员须每周详细检查一次③。

①陈公干:《论本年度经收实物应注意之诸问题》,《财政评论》第8卷第5期,1942年。
②中国第二历史档案馆档案:八三656:《各地修建仓库文件及有关文书》。
③检查事项包括:仓内外温湿度及储粮温湿度,变化之比较;仓房之天花板、地板、墙壁、门窗等项,有无破坏情事;储粮受虫霉鼠雀害情形。

如发现储粮有生虫、发霉、潮湿、发热等情事,应立即分别轻重,采用调节仓内温湿、翻仓、车晒、日光隔离、毒气熏蒸、清洁仓库等方法予以处理,直属上级机关须随时派员抽查①。为防止粮仓内出现病虫害及对病虫害及时捕杀,粮食部制定了《仓库病虫害防治暂行办法草案》,对入仓前之粮,凡害虫每升在 20 只左右时,应使用人工处理法妥为处理,30 只以上时,应使用熏蒸法熏蒸后方可入仓。如仓内发现病虫害,应予及时处理②。

相较于粮食部的规定,财政部的规定更详细严格一些。粮仓管理员丁应先取具保证,实物保管期间,应保持粮仓内外绝对清洁,若有尘埃或不洁之物应即扫除。晴天时须于午后六时以后开窗二三小时,以便通气,如遇阴雨或闷热时禁止开窗。散置粮仓内应多置通气筒,并随时梳扒,散发实物之热气湿气。粮仓内禁止寄放任何物品。储存粮食倘有潮湿或霉烂等情事,应速报请翻晒。并应防止虫鼠雀类侵入仓中,各县(市)粮仓为预防虫食鼠啮,得设置杀虫药剂及捕鼠器具。如发现应速捕杀,或呈请由专门技术人员实施药物毒杀。粮仓管理员对所管实物须每日检查一次,征收处主任须每周检查一次,县(市)田赋处主管长官至少须每月派员或亲赴所属各粮仓检查两次。省田赋处派员视察时,对粮仓应加意检查。如发现管理人员挪亏盗卖储粮情事,应即扣押彻查,并迅报上级机关,依惩治贪污条例处之。凡粮仓所在地应商请当地军警或保甲壮丁对粮仓妥予保护,仓外人员非奉令来仓视察或非因公接洽者,不得引入仓内。粮仓内外绝对禁止吸烟,粮仓附近禁止堆积木料、枯草及易于引火之物。粮仓主管人员应督率所属员丁学习消防事务,发动粮仓附近百姓组织消防队,以防火灾。粮仓面积广大目标显著者应有伪装或迷彩之设

①《粮仓筹设及管理通则(草案)》,《督导通讯》第 1 卷第 4 期,1942 年。
②《仓库病虫害防治暂行办法草案》,《督导通讯》第 1 卷第 4 期,1942 年。

备。粮仓予假期或退职时,应派员轮流看守,夜间应指派园丁梭巡,必要时并得报请该管县(市)田赋处派警戒备。县(市)管理员非奉有该管县(市)田赋处之命令,不得拨交或擅行挪用实物①。对地处战区之特殊地区的各省(如河南地处国防前线,三面临敌),财政部制定了紧急处理办法。若军事发生变动被敌侵占时,由县政府协同各仓库主任将粮食向后方迁运;如迁运不及时应予焚毁,借免资敌,但须取部队与地方机关证明报查,否则责由县长、仓库主任包偿,以昭慎重②。

仓储粮食如发生水灾、火灾、风灾、匪灾等意外灾害时,仓库主管人员应率员工尽力救护至无法抢救或保护之程度为止,一面应立即报告直属上级机关,灾害停止后,应将救出之粮按其程度做不同处理。完好之粮,请当地乡镇长及该征借粮食监察委员会眼同过秤后另行储存;受湿之粮,请当地乡镇长及该管征借粮食监察委员会眼同翻晒后提前拨用;烧焦之粮,择其尚可碾制者,请当地乡镇长及该管征借粮食监察委员会眼同过秤后即行公开招包碾制,不堪食用者,应取具当地乡镇长及该管征借粮食监察委员会证明书,一面公开标售,公开标售时,应请上级机关或当地政府派员监标。经上列各项处理完毕后,除完好之粮暨翻晒或加工所得之粮外,其实在损失数量,应取具当地乡镇长与该管征借粮食监察委员会证明书三份连同关系凭单、出售价款等报由直属上级机关呈报省级主管机关核办,省级主管机关接到发生灾害之报告或处理后之报告及证明书等件后,应斟酌情节重派员或令饬所属机关派员实地勘察,查实后将出事经过并检

<hr>

① 《财政部各省县(市)粮仓管理须知》,《财政评论》第 10 卷第 2 期,1943 年。
② 卢郁文:《田赋改征实物后河南省粮食储运及征购情形》,《经济汇报》第 6 卷第 1、2 期合刊,1942 年。

同证件函报驻省审计机关审核,俟准复后,抄同审计机关复函呈部查核①。

从上述要求观之,粮仓管理人员必须爱惜储粮如己物,经常检查仓房曾否漏雨,仓内粮食有无发生潮湿、发烧、生虫等情事。仓内须时时清扫,保持洁净,包堆须整齐。每隔相当时日,则须将仓粮提出翻晒,俾期干燥。事实上,粮仓管理员对仓粮除防止盗窃外,毫不加以管理,非但对粮仓粮食不经常检查,对粮仓内的病虫害与粮食的变质熟视无睹,无视粮仓附近不许吸烟、堆放易燃物品之规定,甚至于粮仓内任意举炊,粮仓门前豢养牲畜鸡猪等②。更有甚者,粮仓管理员串通乡镇长私自挪用存粮变卖,或以劣粮调换好粮。

第三,实物翻晒方面,仓存粮食未经呈准不得擅自翻晒。粮食入仓后,存储时间已过六个月以上,若发觉受湿变质且又不及拨交时,得呈请翻晒。但其中仅有一部分潮湿变质时,应就潮湿变质部分翻晒,不得全部翻晒。不满六个月,无特殊原因不得请求翻晒。翻晒存粮时,由粮仓管理员报请征收处,征收处报县田赋处,转请县田赋处派员勘验属实后,随时编制翻晒费用概算书,呈请省田赋处核准后,由县田赋处派员监视,粮仓雇工翻晒,并转报财政部备案。出仓入仓均由监视人监督过衡或过量,并详记进出数量。全体粮仓人员应加紧工作,严防偷盗及雀鼠啄剥。翻晒期间,每次不得超过十个晴天。非因天雨,不得中途停止。粮仓管理员并应于翻晒完毕后三日内,将翻晒数量及情形报请征收处层转备查,如有损耗,应归入仓储损耗内,一并列报。但粮仓存粮变质霉烂严重时,县田赋处应一面翻晒,一面电请省田赋处备案,并补编翻晒费用概算书,呈财政部审核备

①胡昌龄:《粮仓管理概论》,《粮政季刊》第4期,1947年。
②中国第二历史档案馆档案:八三656:《各地修建仓库文件及有关文书》。

案①。存粮翻晒费用,倘经查出或被检举确有捏报或中饱情事,该管理员应照惩治贪污条例治罪。

以上规定极严格,且手续烦琐,主旨是杜绝仓储人员舞弊的发生,用意虽善,却易导致仓储人员不愿翻晒仓储粮食情形的出现,以致各地经常发生仓储粮食霉变之现象。翻晒存粮不仅要经过四个上级机关,层层上报,翻晒时间不得超过十个晴天,且存粮翻晒后,倘查出粮质不干、掺杂不净等情事,不仅所报翻晒费不予核销,粮仓管理员还要受严重处分。而且不满六个月不准翻晒的规定也不其合理。田赋征实后,为保证提前扫解,防止粮户将粮食出卖,开征日期和粮食收获时间距离很近,一般约在粮户收获粮食后的 15 天左右,至多不超过 30 天,除去播种时间和阴雨天气无法晒粮之外,粮户可用于晒粮的日子并不多。加之粮食愈干重量愈轻,只要能通过验收,粮户一般亦不愿将粮食晒得过干(自己储藏例外),此种情形在中华人民共和国成立后很长一段时间,在各地仍普遍存在。因之,到达收纳仓库的粮食应彻底晒干(充分暴晒),才能保证其久储不变质及预防病虫害的滋生。而将干湿质量不同的粮食不经晒干混合储藏在一起的办法,极易导致粮食变质。翻晒粮食规定的损耗率过低,亦使粮仓管理员感到无所适从。《财政部各省县(市)粮仓管理暂行通则》规定:翻晒粮食损耗率最高不得超过 20‰,超过规定的损耗由粮仓管理员负责赔偿。粮食翻晒须经过日光暴晒,且须过一次风车,除去杂质,经此两道手续,重量必然减少,如原储粮食过湿或杂质过多,即便按最高损耗率计算,也难达财政部规定的粮食数量,使真正按规定的仓储人员无法顺利完成任务,为达标准,唯有采取捷径。

第四,损耗方面,粮食是消耗品,损耗不可避免。粮食在存储期

---

①《财政部各省县(市)粮仓存谷翻晒暂行办法》,《财政学报》第 1 卷第 1 期,1942—1943 年。

间,损耗分自然和人为两种。自然损耗包括收交、仓储、运输三类损耗:收交损耗是因接收及交付时在升斗或秤上所发生的差异;仓储损耗是粮食因保管时间关系受天候温湿度变化及鼠雀虫害等所发生的损耗;运输损耗是因装卸运搬等关系所发生的损耗。人为损耗系因人力保管不当或其他原因而造成的粮食于存储期间本不该发生的损耗。不论自然抑或人为损耗,都可能导致两种后果,即粮食量和质的损失。量的损失是指粮食于存储期间因收交、交付、翻晒或受虫害、鼠害、雀害而引起的粮食重量的减少。质的损失是指因发霉、发芽及其他方面的变质而引起的粮食质量的下降。

自然损耗为一种必然损耗,仓储粮食随着时间增长,质和量必会发生变化。粮食仓储损耗大小,与其存仓时间久暂成正比。关于自然损耗,因粮食种类不同,在同一保管情况下,发生的损耗不同,粮食部按照粮食种类与储藏时间长短分别予以不同规定。凡保管在一个月以内者,非有正当理由经调查确实,不得列报损耗;一个月以上六个月以内损耗率为:稻谷 0.5%,糙米 1%,熟米 1.5%,小麦 1.5%,面粉 1%,苞谷 1.5%,粟谷 0.5%,小米 1.5%,豆类 1.5%;六个月以上一年以内为:稻谷 1%,糙米 2%,熟米 2.5%,小麦 2%,面粉 1.5%,苞谷 2%,粟谷 1%,小米 2%,豆类 2%;一年以上两年以内为:稻谷 2%,糙米 3%,熟米 3.5%,小麦 3%,面粉 2%,苞谷 3%,粟谷 2%,小米 3%,豆类 3%;两年以上损耗率照保管一年以上两年以内损耗率加倍计算[1]。每

---

[1]《粮食收交仓储及运输损耗率暂行标准草案》,《督导通讯》第 1 卷第 4 期,1942 年。此系粮食部的规定。财政部因主管收纳仓库,粮食刚收来不久,故所定损耗率较低。一个月以内,除有特别情形调查属实外,一律不得列报损耗;一个月以上六个月以内,损耗率不得超过 5‰;六个月以上,不得超过 10‰。超过规定的损耗由管理员负责赔偿。《财政部各省县(市)粮仓管理暂行通则》,秦孝仪主编:《革命文献》第 115 辑:《田赋征实》(二),(台北)"中央"文物供应社 1988 年版,第 40—41 页。

拨交一次,最高不得超过5‰。为防止仓库管理人员有无损耗均照上项规定办理起见,特规定粮食收交仓储以无损耗为原则。如因事实上确有不能避免之损耗,须经查实后方可核销(只能在上述规定率以下列报),绝对不准列报超耗;损耗不及规定者,覆实列报;谎报损耗图利者,依惩治贪污暂行条例规定从重治罪。粮食在仓储期间遇有不可抗拒的损失或超过规定标准的损耗时,由主管人员呈报上级机关查明事实,并检具证明文件呈报省主管机关,转报粮食部核办。但因过失或保管不力所导致的损耗,照损耗数赔偿一半[①]。1945年1月,行政院公布的《粮食仓储及运输损耗率计算规则》规定更加详细[②]。

战时田赋征实时期,全国仓储共损耗了多少粮食,由诸多原因,国民政府从未有统计。不过从各地普遍出现仓储损耗超过规定的情形分析,此类损耗应不少。当然,此与仓库设备简陋也有一定的关系,因仓储不善所损耗之实物及因此引起人民对政府之反感,在1941年表现更突出。"三十年度各省征实征购时,仓库为一更重要困难。盖原有各种公仓之容量,不足以应此重大之需要,因之仓库之利用,除旧有之积谷仓库及农本局原设仓库外,多以民仓、祠堂、庙宇为主。仓库既系利用旧有者,则征收办事处与仓库难作较理想之配合,收储两项不能取得密切联系,故常致米谷因堆储不当,零星四散,或因建筑不佳、设备简陋以及管理不周等,而发生霉烂损耗盗窃等事,致政府遭受无谓之损失,而浪费宝贵之粮食。"[③]时人多有反映。

---

① 《粮食收交仓储及运输损耗率暂行标准草案》,《督导通讯》第1卷第4期,1942年。
② 该规则将粮食储存时间规定得更细,分一月以上至三月以内、三月以上至六月以内、六月以上至九月以内、九月以上至一年以内、一年以上至一年半以内、一年半以上至两年以内。《四川省政府公报》第306期,1945年。
③ 陈公干:《论本年度经收实物应注意之诸问题》,《财政评论》第8卷第5期,1942年。

　　在仓储损耗检查过程中,因粮食部应对行为滞后及粮仓管理人员变迁,导致超过规定损耗部分无法赔偿,最终唯有不了了之。现存中国第二历史档案馆粮食部档案中,有很多 1941—1943 年仓储损耗超过规定的档案,1948 年粮食部才命令各省田粮处向所属县追赔,因时隔太久,省田粮处大多不予积极配合,甚或公然唱反调,仅超过少量规定损耗部分的粮仓管理员积极赔偿,其余多无法追赔,其间不少是因粮仓管理员变动,省田粮处即便想按粮食部的指示办理,而出现难觅当事人的情况①。按照规定,粮仓管理员应于卸任后二日内,将经管实物、工具、材料、图记、文卷、账簿、表册及经手经费现金等项,分别造册移交新任管理员接收。凡超过规定之实物损耗及粮仓工具非因不可抗力或使用之损耗及遗失,皆由卸任管理员负责赔偿,倘卸任管理员有侵蚀公款及实物情事,并应由县(市)田赋处函送当地县政府分别追缴治罪②。上述难觅当事人情况的出现,显然是未按照规定办理的结果。

　　为减少仓储粮食损耗,保持良好品质,粮食部对仓储规定甚详,试图从完善的制度中求得仓储的圆满解决。但是,一因粮食部所定"屯储损耗率过低,与实际相差颇远,各级负责人员,因恐因公受累,多不愿担任屯储工作"③;二因缺乏技术人才,要对储粮实行技术管理,将损耗降到最低,明显超出了粮食部的能力。1944 年,粮食部在工作计划中才决定对各省聚点仓库实施技术管理,每一聚点仓库配备技术管理员一人,负责办理粮食入仓前的检验及入仓后的技术管

① 中国第二历史档案馆档案:八四 269;《各省田赋征实收交及仓储损耗报表及办理情形文件与有关文书》。
② 秦孝仪主编:《革命文献》第 115 辑:《田赋征实》(二),(台北)"中央"文物供应社 1988 年版,第 281 页。
③ 黄铁真:《田赋改征实物后广西省粮食储运及征购情形》,秦孝仪主编:《革命文献》第 116 辑:《田赋征实》(三),(台北)"中央"文物供应社 1989 年版,第 333 页。

理及定期检查,以便使损耗减至最低限度,其他仓库则仍责成各省负责①。实际上连这一点,亦未做到。

3.督导奖惩之辅行

为督导仓储并检举其弊端,粮食部财政部通饬督粮委员、各省粮政机关严加考核各级仓库人员。1942年,颁行《粮食储运人员奖惩暂行办法》,对下列行为的仓储人员分别予以升等、晋级、记功或嘉奖等奖励:仓储粮食保管得宜,仓耗低于规定标准;遇空袭、水患、火灾等非常事变抢救得力,减免巨大损失者;对虫菌鼠害风蚀雨浸之防止有显著成绩者;对仓储业务贡献改进意见,经实施后确有成效者;并可根据情形一次性酌给奖金10~1000元。而对下列行为分别处以免职、降级、记过、申诫等处分:仓储粮食保管失宜,仓耗高于规定标准;遇空袭、水患、火灾等非常事变处置失当,致遭受巨大损失者;玩忽职守,致使公款公物发生损失或贻误公务者。对使粮款发生损失的仓储人员除依法惩罚外,并责令其赔偿或责成保人赔偿。凡贪污舞弊查实有据者,除予免职外,并依法惩办②。其本意是以严厉的督导考核,期达清除弊端之旨。唯规定虽严,执行却大打折扣,致使仓储阶段舞弊加多。

对于仓储制度,时人评价如下:"现在政府实行征粮,对于仓储似未做全盘打算,各县按乡镇设仓,设备既嫌简陋,且非交通中心,粮食外运遂大成问题。为便利运输计,仓库必须打破行政区的限制,设立在铁路、公路或河流附近,仓库的建筑必须坚固,并须有广大晒场,以便翻仓时应用,仓库的管理亦应周密计划,仓库的加封与启封都要严

---

①中国第二历史档案馆档案:八三 81:《粮食部 1944 年度加强建仓储运及防备旱灾实施计划稿与有关文书》。
②《粮食储运人员奖惩暂行办法》,《财政学报》第 1 卷第 3 期,1942—1943 年。

格规定,以免弊端。"①足证仓储尚存在诸多问题。

总体而言,田赋征实,实物储藏这一环节,在战争的大背景下,实显捉襟见肘,但时人仍在条件允许的范围内力求完善。比如仓库建修方面,仓库数量容量皆难达征实之需,但粮食部财政部尽量利用民仓或设置简陋仓库补充不足之数,所以基本满足了粮食存储的需求。同时对已修建成的仓库,两部亦在力所能及的范围内注意其质量的保持。仓储管理方面,粮食部不仅要求各省应慎重人选,严加督导考核,革除弊端,厉行奖惩,同时为明了仓储粮食动态,自1943年起,在各省确立业务报表制度,以增进调度效能。唯规制与施行脱节,难免不尽如人意。

二、运输制度

"欲求粮食之供需,相应首宜注意运输之便利,俾粮食得自有余区域运济不足区域。"②具有普遍性特质的田赋在征收时,为便利人民缴纳,仓库设置地点较普遍,致所征粮食极为散漫,运输调拨均属不易。粮食是笨重物品,故运输亦为田赋征实的难题之一。"运输问题,尤为困难。人民所感痛苦,亦以粮运为最。"③所以国民政府虽通过田赋征实征获了大量粮食,仅是粮政成功的第一步,若运输跟不上,上述努力将前功尽弃。因之,健全机构、规定合理运价、缩短运输里程、减少运量、加强输力输具、防止失吉、减少损耗和运输途中的弊病,皆为粮食运输上的重要问题。

---

① 嘉予:《从唐宋的漕运谈到现在的粮运》,《粮政季刊》第5、6期合刊,1947年。
② 秦孝仪主编:《革命文献》第110辑:《粮政方面》(一),(台北)"中央"文物供应社1987年版,第401页。
③ 中国第二历史档案馆档案:八三(2)62:《粮食部1941-1948年工作报告》。

（一）粮食运输机构和管理

1. 运输机构

粮食的仓储运输任务非常艰巨，须有健全的专管机关负责办理。1941 年，除四川因征额最多，且须运济邻省，粮食运输任务繁重，专门设有四川粮食储运局外①，其他各省竟无专管粮食运输的机构，仅在《各省粮政局组织大纲》中规定，粮食之仓储、运输由粮政局第二科主管。事实上在粮政局统属之下，尚乏有形运输机关设立。各省实际主办粮食运输的为县、乡镇政府，大多数省由县政府或乡镇公所征雇民夫办理，运送至指定屯粮仓库，如设有驿运站之县，则由县设驿运站雇船拨县派员运交。1942 年，设储运处（隶属各省粮政局）的仅有广东、江西、陕西、河南四省。直到 1943 年 4 月，行政院才颁行《省田赋粮食管理处储运处组织通则草案》，规定凡田赋征实征购数量较多或供应军粮较繁之省，可由省田赋粮食管理处呈准粮食部设置储运处，受省粮政局指挥监督，负责办理储运事宜，设处长、副处长各 1人，下设总务组、仓储组、配运组、会计室②。之后，设储运处的有福建、西康、安徽、云南、湖北、甘肃、青海七省，连上述四川、陕西、河南、广东、江西五省，总共十二省设有专办储运的机构，其余省则仍由省政府或省田粮处或省粮政局兼办（未设储运处之省多为田赋征额不多、储运业务较简之省）③。

健全的机构是保障制度运行之基础条件。就粮食运输而言，不

①四川粮食储运局的前身为四川粮食管理局时期的四川粮食购运处，1941 年 10月改组为四川粮食储运局，直隶粮食部，下设仓储处和运输处，专门办理四川粮食储运业务。并设木船运输管理所（1943 年 10 月成立）和车辆运输管理所（1941 年 11 月成立），为执行水上和陆上粮运业务之运输机构。
②《省田赋粮食管理处储运处组织通则草案》，《财政学报》第 1 卷第 5 期，1942—1943 年。
③章子范：《调整后的各省粮政机构现状》，《粮政月刊》第 2 卷第 1 期，1944 年。

论田赋征额多寡、粮运业务繁简,各省均应设一个专责粮食运输的机构,唯此才能保障粮食运输的顺利推进。可是,迟至 1943 年,粮食部才有设置储运处的相关规定,此时田赋征实已进入第三年,即便如此,并非每个省都设有储运处。无专门的运输机构,在粮运困难时难免会互相推诿,影响粮运进行,进而对战局带来不利的后果。

2. 运输管理

粮食运输分初步、再度集中。所谓初步集中,即粮户运输粮食至指定收纳仓库缴纳,运费由粮户负担。所谓再度集中,即自收纳仓库运至拨交地点,由粮食部主管,以一次直达运输为原则,但因交通阻隔或管理上的便利,可分二段运输,实际上,一般需两段运输。第一段是由收纳仓库运至集中仓库,由粮政机关就地征雇民夫办理,发给民夫口粮或口粮折价,以能果腹为度,不给运费。第二段是由集中仓库运至聚点仓库或分拨地点,依各地交通运输情况,利用原有水路运输组织及工具分头办理,照通常水路运输办理,运价按军事委员会运输统制局规定的运价给费。这两段运输除少数地方尚有一部分水道可利用外,多数地方需征雇民夫利用人力、兽力办理,特别是交通落后无河流、公路、铁路可利用的地方,采用者居多,极不经济。"山路崎岖,(民夫)步履艰辛,往返辄需时余日,兼因壮丁征调频繁,人力有限,征雇甚感困难,所以一县之粮食,每有历时数月尚未能运完者,其余交通较便各县,在过去虽间有人畜力车或汽车行驶,但自公路破坏之后,亦多改用挑运,"①运费照军事委员会所颁征雇民夫车马给予标准发给。这种运输运量小,运度慢。有河流可利用之地,因水运价低,运量大,所以多采用河流运输,以民船为主汽船为辅,因民船装运粮食可以散载,汽船则非用麻袋包装不可,且民船运输费较汽船稍

①黄铁真:《田赋改征实物后广西省粮食储运及征购情形》,秦孝仪主编:《革命文献》第 116 辑:《田赋征实》(三),(台北)"中央"文物供应社 1989 年版,第 333 页。

低。一般由船户自行装载,直接运至需粮机关。为预防船户舞弊,船上一般派有押运员,押运员、船户、接粮机关手中各有一份粮食样品,到站后三家核对无误后,由接粮机关接收,船户运费按军事征雇小轮驳船民船补助金新订给予标准表发给。用火车、汽车、轮船、驿运运输者,运价照交通部规定的运价办理。有驿站之地尽量提倡驿运,设置驿站,按站接运,既可减少运输夫马远离乡井之苦,又可节省费用。紧急需粮之地则由粮食部自备的汽车运输①。战时除四川因粮食部在该省添置运输工具较多,水运方便,又有百余辆卡车可资利用,运输相对迅捷,其他省纷纷感到运输艰难,农民亦以粮运为最痛苦之事。

　　为了节省运费,减少粮食损耗,粮食部规定粮食运输必须采用最经济的运输方法。鉴于 1941 年各省每县征收处设置过多,粮食集运困难,1942 年将每县征收处减为 8 处(地域特别辽阔者,可酌予增设),每处平均四仓,1943 年以后减为 5 处,每处仓库设置数仍为四仓。对火车、汽车、人力兽力车辆、人力兽力肩挑驮运、木船及轮船装运等在运输途中的损耗亦有严格规定②。

　　理论上粮食运输本应以无损耗为原则,然实际上粮食在运输中的损耗是无可避免的,粮食部制定损耗率的出发点即基于此。为减少粮运中不必要的损耗,粮食部督促各省粮政机关尽力改善装卸技术、包装检查、遮盖防雨等设备,制定《运输员服务须知》《运驳装卸注意事项》《粮食起卸改善办法》等法规,通饬各省遵行。

　　主办运输人员如遇有紧急大量运输能提前如量起运,或如期超量起运完成,或运价运耗低于规定标准,由粮食部分别给予升等、晋级、记功、嘉奖等奖励,并酌给奖金 10～1000 元。反之,则予以免职、

①中国第二历史档案馆档案:八三(2)62:《粮食部 1941－1948 年工作报告》。
②《粮食收交仓储及运输损耗率暂行标准草案》,《督导通讯》第 1 卷第 4 期,1942 年。

降级、记过、申诫等处罚[①]。粮食部希望通过严定损耗和奖惩,以达到提高运输效率和降低损耗之目的。然事与愿违,抗战时期,因人力、财力、物力等诸多因素限制,导致粮食运输迟缓。

(二)制约粮食运输的因素分析

"筹兵不如筹饷难,筹饷不如筹运难",运输为粮政最感困难的问题之一。抗战时期,影响粮食运输的因素颇多,具体而言,主要有:

第一,运程僻远。田赋所征之粮散在各乡镇,初步集运所经路线类为乡僻小道,能利用水运者仅有南方数省。西北各省唯有利用人力畜力,运价既高,损耗又大。西南各省多山,道路崎岖交通不便,粮食运输更为艰难。从集中地点转运至都市或前方,有铁路水道可资利用之处不多,水运受江水涨落影响较大,且水运费时太久,管理困难。运输里程少则数十里,多则百余里数百里,甚有逾千里者,在交通落后的我国,运输凸显其艰难。如河南省驻军大部集中各地,而产粮主要区域则偏于东南西南二角,故驻军各地产粮不敷需要,大部粮食须由东南西南二区运来,所运数量每年约在 120 万大包,运输路程远的达 1200 余里,近者有 600 里。国民政府规定,用双套牛车一辆载重 5 大包,日行 40 里计算,征车 24 万辆,需时近月,不仅有误农时,人民不堪其苦,而军队需粮犹嫌缓不及待[②]。

第二,运量巨大。田赋三征及带征的县级公粮,每年约有 7000 万~8000 万市石粮食,初步集运工作几须全部举办(仅有一少部分就地拨交驻军),其需长途转运者约占 2/3,大约为 4000 万~5000 万市石,内地交通运输几乎全赖人力兽力,巨额粮运实为民力之最大负担,是故战时老百姓多怕运粮。

---

① 《粮食储运人员奖惩暂行办法》,《财政学报》第 1 卷第 3 期,1942—1943 年。
② 卢郁文:《田赋改征实物后河南省粮食储运及征购情形》,《经济汇报》第 6 卷第 1、2 期合刊,1942 年。

第三,输力输具缺乏。如果输力输具能妥善解决,那么粮食运输中运程僻远、运量巨大的困难或可缓解。但在运输时,不仅运程远、运量大,且运输所需劳动力、工具亦颇成问题。战时交通工具损失甚多,兼以军运频繁、水路运输工具缺乏,已成普遍现象。粮运最大输力是人力牲畜,习用工具为板车木船,汽车缺乏汽油难购,公路汽车仅能于少数地点及极紧急时期偶然用之。如甘肃,省内没有铁路,公路也很少,运粮从未用过汽车,水道运输也不发达(河流很少),所能利用的只有役畜人力,粮运艰难在甘肃表现尤为突出。战时壮丁应征服役者为数众多,农村劳动力已感不足,运粮需要强壮劳动力担负,劳动力缺乏时,各省唯有发动农村所有的劳动力,某些地方甚至以老弱男丁、妇女运粮。且战时通货膨胀,物价高涨,骡马一头或板车一辆价值十数万元,木船一艘价值数十万元,已非一般劳力者所克置备,舟车役畜日渐减少。轮船运输粮食颇受欢迎,重庆一般军队、机关喜领轮船运到之米,因轮船机房及烟囱部分甚热,米制干燥,且轮运需时较短,管理较密,掺水掺杂机会较少,而木船运到之米,则大都远不及轮运者干燥洁净[1]。然战时用轮船运输粮食者,为数并不多。

在经费紧张之际,粮食部也无力购置大量的运输工具。1944年,粮食部原计划添置木船1500艘、板车6500辆,受经费限制,最终仅添置木船591艘、板车540辆,与原计划相差甚远[2]。1945年,粮食部计划添置车辆1000辆,后仅核定400辆。故历年运输工具大多采用贷款或预付力价的方式,辅助运输机关及人民办理,然成效不佳[3]。不仅如此,即便已有的运输工具也因战事不断减少。1944年,

①张华宁:《田赋征实后之粮食管理问题》,《中农月刊》第4卷第7期,1943年。
②中国第二历史档案馆档案:八三107:《粮食部1944年度政绩比较表》。
③中国第二历史档案馆档案:八三108:《粮食部1945年度政绩比较表》。

湖南衡阳、东阳渡就因日军进攻而损失粮船 400 艘[1]。基于战时粮运之重要,国民政府似应自备运输工具。"今天的粮政只顾征收不顾运输,是很大的缺陷。政府宜自备水路交通工具,平时将所征的食粮运至交通要点存入仓库,一遇需要,即可分运济急。粮食是笨重物品,运输起来既费时间,又需要大批交通工具,粮运必须自成系统,决不可与普通交通混为一谈。"[2]

第四,运费过低与运费被中饱[3]。粮运费率过低是制约粮运效率及粮运舞弊多的主因之一。战时物价高涨,工资昂贵,运费定得太低,夫力民船无法征雇;定得太高,国库负担又太重。战时粮食运输费一直是照军运办理,因军事委员会所定运价带有强制征雇的性质,给费甚低。1941 年广东运输费用,陆运每市担每 10 华里 0.8 元,水运上水每市担每 10 华里 0.14 元,下水折半。运价本就订得太低,如陆运,民夫每日挑 80 市斤行 60 华里,照上述给予标准,仅得 3.84元,平均每日仅得 1.92 元(回程需一日,共两日),在东江及中区地方连最低限度生活也无法维持[4]。而后粮食部颁行《田赋征实征购粮食请领运费暂行办法》,规定粮食运输运费价率以军事委员会《增订军事征雇夫马车辆租力给予标准表》及《军事征雇小轮驳船民船补助金新订给予标准表》为计算标准。按此标准,民夫日行 30 公里负重40 公斤,每日工资仅 1.2 元,回程仅 0.7 元[5],平均每日仅 0.95 元,比广东运费标准还低一半多。因运费过低,长途负运,民夫逃亡及损

①中国第二历史档案馆档案:八三 107:《粮食部 1944 年度政绩比较表》。
②嘉予:《从唐宋的漕运谈到现在的粮运》,《粮政季刊》第 5、6 期合刊,1947 年。
③影响粮运的四点因素主要参考中国第二历史档案馆档案:八三(2)62:《粮食部
　1941—1948 年工作报告》。
④胡铭藻:《田赋改征实物后广东省粮食储运及征购情形》,秦孝仪主编:《革命文
　献》第 116 辑:《田赋征实》(三),(台北)"中央"文物供应社 1989 年版,第 321 页。
⑤《增订军事征雇夫马车辆租力给予标准表》,《督导通讯》第 1 卷第 4 期,1942 年。

失粮食的现象时有所闻。

　　为保障粮运顺利畅通,粮食部每年都调整运价,但粮食运量甚巨,需费浩繁,仍不能随同物价工价比例提高,满足人畜生活及工具保养之需,人民对于粮运赔累甚重,视征雇民夫车马为苛政,北方各省长途运输尤为怨苦,水路运输机关亦不乐于承办。粮运困难益甚,而种种弊病亦不易杜绝。如甘肃,"按中央规定运费每吨每公里发价一元,就目前生活程度而言,实不敷人畜食用,故各县运粮仍不免有强征车驼或摊派运费等情事"①。因运费过于低廉,致使粮运途中掺水、掺杂、侵蚀、盗卖等弊病层出不穷,防不胜防,仅 1943 年一年间粮食部处理的此类案件即达 1243 件之多②。征实后粮食变质的原因,除因气候关系及储运时间过久等自然变化外,大多为储运人员与运输民夫船户等掺水掺杂以弥补亏空所致。再加上主管运输人员之中饱,更增加了粮运之艰难。河南"向民间征用之车辆,本规定每日发价七元五角,但就过去经验,往往被人中饱,中央实惠,不能及民,故民众取出军粮,常自负运费,此项运费赔累,本省预计在一万万元以上……运输军粮车辆,结连而行,长达数里,往往为敌机轰炸目标,人畜死亡于此者甚多,人民以爱国心切,自无怨尤,但常此消耗民力,殊有碍抗战前途"③。甘肃运粮困难,"固由于地面辽阔,交通不便,而其最要原因,则为规定运费过于低廉"④。贵州夫费微薄,承运民夫

①赵清正:《田赋改征实物后甘肃省粮食储运及征购情形》,秦孝仪主编:《革命文献》第 117 辑:《田赋征实》(四),(台北)"中央"文物供应社 1989 年版,第 55 页。

②徐堪:《粮食部对五届十二中全会工作报告》,粮食部编:《粮食部报告》,1944 年。

③卢郁文:《田赋改征实物后河南省粮食储运及征购情形》,《经济汇报》第 6 卷第 1、2 期合刊,1942 年。

④赵清正:《田赋改征实物后甘肃省粮食储运及征购情形》,秦孝仪主编:《革命文献》第 117 辑:《田赋征实》(四),(台北)"中央"文物供应社 1989 年版,第 55 页。

难获一饱,逃避抛失,时有所闻,多视运粮为畏途。湖南粮政局船舶总队为防止船只逃逸,将数百船只均以麻绳相互连接,如遇空袭甚为危险。一般船户以待遇太低,生活困苦,大都是食藕根、瓜藤充饥,更有因不能维持最低生活,将船只拆散,分售铁锚、铁链、铁钉、木板、桅杆等物以为改业资金①。

当然,此与国民政府战时财政紧张有关。"对于征雇民夫、舟车、牲畜,给予口粮力价,然以物价高贵,食用浩繁,每省粮运经费少则数千万元,多至数万万元,国库不胜负担。"②

除了上述原因之外,人谋不臧亦为最大原因之一。"如军用车船常有饱载而去,空腹而返者,徒以联系不足,无法利用者不乏其例。又如川粮下运重庆,粮政当局曾订招商承运办法,非运输商人均假借名义包揽粮运……人谋不力,彰彰明甚。"③

(三)改善粮食运输之措施

为保证粮食运输任务的顺利完成,1941—1945年,粮食部对粮食运输上的诸多困难力图改善,主要措施如下:

其一,充实输具,增强输力。

充实运输工具是完成粮运的首要条件。粮食部为解决粮运困难,曾多方设法充实输具,增强输力。粮食部与各省历年添置运输工具的概况如下:

1941年,在运输工具极为缺乏的情况下,行政院核拨外汇美金47.5万元,向美国福特公司定购3吨福特卡车500辆,做紧急粮运之用。500辆卡车10月陆续到达仰光,粮食部委托中信局在仰光

①侯坤宏:《抗日战争时期粮食供求问题研究》,团结出版社2015年版,第75页。
②秦孝仪主编:《革命文献》第110辑:《粮政方面》(一),(台北)"中央"文物供应社1987年版,第478页。
③陈敦常:《行宪后之粮食政策》,《粮政季刊》第8期,1948年。

代办装配车身及内运事宜,后因太平洋战争爆发,所有装竣车身的车辆大部分奉命协运存于仰光的军用品。1942 年 1 月,缅南战事后,英军又给价征用 85 辆,剩余车辆分给四川粮食储运局 100 辆,云南、贵州两省粮政局各 20 辆用于运输粮食外,其余在仰光沦陷前全部强装军品及中国、中央、交通、农民四行重要物资。3 月缅甸战局变化后,汽油来源困难,将阻留滇缅之间的卡车 200 多辆转让中央信托局接管,由中信局接收后分别转让军政部、交通司、运输统制局,粮食部实际仅得到 140 辆卡车。在汽车无法适量添置的情形下,粮食部又建造木船和板车。四川方面,继续全国粮食管理局时建造渠滨两江木船 500 艘共 54 000 吨的计划,督促交通部赶速制造,并由四川粮食储运局在国内搜购板车百辆支配应用。至 1942 年,全国粮食管理局时订制的 500 艘木船超额完成,共 518 艘,载重 52 600 吨。为便于管理起见,其营运方法由四川粮食储运局与船户签订贷让规约,将船只贷与船户。由船户取具保证,限定船户只能办理四川粮食储运局的粮运,非经许可不得装运其他物品,运费抵偿船价,俟价款抵清后,船归贷船人。该办法既可免去储运机关直接管理之烦,又可使承贷船户爱护船只,延长船只寿命,实乃一举两得。其他各省,则在尽可能的经费范围内适当添置运输工具,因经费来源有限,添置工具很少①。

1942 年,向美国订购汽车,其经内运留供运粮之用者仅 100 辆。

1943 年,四川方面,在内江荣县自流井一线订制板车 180 辆。在成都由四川粮食储运局洽商蜀和公司制造人力板车 400 辆,其中 300 辆由四川粮食储运局贷款制造,其余 100 辆由蜀和公司自行出款制造,并计划添造川江木船机力船 1000 艘,共 34 950 吨。后行政院仅同意建造原拟造吨数的一半,资金筹措采用奖励造船办法,由商人自行准备资

①中国第二历史档案馆档案:八三 104:《粮食部 1941 年度政绩比较表》。

金及粮食部局部贴款完成,最终添造木船 108 艘。总计四川共制造板车 400 辆,添造川江木船 108 艘。其他各省,江西计划添置抚信两河船只 700 艘,该年完成数量不详;福建添置汽车 4 辆、汽轮 2 艘;湖南景星轮因使用过久,由粮食部拨款修理;西康添置部分板车骡马;浙江增购车辆数辆,并以贷款及贴款方式鼓励民间制造,以加强运输工具①。

1944 年,四川方面,由蜀和公司添造木船 500 艘,完成板车 500 辆,交通部造船处完成粮船 8 艘,并采用贷款和贴费奖励造船办法,在岷江、沱江辅助船户造成木船 80 艘。其他各省,江西添置抚信两河船只 133 艘,福建贷款造船 70 艘,西康添造板车 40 辆②。

1945 年,四川添置木船 9 艘,贷款制造板车胶轮 500 辆;湖南添置板车 100 辆;山西添置人力板车 500 辆;江西添置帆船 121 艘、竹筏 68 只;贵州添置汽车 8 辆、板车 200 辆。粮食部向美国订购卡车 400 辆,分拨各省供运粮之用③。

在添置运输工具方面,受财力限制,粮食部采取的是分年逐步添置的办法,侧重于四川一省,其他省添置不多甚或很少,导致各省普遍缺乏运输工具,给粮食运输带来很大困难。

其二,调整运价。

运费给予标准为半征半雇性质,给价甚低。以民夫及人力兽力车辆与骡马木船运输者,运价基本上是照军事委员会《增订军事征雇夫马车辆租力给予标准表》及《军事征雇小轮驳船民船补助金新订给予标准表》计算④。1941 年,按此标准,民夫日行 30 公里负重 40 公

①中国第二历史档案馆档案:八三 106:《粮食部 1943 年度政绩比较表》。
②中国第二历史档案馆档案:八三 107:《粮食部 1944 年度政绩比较表》。
③中国第二历史档案馆档案:八三(2)62:《粮食部 1941－1948 年工作报告》。
④因军事委员给予标准每年随物价涨幅变动,在新标准未颁布前,由粮食部根据各省实情,将上年军事委员会给予标准酌予调整,需粮迫切之地运价较高,反之较低,新标准颁布后即按新标准执行。

斤,每天工资仅 1.2 元,回程仅 0.7 元;一人手车日行 30 公里载重
100 公斤,每天工资仅 1.2 元,回程仅 0.7 元,输具租金仅 0.3 元;二
人手车日行 30 公里载重 200 公斤,每天工资仅 2.4 元,回程仅 1.4
元,输具租金仅 0.3 元①。照此标准,民夫所得运费连自己果腹都不
可能,何谈养家活口? 轮船运输运价亦很低。10～20 吨轮船每月租
金 555 元,100～110 吨轮船每月租金 1200～1500 元②。因运价过
低,民夫不愿运粮。1942 年,在各省粮政局长的呼吁下,粮食部决定
酌提运价,并尽量发给民夫口粮,每夫日行 30 公里负重 40 公斤发糙
米 24 市两,回程酌发口粮。后又提高至 25 市两,回程照发,以利粮
运。各省粮食集中运输大多征雇民夫办理,除少数有余粮省照规定
发给民夫口粮外,大多数省仅发给民夫口粮折价,如贵州 1942－1944
年田赋征实均有 20 万市石稻谷留作民夫口粮③,约占该省田赋征实
总额的 6.7%。运价则提高幅度很小(相较物价),水运驿运大多参酌
议价订约办理,由火车汽车轮船运输者,照交通部公路运价付费。

　　1943 年,各省再次呼请提高运价,在物价高涨工资日昂之际,如
不提高运价,粮运即无法办理。无奈之下,粮食部依据 1942 年度军
事征雇标准并参酌各省实际运价及物价情形,先后调整四川、湖北、
广西、安徽、广东、湖南、甘肃、陕西、河南、西康、贵州、云南十二省运
价④。对此次调整,徐堪在上呈蒋介石的《三十三年度加强建仓储运
及防备旱灾实施计划》中说:"三十二年底,各省实际运价,除交通部
运价外,已比三十一年度运价标准平均高出 127%,足证运价高涨情
形,已为各军粮经办机关所共同承认之事实。但此项运价较之物价

①《增订军事征雇夫马车辆租力给予标准表》,《督导通讯》第 1 卷第 4 期,1942 年。
②《军事征雇小轮驳船民船补助金新订给予标准表》,《督导通讯》第 1 卷第 4 期,
　1942 年。
③何玉书:《三年余来贵州粮政概述》,《粮政季刊》第 1 期,1945 年。
④中国第二历史档案馆档案:八三 106:《粮食部 1943 年度政绩比较表》。

之增涨,仍相差甚远。三十三年度给予标准,势必须继续提高,方能达成任务。本部与军政后勤两部商决结果,三十三年度给予标准须比三十一年度高出 400%,但比照物价之增涨,仍相差甚远。"①运价物价两者赛跑,然运价调整远跟不上物价增涨。

1944、1945 年,基本上是按照《军事征雇夫马车船给予办法》,并参酌各省粮价上涨情形酌量增加价率或提高口粮标准办理。对此标准,粮食部在其工作报告中指出:"近年以来,各地物价不断上涨,而军事委员会所颁征雇民夫车马给予标准,难期尽合实际需要,均经随时加以调整。上年(指 1945 年)7 月间,调整规定较前平均约增二三十倍不等,船运费率,增加尤多。现行粮运给费,已随之极度提高。若再提高,实已超出本部运费预算范围之外甚多,本部实有不堪重负之感。"②

为顺利完成运粮任务,粮食部年年调整粮食运价,然相对物价工价上涨,调整幅度不大。运粮大多采用半征半雇的形式,虽属战时无奈之举,但在运费不足果腹的情形下,想要提高运输效率、减少损耗,可谓困难重重。

其三,减少运程运量。

减少运程方面,1941 年,粮食部颁行《三十年度各省征实征购粮食请领运费暂行办法》,规定粮食由收纳仓库转运至集中、聚点仓库或军粮交接地点过程中,以一次直接运输为宜。如不能一次运达者,最多以两次为限。除非特殊情形,必须采用最经济的运输方法,一线有几种不同运输方法的,主管运输人员必须相互比较,采用最经济的运输路线,对因缩短运粮路线而减少运费的运输人员给予奖励。并

---

① 中国第二历史档案馆档案:八三 81:《粮食部 1944 年度加强建仓储运及防备旱灾实施计划稿与有关文书》。
② 中国第二历史档案馆档案:八三(2)62:《粮食部 1941－1948 年工作报告》。

对各省是否采用最经济的运输路线进行督导,要求各省每年必须在运粮开始前,将预定拨付军粮地点、拨付数量、交拨地点的运输路线和里程上呈粮食部。运输开始后,并须每月编造月报表呈报粮食部,以检查各省在运输中是否采用合理的运输路线。如河南,运程由 800余里减少至最多不超过 120 里,运输路线较前缩短 3/4[①]。

减少运量方面,各省采取的办法主要有四种:(1)军公粮尽量就地拨交;(2)采取兑拨办法,即将甲地拨交军公粮后的余粮转交当地商人,另由商人照数在需粮之乙地缴纳;(3)移军就食,由各省政府、粮政机关与当地军事机关协商,对调回后方整训之部队,于不妨碍军事计划之下,尽量调驻余粮县就食;(4)边远各县粮食无法外运者,就地变价,在需粮之区购补。偏僻之县,余粮因交通困难外运不易,又不能采取兑拨、移军就食办法,照《处理边远地区余粮办法》规定处理。由县粮食机关将余粮就地变卖,以所卖粮款在缺粮地区购补。云南因境内交通不便,曾采用此种办法。其弊是余粮地区往往粮价较低,缺粮地区粮价颇高,其间差额较大,且不易购求,然相对于将余粮地区粮食长途运输至缺粮地区所耗之输运劳费,还是要经济一些。对省际间的类似情况,则由粮食部通盘筹划各自交换数量,以减少各省边远县的运输里程[②]。

其四,改善运输路线。

为保障粮食运输安全、减少损耗起见,粮食部先后对公路水路道路进行改善。陆路方面,培修路面。如四川成温崇公路、蒲新公路、金堂至三水闸公路,均由粮食部拨款加以整理。水路方面,加强防范

[①]卢郁文:《田赋改征实物后河南省粮食储运及征购情形》,《经济汇报》第 6 卷第 1、2 期合刊,1942 年。

[②]中国第二历史档案馆档案:八三 81:《粮食部 1944 年度加强建仓储运及防备旱灾实施计划稿与有关文书》。

失吉,及时处理失吉。所谓失吉,即运粮船只在运输途中因河流中滩险或其他原因引起的船只翻船或失踪而导致的粮食损失事件,谓之"腾空放炮"[①]。田赋征实诸省中,以四川河流滩险最多,粮船失吉亦最多,湖南、广西两省次之,其他各省则相对较少。为防范粮船失吉,由粮食部商请交通部水利委员会与各省政府疏浚水道,先后完成四川嘉陵江南武南蓬各段滩险、永宁河笋溪河鸭子滩和湖南南华两县滩泓等水道的疏浚工作,广西各河道由扬子江水利委员会和广西省政府疏浚。上述河道疏通后,运输较以前畅利。同时在沿江各滩险地方分设滩险照料站,由滩师引渡粮船渡过滩险,并设照料哨指导船户运输。粮船失吉发生后,一方面加紧抢救人员船只,及时翻晒受损粮食;一方面以最迅速方法上报上级主管机关,并切实调查责任,以便将损失减少至最低限度。四川省并订有《处理粮船失吉奖惩办法》,以提高粮运效能[②]。这些措施对于保证粮食的顺利运输,作用甚大。唯限于经费,滩险疏浚工作大多侧重于四川一省。

其五,健全机构,加强管理,防止弊病。

严密规定粮船品质验收与交接手续,整理中途转运粮食,对运粮船户一律要求取具保证。在四川各县组设川江粮运密查队,设密查员 92 人,分布于全川各重要地区,巡回密查及检举起运、转运、到达各仓库与船户力夫押运员等中途盗卖、掺杂发水、失吉短交等弊端,一经发现,立即转送军法严惩。成立以来,成效颇著,先后举发重要案件 324 件[③]。并注重健全粮食运输机构,严密运输管理,特别注意集运民夫之编组、车辆之管理、司机之奖惩、船夫之组织、押运办法之

①因水运费时太久,管理困难,船户每有于途中掺水掺杂,以图私利,致使粮食变质,不堪久储。甚有沿途将粮食私行变卖,然后故意自沉其船,讹报失吉。
②中国第二历史档案馆档案:八三 106:《粮食部 1943 年度政绩比较表》。
③中国第二历史档案馆档案:八三 107:《粮食部 1944 年度政绩比较表》。

规定以及各级运输人员工作之考核,以期增进效率,防止弊端。四川
在乐山、内江、成都等地,分别设置木船及车辆管理分所;并在各交通
重要地点,设置检查站,检查米质。贵州订有《各县征雇民夫协助粮
户代运军粮暂行办法》;四川粮食储运局订有《各仓库水路运输暂行
办法及船舶组织押运办法》,并办理粮船登记编队,鼓励商船参加,常
川运粮,参加船只达 500 余艘,对改进四川粮运作用甚大;湖南为保
证粮食集运迅速起见,制定了各县初度集中奖惩办法;贵州、广西订
有司机奖惩办法,尽量做到有功者必奖,有过者必惩,实施后颇收实
效。同时督饬各省健全运输业公会组织,其中以四川、湖南、陕西、甘
肃、广东、广西等省船业公会协助粮运贡献较大①。

此外,粮食部还与各运输机关合作,互相利用回空运输工具以及
闲余运输工具;利用义务劳动及驻军运输粮食。

总体而言,储运相对于征收,稍显滞后。

第一,储运机构滞后与不健全。储运是田赋征实必不可少的非
常重要的一环,必须有健全的专责机构负责办理。1941、1942 年,全
国竟无一个专门管理储运的机构,甚至在少数省自始至终都缺乏一
个主管储运的机构。储运是一项艰巨繁复的工作,极易滋生舞弊,若
储运跟不上,势必影响之后的配拨,进而影响田赋征实效果。从国民
政府颁行的大量储运法规看,可谓详细备至,无奈因机构不健全,纵
有完善的法规,欲求避免舞弊仍极困难。

第二,仓库容量不足与质量低劣。由于经费、机构制约,导致各
地建修的仓库容量质量皆难达规定标准,大多因陋就简,难以久储粮
食。"战时各地囤粮仓库之构造多与普通房舍无异,甚或不及普通房
屋者,既不能防止鼠雀侵入,又无法杀减虫害,更无防热防湿及通气

---

①中国第二历史档案馆档案:八三 104:《粮食部 1941 年度七至十二月份政绩比
较表及有关文书》。

等设备。"①因仓储容量质量限制,随之而来的即是粮食质与量的流失。此外,仓库隶属系统不统一亦加剧了仓容不足的状况。同为仓库却分属粮食、田赋、军粮机关三家,至 1945 年初,国民政府才完全将田赋粮食两机关仓库合并归粮食机关一家,军粮仓库却一直独立存在,在特殊的战时,显然不利于仓库的有效利用。由于仓库分属三家不同的系统,若干地方不免发生有粮无仓、有仓无粮、物资任其损耗、设备任其闲置等种种不合理不经济的现象②。

　　第三,运输艰难与运价低廉。要将散在各乡镇的粮食在规定的时间内集中到指定地点,困难较大,战时粮食运输虽有汽车轮船可利用,但大多仍是采用原始的人力运输方法,更增加了粮运的困难。如河南运粮用极笨重之牛车,日行仅能达 40 里,往往有需时数旬,始可运到③。对于军粮民食供应,颇感缓不济急。运输时日越久,粮食损耗越大。运价太低,人民怨苦,以致出现民夫逃避或妨害粮运之现象,使军公粮追送补给迟缓或短少。若照一般运价给费,支出倍增,国库负担沉重。在国库和人民之间,国民政府试图兼顾两者,然在抗战时期,难免顾此失彼,加之主管运输人员从中克扣民夫船户工资,人民损失颇大。

　　事实上,粮食从征收到仓储再到运输以至配拨各个环节中,经手人员处处皆可作弊,其中最易发生舞弊的环节是仓储、运输。仓储之弊最常见的是侵占、盗卖,运输之弊最普遍的是短交、盗卖、发水、掺杂,其中最恶劣的是凿沉粮船或谎报失吉。据粮食部统计,1944 年

---

① 冯敩棠:《贮谷防虫问题之研讨》,《经济建设季刊》第 1 卷第 3 期,1943 年。
② 刘恺钟:《陕西粮食仓库一元化之实施与检讨》,《粮食问题》第 1 卷第 3 期,1944 年。
③ 卢郁文:《田赋改征实物后河南省粮食储运及征购情形》,《经济汇报》第 6 卷第 1、2 期合刊,1942 年。

1—8月,粮食部办结的粮政贪污及违反粮管政令案件中,判处死刑者4人,无期徒刑7人,十年以上有期徒刑24人,五年以上36人,一年以上14人,撤职或记过等行政处分者82人。其中有关押运与船户的案件最多,约43起。有关仓储者次多,约14起[1]。四川粮食储运局化龙桥仓库拨交员廖德浩、徐仲达共同连续勒索船户9.9万元,船户张如松盗卖碛米183市石,3人均被判处死刑[2]。处死4人中,其中就有3人属于储运舞弊,说储运阶段舞弊多实不过分。

从储运制度的各种规章制度与实施情况分析,它尽管尚存在种种不尽如人意之处,但在特殊之战时,诸如财政短绌、人力运输工具缺乏以及交通梗阻,在储运过程中势必会出现各种各样无法克服的困难。即便如此,倘将历年田赋三征粮食总额和配拨军公民粮数额比较,即可发现,大约90%的粮食被顺利地配拨出去。换言之,储运制度有效地实现了粮食由征收地到军队、公教人员及一般消费者手中,基本上完成了自身的使命。

---

① 《粮政的整饬》,《中央日报》1944年9月4日。
② 《粮政贪污从严惩处,本年判死刑者4人》,《中央日报》1944年9月4日。

第四章 田赋征实制度之子制度(下)

本章主要研究奖惩、粮食库券、田赋征棉制度,这一章和上一章属于同一类问题,因为只有详细梳理田赋征实各项子制度,才能分析其成效和对社会各阶层、国民政府、抗战大局的影响,故这两章是本书之重点,同时亦是第五章、第六章论述之基础,篇幅较大,所以将其分为两章论述。

第一节 奖惩制度

奖惩是指田赋征实中对纳赋人即粮户早完田赋的奖励和对粮户拖欠缴纳田赋实物的惩罚、对粮户匿粮逃税之处罚、对粮户积欠田赋的处罚,以及对田赋征实过程中相关主办田赋粮政人员的奖惩等。严明的奖惩是顺利推行田赋征实必不可少的措置。没有行之有效的奖惩,就无法制止与惩罚制度执行中的舞弊行为,同时也无法对优秀者进行应有的奖励。换句话说,奖惩是任何一项制度有效运行的强有力保证。

一、奖惩与粮户

1.奖励与粮户

所谓奖励与粮户,是指对粮户早完田赋的奖励。对于此项奖励,国民政府中央没有明文规定。1942年9月21日,蒋介石在《令各级

政府与全国同胞协力贯彻粮政电》中曾指出:凡人民率先缴纳数额特
多者,应详切查明,予以特殊奖励。不过,整个田赋征实时期,未见中
央政府出台相关法令,其奖励仅在一些省的法令中可见。如贵州省
对粮户缴粮前三名者给予奖品奖励①。安徽省对粮户中能深明大义
提前完纳并劝导本境内多数粮户踊跃纳粮者,给予一定的奖励②。
其中规定最详、实施最好的是湖南省。《财政部湖南省田赋管理处
战时田赋征收实物实施办法》第三十五条规定:"各县自开征日起,
粮户于一个月内完纳者,扣给应完总额百分之五。于二月内完纳
者,扣给应完总额百分之二。"③为更好地贯彻施行,该省并订有《湖
南省早完田赋给奖施行细则》。1941 年实施结果,早完给奖稻谷数
总共为 33 390 市石④。湖南省田赋征实第一年成绩在二十一省中
排列第七,和对粮户的此种奖励是分不开的。可惜该办法仅实施
了一年,1942 年即被废止。1941 年,湖南是 9 月 15 日开征,由于
时间太紧,采取的是一面将所定各项措施和法令章则呈请财政部
核定,一面通饬各县经征机关执行的办法。因战时交通梗阻、邮电
迟滞,财政部对湖南省制定法规的修改办法 10 月 4 日才到,其中
修改最大的即是对早完给奖办法的否定。财政部认为早完田赋给
奖是湖南制定的单行法规,且纳赋完粮是粮户的法定义务,在抗战
建国同时并进的时刻,人民尤应恪遵法令,不应再有早完给奖的规
定⑤。而此时湖南各县已按照原订办法办理,无法变更。湖南省田

①《最近经济杂讯》,《经济汇报》第 4 卷第 11 期,1941 年。
②《安徽省战时田赋征收实物实施办法》,宋同福:《田赋征实概论》,中央银行经
　济研究处 1942 年版,第 418 页。
③湖南省税务局编印:《湖南省战时田赋征收实物法令初编》,1941 年,第 19 页。
④《湖南省各县粮谷征获数比较表》,财政部湖南省田赋管理处编印:《湖南省田
　赋统计提要》,1942 年。
⑤湖南省税务局编印:《湖南省战时田赋征收实物法令三编》,1942 年,第 122 页。

赋处以早完给奖办法已经实施,变更会影响人民纳赋心理及田赋征实顺利进行为由,请求财政部能够通融,遭其拒绝。无奈之下,湖南省田赋处只有通令各县田赋处,自 1942 年 4 月 1 日起,废止早完田赋给奖办法。

财政部不同意湖南省对粮户早完田赋奖励的主要原因,是认为缴纳田赋是粮户对国家应尽的义务。依此推理,征收田赋亦为经征经收人员分内的事务,既然对他们的征收成绩有奖有惩,对粮户却仅有惩罚而无奖励,这显然是一种不对等的处置办法,对粮户明显是不公平的,也不利于粮户纳粮积极性的调动。

2.滞纳与匿粮处分

滞纳处分就是对田赋征实后超过国民政府规定期限而未缴纳或缴纳不足粮户的处罚规定。1941 年,国民政府规定田赋征收实物以两个月为征足期限,对延期或不缴纳田赋的粮户(即欠赋人),应予以滞纳处分,并依据《战时各省田赋征收实物暂行通则》第九条规定制定了《田赋征收实物滞纳处分办法》八条,9 月 23 日,在行政院第 533 次会议上通过。该办法对田赋征收实物之后,不按时缴纳田赋实物者如何处罚做了详细规定。

(1)田赋改征实物,应于开征后限两个月征齐,由限满之日起逾期一个月完纳者,照欠额加征百分之五,逾期两个月完纳者,照欠额加征百分之十。

(2)由限满之日起逾期两个月以上尚未完纳者,除依前条处分外,并应由县(市)田赋管理处送请县(市)政府传案追缴。欠户经传案追缴仍不缴纳者,应提取其收益抵偿欠赋。前条收益不足抵偿或无收益提抵时,由限满之日起逾期三个月者,送请当地司法机关将其欠赋土地及其定着物拍卖抵偿,如有余款,交还原欠赋人。前项土地及其定着物如可划分拍卖一部分即足抵偿欠赋者,得因欠赋人声请,仅拍卖其一部分。①

如某甲应完田赋五市石,该县 10 月 1 日开征,以两个月为限期,
11 月 30 日止限满,12 月 1 日起,按 5% 加罚。次年 1 月 1 日起,按
10% 加罚。如某甲于 12 月内缴完其应纳数为五市石,加罚为二市斗
五升,如于次年 1 月内缴完,加罚即为五市斗。但加罚之数,至多以
10% 为限②。

1942 年,为适合实际需要,便利人民完纳起见,国民政府将免罚
期间酌为延长,由上年的自开征之日起两个月内征齐改为三个月内。
7 月,为加重对粮户不按时纳粮的处罚,将《田赋征收实物滞纳处分
办法》修正为《修正田赋征收实物滞纳处分办法》,并于 7 日行政院第
571 次会议上通过,限满滞纳加罚办法与 1941 年度既有相同点亦有
不同点。

两者都规定:田赋征收实物限期未缴足者,由限满之日起,第一
个月完纳者照欠额加征 5%,第二个月完纳者照欠额加征 10%。

不同之处在于后者规定限满日起逾期两个月以上尚未完纳者,
应由县(市)田赋管理处开列欠赋名单送请县(市)政府传案勒追,并
依照欠额加征 10%。而前者仅规定由县(市)政府传案勒追,未对县
(市)田赋管理处开列欠赋名单做出明确规定,更无加征 10% 的规定。
虽然县(市)田赋管理处要政府传案勒追,按照常理是必须有名单,而
后者将此明确提出,似比前者更为详细和规范,也便于县(市)政府执
行,同时加征 10%,比前者处罚规定实际上加重了一倍,这是两者的
第一个不同之处。更为重要的是,后者规定:欠户经传案追缴仍不缴

①《田赋征收实物滞纳处分办法》,《经济汇报》第 5 卷第 11 期,1942 年。
②秦孝仪主编:《革命文献》第 115 辑:《田赋征实》(二),(台北)"中央"文物供应
　社 1988 年版,第 269 页。

纳者,应由县(市)田赋管理处申请该管司法机关,强制提取欠户之收益或其他资金抵偿欠赋①。而前者仅仅规定提取欠户者收益,如果欠户者没有收益或是收益不足以抵缴,政府则很难完成催征欠赋工作。如此只有进入下一个程序,即声请当地司法机关将其欠赋土地及其定着物拍卖抵偿。如此一来不仅手续繁复,而且从拍卖到政府拿到钱,其间需要很长的一段过程,只会增加政府的工作难度,同时必然使田赋实物滞纳处分问题的解决愈形拖延,于问题之解决显然是极为不利的。而修正的滞纳处分办法规定,不仅可以其收益抵偿,还可用欠户资金抵偿欠赋,使得欠赋催缴无疑更多了一层保障,一些欠户极有可能在此阶段即可完成欠赋的上缴,而不必进入下一个阶段,无疑对于催征欠赋是较为有利的规定。这是后者与前者最大的不同之处,也是后者比前者最为有效的一点。

从 1944 年度起,对于滞纳处分加罚力度再次加大加重。1944 年 9 月 19 日,国民政府明令公布《战时田赋征收实物条例》,其中第十六条明确规定:

> 田赋征收实物,应于农产物收获后一个月内开征,自开征之日起满三个月收齐,逾期尚未缴纳者,依左(下)列规定处罚之:
> 一、缴纳逾期未满一个月者,照应完粮额加征百分之五;
> 二、缴纳逾一个月以上未满两个月者,照应完粮额加征百分之十;
> 三、逾期二个月以上尚未缴纳者,由县市田赋管理机关开列欠赋名单,送请县市政府传案迅缴,并照欠额加征百分之

---

① 《修正田赋征收实物滞纳处分办法》,宋同福:《田赋征实概论》,中央银行经济研究处 1942 年版,第 429 页。

二十。①

上述规定前两条与 1941、1942 年基本一样,但第三条规定逾期两个月以上尚未缴纳者再由县市政府传案缴纳时,要照欠额加征20％。1941 年没有规定再次加罚,即欠户只要照两个月未缴纳期限加罚规定缴纳即可,政府在传案时,只是对欠户催征而没有再行加罚之意,1942 年仅规定加罚 10％,而 1944 年却再次加罚 10％,实际上处罚力度比 1941 年加大了两倍,比 1942 年加大了一倍。1944 年以前对欠赋两个月以上的粮户,最高加征率为 10％,此次加征 20％,且对欠缴征购或征借及县级公粮的粮户,亦采用同样的处置办法②。对欠缴征购或征借及县级公粮粮户的处罚,在 1944 年 9 月之前是没有的。特别是滞纳处罚由 10％增加到 20％,不可谓不重,这是 1944年与前述两年的最大不同之处,其他规定基本相同。

滞纳处罚由提取收益到提取收益与其他资金,加罚力度由最高10％(1941 年)到 20％(1942 年)再到 30％(1944 年),可以看出国民政府对滞纳处罚的规定愈来愈严密,处罚也愈来愈重。实际上,上列规定除对逾期两个月或三个月内的滞纳处罚较易执行外(如湖南省1941 年对两个月以内的滞纳加罚收取的稻谷为 45872 市石③,其他省也有类似情况),对两个月或三个月以上是很难或根本不可能实施的。对两个月或三个月以上仍延不缴纳欠赋的欠户,国家强行提取其土地收益或拍卖欠赋田产抵偿时,必须强制执行,但强制执行必须

① 尹静夫:《中国粮政》,(台北)四川文献社 1980 年版,第 34 页。
② 《战时田赋征收实物条例》,秦孝仪主编:《革命文献》第 115 辑:《田赋征实》(二),(台北)"中央"文物供应社 1988 年版,第 16 页。
③ 《湖南省各县粮谷征获数比较表》,财政部湖南省田赋管理处编印:《湖南省田赋统计提要》,1942 年。

负担强制执行的费用。《强制执行法》规定:"强制执行之费用,以必要部分为限,由债务人负担,并应与强制执行之债权同时收取。"①即强制执行费用由纳税人(这里指欠赋粮户)负担,但同时又规定强制执行费用,执行法院可命令债权人(这里指负责征收田赋的机关)代为预纳。即田赋经征机关本身没有负担强制执行费用的责任,但需代欠赋粮户缴纳,以后再向该粮户扣回。假如在私人债务中,似乎问题不大,债权人可先代为缴纳,将来向债务人收回。但经征机关与普通债权人的最大区别是本身并没有款项,一切支出均是国家预算规定的,而支用时,必须经主计处派来的会计人员签核。向公库提取时,也需经审计部派驻公库的审计人员签核。若由经征机关代粮户缴纳强制执行的费用,因事前未列入预算,经征机关无款支付此项支出,即便有款支出,亦无法记账,更无法流用。这些问题不解决,强制执行提取粮户的土地收益或拍卖田产抵偿欠赋,实是空谈。正由于此,经征机关很少有运用滞纳处分规定对粮户欠赋进行强制惩罚,即使运用,效果亦不显著。这正是田赋征实后,有些省征收成绩虽不佳,虽屡次遭到批评,但始终不曾依法强制执行的症结②。

依照田赋征实滞纳处分办法,除加罚外,实带有浓重的强制性。对于经县(市)政府传案勒追仍不缴纳的粮户,可由县(市)田赋管理处申请该管司法机关,强制提取其收益或其他资金抵偿欠赋。且不论粮户有无收益或收益多少,即便有,若无严密系统的监督制度,欠赋人完全可以将其收益全部或一部转移,而使司法机关无法提取其收益或收益不足抵偿欠赋。当发现粮户收益不足抵偿欠赋时,司法

①马寅初:《财政学与中国财政——理论与现实》(下册),商务印书馆1948年版,第382页。

②马寅初:《财政学与中国财政——理论与现实》(下册),商务印书馆1948年版,第382—383页。

机关才可以强制提取粮户的其他资金抵偿。假如强制提取其他资金抵偿欠赋时,必须依照强制执行法中《关于动产之执行》一章的有关规定办理,其间须经过查封、公告拍卖或作价变卖几个阶段,手续非常烦琐,大约需要几个月时间。如认定粮户没有资金而声请拍卖其欠赋土地及其定着物抵偿时,又须经查封、先期公告、依期投标或再投标、拍定或强制管理等阶段,手续烦琐,时间迂缓,更甚于动产之执行。而且由国家拍卖欠赋人土地或其他动产时,一般人往往不愿得罪欠赋人而不愿购买,导致所拍卖土地或其他动产很难顺利卖出。如拍卖欠赋土地及其定着物而无结果,势必定期再次进行拍卖,其间又须花费几个月的时间,若仍卖不出,只得依照《关于动产之执行》第九十四条规定,将不动产由执行法院交债权人(即田赋经征机关)承受。如不愿承受,法院有权命令债权人强制管理①。田赋管理机关的主要职责是征收田赋,且本身事务较多,而非管理不动产,将大量欠赋人的土地或其他动产都交由田赋经征机关处理,不仅超出其能力之外,且也不甚可能与现实,且强制执行的相关费用亦需经征机关负担。

换言之,强制执行法的有关规定在适用田赋催征方面尚存在相当大的不完善之处。正由于此,虽国民政府关于滞纳处罚的规定不断加重,而田赋经征机关却从未运用强制执行法,所以要真正实施对欠赋人的惩罚是不可能的。制度制定与执行上的烦琐和诸多漏洞,为大量有权势的地主富户延期缴纳或不缴纳田赋大开绿灯,这也是田赋征实之后特权地主、富户(即大粮户)拖欠田赋的主因,而广大的中小粮户负担却日益加重。而且滞纳加罚粮额全归中央,亦不利于调动地方实施对欠赋人惩罚的积极性,此种局面至 1946 年财政收支

①马寅初:《财政学与中国财政——理论与现实》(下册),商务印书馆 1948 年版,第 383 页。

系统改制后才有所改变。

国民政府对于粮户匿粮逃税行为予以惩处。田赋征收实物，1941 年度规定以两个月为征足期限，自 1942 年度起改为三个月。为防止粮户匿粮逃税，1941 年 7 月公布的《战时各省田赋征收实物暂行通则》第十条规定："凡业户如有短匿粮额情事，准由人民密告。经查属实后，即按其短匿粮额，科以二倍之处罚，其罚额以半数归公，其余半数，奖给告密人。"[1]1942 年 6 月公布的《战时田赋征收实物暂行通则》第十七条规定：半数奖给告密人的实物粮额，不再给实物，而照官价折合发给法币[2]，其余与 1941 年规定相同。而 1944 年 9 月颁布的《战时田赋征收实物条例》第二十一条规定：将对粮户的处罚倍数由二倍改为二倍以上五倍以下，但短匿粮额，若粮户自行首报，免予处罚[3]。对粮户匿粮逃税的处罚力度较前两年明显加重，似从另一个侧面反映出短匿粮额现象之严重。这是国民政府对粮户短匿粮额的处罚，甚为可惜的是，限于史料限制，匿粮逃税处罚实施过程不详，目前仅见 1941 年度实施概况。1941 年度田赋征实各省截至 1942 年 4 月 21 日，四川收滞纳罚谷 2 188 212 市石、玉米 1114 市石；安徽收滞纳罚谷 8546 市石、麦 218 市石；至于其他各省，则因尚无是项报告，故其滞纳处分情形不详[4]。

　　3. 催征旧欠

所谓催征旧欠，就是对粮户积欠田赋的处理工作，包括田赋征收实物之前征收货币时的欠赋和田赋征实之后限期未缴纳的田赋。

①秦孝仪主编：《革命文献》第 115 辑：《田赋征实》(二)，(台北)"中央"文物供应社 1988 年版，第 2 页。

②宋同福：《田赋征实概论》附录，中央银行经济研究处 1942 年版，第 428 页。

③《战时田赋征收实物条例》，秦孝仪主编：《革命文献》第 115 辑：《田赋征实》(二)，(台北)"中央"文物供应社 1988 年版，第 16—17 页。

④陈友三、陈思德编著：《田赋征实制度》，正中书局 1945 年版，第 54—55 页。

《战时各省田赋征收实物暂行通则》第十二条规定:"自征收实物之日起六个月内,所有田赋正附旧欠,仍准以法币缴纳。并照原有滞纳罚锾处分办法处理。"①唯对旧欠赋额,逾期(至改征实物六个月以上)如何处理,则没有明文规定。过去各县田赋所以累年短收,实因大户及公共机关借势延缴,征收人员既未敢登门查催,政府亦难逐户清追,每每结成悬案,目为滥粮。中央接管以后,1941年9月,行政院公布的《田赋征收通则》第十二条规定:凡逾征收期限,尚未完纳者,应予分别处分:一、加收滞纳罚锾;二、传追;三、提取其土地收益抵偿;四、拍卖欠赋田产抵偿。滞纳罚锾得分期递增,最高限度不得超过应纳赋额10%②。同月,财政部专门为此制定了《旧赋催征通则》,明令实施,对公务人员、富绅大户、公共团体、机关团体等特殊人群与团体拖欠旧赋做了如下规定:

(1)现任公务人员欠赋,限期清完。逾期未清者,应予撤职处分,并传案追缴。

(2)富绅大户欠赋,限期清完。逾期未清者,应予传案追缴。

(3)公共团体欠赋,限期清完。逾期未清者,应将该团体首领或经管人,传案追缴。

(4)机关团体欠赋,限期清完,逾期未清者,应由经征机关查明欠赋数额,函请发放经费机关,在其应领经费内扣除。

(5)各县(市)经征人员,如有扶同隐匿或据报不实,查出一律从严议处。

(6)凡有恃势抗完,业经传追无效,而其欠粮总额已达三年

---

① 秦孝仪主编:《革命文献》第115辑:《田赋征实》(二),(台北)"中央"文物供应社1988年版,第2页。

② 宋同福:《田赋征实概论》,中央银行经济研究处1942年版,第340页。

应完赋额以上者,除传追外,得移请司法机关查封拍卖其欠赋财产,如有余额,仍应发还。

(7)业户远出或住址不明无法或不便传追时,应责成佃户代完抵租或传追佃户。①

公务人员、富绅大户、公共团体、机关团体等特殊人群与团体,多恃其特殊地位,抗不完纳。国民政府此项规定,本意虽善,唯上述特殊人群可将串票化整为零,串票零碎,业户又非真实姓名,政府无法知道每一业户的田亩究竟有若干,也就无法知道谁是富绅大户,谁是贫农,而谁是各机关服务人员,更是在实征册上没有特别说明,而且今日为公务员,明年便任教或经商的人也很多,所以各县无法根据串票或实征册编制富绅大户、公共团体及各机关服务人员应完及未完田赋数目表,这些规定也就形同虚设,无法追缴。

对欠赋仍征收法币之规定,战时因粮价处于不断上涨之中,从财政的角度出发,应该是征收实物粮食更为有利,且田赋征实之后,政府如欲将旧欠田赋一律改为征收实物,从战时货币急剧贬值的现状出发,此举似无不可。而从政府仍旧征收货币之规定观之,国民政府制定该政策的本意在于早日结束旧赋催征工作,以便全力从事田赋征实。

1942年6月,修正的《旧赋催征通则》,与前者相比最大的变化有两点:

一是公共团体机关欠赋时,其滞纳加罚款应由主管负责人赔偿(1941年仅是传案追缴);

二是凡密报欠赋经查实追清者,准按实收额提给密报人10%奖

---

① 秦孝仪主编:《革命文献》第115辑:《田赋征实》(二),(台北)"中央"文物供应社1988年版,第77页。

金,征收机关对于密报人姓名并应严守秘密。欠赋如系实物,对于密报人之提奖,应照官价折成法币给予①。

"惟旧欠赋额,至改征实物六个月后,是否改征实物额缴纳,则无明文规定。窃意以为应照改征实物标准,一律改征实物缴纳。"②在第一次全国田赋征实业务检讨会议上,湖南省田赋处提出一案,希望"二十九年以前旧欠田赋,展至下届新赋开征时,改征实物"。因政府无是项规定,故同年6月,行政院公布《战时田赋征收实物暂行通则》,第二十条明确规定:"三十年度上期以前旧欠田赋正附各税,一律按其原应纳国币数,照三十年度核定征实标准(即每元二市斗),折征实物。"③由原来的征收货币改为征收实物,处罚较之前明显加重。

对催征旧欠的各种规定,说明田赋拖欠严重。蒋介石在视察各省田赋征实情形后,1942年9月,在令各级政府与全国同胞协力贯彻粮政电中曰:

> 有若干在中央或地方服务之军政高级人员,尚有不脱旧时恶习,对其乡里所有之产业,不纳赋税,不缴军粮,甚至以此自炫其尊严,而地方政府及乡镇保甲长,亦逐不敢过问,置不追科。……自今以往,必须痛自惩艾,决此弊端,务期全国人民养成恪遵法令,以自动完粮纳税为光荣之风气,军政各机关服务官吏,尤应以身作则,为一般民众之表率。嗣后无论任何地方,如再有假借地位势力,避纳赋税军粮者,该管之乡镇保甲长及县长,应即按级申报省政府或中央主管机构,其有情节重大者,准

①尹静夫:《中国粮政》,(台北)四川文献社1980年版,第42—43页。
②国民政府本无规定,后采纳了各方建议,才决定征收实物。宋同福:《战时我国田赋征收实物之经过及其办法》,《经济汇报》第5卷第1、2期合刊,1942年。
③宋同福:《田赋征实概论》,中央银行经济研究处1942年版,第429页。

予直电中正,以凭依法惩处。否则如竟从容规避,放弃征收,则一经查出,该管之县长乡镇保甲长等即以受贿罪论,决不稍予宽贷。①

关于催征旧欠赋额,或借重保甲力量,或专设催征人员,努力催征工作。而对公务人员、富绅大户、公共团体、机关团体等特殊人群与团体拖欠旧赋等之处罚,要么予以撤职处分,要么传案追缴,要么从其应领经费中扣除,要么由主管负责人赔偿,甚或移请司法机关查封拍卖其欠赋财产等,不可谓不严。而对密报人的奖励,亦在一定程度上鼓励密报,以便欠赋的追缴。无奈此种规定,最终和滞纳处分存在同样弊端而不了了之,甚或由国民政府明令规定将其免除。

1943 年 9 月 16 日,孔祥熙、徐堪呈蒋介石,认为田赋征实少数省份迟未征齐或已征齐系由各省配率较大而实际民欠尚多,原因固有多种,而其最大症结为大户欠粮不纳,疲玩延宕,陕西、甘肃、广东等省尤为显著。地方政府多所顾忌,不仅不敢清查催缴,甚或故意匿蔽粮额示好乡绅。并针对此弊拟具催征大户欠粮办法四项:

（一）大户新赋应缴者,分别通知限期提前完纳,旧欠未缴者,应勒令补缴。

（二）各县市政府及田赋管理处,对于富绅大户欠粮催征不力或竟未催征者,应予严厉处分。

（三）迭催不缴之富绅大户,各县市政府及田赋管理处应报请上级机关设法押追,上级机关如不置理,即以扶同论处。

（四）欠粮大户,如该管县市政府及田赋管理处不予举报,而

---

①关吉玉、刘国明编纂:《田赋会要》第五篇《国民政府田赋实况》(下),(台北)正中书局 1944 年版,第 352—353 页。

由他人发觉者,该管县市长处长应予惩处。①

孔祥熙、徐堪希望蒋介石电饬陕西、甘肃、广东三省政府切实遵照并督饬所属一体注意,俾弭大户疲欠之风,而资整饬赋制。因粮食在战时的重要性,蒋 21 日即电三省遵照办理。1944 年,云南鲁甸、巧家等县因催收粮赋尾欠,办事人员操之过急,粮民聚众抗纳,形成民变。政府派该区专员驰往弹压,为首者自行归案候讯,将县长撤职,并由专员传集官民双方质讯,以维赋政,而平民愤②。

抗战胜利,沦陷区田赋明令豁免后,各省对于历年旧欠田赋纷请豁免,国民政府"以历年欠赋若随同三十四年度田赋一律豁免,不啻奖励疲顽,且将影响今后征赋工作之进行,如仍继续催征,则特典虽颁,催科仍亟,亦将予人民以不良印象,加以不肖员司,蒙混套搭,乘机渔利,中央德意更难普及民间。爰由粮食部分电各省,自明令豁免田赋之日起,所有历年旧欠田赋,一律停止催征,俟三十五年度新赋开征时,再行并征"③。

更有甚者,国民政府的有些规定也在某种程度上无形为大户欠缴田赋大开绿灯。1946 年财政收支系统改订后,对于各省各年度欠赋,国民政府颁布《中央接管田赋期间历年旧欠田赋清理催收拨解办法》,规定:

(1)田赋征实征购征借收起数占该年度应征数百分之八十以上至九十者,其小额欠数(由各省斟酌实际情形拟定豁免小额

---

① (台北)"国史馆"档案:"国民政府"001000005944A;《田赋征实征借》(一)。
② (台北)"国史馆"档案:"国民政府"001000005944A;《田赋征实征借》(一)。
③ 秦孝仪主编:《革命文献》第 115 辑;《田赋征实》(二),(台北)"中央"文物供应社 1988 年版,第 429 页。

尾欠数呈核)应一律豁免。

(2)收起数占该年度应征数百分之九十以上者,除恃势故意抗缴之粮户,仍应严催清缴外,其余积欠粮款,全部豁免。

(3)不合第(二)项规定县市之欠赋,其因粮户逃亡,或业尽粮悬及地少粮多,无法追缴之欠赋,均应核实剔除。[①]

此规定无疑在某种程度上默许特权阶层欠赋,战后田赋征实成绩越来越差,实与此项规定有某种关联。

国民政府的本意是将1941—1945年度的欠赋早日清结,但此期间的田赋属于中央,按规定,这五个年度的欠赋全部归中央所有。自1946年7月1日起,所有收起1941年上期以前欠赋,除坐扣征收费5%外,一律按二与五之比例,解拨省县(市);所有收起1941年下期以后欠赋,除坐扣征收费5%,暨征实部分按照各该年度,中央分配县市田赋成数,划拨县市外,余额及征借部分,收起欠粮,全部解拨中央。也就是说,田赋征实后的欠赋,地方所得仅有5%的征收费和少量中央分配给的田赋成数。加之各地抗缴的粮户多为有势力的大粮户,因之,各省大多执行不力或干脆利用职权免掉这些特殊群体的欠赋,而将负担加予一般粮户。所以上述办法经通饬各省市遵行后,地方所得为数既微,亦难收限期清结之效。为期加强催征效力,俾各年积欠早日清结起见,之后国民政府复将田赋征实部分旧欠粮款按中央与地方各半比例划拨,地方所得半数,仍按现行田赋分配办法按二与五比例,分拨省县(市)[②]。该项办法出台后,各省催缴欠赋工作进

①秦孝仪主编:《革命文献》第115辑:《田赋征实》(二),(台北)"中央"文物供应社1988年版,第336—337页。

②《民国三十二至三十五年度田赋征实状况》,秦孝仪主编:《革命文献》第115辑:《田赋征实》(二),(台北)"中央"文物供应社1988年,第337—338页。

展仍是困难重重,清结欠赋之目的无法完成。随着 1949 年国民党败退台湾,大户之欠赋最终也随着其政权的覆灭而不了了之。

二、奖惩与省县长及田赋粮政人员

(一)奖惩与省长、田赋粮政人员

田赋改征实物,对于国民政府来说是草创,因之,要使其顺利进行,对负责经征经收田赋的粮政人员按其成绩进行相关的奖惩是极为必要的。

为提高田赋征实效绩,国民政府将各省省长、粮政局局长、田赋处处长、县长的考绩与田赋征收成绩结合起来。1941 年 7 月,行政院电饬各省政府,应将田赋征实作为中心工作列入省政府、行政专属、县政府行政计划,并命令所属行政专署、县市政府认真执行,各省主席并应督促所属各机关认真办理,不得借词推诿,贻误事机。各省财政厅厅长(大多兼任田赋处处长)应负规划督征之责,每月月终须将征起粮额数列表呈报,以凭考核[1]。同时又电请各省政府迅饬各县县长转令各区乡镇保长,协助催缴田赋。此外,国民政府还通令各党、政、军、警、机关、学校、法团,凡于国父纪念周、国民月会及其他学术演讲与公众集会场所,随时讲述田赋征实征购之重要,以引起各界人士注意,并将机关协助推行田赋征收列为党政工作考核之一[2]。1942 年 6 月,《战时田赋征收实物暂行通则》第二十三条明文规定:"各省县(市)政府,对于田赋征收实物,应负责督饬办理,并列为该省县(市)政府施政中心工作。"[3]

从田赋征实实施情形观之,征收时,经征官的责任较重要,如经

---

① 湖南省税务局编印:《湖南省战时田赋征收实物法令三编》,1942 年,第 112 页。
② 《国民政府公报》渝字第 616 号,1943 年 12 月 23 日。
③ 宋同福:《田赋征实概论》,中央银行经济研究处 1942 年版,第 429 页。

征官经征不力,会直接影响征收数量。易言之,田赋征实是否足额,需视经征机关是否努力催征而定。为使各省县市主管田赋当局认真办理田赋征实起见,1942 年 9 月 15 日,财政部公布了《田赋征收实物考成办法》,通饬各省遵行。对各省县田赋处正副处长按其职责与田赋征收成绩分别考核,优者奖励,劣者惩处,即各省田赋处正副处长为省经征官,各县(市)田赋处正副处长为各县市经征官。考核时期以每期田赋征实开征后两个月为初限,至截限届满之日,由各县市经征官分别将已完未完数额造具简明清册,报由各省田赋处核明,汇报财政部以凭考核。考核分数以额征数匀做十分计算,遇有减免情形应予剔除计算。若经征官一年数任者,应依照年额合前后任并计,仍于已完未完分数内,各就在任日期摊算,但应除去停征日期。考核经征官时,功过可以互相抵销计算,如记功可与记过抵销等。

各县(市)经征官考核由各省田赋处拟定,呈财政部核办。奖励标准为:各县(市)经征官于年度截限以前照额全数征齐者,应予特奖;若素称征收疲玩县市,本年能加意整顿,照额全数征齐者,从优给予特奖;如照上年度实收成分多收至一分以上者记功一次;二分以上者记功二次;三分以上者记大功一次;四分以上者记大功两次;五分以上者酌予优奖。惩罚标准为:各县(市)经征官于年度截限造报之日止,照该县(市)额征数或秋勘应征数,未征起数额不及一分者免议;一分以上者记过一次;一分五以上者记过两次;二分以上者记大过一次;二分五以上者记大过两次;三分以上者降一级任用;三分五以上者免职。

各省经征官考核由财政部执行,呈报行政院备案。各省经征官于年度截限以前,照额全数征齐者应予特奖;如照上年度实收成分多收至五厘以上者记功一次;一分以上者记功两次;一分五以上者记大功一次;二分以上者记大功两次;二分五以上者应予特奖。反之,于年度截限以前,未征起数额未及一分者免议;二分以上者记过一次;

二分五以上者记过两次;三分以上者记大过一次;三分五以上者记大
过两次;四分以上者撤职。

　　除对各省县(市)经征官的荣誉奖励外,并给予一定的物质奖励。
凡开征后两个月内,征收达额征数或秋勘应征数七成以上者,其超过
七成部分按每市石拨发各级经征人员奖励金 1 元[①]。此项规定颇有
意义,可是,在物价高涨,特别是粮价飞涨之战时,每市石提奖 1 元,
有些太低,难以起到提高经征官积极性之效用[②]。

　　1941 年度,各省田赋征实截至 1942 年 2 月 15 日年度截限日止,
其能征收足额且有超收者有四川、宁夏、广东三省;征达九成以上者
有浙江、贵州、江西三省;八成以上者有湖南、湖北、福建、云南、绥远、
河南、江苏七省;七成以上者有安徽、广西二省,西康征起五成七,山
西、陕西二省征达四成五,甘肃仅征起四成四。根据各省田赋征实成
绩,考成结果为:

　　　　1.四川、宁夏、广东、浙江、贵州、江西、湖南、湖北、福建、云
　　南、绥远、河南、江苏、安徽、广西、西康、山西、陕西、甘肃十九省
　　主席,皆能仰体时艰,努力推动田赋征实,督率催征,辛劳备至,
　　均由财政部呈请行政院转呈国民政府,颁给卿云勋章;
　　　　2.四川、广东、宁夏三省,征收均已超额,成绩优异,各该省
　　财政厅长兼省田赋处处长,亦请财政部转呈国民政府颁给景星
　　勋章,副处长由财政部颁给财政奖章;
　　　　3.贵州、浙江、江西、绥远、云南、福建、湖南、河南、湖北、江

---

①《田赋征收实物考成办法》,宋同福:《田赋征实概论》,中央银行经济研究处
　1942 年版,第 354-355 页。
②宋同福:《战时我国田赋征收实物之经过及其办法》,《经济汇报》第 5 卷第 1、2
　期合刊,1942 年。

苏十省,征收数额均在八成以上,成绩亦佳,各该省财政厅长兼省田赋处处长,均由财政部颁给财政奖章,副处长由财政部各记大功一次;

4.广西、安徽二省征收数在七成以上,各该省田赋处正副处长均予记功一次;

5.西康、陕西、山西三省成绩平平,不予奖惩;

6.甘肃一省收数不及五成,督征不力,省财政厅长兼省田赋处处长予以申斥,副处长记大过一次。

此外,三十年度各省初限期内超收在七成以上奖金,全国计共拨发一千二百余万元,以四川省得奖最多,共一千一百四十七万余元,其他各省共一百余万元。①

1941年度因田赋征实与征购是分开办理,且各省征购办法又颇不一致,故上项奖惩办法仅是针对征实而定,对征购则没有奖惩办法。自1942年度起,征购一律采用随赋征购办法,随着征购征实的同时进行,国民政府将征购也加入了考核范围。《田赋征收实物考成办法》也在1941年度结束时,由财政部、粮食部参照各省实施情形酌加修正,拟订《战时田赋征实暨征购粮食考成办法》《战时田赋征实暨征购粮食给奖暂行办法》《战时田赋征收实物催征欠赋考成办法》,1943年1月由行政院颁布,于1942年度起实行。与1941年度相比,主要变化如下:

(1)考核范围扩大。1941年只考核征实未考核征购;1942年起,征实征购同时考核;1943年征购改为征借后,又将征借加入考核范围。

(2)考核对象增加。1941年考核对象仅限于各省县(市)田赋处正副处长,1942年起,将各县(市)长及各级自治人员协催田赋征实

---

① 《民国三十至三十一年度田赋改征实物状况》,秦孝仪主编:《革命文献》第115辑:《田赋征实》(二),(台北)"中央"文物供应社1988年版,第278—279页。

征购,也加入考核人员系列。

(3)考核期限变化。以每期开征后两个月为初限,以截至次年二月底止为截限,初限为给奖期限,截限为考成期限。

(4)考核起点酌予降低。各县(市)经征官于截限以前,照该县(市)应征数应购数收足八成五以上者嘉奖;九成以上者记功一次;九成五以上者记大功一次;照额全数征齐者记大功两次,并给予特奖。征收不足八成五以上者申诫;不足八成者记过一次;不足七成五者记大过一次;七成者免职。各省经征官于截限以前,照该省应征数应购数收足八成以上者嘉奖;八成五以上者记功一次;九成以上者记大功一次;九成五以上者记大功二次;照额全数征齐者给予特别优奖。征收不足八成以上者申诫;不足七成五者记过一次;不足七成者记大过一次;不足六成五者免职。

(5)考核程序更严密。1941年考核由财政部负责,呈报行政院即可执行。1942年起,考核必须经财政、粮食两部认可。同时县(市)田赋处兼处长应受免职处分时,应由各该省田赋处商同省政府先行核明,分别函报财政部、粮食部会同内政部,呈报行政院核定后始可执行①。

(6)初限奖金细化并酌予加多。各县(市)经征官在每年新赋开征后两个月初限期内,田赋实征数粮食实购数超过该县(市)应征数应购数七成以上者,其超过七成部分根据超过成数不同而予以不同奖励,得提1元至3元之奖金②。各省经征官比照提3角至1元之奖金③。此

_____

① 秦孝仪主编:《革命文献》第115辑:《田赋征实》(二),(台北)"中央"文物供应
　　社1988年版,第81—83页。
② 具体为:超过在八成以下者,每市石提奖1元;超过不满九成者,其超过八成部
　　分,每市石提奖2元;超过九成以上者,其超过九成部分,每市石提奖3元。
③ 具体为:超过在八成以下者,每市石提奖3角;超过不满九成者,其超过八成部
　　分,每市石提奖6角;超过九成以上者,其超过九成部分,每市石提奖1元。

项规定较 1941 年笼统规定奖励 1 元,明显细化。且对各县(市)经征官奖励酌予增加,由 1 元至 3 元不等。而对各省经征官奖金则明显下降,由之前的统一 1 元变为 3 角、6 角、1 元不等。易言之,对县(市)经征官奖励加重,而对省经征官奖励降低。此项规定较 1941 年更为合理,因为各省经征官对田赋经征仅负督导之责,实际上担负经征重任的为县(市)经征官。各县(市)经征官依照《田赋征收实物催征欠赋考成办法》第五条规定:每期征起欠赋在各该县(市)每期应征数七成以上者,超过七成部分,当年新赋每市石提奖 1 元,以前年份旧赋每市石提奖 2 元。各省经征官比照各县市经征官办法,当年新赋每市石提奖 1 角,以前年份旧赋每市石提奖 2 角①。

(7)催征欠赋考成办法正规化。

对田赋粮政人员催征欠赋,亦进行考核。所谓欠赋包含两者:一是至截限日止尚未完纳之当年新赋;二是以前年各份旧赋。

1941 年度,因是田赋征实第一年度,对经征官催征旧赋的考成,未见相关文件出台,仅是要求各省参照《田赋征收实物考成办法》拟定,呈财政部施行,各省具体考成办法不详。自 1942 年度起,国民政府将催征欠赋正式列入考成系列之中。1943 年 1 月,行政院公布《战时田赋征收实物催征欠赋考成办法》,规定各省县(市)田赋处应按照截至每年 2 月底止,将截限以前民欠总额分作十成核计,自 3 月 1 日起以三个月为一期,第一期征起六成,第二期征起四成,均须如期照数征齐,其征收成绩每三个月考核一次。各县(市)处应将各该粮户欠完年份、赋额及其真实姓名与住址等,查造欠赋清册,于各规定期内分别催迫。各县(市)经征官催征欠赋,照每期应征数征足八成者记功一次;征足九成者记大功一次;如期征齐者记大功两次。每期征

---

① 秦孝仪主编:《革命文献》第 115 辑:《田赋征实》(二),(台北)"中央"文物供应社 1988 年版,第 84—85 页。

起成数不及各该县(市)应征数五成者申诫;不及四成者记过一次;不及三成者记大过一次;不及一成者免职。各省经征官催征欠赋,照各该省每期应征数征足七成者记功一次;征足八成者记大功一次;征足九成者记大功两次;照额全数征齐者给予特别优奖。每期应征数不及各该省应征数四成者申诫;不及三成者记过一次;不及二成者记大过一次;不及一成者免职。各省县(市)催征欠赋,如以当年征收之新赋作抵欠赋而虚报者,依刑法第一百二十三条规定送司法机关治罪。各省县(市)经征官应得奖惩,得就其相当部分互相抵销(如记功可与记过抵销等等,余类推)①。

1942年度,各省办理田赋征实征购考成系依照《战时田赋征实暨征购粮食考成办法》之规定办理,以1943年2月底为截限。据四川等十七省先后表报及江西等四省电报,实征数共计6064万余市石,比原核定配额6442万余市石,实征达九成以上,内征收足额且超收者,有福建、广东、湖南、河南、四川、云南、宁夏、山西八省;九成以上有绥远、浙江、安徽三省;八成以上有广西、江苏、江西三省;七成以上湖北一省;甘肃征起六成七;贵州、陕西均不足六成;西康、青海、山东成绩最差,仅征起二成余。各省考成结果,经呈奉行政院1943年12月4日仁人字第26792号指令核准奖惩为:

1. 四川、湖南、福建、广东、河南、宁夏、山西、云南等八省征收超额,各该省主席皆能仰体时艰,悉力推动,功劳备著,均由财政部呈请行政院分别特予嘉奖,该八省田赋处兼处长督率有力,各记大功二次,副处长各记大功一次;

2. 浙江、安徽、绥远三省征起九成以上,成绩优异,该三省主

<hr/>

①秦孝仪主编:《革命文献》第115辑:《田赋征实》(二),(台北)"中央"文物供应社1988年版,第79—81页。

席均由财政部呈请行政院分别嘉奖,省田赋处兼处长各记大功一次,副处长各记功二次;

3.广西、江苏、江西三省征起八成以上,成绩亦佳,该三省田赋处兼处长及副处长均由财政部传令嘉奖;

4.湖北、贵州、西康三省征实征购虽在八成以下,但湖北、贵州皆非随赋购粮,湖北征实已达九成四,购粮仅及五成九,贵州征实已达七成七,购粮仅及三成,均从宽免予置议,西康地瘠民贫,文化水准亦低,推动困难,亦免予置议;

5.陕西、甘肃二省征实皆在七成以下,成绩均劣,陕西省田赋处副处长记过二次,兼处长申诫,甘肃省田赋处副处长记过一次,兼处长业去兼职,免予置议;

6.青海、山东二省报告数字尚待查考,未予考成。①

1943年度,各省田赋征实征购(借)考成仍系依照《战时田赋征实暨征购粮食考成办法》规定办理,以1944年2月底为截限。据安徽等二十省截限收数报告,连陕西、湖北、河南三省征棉折合在内,共征起5675万余市石,较原定配额6316万余市石,实征达九成。内征收足额且超收者,有安徽、福建、宁夏、绥远四省;征达九成以上有河南、青海、四川、湖南、江西、甘肃、新疆、广西八省;八成以上有广东、浙江二省;七成以上有贵州、湖北二省;六成以上不足七成有陕西、山西二省;云南征收五成三,西康征收四成四,成绩最差。各省考成结果,经呈奉行政院1945年4月7日平叁字第2829号指令核准奖惩如下:

1.安徽、福建、宁夏三省均征收超额,绥远省照额征齐,各该

<hr>

①《民国三十二至三十五年度田赋征实状况》,秦孝仪主编:《革命文献》第115辑:《田赋征实》(二),(台北)"中央"文物供应社1988年,第340页。

省主席由财政部呈请行政院特予嘉奖,田管处兼处长各记大功二次,副处长各记大功一次;

2.四川省幅员广阔,赋额特多(约占全国 1/4),截限期收数虽仅达九成以上,而成绩亦属优异,该省主席由财政部呈请行政院特予嘉奖,田管处兼处长由财政部呈请行政院转呈国民政府授予五等景星勋章,副处长各记大功一次;

3.河南、青海、湖南、江西、甘肃、新疆、广西等七省,征达九成以上,各该省主席由财政部呈行政院均予嘉奖,田管处兼处长各记大功一次,副处长各记功二次;

4.广东、浙江两省各征达八成以上,该两省主席由财政部呈请行政院亦予嘉奖,田管处兼处长各记功二次,副处长嘉奖;

5.云南省因收获期晚,开征较迟,加以地质浇薄,灾情严重,又当大军云集,虽截限期内,收数不及六成,而该省主席及兼副处长在此特殊情形下努力催征,应付裕如,实属异常辛劳,由财政部呈请行政院仍各予以嘉奖;

6.贵州、湖北两省各征达七成以上,成绩平常,免予置议;

7.陕西、山西,收数不及七成,西康不及五成,成绩较差,惟陕西被灾稍重,山西地临前敌,环境艰困,西康开征过迟,且地瘠民贫,推动不易,均免置议,以示体恤。①

对各省主席及各省县(市)经征官的奖惩只延续到 1943 年度,1944年及 1945 年度考成因各省均未表报,又因办理 1944 年度考成时间,适财政部田赋管理委员会改隶粮食部时期,故未办理。1945 年度考成时间,由于抗战胜利,适大部分省市奉令免赋,亦未举办。易言之,抗战时

①《民国三十二至三十五年度田赋征实状况》,秦孝仪主编:《革命文献》第 115辑:《田赋征实》(二),(台北)"中央"文物供应社 1988 年,第 341－342 页。

期国民政府田赋征实进行了五个年度,而对各省主席及各省县(市)经征官的奖惩,只进行了三个年度,即 1941 年、1942 年、1943 年度,1944年、1945 年度未进行奖惩。

财政部为激发各级办理田赋人员的竞进精神,提高工作效率,迅速完成田赋征实征购任务起见,订定了《田赋征实及征购粮食工作竞赛通则》,颁发各省遵行,主要内容有:

(1)工作竞赛单位机关,分为征收处、县田赋处、省田赋处三级。

(2)第一级工作竞赛以县为单位,由各该管县田赋处主持考核,就其所属征收处举行工作竞赛,选择前三名分别奖励之。第二级工作竞赛以省为单位,由各该管省田赋处主持考核,就其所属县处与县处,征收处与征收处,举行工作竞赛,各级单位机关,各选最优等前三名分别奖励之。第三级工作竞赛以全国为单位,由财政部、粮食部会同主持考核,省处与省处,县处与县处,征收处与征收处,举行工作竞赛,各级单位机关,各选最优等前三名分别奖励之。

(3)工作竞赛期间,以田赋开征后计满二个月为第一次竞赛,以截至次年二月底止为第二次竞赛。

(4)各级竞赛单位机关应将各该机关征实征购实物总额匀作十成,第一次竞赛以实收七成以上为及格,第二次竞赛以全数收齐为及格,不及格者不得参加竞赛。

(5)获得前三名者由工作竞赛推行委员会颁给奖状、佩章、奖旗、奖金、奖品,并将该项成绩作为该各省(县)市政务考绩之参考。[①]

---

① 秦孝仪主编:《革命文献》第 115 辑:《田赋征实》(二),(台北)"中央"文物供应社 1988 年版,第 275—276 页。

　　1941 年度田赋征实竞赛,仅办理一次。省级竞赛前三名分别是四川、宁夏、湖南;县级竞赛前三名分别是四川灌县、梓潼县、南川县。1942 年度田赋征实征购第一次竞赛,前三名分别是宁夏、四川、福建;第二次竞赛前三名分别为四川、湖南、福建;该年度县级竞赛未办理。凡获得前三名者,均先由中央社在各大报纸先行发表,次由工作竞赛推行委员会酌予奖励[1]。1943－1945 年度全国及各省工作竞赛实施情形,除宁夏省曾于 1945 年度由省田粮处举办外,其他各省实施情况不详。时任财政部政务次长的俞鸿钧认为:"改征实物能顺利推行获得完满之成果,未尝非考成与竞赛之功效也。"[2]

　　对省长、田赋经征经收人员的奖惩,片面以征收成数为主要标准的竞赛和奖惩办法,对提高田赋征收效率虽起到一定作用,然不考虑各地征收实际情况的一刀切做法,实际上是助长邀功请赏、滥派浮收、弄虚作假等不正之风。各地不顾民命,派警威逼粮户缴纳田赋的情事,时有所闻。"政府为求征收迅速完成起见,特制定竞赛办法,在征实竞赛中,各县人员为急公好利之故,当其始也,雷厉风行,催科之命,急如星火,人民急无以应,致多卖犊典衣而应之。乡镇保甲人员则又为报功应县府,而县府当局乃欣然于升官有望,不问内容,不求实际,遂以征购竣事报省府,果然夺得锦标,而实物仍多散在民间,仓储并未充实,将来遇有欠额,则影响甚为重大。故此后负责当局,应严密调查实情,详加考核,以杜虚报流弊,而免影响当前征购宏业。"[3]

　　以上是对各省主席及各省县(市)田赋经征官的奖惩,对粮政人员的奖惩,由粮食部主办。粮食部对粮政人员的奖励,主要是对有功

①秦孝仪主编:《革命文献》第 115 辑:《田赋征实》(二),(台北)"中央"文物供应社 1988 年版,第 276 页。
②俞鸿钧:《战时田赋》,《经济汇报》第 6 卷第 1、2 期合刊,1942 年。
③潘鸿声:《田赋征实与粮食征购问题》,《中国行政》第 2 卷第 7、8 期合刊,1943 年。

人员根据其功绩大小分别授予粮政奖章或勋章。1943 年,因河南、广东等省发生灾歉,"粮食严重不足,而滨湖产粮区军事又较为紧张,粮源短绌,需要转增,今后粮政工作,必更增艰苦,为确保征粮工作顺利进行,崇奖有功"①,粮食部拟定了《粮征奖章规则》(1943 年 7 月 16日公布)。依照《粮政奖章规则》规定,对办理粮政成绩优异者给予以不同等级的粮政奖章奖励。

各级粮政机关公务员具有下列各款劳绩之一者,得给予粮政奖章:

(1)服务二年以上确有劳绩者;(2)对于粮政有专门著述或特殊建议,经采纳施行者;(3)办理征收征购粮食如期完成继续至二年以上者;(4)拨放军公粮食如期完成继续至二年以上者;(5)办理民食调节管制具有优良成绩继续至二年以上者;(6)查获囤积居奇之粮食在 3000 市石以上者;(7)其他对于粮政有特殊劳绩者。

非粮政人员具有下列各款劳绩之一者,得给予粮政奖章:

(1)对于政府粮政计划有特殊贡献有利国计民生者;(2)捐献粮食总额一次达 1000 市石以上者;(3)认售平价粮食总额一次达 3000市石以上者;(4)协助粮政机关办理重大案件著有劳绩者,外国人民对于粮政上有特殊勋劳者,亦得给予粮政奖章。

粮政奖章分为三等,每等各分三级,简任初授一等三级,荐任初授二等三级,委任初授三等三级,均得累进至一等一级,其劳绩优异者得超一级给予。聘任人员或非粮政机关人员暨外国人,应按其劳绩分等颁给。给予粮政奖章者应由主管长官开具事实,报请粮食部呈经行政院核准后颁给。颁给公务员粮政奖章时,由粮食部咨请铨叙部备案,颁给外国人粮政奖章时由粮食部咨请外交部备案。粮政奖章给予时,除注册外,并附给证书。晋受粮政奖章时,应将前授之粮政奖章缴销。凡授予粮政奖章的人员,除因刑事处分受褫夺公权

①(台北)"国史馆"档案:"财政部"018000018651A;《粮政奖章规则》。

外,可终身佩带粮政奖章(应于着礼服或制服时佩于上衣左衿)①。

　　1945年度,因四川巫溪、沙川、开江三县于初限期内即告扫解,粮食部对三县县长宋怡云、程方九、莆秉廉分别授予粮政奖章(宋、程为二等二级,莆为二等一级),三县田粮处处长刘景源、刘志灿、徐清士亦授予粮政奖章(刘景源、刘志灿为二等三级,徐为二等二级)。而泸县、大竹两县因征实数额巨大,办理不易,在初限内征达九成以上,两县田粮处处长周显伯、钱甫君均授予二等二级粮政奖章②。四川储运局嘉陵区分局副局长邓雨甘、科长张卂九因五年来办理粮政成绩优异,由粮食部分别授予二等二级、二等三级粮政奖章。1945年度,宁夏于初限期内,各县在灾歉之余不仅提前如额征足,且超收不少。该省历年征实成绩优异(尤其是1945年度排列全国第一,1944年度第三),粮食部对该省办理田赋征实成绩优异的相关人员分别授予粮政奖章,省田粮处处长赵文府授予一等三级;省田粮处副处长金钟秀、魏烈忠,省田粮处科长安文荫、秘书马仁勤,中卫县兼处长马延俊、永宁县兼处长卢中德、中宁县兼处长薛详,各授予二等三级③。

　　对粮政有特殊贡献的人员,可授予勋章。按照勋章条例规定,只有记大功两次才有资格授予勋章。1944年2月,粮食部对1941—1944年以来(即田赋征实施行以来),粮食部出力最多、功绩最著的以刘泳闿为首的10人分别呈请行政院各记大功二次,随后这10人均被授予五等勋章。

　　1941—1945年田赋征实期间,究竟有多少粮政人员获得勋章,在

①(台北)"国史馆"档案:"国民政府"001000001679A;《粮食管理法令》(二)。
②中国第二历史档案馆档案:八三1089:《粮食部粮政奖章规则暨授给有功人员表件及有关文书》。
③中国第二历史档案馆档案:八三1089:《粮食部粮政奖章规则暨授给有功人员表件及有关文书》。

国民政府档案中未见详细记载,见诸史料的约有 10 多人(表 4－1),其中等级最高的是二等,次为三等,再次为五等。最高等级勋章获得者是徐堪,徐被授予二等勋章与战时粮政的重要性和田赋征实成绩较佳关系密切。被授予三等景星的有刘航琛、庞松舟,刘、庞二人被授予三等殊荣之主因与徐大致相同,各省粮政局局长或田粮处处长被授予此等荣誉的仅有云南省民政厅厅长兼田粮处处长陆崇仁。陆之主要功绩,用粮食部负责人的话讲,是办理田赋粮政功绩优异[①]。若论办理粮政成绩,云南历年成绩远在四川宁夏两省之下,然该两省的粮政负责人却未得到此殊荣。事实上,陆之授勋除了办理粮政成绩不错之外,与中央和云南的特殊关系不无关联。被授予五等勋章的仅有云南、贵州、江西、河南、四川等数省粮政人员。

表 4－1　粮食部被授予勋章人员表[②]

职衔	姓名	勋章等别
粮食部部长	徐　堪	二等卿云
粮食部次长	刘航琛	三等景星
粮食部次长	庞松舟	三等景星
云南省民政厅厅长兼田赋粮食管理处处长	陆崇仁	三等景星
粮食部管制司司长	尹静夫	五等勋章
前四川粮食储运局局长,授勋时任粮食部简任秘书	席新齐	五等勋章
贵州省粮政局局长	何玉书	五等勋章

[①]中国第二历史档案馆档案:八三 1087:《粮食部及所属机关人员授给勋章及有关文书》。

[②]中国第二历史档案馆档案:八三 1087:《粮食部及所属机关人员授给勋章及有关文书》。

职衔	姓名	勋章等别
云南省粮政局局长	段克昌	五等勋章
粮食部简任秘书	刘泳阎	五等勋章
江西省粮政局局长	胡嘉诏	五等勋章
河南省粮政局局长	卢郁文	五等勋章
四川省粮政局局长兼四川民食第一供应处处长兼四川粮食储运局成都区办事处处长	康宝志	五等勋章
粮食部财务司司长兼仓库工程管理处处长	李嘉隆	五等勋章
前四川粮食储运局副局长，授勋时任粮食部顾问	廖　泽	五等勋章

　　授予勋章可谓是对粮政人员的最高奖励，从以上获得勋章的粮政人员可以看出，能获得此殊荣的大多为粮食部主管人员，各省仅限于主管粮政的一把手，即粮政局局长或田粮处处长，各省粮政局副局长或田粮处副处长似乎是无法获得勋章的，至于省以下各县市直接经办粮政的人员更无可能！他们只能获得粮政奖章，即便是粮政奖章，颁发的范围也限于极少数粮政人员，而实际负责粮政推行与粮户直接打交道的大量战斗在第一线的粮政下层人员是很难获得的。换句话说，从粮政方面而言，勋章是为上层人员设计的，且是上层中的一把手、二把手之类人员（各省的二把手似乎亦无缘此殊荣），奖章是为下层人员准备的。事实上，粮政的推行依靠的基础正是以县长乡长为首的各级负责粮政的下层人员，虽然中央（指粮食部）与各省主管机关（指粮政局或田粮处）对粮政的作用也较大，但他们仅负规划督导之责，田赋征实能否顺利完成，下层人员所起作用至关重要。假如他们不甚努力或玩忽职守，上层规划再好亦无济于事。因此，勋章颁发对象无形中仅局限于上层粮政人员的现实，是无法有力地调动广大下层粮政人员的工作积极性的，对其积极性打击之重是不言而

喻的。故而大多数下层粮政人员在无法获得粮政奖章或勋章等荣誉的情形下（包括精神与物质两方面），加之战时国家财政困难，其待遇不高，人员又短缺，工作又很繁重，致使其大多数选择了物质追求，即将手伸进了粮食，在粮价不断上涨的战时，贪污粮食远比追求粮政奖章或勋章等精神上的荣誉更容易、快捷和实惠。田赋征实愈往后，粮政人员的贪污舞弊现象愈多，除了待遇较低①与粮价高涨的诱惑之外，无法获得国家对自己工作的认同也是一个主要原因。

粮食部对粮政人员的惩处，主要是依据《非常时期违反粮食管理治罪暂行条例》《惩治贪污条例》之规定办理。如粮政人员有借端勒索或其他营私舞弊情事，直接送军法执行总监部或当地有军法审判权的机关讯办。但效果甚微，致使粮政舞弊愈来愈多，引起民众强烈不满。

1943 年 12 月，徐堪在呈蒋介石的电文中，以"粮政业务繁杂，监督难周，浮收盗卖掺杂掺水等舞弊案件较多，且对此类犯罪必须立加拘讯，方可究出真情。本部为行政机关，不便径行拘押人犯，而逐案移送军法机关讯办，公文往返费时，证据易于湮没"②为由，恳请特准由军法执行总监部派遣军法官在粮食部内设立军法分处，一有违法舞弊案件，立即交由军法分处讯明处断，提高办案效率，以利粮政推行。对徐之建议，蒋认为，如特准在粮食部内设立军法分处，则其他部门或机关亦会提出相同要求，因之，他坚持凡违反粮食管理治罪条

---

①经收人员待遇太微薄。1941 年，新都（每县大抵相似）征购办事处经收主办员月支 55 元，经收员月支 40 元，各员每月外加食米代金 72 元 5 角，生活补助费 30 元，仓夫月支 18 元，外加食米代金 72 元 5 角，生活补助费 30 元，斗手工口每单市石付洋 2 角，提撮刮三人一组，平均分摊领用。上项人员收入仅足够一人生活之用，何能供养家属。陈公干：《论本年度经收实物应注意之诸问题》，《财政评论》第 8 卷第 5 期，1942 年。

②中国第二历史档案馆档案：八三 1414：《粮食部军法室设立及结束有关文书》。

例的案件应照旧送请军法机关讯办。对徐所请设军法分处之提议，蒋的答复是:可暂缓。

由于粮政关系军糈民食甚巨,粮政中违反粮食管理的案件不仅阻碍粮政进行,甚至影响国家安定团结与前途,尤其是随着粮政舞弊案件的愈来愈多,粮政日益引起社会人士的强烈不满,迅捷惩办粮政贪污案件已成为摆在国民政府面前的一项急务。加之粮政案件具有很强的时效性,粮政舞弊如掺水掺杂、浮收、盗卖等,若不及时处理,违反者随时有销毁证据或逃亡之可能,故必须一经发觉立加拘捕。1944年3月6日,军法执行总监部派驻粮食部军法官室的组织成立,正是此形势下的产物(徐堪也再次向蒋介石和行政院提出此要求,这次蒋没有拒绝)。该室共有官佐17人,主任石毓嵩,办公地点设在督导室,主要任务是辅助粮政、充裕军粮,军法官常驻粮食部办理有关粮政之军法案件,军法官办理军法案件受粮食部部长指导,并须与粮食部督导室切取联系,就近审理案件。该室自成立后,3月27日开始受理案件。同年,国民政府规定特种刑事案件自11月12日之后必须移归法院办理(仍予粮食部督察人员以司法警察职权),军法官室以以前接办案件较多,难于如期清结,请求延期结束,至1945年2月10日奉命结束,前后存在不到一年时间①。据徐堪言,军法执行总监部派遣军法官驻粮食部办理粮政贪污案件以来,颇著成效。

按照《特种刑事案件诉讼条例》规定,1944年11月12日之后,违反粮食管理及粮食舞弊案件必须依法改送普通司法机关审理。鉴于粮政的特殊性,1944年9月,徐堪呈请行政院在兼顾法律与事实需要并不增加经费的情况下,对粮政贪污舞弊的惩罚能采取一些特殊处

①中国第二历史档案馆档案:八三1414:《粮食部军法室设立及结束有关文书》。

置办法,加速对粮政案件的处罚效率①。可惜,徐之正确见解未被采纳(徐堪 1945 年 1 月再次呈蒋介石)。

1945 年 2 月,行政院始同意徐堪设置粮政督察队的建议,但将其职权规定为该队官长队员分别协助检察官及受检察官之指挥,对违反粮食管理及粮食舞弊案件,得调查人犯搜集证据及告发检举,唯除有关现行犯及通缉人犯外,不得逮捕人民,其情形急迫认为有迅行逮捕之必要者,应通知或申请当地有权机关行之。并让粮食部会同司法行政部拟定粮政督察队组织办法。3 月底,《粮政督察队组织条例草案》才交由立法院审议。其核心内容是:各省设粮政督察队 1 队,以省为督察区域,并受省田粮处指挥监督,但陪都及四川省粮政督察队直隶粮食部。粮政督察队得设支队及分队,除陪都及四川省粮政督察队外,其他各省粮政督察队人数最多不得超过 100 人。设队长、副队长各 1 人,支队设支队长、支队副各 1 人,分队指定督察员 1 人为分队长。粮政督察队官长及队员对于粮食收储运配及其他有关粮食犯罪嫌疑之人犯,得依法行使司法警察官及司法警察之职权。

此点亦是徐堪 1945 年 1 月签呈蒋介石之内容。徐认为肃清粮政弊端,增进储运效率,关于粮政督察队之职权,事实上有再予加强之必要,拟请依照《刑事诉讼法》第二百零九条一项三款及第二百一十条一项三款规定,对阻挠征购违反粮食管理及粮食舞弊案件,分别授予该队官长队员以司法警察官及司法警察之职权。四川陪都以外其他各省,田赋粮食机关原有督导调查与密查人员,并拟援例合并编组为粮政督察队。蒋认为徐所请尚能兼顾法令与事实,经予核准,唯该部及各省粮政督察队之组织、人事应力求健全,并应特别研习关于司法警察应具之法律知识,督饬严格遵守,以杜

---

① 中国第二历史档案馆档案:八三 1555:《粮食部解答关于追收官商亏欠倒卖赋粮诉讼问题文件》。

流弊。蒋并知照国防最高委员会迅予召集粮食部与司法行政部会妥订粮政督察队组织规程实施,并呈送国防最高委员会备案。故才有上述粮政督察队组织规程草案①。《粮政督察队组织条例草案》经行政院转报国防最高委员会核转立法院审议,立法院 6 月 18 日会议决议缓议②。此后关于粮政督察队是否成立及对粮政弊端处置效果如何,因未见相关史料,不得而知。

总计粮食部自成立之日起至 1946 年 3 月底止,对粮政违法舞弊案件,经审讯属实依法判处死刑者 10 人,无期徒刑 25 人,十五年以上有期徒刑 28 人,十年以上徒刑 17 人,五年以上徒刑 112 人,一年以上徒刑 91 人,撤职记过等行政处分者 325 人。徐堪认为:"政府行政机关对于其所管职务上之督察处办,从未有如此认真严厉者也。"③

从对粮政人员惩处机构的变迁观之,第一阶段是由粮政机关直接解送军法执行总监部或当地有军法审判权的机关办理;第二阶段是于粮食部内设立军法官室,由军法官审理;第三阶段是移交普通司法机关审查办理。三个阶段中,第二阶段效率最高,次为第一阶段,因之在前两个阶段,对粮政贪污舞弊案件惩处因办理相对较迅捷,对粮政人员或多或少能起到警戒作用。而在第三阶段,由于程序烦琐,导致结案不易。后期粮政人员贪污舞弊之风大增,除了他种原因之外,司法机关审理案件迟缓亦是一个主要原因。审理粮政案件时,惩办愈严舞弊愈少,如 1943 年粮食部奉蒋介石命将承办粮运人员掺杂作伪案件一律送军法机关按损坏军粮罪严办后,储运舞弊明显减少。普通司法机关因程序烦琐结案较慢,无形中在一定程度上为粮政人

---

① (台北)"国史馆"档案:"国民政府"001000001679A:《粮食管理法令》(二)。
② (台北)"国史馆"档案:"国民政府"001000006030A:《粮政》(九)。
③ 徐堪:《抗战时期粮政纪要》,(台北)《四川文献月刊》第 11、12 期合刊,1963 年。

员舞弊大开绿灯,他们完全可以利用空隙,将证据销毁而逃脱法律的制裁。国民政府对粮政舞弊制裁不力的现实,致使抗战时期粮政愈到后期,舞弊愈多。所以,将粮政案件移交普通司法机关审理为一种极不明智的选择。

(二)奖惩与县长

鉴于县长在粮政中的重要性,国民政府将粮政中对县长的考成单独列出。

在办理粮政的过程中,县长大多身兼各县粮政科科长一职,故主管粮政之县长实系粮政执行中的关键人物,其能否勤奋从事,对推行粮政法令与田赋征实任务的顺利完成,作用甚大。因之,对县长办理粮政成绩进行明确的赏罚,是调动其积极性的重要手段。1942年9月,蒋介石为调动县长办理粮政之积极性,规定战时县长考成粮政与役政并列,各占县长考绩分数35%。为此,1943年1月25日,行政院按照蒋之意旨制定原则三项[①],其要点为:

(1)抗战期间县长办理粮役两政考成比数应各占35%,其余县长主办业务共占30%,由省政府拟定百分比率以为考绩之标准。

(2)凡有关奖惩县长之规则应由各主管机关予以检讨奖惩,标准必须具体确实,赏罚限度必须明白规定,尤须斟酌赋予权力

---

① 在此之前,为激励有功起见,粮食部对县长奉行粮政最为出力、成绩特别优异者,亦优加奖擢。如1942年12月28日,徐堪呈请蒋介石对四川江津、乐至、泸县、铜梁四县县长令饬四川省政府以专员升用或以简任职存记,并恳请蒋定期召见,以资鼓励。蒋后令将四川11月底止征购足额富顺等十一县县长先行传令嘉奖,并登报宣扬。再将各该县兼副处长电呈财粮两部以优奖励,并通令各该员及其他县市局登报宣扬,乐至副处长因曾受处分,未予奖励。(台北)"国史馆"档案:"国民政府"001000005943A:《田赋征实征购》。

之大小,以定责任之轻重,凡不合此规定而有畸轻畸重之弊者,应即予以修正。

(3)凡有关奖惩县长之案件应由各主管机关商同省政府核明,然后付诸执行,不得自由处置。①

从蒋介石的指示和行政院的三项原则分析,对县长考绩粮政所占部分,中央只是规定一个大原则,具体县长办理粮政各项事项应占百分之多少,即35%应如何分配(此项规定粮政之35%,包含征实征购征借、运输、配拨、管制、调查、仓储、加工、粮食账款等许多方面),由粮食部会同各省政府拟定。粮食部在拟定分配办法时,鉴于各县办理粮政所属不一,有属县政府粮政科主办者,有另设机构主办,县长仅是兼职,实未综揽一切,而另有副处长仓库副主任负一部分专责者。除由县政府粮政科主办者,以县长名义直接负责外,其他县长兼职非以县长名义处理,事实上各有分掌负责人,县长仅是挂职。因县长在粮政中扮演角色之不同,所负责任差别很大,前者县长责任重大,后者较小,故主张以县长所负实际事权轻重为衡断标准。凡由县长主办者县长负完全责任,县长仅负名义另有负责人者,可减轻县长责任,以便权责分明。按照行政院的原意,须将35%逐项拟定分数。粮食部认为:如将35%逐一划分,每项分数在百分数中所占甚微,县长不免忽视占比分较少的事项,反致影响整个粮政。另外,各地办理粮政条件不一,以征收论,富庶县粮户输纳较易,贫瘠县较难。以运输论,交通便利县与阻塞县差异巨大。条件优者易达到考成标准,反之不易。故主张将县长办理征收征购、运输、配拨、管制、调查、仓储、加工、粮食账款等项统一包括于35分以内,由各省政府斟酌本省各

①中国第二历史档案馆档案:八三324:《县长办理粮政应奖应惩事项办法与有关文书》。

县实际情形,在 35 分以内酌量支配,而不做逐项划分。

　　行政院与粮食部,一个主张划分,一个反对。对行政院而言,将 35 分明确划分,权责分明,易于考核。而粮食部考虑更多的是从各地的实情出发,若将 35 分明确划分,县长多会选择百分数高而忽视甚或放弃百分数低的事项,于整个粮政推行不利。从此角度观之,粮食部的建议无疑是正确的,这也是之后行政院批准粮食部做法的主要原因。粮食部对此的态度,可从其所拟上呈行政院的《县长办理粮政应奖应惩事项》中窥知。

表 4—2　县长办理粮政应奖应惩事项①

县长 所办事项	应奖事项	应惩事项
征实征购	1. 办理征实征购超过规定数额者 2. 征实征购超前办竣者 3. 奉令抢购采购能如期如数完成者	1. 征实征购办理不力不足规定数额过巨者 2. 征实征购延期未完成者 3. 漠视抢购采购命令或办理不力者
运输	4. 运粮集中征用民夫或民有输力输具迅速运竣而不扰民者 5. 奉拨军粮如期如地如数拨清者 6. 划拨公粮无滥发无积欠者	4. 粮运紧急时,借故推诿延误限期,发生不良影响者 5. 交拨军粮不依规定限期规定地点交拨者 6. 划拨公粮不遵规定滥拨欠拨者
配拨	7. 拨放军公粮食严密督饬以原征品质拨解者 8. 征起粮食随征随拨,军粮民食避免资敌之虞者	7. 利用职权上机会故将征起粮食掉低品质或掺和稗杂拨解军公粮者 8. 不将征起粮食随时拨解为敌掠夺者

---

①中国第二历史档案馆档案:八三 324:《县长办理粮政应奖应惩事项办法与有关文书》。

县长 所办事项	应奖事项	应惩事项
管制	9. 防止粮食资敌卓著成效者 10. 粮价限价地区不超过规定限价者 11. 稳定未限价地区粮价,使无波动者 12. 调剂民食得宜,使辖区粮食供应无缺者 13. 督导大户按时出售余粮而有成绩者 14. 管理市场得力无囤积居奇黑市操纵者 15. 登记粮商如期完成,加强粮商组织,协助政府推行法令者 16. 督导粮商营运,使供销平衡者	9. 不切实防止粮食漏海及资敌者 10. 限价地区办理无方,粮价仍超出限价者 11. 未限价地区不早设法平定时有波动现象者 12. 调剂民食无方,辖区随时发生粮荒者 13. 大户存粮未能督导按时出售者 14. 不切实管理粮食市场交易仍有黑市操纵囤积居奇者 15. 登记粮商未能如期完成,粮商组织不严而玩忽法令者 16. 粮食供销盈绌不为合理调节者
调查	17. 遵照粮食节约规定,对禁酿浪费执行禁令者 18. 粮食加工精度照规定切实办到者 19. 粮食调查陈报工作如期如限遵报而数字正确者 20. 额定粮食调查人员遵令设置者 21. 对于部派指导调查或抽查人员尽量协助者	17. 仍有主要粮食酿酒熬糖违反节约规定者 18. 粮食加工精度未照规定切实办到者 19. 对粮食陈报工作疲玩敷衍数字不准确者 20. 未能遵令设置致贻误调查工作者 21. 对于部派指导调查或抽查人员协助不力致工作不能进行者
仓储	22. 对紧急事变督属抢护仓储粮食运至安全地区不受损失者 23. 保管仓储使损耗低于规定比率者 24. 备荒积谷依限募足规定数额并切实监督保管者	22. 遇非常事变仓皇退缩坐失时机或处理失当致仓储受损失者 23. 保管责任不尽善良致粮食腐朽霉变损耗率超过规定者 24. 不切实奉行积谷政令及监督管理者

续表

县长所办事项	应奖事项	应惩事项
加工	25. 严密注意仓库安全,从未发生盗窃或遭受其他灾害者 26. 协助勘觅仓址建修仓库依限完成任务者 27. 提高粮食碾率超过规定比率者	25. 不事防范因疏忽致仓库逸生变故仓储遭受损失者 26. 对于奉令协助修建仓库事务因循敷衍贻误事机者 27. 经办粮食加工其碾率低于规定者
粮食账款	28. 发放购粮价款迅速发清不欠民不病民者 29. 监督经管粮款人员保管运用悉遵法令无挪移牟利及私自存放生息者	28. 短发购粮价款或克扣图肥者 29. 所属经管粮款人员违反法令失察及徇私不举发者

之后,各省对县长办理粮政的考成,除四川因情形特殊定为30％外,其余省均按35％办理,即总分35不划分,由各省斟酌实际情况实施。施行以来,收效甚宏(徐堪语)[1]。

然而1944年12月26日,行政院颁布《县长办理考绩条例》,规定每一主管或有关机关所定县长工作成绩百分比,在县长工作成绩百分比总标准内,于战时不得多于25％少于2％,平时不得多于20％少于5％,总标准应由省政府制定。换言之,战时粮政在县长总考绩中最高占25％,最低仅为2％。粮食部认为《县长办理考绩条例》所定百分比标准,一是伸缩性过大,各省政府规定粮政成绩所占百分比自难一律,如所占百分比过低,县长不免忽视,影响粮政推行;二是即便改照新标准,战时亦最高不过25％,以战时粮政之重要性而言,未免有些低。这次改动牵涉粮政推行,故粮食部强烈要求行政院仍照

---

[1] 中国第二历史档案馆档案:八三 324;《县长办理粮政应奖应惩事项办法与有关文书》。

原定标准 35％执行,以重粮政。

在粮食部的强烈要求下,国民政府亦考虑到战时粮政之特殊性,做了一个折中处理,即 1945 年县长办理粮政考绩所占百分比既未答应粮食部的请求,亦未按照《县长办理考绩条例》办理,而是由国防最高委员会核定为 30％。即便是如此标准,实际上亦很难施行,因为它与《县长办理考绩条例》有矛盾之处。按照《县长办理考绩条例》规定,各省政府有权决定县长考绩百分比,自然包括粮政。易言之,各省既可依照中央规定的标准,亦可在 2％～25％之间自定标准,粮食部甚至中央政府,对不履行中央规定的各省实无权干涉,粮食部深知此点。如江西将县长考绩定为 25％,为便利粮政推行,该省田粮处希望通过粮食部将县长考绩标准提高,即遭粮食部拒绝(粮食部令其按省政府的规定执行)①。

客观地说,战时田赋征实期间,国民政府对负责粮政的县长之奖惩,从粮政所占县长考绩百分比看,不可谓不重视,执行也较严密,此亦是这一时期田赋征实绩效显著的主因之一。因为唯有加大粮政在主管粮政县长考绩中的百分比,赏罚分明,才足以调动其积极性。否则即便做到赏罚分明,而所占百分比太小,粮政要顺利推行,无疑是痴人说梦,战后粮政就给我们提供了一个模板。抗战胜利后,国民政府先是规定县长办理粮政严格按照《县长办理考绩条例》执行,即粮政在县长考绩中不得多于 20％少于 5％;后又规定自 1946 年度起,将战时县长办理粮政考绩比率取消,不再做硬性规定,由地方政府统筹拟订。1946 年,各省自拟百分数最高仅 15％,最低仅 5％。为加重县长责任,减少粮政推行难度,各省田粮处纷纷请求省政府提高县长办理粮政比率,遭拒绝后,又呈请粮食部出面解决。为此,粮食部先

---

① 中国第二历史档案馆档案:八三 1083:《粮食部关于各省县长办理粮政考绩办法及奖惩表件与有关文书》。

后两次呈文行政院,请求将百分比按照《县长办理考绩条例》最高额全国一律硬性定为 25％,均遭拒绝。直到 1947 年,行政院才在各省田粮处、粮食部的再三请求下,硬性规定为 20％。导致战后田赋征实成绩愈来愈差的原因有多种,恐怕其中粮政在县长考绩中百分比的大幅下降所引起的县长对粮政的轻视甚或忽视,实为一个重要原因,这一点和战时形成了鲜明对比。

严厉的奖惩是粮政顺利推行的保障,然这种单纯以征收成数及期限为衡量政绩的准则,而较少考虑各地实情的一刀切做法,尤其是在各省主席及各省县(市)田赋处或田粮处正副处长的考核中表现更明显,导致各地虚报征收数和其他粮政舞弊的增多。田赋除征收外,尚有仓储、运输、配拨等诸多任务,因征收成绩优劣相较其他更易考核,国民政府自然选择前者而较少顾及后者,此似无可厚非。但以征收成绩为主要考核内容时,尚须兼顾其他粮政,更须考虑各地的实际情况,并根据实际情况积极谋求解决造成田赋短缺及仓储、运输、配拨迟缓的根本原因,否则将不利粮政之推行。

第二节　粮食库券制度[①]

一、缘起

1941 年,国民政府实施田赋征实时,其赋额总数是按照民国三

[①] 本节内容参考拙文《抗战时期国民政府粮食库券制度之研究》,《抗日战争研究》2012 年第 2 期;《抗战时期国民政府粮政研究——粮食库券返还实况分析》,《中国经济史研究》2012 年第 2 期。目前所见专文研究粮食库券制度的,除了笔者的两篇论文外,仅见蔡慧敏《抗日战争时期国统区粮食库券述略》〔《重庆科技学院学报》(社会科学版)2009 年第 8 期〕一文。论文研究了粮食库券的发行经过、有关制度、承诺与作用,可惜篇幅过小,未能展开论述。

十年度省县正附税总额每元折征稻谷二市斗,按此标准大约可征2000多万市石粮食。虽获得大量粮食,唯以战区日益扩大,军公民食之需日益浩繁,田赋征实所得尚不够供应军粮一项,更不用说解决公粮和民食所需。如贵州田赋征实后约不敷军粮2/3,约为全省所产粮食1/20。1941年11月2日《解放日报》记载:"当时全国军警公务员为1500万人,共需稻谷约7500万市石。"①易言之,田赋征实仍未能解决粮食问题,与中央实施该制度的初衷相差甚远,为了获得充足粮源,中央必须并筹他法。

对国民政府而言,最简单便捷的办法即是直接以法币从市场上收购粮食。此法在平时尚可,在战时几无可能,其中最大的难题是财政困难,政府无法拿出巨额货币,即便有,政府大量在市场集中购粮,更易引起粮价暴涨,加速货币流通,最后导致恶性通货膨胀。因之,政府企望一种既能让国家得到巨量粮食,又不让政府出巨额货币的方案,而粮食征购和粮食库券制度恰恰满足了上述两种需求。因此,很快被国民政府作为解决粮食问题的除了田赋征实之外的又一大政要政。

所谓征购,即政府定价强制从粮户购粮,与一般购买之不同,即突出"强制"或"征"的意味。在"购买"下,粮户有权决定卖与不卖,有权决定粮价高低(在人民以余粮出售,在政府以公平价格收买。国民政府本意也想如此,即最初征购本意②,无奈因战时各种因素制约,最终变成真正的征购)。而在"征购"下,粮户是被动的,既无权决定是否出卖,亦无权决定粮价高低。换言之,粮户必须卖粮于国家,且价格多少由政府决定,即便是低于市价很多,政府也不能全部支付货

---

①蔡慧敏:《抗日战争时期国统区粮食库券述略》,《重庆科技学院学报》(社会科学版)2009年第8期。

②(台北)"国史馆"档案:"国民政府"001000005941A:《四川省田赋征实征借》。

币,而是采取部分支付货币,部分支付类似于借条之类的票证(即后来的粮食库券),粮户唯有无条件服从。

关于征购之理由,国民政府认为:

第一,"田赋征实以原有赋额为折征标准,所得实物原有限度。三十年度开始征实,预计可收谷麦仅为二千三百万市石之谱,其后各年酌为增加,亦仅三千余万市石,均不足供军粮一项之用"。

第二,"且田赋征实,以土地为标的,征得实物,极为散漫,在地域上、时间上,亦不能完全适应军公粮之需要"①。

其实,征购的出现要早于征实,最早在1939年后半年就已出现。1939年下半年,伴随着粮价上涨,军粮采购困难重重,在此背景下,军队采购军粮大多委托当地行政机关,设法低价购粮。因收购价远低于市场价,当地省县政府唯有以行政命令的方式强制粮户卖粮,以满足军粮的大量需求,这种局面至1940、1941年更为突出。军粮机关的做法虽严重损害了粮户利益,但亦是军费紧张之下迫不得已而为之,此种做法实为后来国民政府制定征购制度提供了一个蓝本。这时的"征购"和征实时的"征购"已接近,含有一定"征"的意味,不过没有后者"征"的色彩浓厚而已,实为征购政策之初端。不同的是,前者之"征购"虽所定征购粮食价格较低,但却是全部支付法币。

1939年下半年至1941年7月粮食部成立,国民政府的粮食政策着眼于征购,但仅凭征购之粮未能满足军粮之需,所以早在1940年7月即决定筹集粮食的方法有田赋征实征购两种,只不过当时国民政府对如何征购尚无具体的实施办法。因为如若施行征购,就必须有定价,且所定粮价不可过分低于市场粮价,否则必会引起广大粮户的强烈不满。且征购还必须支付一定量的货币,故国民政府在实施时必须慎之又慎。所以1940年国民政府仅是决定征购,对其具体办法

———————

① 中国第二历史档案馆档案:八三 100(2):《粮食部工作报告》。

则不好轻易决定,更不敢贸然实施。

为力避征购以货币支付所带来的弊端,政府决定以发行粮食库券的方式代偿。粮食库券的发行,肇端于1941年全国粮食会议"发行粮食公债及粮食证券以筹粮食公营资金"一案①,决定则在4月的国民党五届八中全会。该会的中心提案之一即是"遵照八中全会决议,兼筹粮食金融,拟定发行粮食库券募集粮食办法案",会议主席团提议中央征购粮食可由政府发行粮食库券,作为收购粮食支付代价之用。认为粮食库券有两大优点:控制粮源,平抑粮价;收缩通货,安定金融。就理论言,唯有以粮食库券募集粮食,始能避免收购方法刺激粮价膨胀通货之苦痛经验,兼收平均人民负担之效。就事实言,亦唯有以粮食库券募集粮食,始能在田赋征收实物以外,由政府控制足量之粮食,供应军糈,调剂民食(后国民政府在《民国三十年粮食库券条例》中曾申明其发行目的是供应军糈、调剂民食),以期达到以量控制价之目的。主席团认为无论在实施上或技术上,发行粮食库券都是政府筹措粮食与稳定金融合理而有效的办法②。

5月,财政部次长徐堪因田赋征实问题赴重庆,向四川军政士绅征询意见,并经会商达成解决办法两项:甲、田赋征收实物兼用征购办法。乙、印发粮食证券,在四川1940年征购军粮区域,征购粮食1200万市石。先付二成法币,其余概付粮食证券,准自1941年度起,每年以1/5抵缴田赋,五年抵清(6月由省政府提请省临时参议会正式讨论决定价款之付给,承认二成现金,八成公债或抵粮券,后因中央已有具体实施办法,四川的办法遂搁浅)③。此与之后实施的粮食

---

① 关吉玉:《粮食库券与购粮问题》,《经济汇报》第6卷第1、2期合刊,1942年。
② 宋同福:《战时我国田赋征收实物之经过及其办法》,《经济汇报》第5卷第3期,1942年。
③ 秦孝仪主编:《革命文献》第115辑:《田赋征实》(二),(台北)"中央"文物供应社1988年版,第197—198页。

库券制度仅略有不同,足证粮食库券的发行已成共识。

6月,财政部召开第三次全国财政会议,再次讨论田赋征实及发行粮食库券办法,通过《为遵照八中全会决议兼筹粮食金融拟定发行粮食库券募集粮食办法》一案,正式决议从1941年下半年起,全国田赋一律征实;征购部分发行粮食库券。田赋征实与发行粮食库券征购粮食两者同时施行①,并由行政院经济会议秘书处拟具发行粮食库券办法要点,提交大会议决通过。至此,发行粮食库券已成定局,其具体的实施办法亦大体确定。各省征购数量一般根据各省粮产及驻军情形确定,粮产有余省征购较多,缺粮省征购较少甚或不征购,但如该省驻军甚多交通不便,非他省所能运购,仍须按实际需要数额征购。8月4日,国民政府公布《民国三十年粮食库券条例》,粮食库券制度正式付诸实施。

征购粮食若全以货币支付,则本身存在自相矛盾之问题。如不用巨额货币购取,则不能取得大量粮食;假如为购买粮食而放出巨额货币,则将更刺激粮价上涨,与管理粮食之目的适相背道而驰。调和此种矛盾之方法,即为以粮食库券代替货币②。此实为粮食库券出现的主要原因。

不过,国民政府最初的设想是向粮户征借而非征购粮食,即征购缘起于征借。1940年,陈正谟曾建议政府以高价收买地主租谷,为防止刺激粮价上涨,增加法币发行,可付给地主节约储蓄券,与陈看法相同的还有立法院院长孙科。蒋介石赞同二人的建议,一般社会人士也认为该法可行。然因各种原因,用储蓄券征购粮食的方案并未成行。1941年3月,陈进入行政院经济会议秘书处粮食组服务(该

①"是征购粮食与发行粮食库券办法之重要,初与田赋征收实物等量齐观也。"中国第二历史档案馆档案:八三894;《关于发行粮食库券文件与有关文书》。
②关吉玉:《粮食库券与购粮问题》,《经济汇报》第6卷第1、2期合刊,1942年。

组当时负责拟具粮食库券条例)，鉴于粮价再度高涨，用储蓄券收买地主租谷困难重重，遂放弃征购而提出征借的建议，经济会议秘书长贺贵严同意陈之建议，但贺主张以粮食公债征借，然其他成员纷纷反对，草拟粮食公债条例或借粮券条例的草案搁浅[1]。4月，国民党五届八中全会通过由政府发行实物库券案，遂改为粮食库券条例草案，征借改为征购。

粮食库券是抗战时期国民政府为了避免因征购粮食所付货币太多引起通货膨胀而发，是与征购相配套的制度，是政府用于征购粮食支付代价用的有效票证。其主旨是为了减少现金使用，用粮食库券向粮户提前预借粮食，而国家对这部分粮食却不用支付现金，类似于借条。从此视角出发，粮食库券实质上相当于预借。

二、发行与分发

粮食库券由财政部粮食部联合发行，发行数量由两部依据实际需要征购或征借数量，以每年田赋征实所得粮食作为抵押，并得充公务上之保证。粮食库券共发行了三期，1941年为第一期，1942年为第二期，1943年为第三期，1944年征购一律改征借后，不再发行，仅在田赋串票上增列一栏，注明分五年平均偿还，粮户凭串票即可抵缴当年田赋，其作用与粮食库券相同[2]。

1941年发行的粮食库券，自9月1日起发行，两年后开始返还，即自1943年开始分五年平均偿还，每年以面额1/5随同粮食库券面

---

[1] 陈正谟:《田赋征实与粮食征借之检讨》,《四川经济季刊》第1卷第2期,1944年。
[2] 四川省政府及省参议会徇粮民之请，一再请发一种临时收据以代替粮食库券，转发粮户，以资信守。经粮食部同意并拟定收据式样，注明每年偿还本息数额，会同财政部交中央信托局重庆印刷厂印制，交由四川省政府转发各县政府，作用和粮食库券相同。中国第二历史档案馆档案:八三920:《四川省办理粮食库券及偿还本息文件及有关文书》。

额按年抵缴各该省田赋应征实物,利随本减,至 1947 年全数抵清(此系防止粮食库券贬价转移,以免大粮户纳税多以粮食库券抵缴,而影响田赋征实实效)。利率为周息 5 厘,以实物计算。发行面额分一市升、二市升、五市升、一市斗、五市斗、一市石、五市石、十市石、一百市石九种①,分稻谷、小麦两类②。财政部与粮食部为 1941 年度粮食库券小额券便于配发起见,特制定《民国三十年粮食库券领换凭证领换办法》,以备换领库券之用。领换凭证 9 月 1 日发行,凭证面额分一市升、二市升、三市升、四市升、五市升、一市斗、二市斗、三市斗、四市斗、五市斗十种,分稻谷、小麦两类。凭证持有人应凑成各种粮食库券面额,向该县代理换领库券机关领换粮食库券。粮食库券和粮食库券领换凭证均是分别省区发行,于证面载明省名,并加县名戳记。

在讨论发行粮食库券时,原拟由大地主承销,故于粮食库券条例中,关于券面粮食数量之规定,以石为单位,而无斗升或合之单位。后粮食库券之发行,在四川变更原质,改为随田赋征购,以期手续简易。唯随粮征购,即不能以石为起点,乃改为以升为单位③。

1942 年发行的粮食库券和 1941 年大略相同,仅是发行时间和发行面额略有变化。发行时间提前至 7 月 1 日,两年后开始返还,自 1944 年起分五年平均偿还,至 1948 年付清,库券面额分一市斗、二市斗、五市斗、一市石、十市石、一百市石六种④。同时,亦发行粮食库

①粮食部最初拟定《民国三十年粮食库券条例》粮食库券面额分为一市斗、五市斗、一市石、五市石、十市石、一百市石六种,无市升规定。立法院财政委员会审查报告认为无市升将来在事实上极为不便,因购粮系按粮数多寡摊购,自有零星数目,故希望增加市升规定,所以才改为九种,增加了一市升、二市升、五市升。侯坤宏编:《粮政史料(第五册)——田赋征实》,(台北)"国史馆"1990年版,第 214 页。
②《民国三十年粮食库券条例》,《国民政府公报》渝字第 399 号,1941 年 9 月 24 日。
③陈正谟:《田赋征实与粮食征借之检讨》,《四川经济季刊》第 1 卷第 2 期,1944 年。
④《民国三十一年粮食库券条例》,《中农月刊》第 3 卷第 6 期,1942 年。

券领换凭证,面额由 1941 年的十种减为六种,即一市升、二市升、五市升、一市斗、二市斗、五市斗,凭证持有人应于规定调换期限内,凑成一市石以上各种粮食库券面额向该县代理换领库券机关领换库券,过期未领换者准至 1948 年连同本息一次抵缴田赋,调换期限由两部规定公告①。

1943 年发行的粮食库券,五年后开始返还(此与前两年规定不同)②,即自 1948 年开始偿还,至 1952 年还清,其他规定和 1942 年相同。

历年粮食库券之发行,一般由财粮两部与各省主席商定各省所需粮食库券数量,然后由两部负责印发,在田赋开征前交各省,再由各省转交省田赋处或田粮处,于粮户缴纳征购征借时,依照各省规定的搭发成数发给粮户。但以下四个因素导致粮食库券很难如期送达各地,尤其是粮户手中。首先,各省征购或征借数量难以在短时间内协商完毕,粮食库券需要印刷的张数、面额亦难确定;其次,印刷仅有中央信托局印制处重庆印刷厂一家承印,难于在短时间内完成印制大量库券的重任③;再次,抗战时期,因交通梗阻、运输工具缺乏,粮食库券按期送达各省困难重重;最后,已经运到各省的粮食库券,或因未能配合田赋开征时间,或因大面额库券张数太多、小面额库券张数太少,粮食库券被储而不发,束之高阁,仍很难按时配发予粮户。未发给粮户粮食库券的省县,大多于田赋串票兑换联、付款联上加盖木戳,以备将来粮户换领库券,甚或直接以串票临时加盖印记代替粮

---

①《民国三十一年粮食库券领换凭证领换办法》,《中农月刊》第 3 卷第 8 期,1942 年。
②因粮价不断上涨,故返还时间愈长,对国家愈有利;相反,对粮户愈不利,时间越长,粮户吃亏越大。
③如 1941 年度,广西省粮食库券准配发 51 万市石,实际发行概数为 25.5 万市石,剩余未发行的 25.5 万市石一直未发行。(台北)"国史馆"档案:行政院 014000008185A;《广西三十年度粮食库券换领实物办法》。

食库券①。

由粮食库券发行情形观察,粮食库券具有两种性质:第一,与公债同其性质,其为预向人民收取而将来加息偿还,并指定确实担保,与公债完全相同;第二,相当于预征田赋实物,粮食库券以田赋实物为担保,期满之后,并得抵缴田赋,与预征实物无异。

三、粮食库券与价款的搭发与领付

国民政府实施征购时,为避免因购粮而刺激粮价上涨,规定征购价不随市价而给价,故所定价远较市价低,且不能全付法币,必须搭发一定的粮食库券,一般是三成法币七成粮食库券。不管征购价与市价差距多大,只要是征购,则必须定价。从此角度出发,征购又称定价征购。各省征购价一般由粮食部与各省政府分别洽商决定,核定的原则是现时市场粮价高低、需粮的紧迫程度、各省原来赋额负担轻重(实际上还应顾及各地国民经济及产粮丰啬情形②)。核定的价格过高,增加政府财政上的负担;过低则粮户受损,且连带低估了库券的价值,使其信用蒙受影响。所以核定征购价颇为棘手,是故宋同福主张不付法币全部搭发粮食库券③。

各省所得价格,因各地粮价情形不同而有高下,搭发粮食库券的

---

① 中国第二历史档案馆档案:八三 894:《关于发行粮食库券文件与有关文书》。
② 贫瘠地方人民余粮无多,且全恃此余粮交换其他日用品,若核定购价太低,未免令人民收益减少,而加重其生活困难。粮产丰裕省为收购粮食之源泉,若定价太高,则粮多款巨,价款增大,国库不胜负担。且放出大量法币予人民,反促成其囤积不售,影响粮食供需不调及粮价上涨,于政府于人民亦均不利。故各地购粮价格之核定,应将人民及国库负担双方兼顾,同时于各地产粮丰歉及人民经济情形亦须注意考虑。张柱:《战时粮食征购办法之实施及其改进》,《财政评论》第 8 卷第 1 期,1942 年。
③ 宋同福:《战时我国田赋征收实物之经过及其办法》,《经济汇报》第 5 卷第 3 期,1942 年。

成数亦不一致。1941 年度征购粮价,收购稻谷者,四川最高,每市石
100 元[1](即征购稻谷一市石,以七市斗付库券,三市斗付现款 30
元,不足一升一律付给现金[2],小麦以七市斗合稻谷一市石,玉蜀黍
以八市斗合稻谷一市石,折付法币及库券均以稻谷为准),浙江
37.33 元,其余各省均不足 30 元,湖南最低,20 元(湖南征购价与
市价差额较多,粮户损失较大,四川则差额较少)[3]。收购米者,云
南最高,每市石 335 元,西康次之,168 元,其余广东、陕西、贵州等
省约在 60 元左右。收购玉米者,有湖北、河南、陕西等省,价格在
30 元以下,河南及陕西并得收购小麦。收购小米者仅河南一省,每
市石 30 元[4]。征购各省中,搭发粮食库券的有八省,搭发比例为:
四川法币三成,粮食库券七成;湖南法币 3/4,粮食库券 1/4;江西
法币 8/11,粮食库券 3/11;广西、绥远法币 4/5,粮食库券 1/5[5];河
南、陕西、宁夏法币 2/3,粮食库券 1/3;其余征购各省则全部支付
法币。贵州较为特殊,商准中央,实施盐米互换,盐务机关以盐所
得交由县政府作购粮价款[6]。

———————

①四川实际价格有在 100 元以下者,有在 100 元左右者,多数在 100 元以上。陈
　友三、陈思德:《论粮食库券掉换金公债金储蓄券或法币储蓄券问题》,《经济建
　设季刊》第 1 卷第 3 期,1943 年。
②四川升以下付现金,其他各省是否亦如此办理,不得而知。
③湖南征购每市石 20 元,除去包、旅、运、杂等费,农民实得谷价仅 15 元。后省
　政府每市石加发驳运费 1 或 2 元,中央加发库券 5 元,合成每市石 21 元或 22
　元之数,可是按 1941 年人工肥料及其他物价,农夫收谷一市石,实已花去成本
　将近 30 元。阮友秋:《湖南粮政的检讨》,《中国农民》第 1 卷第 4 期,1942 年。
④乔启明、蒋杰主编:《各省田赋征收实物调查》,农产促进委员会 1942 年,第 25 页。
⑤广西征购价每市石 25 元,20 元发现款,5 元发粮食库券。省行政会议决议将
　20 元现款担捐作为县政府经费,粮食库券 5 元作为各乡镇公所基金,
　以免收付分割找补之手续,兼以救济县财政之不足。林兴育:《三十年度广西
　的粮政》,《经济建设季刊》第 1 卷第 3 期,1943 年。
⑥丁道谦:《贵州省田赋征实问题》,《经济汇报》第 6 卷第 1、2 期合刊,1942 年。

　　1942年度征购粮价,由中央按各省县产粮市价分区核定,其在一省之内分区定价,由各省政府决定,但通盘计算以不超过粮食部与省政府商定之总价为度。最高是云南,稻谷每市石190元,最低是江西、安徽60元。征麦各省一律按小麦每市石100元作价。价款搭付办法,搭发粮食库券的有七省,其中四川、湖南、广东、广西、陕西五省及安徽征麦县均按三成法币七成粮食库券搭发;安徽征稻县按法币与粮食库券各五成搭发;西康核定购粮价格,宁属雅属不同,宁属每市石稻谷100元,按四成法币六成粮食库券搭发,雅属每市石稻谷150元,按三成法币七成粮食库券搭发。其余征购各省分别搭发法币储蓄券或美金储蓄券,搭发法币储蓄券的有三省,甘肃按三成法币七成储蓄券搭付;贵州则按各半比例搭发;福建按四成法币六成储蓄券搭付。搭发美金储蓄券的有两省,云南9/19法币10/19美金储蓄券;山西三成法币七成美金储蓄券。各省征购款券搭付详细情况如表4-3。

表4-3　1942年度各省征购粮食数量及价款表①

省份	种类	数量 (市石)	单价 (元)	币券成数	应付数 (元)
四川	谷	7 000 000	150	法币三成,粮券七成	315 000 000
西康宁属	谷	320 000	100	法币四成,粮券六成	12 800 000
西康雅属	谷	80 000	150	法币三成,粮券七成	3 600 000
云南	谷	2 000 000	190	法币9/19,美金储券10/19	180 000 000

①表4-3所列比财政部《财政年鉴续编》所载搭发粮食库券的省增多,有可能是后来增加所致。中国第二历史档案馆档案:八三(2)62;《粮食部1941-1948年工作报告》。

续表

省份	种类	数量（市石）	单价（元）	币券成数	应付数（元）
贵州	谷	1 500 000	100	法币五成,储券五成	75 000 000
广东	谷	1 000 000	90	法币三成,粮券七成	27 000 000
广西	谷	1 481 480	80	法币三成,粮券七成	35 555 520
福建	谷	733 300	70	法币四成,储券六成	20 533 400
湖南	谷	5 600 000	80	法币三成,粮券七成	134 400 000
湖北	谷	1 000 000	85	法币四成,粮券六成	34 000 000
湖北	麦	300 000	100	法币三成,粮券七成	9 000 000
江西	谷	4 523 000	60	法币四成,粮券六成	108 528 000
安徽	谷	800 000	60	法币五成,粮券五成	24 000 000
安徽	麦	400 000	100	法币三成,粮券七成	12 000 000
河南	麦	1 800 000	100	法币三成,粮券七成	54 000 000
陕西	麦	2 000 000	100	法币三成,粮券七成	60 000 000
甘肃	麦	1 000 000	100	法币三成,储券七成	30 000 000
山西	麦	250 000	100	法币三成,美金储券七成	7 500 000
绥远	麦	414 300	100	法币三成,粮券七成	12 429 000
青海	麦	52 000	100	法币三成,粮券七成	1 560 000

　　1943年度征购粮价，征麦省一律照1942年成例，每市石100元，征稻各省与1942年度大略相当。办理征购的有湖南、江西、贵州、湖北、河南、山西、青海等省，连同征购改征借之省，总共搭发粮食库券的有四川、湖南、浙江、贵州、云南、西康、广西、广东、福建、陕西、绥远十一省，山西搭发美金储蓄券，湖北、河南、江西搭发法币储蓄券。贵州因情形特殊改为半征半借，每市石一律给价50元，给库券五市斗[1]。各省征购征借搭发粮食库券具体情况见表4-4。

表4-4　1943年度各省征购征借粮食数量及价款表[2]

| 省份 | 区分 | 种类 | 数量（市石） | 单价（元） | 币券成数 | | 粮券或储券 |
					国币	证券	
四川	征借	谷	7 000 000			10/10	粮券
湖南	征购	谷	5 400 000	80	3/10	7/10	粮券
江西	征购	谷	5 220 000	80	4/10	6/10	储券
浙江	征借	谷	900 000			10/10	粮券
贵州	征借	谷	750 000			10/10	粮券
	征购	谷	750 000	100	10/10		
湖北	征购	谷	1 000 000	85	4/10	6/10	储券
		麦	429 000	100	3/10	7/10	储券
云南	征借	米	600 000			10/10	粮券
西康	征借	谷	250 000			10/10	粮券
广西	征借	谷	1 110 000			10/10	粮券
广东	征借	谷	900 000			10/10	粮券
福建	征借	谷	1 000 000			10/10	粮券

[1]何玉书：《三年余来贵州粮政概述》，《粮政季刊》第1期，1945年。
[2]中国第二历史档案馆档案：八三 894：《关于发行粮食库券文件与有关文书》。

续表

省份	区分	种类	数量 （市石）	单价 （元）	币券成数		粮券 或储券
					国币	证券	
安徽	征借	谷	1 200 000				
		麦	200 000				
陕西	征借	麦	1 400 000			10/10	粮券
河南	征购	麦	1 500 000	100	3/10	7/10	储券
甘肃	征借	麦	800 000				
绥远	征借	麦	150 000			10/10	粮券
	征购	麦	250 000	100		10/10	
山西	征购	麦	250 000	100	3/10	7/10	美储券
青海	征购	麦	50 000	100	3/10	7/10	

说明:

1. 安徽原定征购,嗣经省临参会通饬改为捐献,现款及库券均无须领发,所有应需款券暂予剔除,故无价格。

2. 甘肃征购改征借,经省临参会通过,按年拨还办法,无须配发粮券及价款,所有应需款券暂予剔除。

对比三年征购粮价,除了1943年,各省间差别甚大,1941年四川是湖南的五倍;1942年云南是安徽江西的三倍多。搭发的种类不一,或粮食库券或美金储蓄券或节约建国储蓄券,三者均是支付购粮或借粮价款的有效凭证。搭发的比例更是五花八门。从后来国民政府返还情形看,搭发比例大的省,粮户损失较大,反之较小。

征购价格与搭发粮食库券的成数决定后,接下来的问题是如何将款券发给粮户。1941年,四川由粮食部委托中国农民银行和四川省银行代发,其他各省则由粮食部交各省政府,再由省政府交各县政府转发粮户。按规定,粮户应于缴粮的同时即可领得款券。实际上,粮户要拿回款券却颇艰难。以四川为例,以下原因导致粮户领款券困难:第一,付款券机构成立太迟设立太少,粮户有等候数日始能领取款券者,致怨言百出;第二,付款券机构与田赋征购机构异地办公,粮户往返领取款券,费时费事伤财;第三,领款券时间、手续杂乱无章,有争领、代领现象;第四,付款券机关人员对农民态度不好①。

上述情形虽仅以四川为例,事实上其他省和四川类似甚或更糟。其他省将款券交各县政府,县政府大多利用旧有金融机构或添设新机构,唯所设机构大多未能与人口、面积多寡相适合,僧多粥少,付款机关又多半集中城镇,住在偏僻乡村的农民须远道跋涉领取款券,故大多发生兑付不易与挤兑情形。此对众多小粮户,更系病民扰民的办法。正由于此,时人甚有主张不发粮食库券者。"政府所以不全出之于征而另用购的方式,其意不外在体恤粮户的痛苦,减轻人民的负担;而又不能全出之于商业行为而用七成库券者,亦不外如上面所述一方面紧缩法币发行,同时还有发行公债的功效。可是,事实上人民对库券之行使毫未习惯,根本亦不重视,所领得者仅三成现金,而过去因发放款券机构之不善,粮民多有来自百里之外候至多日尚未领得,即或领得而尚不敷其缴用者,甚至有至今日尚未领得此项款券者,或不愿来领。人民对于政府之德意未蒙其惠,反起其怨,不如干脆不发。"②

1942年度,财粮两部决定征购款券手续由各省政府筹划核定,以委托国家及省地方银行就征收处所在地设处代办为原则,不能设处者,由受委托银行转托其他银行、钱庄行号及商店代办。依照此项原则,关于发放价款手续,约有下列七点:

---

① 四个原因参见以下资料:周孟期:《谈购粮付款并寄本年度经办人员》,《益世报》1942年9月26日;石体元:《四川省田赋改征实物之回顾与前瞻》,《经济汇报》第6卷第1、2期合刊,1942年;《关于征购粮付款之二三事》,《商务日报》1942年9月11日。
② 罗成基:《本年度四川粮食"征收"、"征购"标准问题》,《新新新闻》,第5卷第33、34合期,1943年。

(一)各地购粮数额确定后,应详细估计需要各种单位粮食库券或其他证券之面额、张数、总额,及应付现款数额,造具清册,层报核发。(二)各省购粮需要粮食库券或其他证券,应于开征前由中央印制完竣,送达各省,各省应于开征前,将库券送达各县应用。(三)粮食库券如不能依期送达,而各县开征期迫时,得由县处在串票收据联加盖木戳,凭收据领换库券,或印发预约券,由财粮两部以命令行之。(四)各县于开征一个月前,应将征收处数目地点开具清册送交委托付款之银行,以便按址配设付款处。(五)购粮经核计验收无误后,应随时截发验收单。载明粮额及应付币券数额,交粮户持向付款处,凭以发券发款。(六)购粮价格不论支付粮券或法币,粮户不具收据但应由征收处在粮票收据上加盖付讫戳记,以凭核对。(七)购粮价款支付完毕后,除帐目应依规定清结外,并应将结存各种库券现款或公债等先期缴还国库。[1]

1942 年度各省购粮价款发放办法不尽相同。四川由粮食部委托中国农民银行及四川省银行负责;湖南委托湖南省银行各分支处办理;江西委托裕民银行经理;福建委托闽省银行代付;西康由购粮价款发放委员会负责监督办理;山西各县无国家与地方银行,购粮价款由各县府转发;甘肃以省银行承办为原则,未设省银行分支之县,由县府及县田赋处会同办理[2]。

1943 年度各省购粮价款发放办法和 1942 年度基本相同。

在粮户领取款券过程中,1941 年度因是初办,各省办理难如人

①秦孝仪主编:《革命文献》第 115 辑:《田赋征实》(二),(台北)"中央"文物供应社 1988 年版,第 289 页。
②秦孝仪主编:《革命文献》第 115 辑:《田赋征实》(二),(台北)"中央"文物供应社 1988 年版,第 289－290 页。

意。1942、1943年度,各省纷纷进行改善,其最大的改进之处是支付款券机关必须与征收处在同一地点办公,虽各省因条件限制,未能全部做到,但情形已较1941年度明显改观。同时,采行分期分乡巡回流动付款办法①。此办法不但便利粮户领取款券,也可节省付款机关的人手与经费,在一定程度上弥补了付款券机关设立过少的不足。

四、艰难的粮食库券返还之路

(一)1943—1948年度粮食库券返还实况

依照粮食库券条例规定,粮食库券是以每年田赋征实所得实物为担保,到期后可以粮食库券面额抵缴当年粮户应缴之田赋(此在政府,可回收库券,维持国家债信;在粮民,可凭券抵粮,享有应得权益,公私兼顾,较为便当)。然在实际运行中,粮食库券返还却大多未按原规定办理,其详细情况见表4-5、表4-6②。

表4-5　各省1943—1947年度到期粮食库券本息偿付情形表

省别	到期年份	1941年度应付粮食库券本息数(市石)	1942年度应付粮食库券本息数(市石)	1941及1942年度应付粮食库券本息合计(市石)	偿付本息情形
四川省	1943	谷1 441 742		谷1 441 742	在征粮项下扣还,截至1946年9月底共偿付1 134 163市石,尾数30余万市石根据四川省政府1943年度办理1941年粮食库券还本付息办法规定,拨充积谷。

---

① 所谓分期分乡巡回流动付款,即在田赋开征期间,付款机关分成数组,组织流动付款队,事先排定分乡分期付款日期与地点,通知各乡镇长转知各保各粮户,然后该队按期赴各乡镇办理付款事宜。
② 表4-5、表4-6资料来源均为中国第二历史档案馆档案:八三894:《关于发行粮食库券文件与有关文书》。

省别	到期年份	1941年度应付粮食库券本息数（市石）	1942年度应付粮食库券本息数（市石）	1941及1942年度应付粮食库券本息合计（市石）	偿付本息情形
四川省	1944	1 153 393	1 508 242	2 661 635	由中央按每市石2560元单价收购，分两期分次拨款，第一期200万市石共512 000万元，第二期60余万市石，共1 685 414 978元，均经拨清。
	1945	1 105 335	1 206 593	2 311 928	奉准按230万市石计算，按每市石5000元单价共115亿元，扣去欠缴代购谷款14亿元，实领101亿元。后奉行政院指令追加收购单价为每市石10 000元。
	1946	1 057 277	1 156 319	2 223 596	在征粮项下扣还。
	1947	1 009 219	1 106 044	2 115 263	照本年11月全川平均粮价由中央折价收购。
湖南省	1943	谷264 980		264 980	1943、1944两年本息共1 749 066市石，扣去移抵献粮90万市石外，其余849 066市石奉准按每市石10 000单价共计8 490 664 430元，由中央折价拨款，款已分两期拨清。
	1944	211 984	1 272 103	1 484 087	
	1945	203 151	1 017 682	1 220 833	奉准以100万市石折扣1946年度田赋征借，其余20万市石按每市石10 000元单价共20亿元由中央折价拨款，款已拨清。

续表

省别	到期年份	1941 年度应付粮食库券本息数（市石）	1942 年度应付粮食库券本息数（市石）	1941 及 1942 年度应付粮食库券本息合计（市石）	偿付本息情形
湖南省	1946	194 319	975 279	1 169 598	1946、1947 两年照 1947 年 11 月全省平均粮价折价收购。
	1947	185 486	932 875	1 118 361	
江西省	1943	谷 245 455		245 455	1941 年度粮食库券各年到期本息奉行政院指令核准自 1943 年起分年抵交积谷。
	1944	196 364		196 364	
	1945	188 182		188 182	
	1946	180 000		180 000	
	1947	171 818		171 818	
西康省	1944		谷 59 951	59 951	1944 年本息奉行政院令拨充西康省国民教育与边疆教育经费。
	1945		47 960	47 960	1945 年本息准由粮民抵缴当年田赋。
	1946		45 962	45 962	西康 1946 年免赋，到期本息递延一年办理。
	1947		43 964	43 964	照本年 11 月西康平均粮价折价收购。
安徽省	1944		谷 172 500	谷 172 500	1944 年到期本谷 115 000 市石，在该年度征粮项下扣抵。
	1945		138 000	138 000	1945、1946 两年本息及 1944 年息谷均已抵缴献粮。
	1946		132 250	132 250	

续表

省别	到期年份	1941年度应付粮食库券本息数（市石）	1942年度应付粮食库券本息数（市石）	1941及1942年度应付粮食库券本息合计（市石）	偿付本息情形
安徽省	1947		126 500	126 500	照本年11月安徽平均谷价折价收购。
广东省	1944		谷210 000	谷210 000	1944年到期本息抵缴当年田赋。
	1945		168 000	168 000	1945年广东免赋，到期本息递延一年办理。
	1946		161 000	161 000	1946年及1947年到期库券照1947年11月广东平均谷价折价收购。
	1947		154 000	154 000	
广西省	1943	谷76 500		76 500	1943年本息抵缴当年田赋。
	1944	61 200	298 664	359 864	1944年到期本息一部抵缴当年田赋，一部因县沦陷，已呈请免赋，本息未能抵还。
	1945	58 650	238 932	297 582	1945年本息及1944年未抵缴田赋本息一律递延至1947年办理。
	1946	56 100	228 921	285 021	1946年本息抵缴当年田赋。
	1947	53 550	219 021	272 571	1947年本息在本年征借项下扣还。

续表

省别	到期年份	1941年度应付粮食库券本息数（市石）	1942年度应付粮食库券本息数（市石）	1941及1942年度应付粮食库券本息合计（市石）	偿付本息情形
河南省	1943	麦 325 000		麦 325 000	1943年至1946年本息奉行政院令准以麦每市石单价12 000元折价，除扣除移抵献粮15万市石外，余均折价偿还，共计价款11 069 996 040元。
	1944	260 000		260 000	
	1945	249 167		249 167	
	1946	238 333		238 333	
	1947	227 500		227 500	1947年本息照本年11月河南平均麦价折价发还。
陕西省	1943	麦 145 055		145 055	1943年本息已抵缴田赋。
	1944	116 044	362 733	478 777	1944年本息已抵缴田赋。
	1945	111 209	290 186	401 395	1945年本息经陕西省政府呈请行政院移充经济文化建设基金。
	1946	106 374	278 095	384 469	1946年及1947年到期本息以1947年11月陕西平均麦价折价偿还。
	1947	101 539	266 004	367 543	
宁夏省	1943	麦 13 333		13 333	该省各年到期本息奉准拨充积谷。
	1944	10 667		10 667	
	1945	10 222		10 222	
	1946	9778		9778	
	1947	9333		9333	

续表

省别	到期年份	1941 年度应付粮食库券本息数（市石）	1942 年度应付粮食库券本息数（市石）	1941 及 1942 年度应付粮食库券本息合计（市石）	偿付本息情形
绥远省	1943	麦 21 147		麦 21 147	1943 年本息已抵缴当年田赋。
	1944	16 917		16 917	1944 年本息已抵缴当年田赋。
	1945	16 212		16 212	1945 年绥远免赋,到期本息递延一年办理。
	1946	15 508		15 508	处理情形待查。
	1947	14 803		14 803	1947 年本息照本年 11 月绥远平均麦价折价偿还。

表 4 – 6　1948 年度到期应还粮食库券本息折付价款表

省别	种类	应还 1942 年度第五期本息（市石）	应还 1943 年度第一期本息（市石）	应还两年度粮券本息合计（市石）	单价（元）
四川	谷	1 055 769.288	1 850 145.030	2 905 914.318	10.00
湖南	谷	890 471.992	732 459.240	1 622 931.232	10.00
江西	谷		826 761.060	826 761.060	10.00
浙江	谷		215 783.190	215 783.190	10.00
西康	谷	41 965.367	54 203.850	96 169.217	10.00
广西	谷	209 065.080	326 735.910	535 800.990	10.00
广东	谷	147 000.000	241 297.380	388 297.380	10.00
福建	谷		358 094.250	358 094.250	10.00
安徽	谷	120 750.000		120 750.000	10.00
陕西	麦	253 913.100	330 043.410	583 956.510	14.00

续表

省别	种类	应还 1942 年度第五期本息（市石）	应还 1943 年度第一期本息（市石）	应还两年度粮券本息合计（市石）	单价（元）
绥远	麦		40 500.000	40 500.000	14.00
合计	谷	2 465 021.727	4 605 479.910	7 070 501.637	
	麦	253 913.100	370 543.410	624 456.510	

说明：

1. 1948 年度应还粮食库券，统一以谷 10 元、麦 14 元计算折付价款。

2. 粮食库券本息以实物计算，算至合为止，折付价款以金圆券计算，算至分止。因之前是以法币支付，而 1948 年度是以金圆券支付，故单独列表指出。

　　从上述两表分析，历年关于粮食库券还本付息的处理办法有七种：第一种是以到期粮食库券抵缴当年应征田赋实物，这是七种办法中唯一符合粮食库券条例规定的返还方式。历年各省按此偿还粮食库券本息的为数不多，有四川 1943、1946 年，西康 1945 年，安徽 1944 年本谷，广东 1944 年，广西 1943、1946 年，陕西、绥远 1943、1944 年。第二种是在征借项下扣还，实施省更少，只有湖南 1945 年（扣还 100 万市石）、广西 1947 年。第三种是分年抵充积谷，仅有江西、宁夏 1943—1947 年全部以及四川 1943 年抵缴田赋剩余的 30 余万市石。第四种是移充献粮，实施省有湖南 1943 与 1944 年（移抵献粮 90 万市石，然未经民意机关通过，到 1946 年湖南省参议会议长赵恒惕还请求行政院院长宋子文发还粮食库券[①]），安徽 1945、1946 年全部和 1944 年息谷，河南 1943—1946 年（抵缴 15 万市担）。第五种是经省县级民意机关决议集中保管拨作地方经济建设文化教育建设基金，仅有西康 1944 年和陕西 1945 年。第六种是发交各乡镇财产保管委

①《签呈行政院长为请求发还湘省粮食库券由》，《湖南省参议会会刊》，1946 年第 4 期。

员会保管,作乡镇财产,充实基层自治经费,仅广西为之。1944年2月,广西省政府为适应乡镇需要,充实基层自治经费起见,经省府会议议决,将粮食库券发交各乡镇财产保管委员会保管作乡镇财产,不再发交粮户,并已通饬各地遵办。行政院令粮食部财政部复议,两部认为广西做法有失粮食库券配发原意,并由行政院饬该省政府遵办。6月,两部态度却发生了变化,认为"广西省所拟三十年度粮食库券换领实物办法第二条规定该年度粮食库券已发交各乡镇财产保管委员会保管作乡镇财产,不再发交给粮户,仍与原案不符。惟该省政府将粮食库券发交乡镇财产保管委员会集体保管,按年持券换领实物作为乡镇财产仍属归诸公有,且已为既成事实,而该省民意机关至今又未表示异议,似可免予变通办理,以符实际"①。故该省粮食库券抵缴办法是以乡镇为单位,与他省以户为单位不同。广西1944年粮食库券返还办法与表4-5有冲突,因上述广西做法出自该省田赋处资料,表4-5为粮食部统计,前者似更可信一些。

第七种是由国民政府给价收购或按折价标准以法币拨付,这是七种返还方式中最普遍也是受舆论抨击最尖锐的一种返还方式,1947、1948年度采用最多。如国家需要粮食,给价又合理,亦不失为一种稳妥的偿还方式。由国民政府给价收购粮食库券,和征购征借有着本质区别,征购征借的实质是预借,在征购征借过程中,粮户已损失不小,而政府折价收购粮食库券,等于政府对这部分粮食予以二次收购,因此前粮户已损失一次,故二次收购时即不应再采取征购而应改行采购政策。此处采购和普通意义上的采购不同,即政府强制采购粮食库券,但采购价格应与市场粮价相同或接近,如此办理才算是对粮户较公平的一种返还方式。事实上国民政府最初想实行的正

① (台北)"国史馆"档案:"行政院"014000008185A;《广西三十年度粮食库券换领实物办法》。

是这种采购政策,然于实施时,最终变成了征购,甚至征而不购。1947 年以前,由国民政府折价收购粮食库券的仅四川、湖南、河南三省,具体为四川 1944、1945 年,湖南 1943、1944 年移抵献粮剩余部分 80 余万市石①,1945 年抵缴征借剩余部分 20 万市石,河南 1943—1946 年移抵献粮剩余部分。

以四川为例,国民政府收购该省 1944 年到期粮食库券主要有三个问题:

第一,收购价不合理。粮食部核定收购价是按照 1944 年 7 月粮价比较低的重庆市而非以全省平均粮价为标准,核定为每市石谷 2568 元 1 角 1 分,即便如此,拨款时却将十以下之数略去,按 2560 元拨付,一市石即少了 8 元 1 角 1 分,整个谷款即少了 2000 多万元。

第二,拨款不合理。拨款时,蒋介石指示暂拨 200 万市石谷价款 51.2 亿元,其余 60 余万市石价款须俟该省 1944 年征实征借收足时再续拨②。1944 年度征实征借和返还粮食库券之间本无联系,国家却硬把两者捆绑在一起,以至四川迟迟拿不到剩余价款,因为到 1948 年 7 月,该省 1944 年度征实征借尚未收足。

第三,还款对象错误。收购粮食库券价款本应还予各粮户,然中央还给四川省时,省却未发给粮户,而是以经济建设需要资金为由,被以省四县六进行划分,并得到了中央认可。尽管四川粮民群起反对挪用粮食库券,认为经济建设不应与归还粮食库券混为一谈③,然终无果。更糟糕的是,打着经济建设的幌子,于价款到手之后,却未

①湖南 1944 年度应还 1942 年度粮食库券本息为 148 万余市石,因战事关系,征粮收入锐减,军食难以维持,奉粮食部电令暂缓一年偿还。1945 年又因免赋,奉令迟延一年办理,到 1946 年仍未还本付息。湖南省档案馆档案:39-01-105:《湖南省田粮管理处工作报告》。
②中国第二历史档案馆档案:八三 894:《关于发行粮食库券文件与有关文书》。
③川民:《反对挪用粮食库券》,《现代农民》第 7 卷第 12 期,1944 年。

曾建设一事!①

　　1947 年之前,由国民政府折价收购粮食库券,相较 1947、1948 年,情况还算好的。因为不管折价多低,最起码中央还是基本信守承诺,将价款按时拨发各省,至于各省是否转发粮户,中央虽也应负一定的责任,然更多是各省的责任。如四川,粮户拿不到价款的原因,虽中央负有不可推卸的责任,但主因则在四川,是四川省政府与省临时参议会及后来成立的省参议会首先不同意将价款拨发各县转发粮户的。易言之,中央所发折价价款被各省截留。不过 1947 年之前,无论各省拿到价款的是省县政府还是粮户,他们确实拿到了一部分中央折价的价款。

　　1947 年度到期粮食库券的返还,是按照《三十六年度田赋征实暨征借粮食实施办法》规定:"本年应还到期粮食库券本息在中央应得征借项下抵还,但因军粮需要,由中央尽先按市价收购。"②按此规定,各省除江西宁夏抵缴积谷,广西在征借项下扣还外,其余四川、西康、湖南、广东、安徽、陕西、河南、绥远等省均照本省 11 月各地平均粮价,由中央折价收购。除四川是由中央以紧急命令提前拨发,西康以数额较少暂由粮食部垫拨外,其他各省均迟迟得不到核定的价款。

　　1948 年度到期粮食库券的返还,情况比 1947 年度更糟。该年度处理办法是根据《三十七年度田赋征实征借实施要点》规定:"本年应还到期粮食库券一律照本年 8 月 19 日当地粮价折发金圆券。"③折价标准由行政院 1948 年 11 月核定粮食库券谷每市石不得超过 10 元,麦每市石不得超过 14 元。按照行政院的训令,征谷各省

①中国第二历史档案馆档案:八三 920:《四川省办理粮食库券及偿还本息文件及有关文书》。
②中国第二历史档案馆档案:八三 894:《关于发行粮食库券文件与有关文书》。
③中国第二历史档案馆档案:八三 894:《关于发行粮食库券文件与有关文书》。

一律按每市石 10 元,征麦各省一律按每市石 14 元计算偿还(后改为 15 元),总共价款为 7900 多万元。云南贵州因外运困难,在征实项下扣抵,其余各省一律折价收购。1949 年 3 月,各省政府及民意机关以粮价遽涨、拨款未到,请求以当时粮价为折算标准,粮食部颇有难以招架之感,呈请行政院重新考虑折价标准,拟定改照 3 月上半月各省平均谷麦价为作价标准,依此计算,全部价款约需 340 亿元,一直到 4 月中旬尚未奉到行政院核示[①]。此时国民党败局已定,对到期粮食库券的偿还自无力顾及。之后随着国民党败退台湾,粮食库券的返还也随之烟消云散!

(二)造成粮食库券返还艰难之原因

粮食库券和一般公债,相同处是皆属国家债务,且国家支付一定的利息,间隔一段时间后由国家连本带利一起偿还。不同处是前者为实物债务,系借粮还粮,后者是货币债务,系借钱还钱。故偿还时,前者远较后者繁复,造成粮食库券在返还问题上的诸多困难实与此密切相关。

1943—1948 年度,各省到期粮食库券还本付息的办理,大多未依照粮食库券条例规定返还,造成此的原因,1948 年 1 月 24 日,粮食部在给行政院、财政部的电文中认为主要是由以下两项事实上的困难引起:

> 1.各省粮食库券发行额,系照征购(借)粮食配额决定,从定案印刷以至运送各阶段,以时值战时交通梗阻远道输送,每不能配合各省田赋开征时间,而由省到县到乡及时按粮户应纳粮款配发纳粮粮户,有库券已印好而未运到省者,有已运到省,以开征期过,未分配各县各乡者,甚至有因战事原因全部或部分损

---

①中国第二历史档案馆档案:八三 894:《关于发行粮食库券文件与有关文书》。

失者。

　　2.库券面额虽按自一市升至百市石九种印刷,但为顾及印刷成本及载运重量,小额库券每不敷用,各省库券系按征购（借）粮食配额配发,其间大小面额之搭配殊难有适当之比例,而各省粮户应纳粮额每多零星,此项库券配送到省,每有不便分割之苦。①

　　客观地说,粮食部的说法不无道理。唯历年粮食库券未按规定偿还,除了以上两项原因之外,后期国家粮食紧缺亦是一个主要原因。也就是说,造成粮食库券返还艰难的主因既有印刷、运输的迟缓,也有大面额库券太多难以分发的困难,更有后期国民政府粮食短缺而不愿按规定偿还的苦衷。

　　抗战胜利后,田赋征实继续实施,然与战时相比,征收成绩却连年大幅下降。1945－1948年度,征实征借实征数占额征数分别为86％、74％、66％、29％,而1941－1944年度平均在100％以上②。即国家掌握的粮食愈来愈少,而随着沦陷区的收复,需粮区域却大大扩大。加之1945年国民政府对收复地区豁免田赋,是年实施田赋征实的仅十一省市,虽然该年是战后实征成绩最好的一年,征收的粮食却不多。1946、1947年度,国民政府又对战时后方各省田赋每年度各减一半征收。这些均使国家掌握的粮食逐渐减少,在田赋征实不能满足军公粮需要的紧急时刻,要求国民政府兑现到期粮食库券抵缴田赋的承诺,事实上已不大可能。且此时到期粮食库券和前些年相比,数量越来越多,1941－1943年度,粮食库券的比例一般占征购额

———————

①中国第二历史档案馆档案：八三894：《关于发行粮食库券文件与有关文书》。
②中国第二历史档案馆档案：八四356：《粮食部1941至1942年度田赋征购配拨数额等表》。

的七成(很多省达不到七成),其余三成在当年即以法币支付,数量尚不太多。至 1947、1948 年度,随着征借的实施,政府需全部支付粮食库券,如允许粮食库券抵缴田赋,意味着征实中有相当大的一部分粮食要被粮食库券吸走。正如时人所分析的:"惟粮食库券在政府方面也有一大困难,即政府将来的田赋征实总额因粮食库券累积的抵缴而年有减少。举例言之,政府在三十年度计共发出谷券 7 983 636 市石,麦券 1 806 667 市石,今为便于计算,将麦券按稻谷一市石等于麦八市斗的比例,折合谷券,则麦券 1 806 667 市石,约合谷券 2 580 953 市石,换言之,三十年度政府实发谷券共 10 564 589 市石,其中五分之一,约 2 112 918 市石(利息未计入),即可用以抵缴三十二年度以后各年度的田赋,此使政府在三十二年度以后各年度的田赋征实总额中,每年即须少收稻谷 2 112 918 市石。三十一年度所配发的粮食库券,则在三十三年度以后各年度,每年也可以其本息五分之一抵缴田赋,三十一年度以后所配发的粮食库券,其情形亦相同。"[1]据侯坤宏《抗日战争时期粮食供求问题研究》一书统计,田赋征实总额因粮食库券累积抵缴而年有减少,1943 年度将少收稻谷 200 万市石以上,约占征额数的 4.2%,1944 年度则少收 600 万市石,约占征额数 12%,1945 年度少收 1000 万市石,约占征额数 21%[2]。此对急需粮食的国民政府而言,无疑是雪上加霜。

正是基于此种考虑,1947 年,国民政府对到期粮食库券的偿还做了变更,虽规定可在征借项下抵还,但同时又规定,如因军粮需要,可由中央按市价收购。然很明显,中央的意图更在后者。1948 年更

---

① 陈友三、陈思德:《论粮食库券掉换金公债金储蓄券或法币储蓄券问题》,《经济建设季刊》第 1 卷第 3 期,1943 年。

② 侯坤宏:《抗日战争时期粮食供求问题研究》,团结出版社 2015 年版,第 69—70 页。

是硬性规定由中央折价收购。正因有了此项规定,1947、1948 年度各省到期粮食库券大多由中央按市价收购,而极少在田赋下抵缴。所以,如果说 1946 年度(包括 1946 年度)以前粮食库券的偿还未按照粮食库券条例规定办理的主因是由于粮食部所声称的两项实际困难的话,那么 1946 年度以后折价收购的偿还方式更多是由于政府的有意行为!

五、利弊分析

(一)粮食库券之利

发行粮食库券是国民政府针对抗战时期特殊环境的一种创造发明,是中国债券发行史上从未有过的新办法。对粮食库券如何评价,时人早于其发行不久,即对它做出了较客观的评价。

最早评价粮食库券的是经济学家许涤新。他认为:"粮食库券之作用,在于使政府能以较少量之法币,从人民征借粮食,因而使政府能集中大量粮食以供军民之需要。……粮食库券之发行,可以代替法币,而又有使政府获得粮食之功。但是,我们必须注意,粮食库券毕竟与法币不同,它是不能作为一般购买手段的,它有点类于上海金融界中的汇划,因为它不能直接兑现与购买商品,巨量发行之结果,将必使粮食产生二种价格,一种是以法币计算,而另一种是以粮食券计算的。这就会促进米价之提高了。如果粮食券像汇划那般可以在市场上 Discount,则间接上却又发生增加筹码的作用。现在的法币已发行至相当程度,如果再以大量的代用券投入市场中,物价不会不受到影响的。"[1]《解放日报》上有一篇文章这样评价:"田赋征实与库券购粮,无疑地,对于弥补财政赤字与解决军糈公粮,是有其积极意

---

[1]许涤新:《论田赋与粮食券》,《新华日报》1941 年 7 月 1 日。

义的。"①曾任国民政府特种经济调查处资料室兼职主任,后任江苏省、上海市统计处统计长的褚一飞认为粮食库券有两大优点:一是收缩通货;二是平抑物价②。

　　国民政府发行粮食库券的目的是为了以较少的货币获得更多的粮食,用粮食库券抵补一部分征购所需的价款,减除因征购粮食而增加货币流通数量之弊,以免刺激粮价动摇市场,进而达到节省国库开支、减少通货增发的目的。征购改征借后,其作用愈加显著。应该说,粮食库券基本达到了解决粮食问题与缓解财政压力的双重目的。抗战时期,国民政府共发行了多少粮食库券,限于史料缺陷,迄今无一个准确的数字统计③。笔者根据中国第二历史档案馆相关粮政类档案统计,1941—1943 年共发行粮食库券 6885 万余市石。另据蔡慧敏《抗日战争时期国统区粮食库券述略》一文所载,1941 年度,川、赣、桂、湘、鄂、豫、陕、绥、宁等省总共发行谷券 798.3636 万市石,麦券 181.6667 万市石;1942 年度,川、康、粤、桂、湘、皖、陕七省总共发行谷券 1138.0036 万市石,麦券 140 万市石,共为 1278.0036 万市石;1943 年度,国民政府额定谷券 2313 万市石,麦券 2313 万市石④。总数约 6883 万余市石。再据王桧林《中国现代史》一书记载,抗战时期国民政府共发行粮食库券 7580 多万市担⑤。综合三者,我们可以

①《解放日报》1941 年 11 月 2 日。
②褚一飞:《粮食国营与粮食券制度》,《时事类编》特刊第 60 期,1941 年。
③抗战时期国民政府究竟发行了多少粮食库券,由于粮食库券中央的发行数量与地方的领取数量之间存在一定的差距,而且地方上到省的粮食库券与分发到各县乃至各乡镇的数量多少很难统计,故很难有一个准确的统计数字。正由于此,无论是粮食部还是财政部的报表中,几乎都没有粮食库券发行数额的准确数字。
④蔡慧敏:《抗日战争时期国统区粮食库券述略》,《重庆科技学院学报》(社会科学版)2009 年第 8 期。蔡之数据未见出处,其真实性尚待考证。
⑤王桧林主编:《中国现代史》(上册),高等教育出版社 2010 年版,第 368 页。

得出一个结论：抗战时期国民政府发行的粮食库券约 7000 万市石，此对财政与粮食的作用无疑是巨大的。

以征购最少的 1941 年度为例①，1941 年度因发行粮食库券征购粮食，为国库节省开支达 11 亿元以上②。1942、1943 年度因征购征借较 1941 年度增加，再加上粮价上涨的因素，节省的法币更多，对财政的挹注更大（据粮食部陈述，1943 年各省应以粮食库券、储蓄券及美金储蓄券支付部分，共计法币 2 205 194 480 元③）。三年共节省法币 40 余亿元，节省的法币就是政府少发行的法币，少发行法币即减少通货流通数量，也就减轻了对物价的刺激，有利于物价稳定。因之，国民政府田赋征实征购征借和其子制度粮食库券制度，符合我国战争特殊时期的国情，为抗战胜利奠定了一定的物质基础。

（二）粮食库券之弊

从粮食和财政的角度分析，粮食库券的发行，在战时通货膨胀日益加剧的情况下，对政府控制粮源、缓解通货膨胀、稳定金融，作用不可低估。因之，它对国民政府是有利的。但从其后的返还情形观之，由于国民政府在粮食库券上的搭发考虑不周及返还问题上的违规操作，又将其推向了人民的反面，可谓自掘坟墓！

配发粮食库券时，似应考虑各地农村经济发展情形，而不考虑各地农村经济水平，粮食库券和法币搭配固定化的做法，显失公平。粮食库券和法币的搭配比例一般为三成法币七成粮食库券，其间尚有个别省略有不同，但一省之内则系统一标准。按照粮食库券条例规

---

① 1941—1943 年度，征购征借分别为：2885 万、3271 万、2929 万市石，以 1941 年度最少。中国第二历史档案馆档案：八三 62：《粮食部 1941—1948 年工作报告》。

② 宋同福：《战时我国田赋征收实物之经过及其办法》，《经济汇报》第 5 卷第 3 期，1942 年。

③ 侯坤宏编：《粮政史料（第五册）——田赋征实》，（台北）"国史馆" 1990 年版，第 381 页。

定,粮户无论大小,缴纳粮食时均按同一比例付给粮食库券和法币。粮食库券不仅不能作为货币使用,且要在几年后才能行使其效用,1941、1942 年发行的粮食库券要在 1943 年、1944 年时开始按面额分五年平均抵缴田赋应征实物。也就是说,粮户虽拥有粮食库券,却不能当货币使用。1943 年发行的粮食库券则要在 1948 年后方可使用。这对地主富户而言,损失不大;然对从事小生产的广大贫苦中小农户,因其收入本身较少,生活状况较差,则关系重大。自耕农佃农本身缺乏资金,要维持基本生产与生活,即需借款甚或承担高额利息,粮食库券和法币的不分粮户情形同一标准配发之事实,只会加重他们的生活压力,他们在生活艰难、借钱无门时,只有忍痛将粮食库券票据贴现,于是出现了大多廉价出让粮食库券的现象。故国民政府对粮食库券的摊派本应有一定额度,应视各地具体情况而定,不能固定于一个比例。征购时,对大粮户可以适当多给予粮食库券,减少货币比例;反之,对小粮户应加大货币给付的比例。

以 1941 年四川为例,粮食库券本身在规定上主要存在以下三个问题:

(1)1941 年四川征购系采征一购一办法,且因是年四川各地谷物歉收,致一般自耕农及小地主自征实征购后,咸感负担较重,经济拮据,深以粮食库券不能变卖周转为苦。因粮食库券系分别省区发行并加盖县名戳记,各县粮价不同,故虽为同额的实物库券,其所代表的实际价值各地未必一致,因此不能在县际流通,且粮食库券用途仅限于抵缴田赋及充公务上之保证,故不易脱售,在经济周转上,粮户颇感不便。1941 年四川各地颇多粮户因受经济压迫,廉价出售库券,而被投机商人或大地主收买,致一般小粮户遭受极大损失。

(2)粮食库券系分期以 1/5 抵缴田赋,清偿期限过长,如 1941 年配发的粮食库券须至 1947 年始能全部偿清,一般粮户对此颇有迫不及待之势。

（3）在粮户个别经济状况发生特殊变化时，粮食库券不易随时脱售，或即能变现，但牺牲必大；且如粮户因售卖田地税额减少，致粮食库券在抵缴田赋后仍有一部分剩余时，则此部分库券的处置亦颇成问题。

总之，"粮食库券在农民方面所感受的不便，完全根源于粮食库券的用途狭隘，流动性小，不易变现，但此正亦为政府当局所以要配发粮食库券的主要目的"①。

此外，对小户尚多一不利之处。如广东"各县普遍以小户为多之，农家与战时交通不便出入旅资之繁多，必使之至各该县指定兑付机关兑领，则时间旅资人力等之消耗反使得不偿失，故多有放弃兑领，人民无由以蒙实惠"②。

除原则规定上的不足外，其最大的不足尚在返还兑现中。到期粮食库券的返还有七种不同方式，除了第一种外，其余六种皆与规定不符。其中第二、第三两种虽与规定不符，但对粮户也算是比较有利的返还方式。第四、第五、第六三种虽对粮户不利，然因数额较少，且波及省不多，尚未引起粮户及舆论界的强烈不满。而第七种由中央折价收购波及最广，但政府在操作中的失误颇多，致民怨纷起，其中尤以 1944 年度四川及 1947、1948 年度全国的折价收购最具代表性。

如前所述，1944 年度，国民政府在返还四川到期粮食库券时，不仅给价低，且扣发 60 万余市石价款，更为糟糕的是，粮户本应得的折价款却被省县瓜分。

1947 年度，四川、湖南、广东、安徽、陕西、河南、绥远、西康八省

①陈友三、陈思德：《论粮食库券掉换金公债金储蓄券或法币储蓄券问题》，《经济建设季刊》第 1 卷第 3 期，1943 年。
②（台北）"国史馆"档案："行政院"014000008315A：《粤省府随赋征购粮食自三十二年度起改为征借全数发给粮食库券》。

到期粮食库券由中央按 1947 年 11 月全省平均粮价收购,然收购价核定之后,除了四川①,其余各省一直到 1948 年 4 月仍未收到价款,各省以目前粮价和核定收购价相差悬殊,粮户损失太重,纷纷呈请粮食部早日拨还价款。对各省的请求,粮食部难以置答,只有求助行政院,希望行政院早日命令国库将价款饬拨各省。至 5 月,各省迄未得到价款,随着粮价上涨,核定价与市价的差距更大(如西康相差在十倍),各省纷请按市价折发(按拨款月全省平均粮价)或于 1948 年度田赋征实下坐扣。粮食部认为提价牵涉过广,难于办理。1948 年度征实即将开始,若再迟延,各省借口扣抵实物,不仅 1947 年度应还粮食库券本息将于征实内扣抵,且 1948 年度应还粮食库券本息亦将纷纷坐扣,影响 1948 年度征实。因西康为数较少(91 亿余元),粮食部先行垫拨,对其他省则无能为力,再次恳请行政院在 5 月 10 日之前命令国库核拨,并将垫拨的西康部分拨还②。之后各省是否得到价款,不得而知。不过据 8 月西康省请求中央按拨款时市价补足差额价款一事分析,各省应该拿到了部分价款。否则,在其他省尚未得到价款的情形下,西康亦不致提出进一步的要求。

在粮食库券返还问题上,国民政府先是同意各省各种不合粮食库券条例规定的偿还方式,当然此与粮食库券在发行与分发过程中的困难有关。从此出发,为便利偿还,似尚可理解。接着是自己也违背粮食库券条例规定,决定折价收购 1944 年度四川到期粮食库券。四川当时需粮急迫,政府收购似无不可。但政府收购时,首先是给价不合理。其次是同意四川截留谷款之决议,并由行政院以紧急命令饬国库按月拨款交四川省政府。换言之,在四川的"违法"行为中,中

①四川应领谷款已于 1948 年 3 月上旬拨清,但直至 10 月下旬,省政府尚未转发粮民。

②中国第二历史档案馆档案:八三 894:《关于发行粮食库券文件与有关文书》。

央负有不可推卸的责任！正是中央的纵容，让四川的不合理决议变成了现实。粮民的辛苦血汗被挪用，价款流向何处不得而知，经济建设却是纸上谈兵。而这一切均源于中央的收购政策，若无中央的收购政策，哪有挪用之说？对粮民扣而不还情近剥削的情形自不会出现。

正因中央有收购之意，才有部分省觊觎价款之行为。如1944年四川移作经济建设之用；1948年四川为筹设化学肥料厂，在省筹部分资金无力解决时，要求在1948、1949两年度内返还粮食库券中各提100万市石价款，作为向国外贷款的证明。江西将粮食库券移充农田水利基金，水利部并以《江西省粮食券移充农田水利基金问题之商榷》小册子为由，希望各省采纳。甘肃将1948年到期之1943年度1/5粮食库券经省参议会审定拨作补给副食马干差价之需求，1942年度到期粮食库券办理地方公益事业之用[1]。湖南将1946年到期粮食库券半数归县，以作各该县银行基金或其他建设事业之用，半数归省，经营生产事业[2]。不论各省请求挪用粮食库券之用途何在，其挪用本身就是损害粮民利益的做法。

最后是在1947、1948年度粮食库券偿还问题上，决策失误。中央既决定给价收购，价格核定后就应照价付给，长期拖延不付，因粮价上涨，各省纷请重新作价或抵缴田赋，限于粮源财政紧张，两者皆不可能被国民政府接受。粮价暴涨而作价过低，粮户深受其害，以致怨声载道。对各地民众的请求，国民政府置之不理。如果在处理1944年度到期粮食库券时，国民政府的反对者仅是四川粮民和四川

[1] 水利部以"物价上涨，资金终究有限"为由，代电各省政府希望采纳江西做法。甘肃因粮食库券用在他处，故无法仿照江西的做法。（台北）"中央研究院"近代所研究所档案馆档案：经济部门水利19-34-033-01：《江西省各县征购储券、粮食库券、征购谷移充农田水利基金问题之商榷》。
[2] 《公平处理粮食库券》，《湖南省参议会会刊》，1946年第二次大会特刊。

各县市参议会的话,那么1947、1948年度它面临的则不仅是千千万万的粮民,且尚有各省田赋粮食人员,甚至粮食部亦对行政院的做法开始不满。换言之,此时全国可谓从下到上皆对国民政府的做法深感失望。历史事实证明,当初国民政府承诺的"以粮易券,出粮者可获得相当的利息"的结果变成了骗人的谎言,此无疑是对广大粮户抗战热情的亵渎!

粮食库券是征购的产物。征购略带强制性质,即政府要在某一地区征购粮食,此一地区内有粮者,有以其余粮售给政府的义务,其粮价也由政府规定,人民不得随意索价。这样办理,在政府方面比较方便,但是大量货币流入粮食市场,仍然有激涨粮价的作用。又因为官价通常较市价低,人民不免损失,而设法规避,致起纠纷。用粮食库券征购粮食,则可以免除此种弊害。粮食库券不能当现金使用,具有节省通货的效力,粮食库券偿还仍用同量粮食,而且加付利息,人民亦无低价出售的损失,对于调剂粮食市场效用很大。政府控制粮食市场,须握有大量粮食,以及须收缩通货流通两个条件,都由此做到了。可是在战时,如前所述,国民政府无法也不可能实现粮食库券到期还本付息的承诺,所谓条例就变成了一纸空文,毫无实际意义可言,因之可以说粮食库券是一种掠夺性质的、无信用的国债,绝大部分地区的粮食库券没有还给粮户[1]。

从关吉玉的认识中可以窥视粮食库券的两面性,他认为:

> 发行粮食库券,以征购粮食,在购粮办法之中,是最能顾全到不刺激粮价上涨的良好办法。不过在实施过程之中,有待研究之处尚多,我们从整个的粮政和财政上观察,政府取得大量粮

---

[1] 蔡慧敏:《抗日战争时期国统区粮食库券述略》,《重庆科技学院学报》(社会科学版)2009年第8期。

食的方法,仍以田赋改征实物,比较稳妥而少困难。因为田赋实物是无偿取得,所以不发生偿还本息问题。粮食库券因为须还本息,而且期间又相当迫促,到期必需另筹大量粮食,政府在粮食上的负担过重,等于希求目前的便利,而增加将来的困难。与其将来困难加重,不如现在多从田赋上面谋办法。按我国田赋本来以什一为收取标准,现在田赋征实比率,普遍的尚不及此标准,有提高的可能,所以将来筹集粮食的办法,最好以田赋征实为主。至于征购粮食不妨列为辅助的办法。征购对象,限于有余粮的大户,且不必采用配发现金办法,而全以粮食库券征购,以维持粮食库券信用,并避免手续之繁琐。因为以粮食库券征购粮食,本来是预借的性质,预借而及于一般平民无余额可借者,未免近于苛求。改向大户征购,则人民负担,可近乎公平。不搭发现金,则以征购以大户为对象,他们也并不见得汲汲于现金之取得。反之在物价不稳定的时候,保存粮食库券,尚足以保持其财物之实在价值,推行之时,应当更减少困难。对于国计民生,两方面都有利。[1]

应该说,粮食库券制度从解决粮食和财政问题的视角分析,效果还是不错的。然在返还问题的处理上,显然是因小失大,直接将广大粮户推向了自己的对立面。失掉民心的国民党还能坐稳天下吗?所以,从粮食库券返还问题上探讨国民党失败的原因,是一个非常有意义的课题。

第三节　棉田征实制度

棉田征实制度主要梳理其实施背景、实施过程、成效与存在的问

---

[1] 关吉玉:《粮食库券与购粮问题》,《经济汇报》第 6 卷第 1、2 期合刊,1942 年。

题等,展示田赋征棉之全貌,揭示广大棉农在抗战中的贡献。棉田征实制度表征了国民政府与棉农的困境与无奈①。

一、实施背景

所谓棉田征实制度,或称棉田征棉或田赋征棉制度,即在主要产棉区实行田赋征收棉花的制度。抗战时期,国民政府实施棉田征棉的主因有二:

第一,平衡棉农粮农负担,同时避免棉农卖棉购粮纳赋之麻烦,便利棉农完赋。

田赋征实之前,不论土地出产何物,一律以货币征收,于农民并无不便。征实之后,农民必须缴纳实物。所谓实物,原则上应以土地出产物为标的,即土地出产什么征什么,棉农以其土地所产,缴纳政府之所征,手续简单明了。国民政府实施田赋征实最初主旨是得粮,所以当时仅限征粮,若严格定义,实质上仅为征实的一部分,从此角度分析,1943 年之前的田赋征实,称田赋征粮或粮食征实更恰当一些。中国幅员辽阔,物产不齐,特产地区本身不产或少产粮食,如四川内江主要产糖,自贡主要产盐,河南、陕西、湖南、湖北等省产棉区主要产棉,上述地区农民产粮很少,自食之粮尚需购买,征实后因国家一律征粮,致其纳赋不便。在四川特产地区,国民政府曾实施代购政策。唯四川之外的农民,尤其是产棉区的农民,则须卖棉购粮纳赋,似多窒碍。征实期间,棉农为换取法币购粮,纷纷卖棉,因集中抛售,棉价常较平时低,购粮时又因同时大量购进,粮价反较平时高。故棉农是贱价桌售棉花,高价籴进粮食,辗转一卖一买之间,均予商人以牟利之机,棉农须受双重剥削之苦,若一县全产棉花,则所需之

---

①本节内容参考拙文《抗战时期国民政府棉田征实制度研究》,《抗日战争研究》
　2010 年第 2 期。

粮须从邻县求购,棉农损失更大。为便利棉农缴纳田赋,避免其因粮价上涨购粮完赋的损失,消弭过去棉田粮田负担失平的现象,理应扩大征实范围,实行产棉区棉农缴纳棉花的制度。

第二,促进棉花生产,救济抗战以来棉花减产之严重现象,解决棉花供应紧张的问题。

我国产棉区主要集中于长江、黄河流域一带,长江流域主要分布在四川、湖南、湖北、江苏、江西、浙江等省,黄河流域主要分布在陕西、河南、山西、河北、山东等省。据 1936 年中华棉业统计会调查统计,抗战前,我国年棉花总生产量约 1700 万市担,虽未能自给,然所差不甚多。陕西、甘肃、河南、四川、湖南、湖北、云南、贵州、江西九省(即战时的后方),棉花产额大致可以自给自足[1]。抗战爆发后,产棉区大多沦陷,留存的完整的产棉省区仅陕西、四川,棉花损失 2/3 以上,部分接近战区的棉花又出现资敌情形,产棉大省河南、湖北又大旱,直接导致棉花减产。同时由于棉价与粮价不能同比上涨,农民种棉不划算,纷纷弃棉种粮。战时棉价较战前仅增长 30 倍,而同期粮价增长 66 倍[2],棉价上涨不及粮价的一半,因此,棉农即选择种植收益较高的粮食而放弃种植收益较低的棉花,遂致棉田面积与棉花产量减少,后方原棉供给不敷。

为改变棉田面积缩小和棉花产量减少的状况,国民政府曾采取了一些措施,如根据各地地理环境,推广棉花种植面积,采用优良品种,指导棉农科学种棉,以达增加生产改进品质之目的。如:实施西南植棉计划,于云南、四川、西康、湖南、广西、贵州等省推广植棉。唯

---

[1]九省棉田面积为 1518 万市亩,皮棉产额为 317 万市担,需求约 300 万市担。
　杨显东:《论当前棉业问题与对策》,《中农月刊》第 4 卷第 7 期,1943 年。
[2]施之元:《棉田征棉试论》,《财政评论》第 9 卷第 5 期,1943 年。

除四川外,其他省植棉计划效果不佳[1]。

　　1941年,棉田面积较1940年减少30万市亩,加以虫旱灾害,收成仅及常年5.4成,产量低减11％左右[2]。田赋征粮后,棉农为缴纳赋税起见,不得不增加粮食种植面积,棉花面积更为缩小。1942年,陕西、湖南、湖北、河南、四川、云南、贵州、江西、甘肃九省棉田面积减为757万市亩,较1936年减少了一半(1936年是1518万市亩);亩产量亦急剧下降,平均亩产皮棉19.2斤(战前是23.6斤)。因棉田面积与亩产量同时减少,致使皮棉总产量由317万市担缩减为140万市担[3],距后方所需相差一倍以上(需300万市担)。

　　棉田面积与产量大幅减少,致国统区棉花供应紧张,加上日本的掠夺,局面更是雪上加霜。财政专家时任财政部田赋管理委员会视察科长的赵既昌认为:"棉田田赋征实之筹议,遂发动于后方棉产减少声中。"[4]国民政府解决棉花紧缺的办法有二:一是积极督导增产(前已述及);二是尽力收购。收购方面,国民政府虽积极收购棉花,然因交通阻塞,困难颇多。战初农本局收购战区存棉运至后方贮存,以免其资敌,并为迁移后方的纱厂预留原料。后由农本局福生庄负责,到1940年,福生庄在湖南、湖北、河南一带收购了数十万市担棉花,然因运输困难及战争影响,无法运至后方,遂致棉价下跌。战区或邻近战区的大量棉花因运输艰难无法出售,更使棉价大跌,棉田面积缩小,而后方需棉殷切,福生庄与军政部军需处由滇越及滇缅路运海外纱布至后方以供需要。1941年,不但纱与布供应成问题,而且纱厂过去存棉也已用尽,主要棉区大部沦陷,原棉供应发生了严重问

①华兴鼐:《我国植棉事业之后顾与前瞻》,《新经济》第3卷第10期,1940年。
②施之元:《棉田征棉试论》,《财政评论》第9卷第5期,1943年。
③杨显东:《论当前棉业问题与对策》,《中农月刊》第4卷第7期,1943年。
④赵既昌:《棉田田赋征棉之筹议与实施》,《财政学报》第1卷第4期,1943年。

题。后方纱厂、军政部军需处、福生庄等机关都于陕西争购棉花，导致棉价又急剧上涨。为防止棉价暴涨，国民政府先在陕西实施限价收购，后又改为统购，然由于定价不及成本，棉农纷纷弃棉种粮，陕西棉产减少 2/3，遂致后方原棉供应恐慌，太平洋战争后，国际陆路运输断绝，洋纱洋布无法进口，问题愈形严重。

解决上述两个问题的善法：一是鼓励棉农大量种植棉花，提高棉花收购价格，大量收购棉花；二是实行棉田征棉。两法之中，无疑田赋征棉更利于问题的解决，此亦是国民政府选择田赋征棉非常重要的原因。

二、实施过程

（一）筹议

最早实施田赋征棉的是山西省，在中央实施田赋征棉以前就已实施。1940 年，山西实施田赋征实时，征收种类有粮食、棉花、布，征棉标准是每正附田赋 1 两征棉 10 斤或土布 4 斤，是年共征棉 10 万斤，土布 400 斤。最早建议中央实施田赋征棉的是湖北省。1941 年，湖北石首、公安、松滋三县因境内棉田较多，售棉购粮尤为不便，曾由省政府于开征之初电请中央折征棉花，中央担心征棉会影响征粮，未批准实施（上述地区系按当地稻谷市价折征法币），此为田赋征棉拟议之肇端①。当时目的仅有其一，即纯为解除棉农纳赋困难起见。1942 年，陕西财政厅厅长兼田赋处处长周介春鉴于 1941 年田赋征实时，泾阳、三原等县棉农卖棉缴粮困难，曾建议政府扩大征收种类②，棉区似应征棉，也未被采纳。此时国家对产棉区一般是强制征粮，对

---

① 赵既昌：《棉田田赋征棉之筹议与实施》，《财政学报》第 1 卷第 4 期，1943 年。
② 周介春：《陕西省田赋改征实物之经过》，《经济汇报》第 6 卷第 1、2 期合刊，1942 年。

确属无法购粮的地区,可呈请财政部核准折征法币。

　　继山西之后实施田赋征棉的是湖北省。1942 年,石首、公安、松滋棉区农民因无粮缴纳田赋,致征实任务无法完成,后按稻谷 1 市斗折征棉花 1 市斤[①]。此可谓中央实施田赋征棉的先声。

　　1941－1942 年,因田赋征粮及灾害等原因,棉花产量骤降,陕西、河南棉区平均减产 30％多,湖南、湖北棉区减产 40％[②]。棉产减少直接影响国家统购统销政策之实施,军需供应与棉价管制皆将无法切实执行。社会各方人士及经济主管当局,对于因棉花减产问题可能发生的后果,咸表深切忧虑。同时,因政府收购价过低,收数不多,棉商不愿买进,厂商则受统购统销政策限制不能收购,棉花销售遂陷于半停滞状态。陕西三原、泾阳等县首先电报田赋无法催收,呈请中央解放棉市管制,以早日售棉购粮完赋[③]。随着经济形势的演变,中央各有关机关遂有棉田征棉之发动。在此背景下,国民政府决定从 1943 年起扩大田赋征实范围,举办棉田征棉。1943 年 7 月 16 日,财政部公布《战时棉田田赋征收棉花办法》,棉田征棉正式实施。

(二)办法

　　根据《战时棉田田赋征收棉花办法》规定,田赋征棉区域是陕西、河南、湖南、湖北四省,各省征棉县由省田赋处会同省建设厅,按产棉集中情形拟定,报请财政部粮食部核定。田赋征棉区域,业户缴纳实物以农地产物为标的,棉田征棉粮田征粮[④],即在征棉县未种棉的农民仍可缴粮。为防止业户选择市价较低的一种缴纳或征收人员从中调换,田赋开征前两个月,由棉农将棉田面积、产量及应完赋额报请当地

---

①赵志垚:《湖北省战时实施民生主义经济政策概述》,《新湖北季刊》第 3 卷第 1、2 期合刊,1943 年。

②这两大产棉区 1941 年产量达 210 万市担,1942 年仅 125 万市担。

③赵既昌:《棉田田赋征棉之筹议与实施》,《财政学报》第 1 卷第 4 期,1943 年。

④《战时棉田田赋征收棉花办法》,《中农月刊》第 4 卷第 8 期,1943 年。

乡镇公所会同该管田赋征收处调查属实后,造具清册,由征收处上报县田赋处,征棉时照登记册核实征收,棉农余棉由棉花收购机关收购①。

田赋征棉折征率是按地主收得量征收 10％为原则,按 1941 年省县正附田赋总额每元折征皮棉 5 市斤,赋额较重区域可报请财政部酌量调整②。鉴于收获量难以统计,1944 年 9 月,《战时田赋征收实物条例》明文规定征棉区域,按赋额每元折征皮棉 5 市斤③。

田赋征棉为田赋征实的一部分,征收机构的设置和经征经收的原则本应和征粮相同。但征棉和征粮相比,因棉、粮的差异,征棉时困难更多,比如验收棉花对技术的要求相对较高,田赋征收人员因没有棉花知识经验,要验收棉花,尚须经过一段时间的训练方可勉强胜任这项工作,所以棉花的经收似应由已有的棉花收购机关办理为宜。当时我国具有验收棉花技术的机关是花纱布管制局,所以田赋征棉采用经征经收分立制度,经征事项由各县田赋管理机关办理,经收事项由花纱布管制机关负责(具体由其下设的棉产处第四科专司征实业务)④。县级花纱布管制机关可将乡镇经收赋棉事项委托银行工厂收花机关或合作社及殷实花行代办,县花纱布管制机关未成立之前,经收赋棉事项由省级花纱布管制机关暂时委托县田管处代办⑤。1943 年陕西征棉由各县花纱布管制机关征收,数额较少之县由花纱布管制机关委托合作社或殷实花行代收,仅高陵因县境狭小,是集中县城由华纱布管制机关征收⑥,1944 年仍由花纱布管制机关经收,

①赵既昌:《棉田田赋征棉之筹议与实施》,《财政学报》第 1 卷第 4 期,1943 年。
②《战时棉田田赋征收棉花办法》,《中农月刊》第 4 卷第 8 期,1943 年。
③《战时田赋征收实物条例》,财政部《财政年鉴》编纂处编纂:《财政年鉴三编》(上册)(第五篇附录法规),中央印务局 1948 年版,第 127 页。
④《战时棉田田赋征收棉花办法》,《中农月刊》第 4 卷第 8 期,1943 年。
⑤《棉田田赋征收棉花经征经收划分联系办法》,《财政学报》第 2 卷第 1 期,1944 年。
⑥《陕棉集锦——棉农们的困苦》,《新华日报》1943 年 11 月 22 日。

1945年因花纱布管制局撤销,经征经收均由省田粮处办理。湖南湖北经收事宜则一直由省田粮处合一办理①。

为规范棉花验收,财政部颁行《财政部三十二年度棉田田赋征收棉花验收办法》,规定棉花验收不分种类、粗绒细绒及品级一并验收;田赋开征前由县经征经收机关根据该县历年所产棉花品级程度与本年新棉生长情形,会同采集最普通新棉制成标准样品,分发各乡镇征收处作为验收标准,并将标准样品呈送省经征经收机关转呈财政部备案;验收棉花应以确系本年所产新棉而其品级相等于标准样品者为合格,凡所含水分超过12%或所含棉籽、叶屑、泥沙等杂质重量超过2%,可拒绝验收;验收工具为市制衡器,并应经度量衡检定机关或县政府依法检定并烙印后方能使用;验收棉花以市两为计算单位,两以下四舍五入②,其他征收程序大致和征粮相同。

(三)概况

1943年,最初核定的征棉省为陕西、河南、湖南、湖北四省,征率为:陕西、河南每元征皮棉5市斤,湖南3市斤,湖北则四五市斤不等③,征额为10万市担④。后湖南因产粮较多而停止征棉,其余三省继续征棉,征率统一为每元征皮棉5市斤。截至1944年5月底,共征起23 032市担⑤;截至1945年6月20日,共征起29 906市担,陕西征起24 049市担,占总额80%,其余两省成绩很差,河南征起3716

①中国第二历史档案馆档案:八四171:《关于办理陕西省棉田田赋征棉文件与有关文书》。
②《财政部三十二年度棉田田赋征收棉花验收办法》,《财政学报》第2卷第1期,1944年。
③《四省实行棉田征实》,《中央日报》1943年10月26日。
④赵既昌:《棉田田赋征棉之筹议与实施》,《财政学报》第1卷第4期,1943年。
⑤《三年来办理田赋征实经过与成果》,《中央日报》1944年6月29日。

万市担,湖北仅征起 2095 市担①。

　　1944 年,为扩大田赋征棉区域,四川、湖南两省亦实施征棉,连上年三省总共五省,配额是 88 380 万市担②,各省纷请减少征额,后减为 70 760 市担,其中陕西 26 900 市担,湖北 28 600 市担,湖南 10 780 市担,四川 4100 市担,河南 480 市担,征率为每元征皮棉 5 市斤(湖南最初确定为 3 市斤)。原定四川、河南也实施征棉,四川因征实征借粮食较 1943 年增加 400 万市石,故停征棉;河南因豫湘桂战事发生,征棉县全部沦陷,也停征棉③。剩余三省,湘南、鄂北产棉县大多沦陷,征收深受影响,不得不斟酌实际情形酌减配额,湖南征额减为 10 780 市担(并未减少,原档案错误),湖北减为 15 000 市担,总额为 52 680 市担,陕西占总额一半以上。10 月 1 日开征,截至 1945 年 5 月 5 日,共收起 29 062 市担,其中除陕西成绩相对较好外(78%),湖南无起色(12%),湖北更差(4%)④。截至 1945 年 12 月 31 日,陕西征起 86%,湖南 44%,湖北 22%,三省实收数仅占配额 61%⑤。

　　1943、1944 年,棉田征棉除陕西外,其他省成绩都很差。河南差的主因是征棉县部分沦陷,征棉窒碍难行;湖南湖北主因是棉价较粮价交换比值高,棉农不愿以棉纳赋,致其征棉成绩差;和两省相反,陕西恰恰是因为粮价较棉价比例高,棉农乐于缴纳的缘故⑥,征棉成绩

①中国第二历史档案馆档案:八四 265;《各省田赋征收实收数各项报表及有关文书》。

②《三年来办理田赋征实经过与成果》,《中央日报》1944 年 6 月 29 日。

③《全国征粮征棉概况》,《财政评论》第 12 卷第 6 期,1944 年。

④中国第二历史档案馆档案:八三 1542;《田赋管理委员会编列 1944 年度各省田赋征实征借收起数额竞赛表》。

⑤中国第二历史档案馆档案:八三 894;《关于发行粮食库券文件与有关文书》。

⑥中国第二历史档案馆档案:八四 171;《关于办理陕西省棉田田赋征棉文件与有关文书》。

最好,而征粮成绩却较差。

1945年,陕西仍按1944年配额26 900市担征棉,湖北由于收数太小太差而停征,湖南配额5780市担,后因豁免田赋而免征,四川5000市担,总共配额31 900市担,征率每赋额1元,陕西折征皮棉5市斤,四川10市斤。实际实施省仅有陕西一省,四川不知什么原因没有征棉。截至1946年11月30日,陕西共征收13 653市担,仅占该省总额的51%,占全部总额的43%[①]。

三、绩效与问题

(一)绩效

战时田赋征棉共实施了三届,1943、1944年仅有三省,1945年更少,仅一省。除陕西外(陕西是征棉各省中配额最多、成绩最好的省),其他省配额不多,成绩更差(尽管中央很重视,蒋介石、孔祥熙电令征棉各省加紧办理,并将征棉成果定为各棉产县份县长考成之首要)。三年共征棉6.5万余市担,每年平均仅2万余市担。应该说通过田赋征棉,国民政府多少控制了一定的棉花,可以稍微兼顾国计民生和军需用棉。而且田赋征棉后,棉农免去了卖棉购粮完赋所遭遇的剥削及麻烦,产棉区粮价亦不致因棉农争购粮而暴涨。同时因国家规定征棉地区,所有棉田一律不准改种粮食,并实行对棉农贷款等优惠措施,对保持与扩大棉田面积、增加棉产,是有积极作用的。

不过,对田赋征棉制度的积极作用不宜评价过高,它并未达到时人预期的效果。田赋征棉之前,赵既昌认为,1943年度田赋征棉额为10万市担,须占赋额166万余元,仅可征小麦46万余市石,尚不及上年征粮额1%,故棉田征棉之实施,对于国家经济及农业政策上的贡献甚大,而对粮食统筹调剂上仍不致有重大影响。政策成功后,

---

①中国第二历史档案馆档案:八三 108:《粮食部1945年度政绩比较表》。

棉区面积可望增加,棉农收益亦可望增多,因而来年棉田征棉必能加倍于本年应征之数量也,如此,棉田征棉可达平均粮田棉田负担、促进棉产保存殖棉地域优点、控制物资平抑物价三重功效①。施之元乐观地说:田赋征棉将使政府最少可以掌握皮棉 50 万市担,国营民营纱厂全年需用 70 万市担,则政府足能把持 7/10 的决定供给量,如加以通盘筹划,平价供应,各纺织厂即可纺纱 10 万件,织布 400 万疋。若能由此遂行"以花控纱""以纱控布""以布控价"之连环政策,则棉市管制的任务亦将大半赖以完成②。据农本局估计,后方军棉厂用共需棉 100 万市担③,而每年征棉所得仅占消费量 2% 多一点,更多用棉尚需另筹他法,公务员与一般民众的用棉尚不在内。由此可知,棉田征棉在解决用棉方面的作用甚为有限。

(二)问题

田赋征棉除了存在与田赋征粮同样的问题外,由于征棉的特殊性,尚存在他种问题,如征棉和征粮的协调、棉农纳棉后余棉的处理等问题,这些会影响征棉的成绩与棉农种棉的积极性。具体而言,田赋征棉主要存在两个问题:

第一,征粮抑或征棉?

田赋征实是对土地征收的实物税,无论征粮或征棉,同一土地仅能选征其一,征棉即不能征粮,反之亦然。正由于此,财政部、粮食部在协商时往往因双方所站立场各异,意见至为分歧,在筹议 1945 年田赋征棉时更是凸显。

1945 年,行政院原定的征棉省是陕西、河南、湖南、湖北、四川五省,但除陕西外,其余四省征棉困难多多。6 月,财粮两部协商时,粮

---

① 赵既昌:《棉田田赋征棉之筹议与实施》,《财政学报》第 1 卷第 4 期,1943 年。
② 施之元:《棉田征棉试论》,《财政评论》第 9 卷第 5 期,1943 年。
③ 赵既昌:《棉田田赋征棉之筹议与实施》,《财政学报》第 1 卷第 4 期,1943 年。

食部认为四川、河南驻军较多，军粮需要较多，若征棉势必减少征粮，影响军粮供应，且河南产棉县相继沦陷，征棉根本无法实施。1944年，湖南、湖北因征棉而减征之粮达124万市石，而两省征棉效果远不及征粮，征棉征粮两者相较，国家损失巨大。仅陕西征棉成绩较好，棉质又好，故主张其余四省一律停征棉，仅办陕西一省，为兼顾棉粮起见，陕西征棉配额照1944年征额加倍征收。粮食部在与财政部协商时，财政部首先考虑的是停征其他四省后，征棉额是否会减少以及陕西赋棉配额可否增加与增加后是否可能征足，所以表示原则上同意粮食部的意见，但粮食部必须保证征棉总额不下降。要达到财政部的要求，就必须增征陕棉征额，减征粮额[①]。

可是，粮食部却难达财政部的要求。1945年，陕西须配定军、公、专案粮等总共391万余市石，1944年陕西在丰收时，却仅征起385万市石（配额443万市石），1945年陕西受灾特重，即便照1944年征粮额征收，恐亦难征足80％，即或勉强征收80％，与军公粮需求相较，尚不敷50万余市石。如将征棉额较1944年增加一倍，即须减少征粮25万余市石，距军公粮需求差距更大，所以按1944年征棉额加倍征收实难办到。粮食部唯有变更原定办法，为保证鄂北军粮供应，将1944年实施征棉的鄂北六县一律停征棉改征粮，将其赋棉配额15 000市担加入陕西赋棉配额内，连同陕西原有赋棉配额26 900市担，共41 900市担，比原定陕西赋棉加征一倍减少11 900市担。湖南滨湖区产粮较丰，征棉征粮互相影响不大，因之湖南征棉仍按1944年配额10 780市担办理（陕西湖南相加，总数和1944年相同），其余各省一律停办。此次调整兼顾了财粮两部的利益，适当增加陕棉配额，因陕棉质优，且征收成绩最好，对于解决军需用棉较有利，取消在

① 中国第二历史档案馆档案：八四171：《关于办理陕西省棉田田赋征棉文件与有关文书》。

鄂北征棉,也可缓解当地军粮供应紧张的现状。该办法决定后,由于征棉总额与上年度相同,财政部自无异议。然湖南是战时后方的第二征粮大省(四川第一),赋棉配额较多,势将减少赋粮配额,且其征棉成绩远不如征粮,与其多配棉额而无法足征,不如减少棉额而多征粮。故粮食部决定将湖南征棉配额内匀出 5000 市担改于四川征收。后因陕西征粮减为 266.2 万市石(因征棉减去 12.6 万市石,实际配额仅 253.6 万市石)[①],较原预计征粮 443 万市石缩减颇多,而需求却无法大量核减,历年征粮成绩又不佳,若照 41 900 市担征棉,所缺粮食必更多,尤其是抗战胜利后,国民政府豁免沦陷区各省田赋,实施田赋征实的仅有十一省市,粮食部的压力更大。在艰难抉择中,为了多征粮,不得不减征棉,双方最终决定仍照 1944 年度征棉额,即 26 900 市担征棉。

1943 年之前,收购供应军需及工业用棉的任务由农本局负责,其中收购归农本局下设的福生庄主管。1943 年之后,财政部花纱布管制局成立,此后棉花的收购供应即归花纱布管制局负责。因此,在征粮还是征棉的问题上,财粮双方一方要棉,一方要粮,双方均想多得各自所需,在田赋赋额一定的情形下,势必会出现此消彼长之现象。因需粮相对需棉更迫切,最终自是粮食部的意见占上风,故历年核定征棉额较少,除了实征成绩较差的因素外,此实为主因。

第二,棉农与粮农负担孰轻孰重?

为减轻棉农负担,国民政府规定凡田赋征棉县,所有随赋征购或征借及县级公粮一律免征。田赋征棉与征粮,对土地所有者而言,孰轻孰重? 1943 年,粮食部曾对陕西棉农粮农田赋负担做过计算,棉花限价每市斤 12 元,棉田赋额 1 元折征皮棉 5 市斤,共 60 元,粮田

---

①中国第二历史档案馆档案:八四 171:《关于办理陕西省棉田田赋征棉文件与有关文书》。

赋额 1 元折征小麦 2.5 市斗,以 1943 年 3 月下旬平均市价每市石 800 元计算,共 200 元,粮农负担是棉农的三倍多。加上随赋征借和县级公粮,粮农负担最少为棉农的五倍[1]。唯其计算忽略了一点,即粮农缴纳三征与县级公粮后的余粮可自由出售,而棉农对缴纳征实后的余棉却无权出售。棉农的余棉必须由花纱布管制机关会同省建设厅统一收购,所以棉花收购价格高低直接决定棉农负担轻重,假若收购价合理,棉农负担应较粮农轻,反之则重。棉田征棉后,为保证征棉数量与余棉收购,棉农必须将其棉田面积和生产量上报,以作为征实和日后政府收购的依据,故在正常情况下,棉农无法隐藏其余棉。

田赋征棉之初,国民政府本规定由花纱布管制局以生产成本加合法利润为核定标准,订定合理价格收购棉花,使棉农可增加收入,然现实中合理价格并未做到。1943 年 9 月,花纱布管制局规定收购新棉的价格为每市担 5800 元,可是却迟迟不收购,棉农因种棉成本较高,急需用钱偿还债务与支付各项开支,故急于售棉,只有将棉贱价卖给棉商,棉价大跌,老秤 100 斤[2]才卖 4700～4800 元。等到花纱布管制机关收购时,不是受委托的花行无款兑现,就是代购的棉商盘剥棉农。陕西泾阳棉商在代花纱布管制机关收花时,1 市担给 5000 元左右,1 市担棉花棉农即损失 800 元[3]。

1945 年初,陕西收购 1944 年余棉,先规定以官价每市担 10 600 元收购,定价过低,棉农因亏损太大不愿出售棉花,后加奖金 2400 元,每市担为 13 000 元,与成本 2 万余元相差仍太远,黑市价已涨至近 3 万元(日本收购价 4 万元),故虽加给奖金,棉农售棉仍不积极,

①中国第二历史档案馆档案:八三(2)2160:《粮食部 1942 年粮食征购征收情形》。
②老秤 85 斤等于市秤 100 斤。
③《陕棉集锦——棉农们的困苦》,《新华日报》1943 年 11 月 22 日。

泾阳棉农甚有因此而破产者①。无奈又发起献棉运动,规定各县献
售数额,将收购变成摊派,企图强制棉农交出棉花,售者仍然寥寥②。
后又规定以棉换布办法,每售棉 1 市担可购平价布 1 匹(每匹 4500
元),棉农售花 1 市担,除得布 1 匹外,还可得 8500 元,结果售花者依
然稀少。棉农不愿卖棉予政府的主因是政府收购价不及生产成本。
为此,财政部再次调整棉花收购价,自 2 月 1 日起,棉农售棉每市担
于原官价及奖金 2400 元以外,另加献收奖金 5000 元,每市担共
18 400 元③。此次棉价调整后,距棉农成本仍差约 1600 元,棉农自然
不愿售棉予国家。在无法正常收购之时,陕西省建设厅采取派人挨
户搜寻棉农存棉的办法,强制棉农售棉。如此蛮横且不计棉农成本
的收购政策,不仅引起棉农强烈不满,省参议会亦认为省建设厅的做
法不妥,请求制止其不合理的行为④。10 月,市场棉价仅 2 万元,和
棉农种棉成本几乎相差十倍,棉农面临破产的境地⑤。是故如将棉
农卖棉的损失计算在内,棉农负担显然重于粮农或至少不比粮农轻。

　　此外,棉农与粮农负担轻重还受各地棉粮差价大小影响,若粮价对
棉农有利,棉农自愿缴棉,反之即缴粮。如此棉价低的陕西棉农负担较
轻(陕西一般棉农为少缴纳赋税,多有将粮田冒充棉田者,因国家早有统
计,自然此种办法是行不通的⑥),反之,棉价高的湖南湖北负担较重⑦。

---

①《收成不好,收价太差,陕泾阳区棉农破产,获比前年少一倍,收价比成本少一
　半》,《新华日报》1945 年 1 月 23 日。
②《杀鸡求蛋的自杀政策,陕省发动献棉运动》,《新华日报》1945 年 1 月 5 日。
③《陕棉统购政策,应该取消了》,《新华日报》1945 年 3 月 26 日。
④《纠劾棉茶两案》,《中央日报》1945 年 4 月 21 日。
⑤《陕西棉农困苦,棉价比成本差十倍》,《新华日报》1945 年 10 月 6 日。
⑥《棉田征实》,《陕行汇刊》第 7 卷第 5 期,1943 年。
⑦尽管国民政府也规定,赋额较轻或较重区域,粮棉价格相差过甚之地方,得经
　行政院核定酌量增减其征率,但似乎收效甚微。

棉田征棉后,尽管政府采取多种措置增加棉花面积和提高产量,效果却很差。其根源在于政府收购棉价不及棉农成本,导致棉农种棉积极性不高,棉田面积增加有限,除陕西略增,其他省非但未增反纷纷减少。

田赋征棉对政府与棉农而言,皆面临着一个艰难选择。对政府而言,是选择征粮拟或征棉的难题;而对棉农,因政府的政策控制,在选择缴棉还是缴粮时,虽亦有一些主动性,然更多的是无奈。历年征棉成绩差,与国民政府对余棉之收购、统购政策失误关系重大,是故田赋征棉显然无法实现政府最初设想的增加棉花生产、减轻棉农负担之目的,和田赋征粮相比,田赋征棉无疑是失败的。

第五章　历年田赋征实概况

本章主要分析历年田赋征实概况、绩效以及取得成功的原因。

抗战时期，田赋征实共实施了五届（1941－1945 年度），征购（1941－1943 年度）、征借（1943－1945 年度）各实施了三届，累进征借实施了两届（1944－1945 年度）。历年征实较之征币时期，绩效显著。但由于各种舞弊的增多，征收成绩处于不断下降之中。同时，因各省情况各异，其征收成绩亦各有千秋。

第一节　历年田赋征实征购征借成绩

一、1941、1942 年度田赋征实征购概况

1941 年度，除东北四省和河北、察哈尔、新疆三省因情况特殊缓办外①，其余二十一省一律征实。额征数为稻谷 22 938 496 市石，四川配额最多，占总配额 1/4 多，次为湖南，占总配额 1/10 弱。最早完成的是宁夏，其次是四川，再次是贵州。截至 1942 年 10 月底，实征 2345 万余市石，达配额 102％②。截至 1948 年 7 月 10 日，实征数为

①这七省或因日伪盘踞，或因日军占领，政府政令推行困难，故暂缓办理田赋征实。
②中国第二历史档案馆档案：八三 104：《粮食部 1941 年度七至十二月份政绩比较表及有关文书》。

2433万余市石,占配额106％,前三名依次为贵州、广东、湖北。其中达100％的有贵州、广东、湖北、安徽、浙江、四川、宁夏、湖南、山西、河南、云南、陕西十二省;达90％的有江苏、江西、福建、青海、绥远五省;约达80％的有广西、西康两省;仅甘肃、山东两省成绩较差。甘肃1941年成绩较差,据该省田赋处长陈国梁分析,主因有三:"一则由于交通不便,公文辗转需时,外县奉令较迟,遂因而降低效率;一则由于本省地处高原,气候寒冷,农作物成熟之期较晚,自不能与东南各省同时交足;一则由于本省民间习惯,历来立冬打碾,冬至完粮,相沿数百年迄未更易,基三因,乃有竞赛之失败。"[①]山东更多是由于日军骚扰,致其成绩较差。

表 5－1　1941 年度各省田赋征实配额
及收起数额表[②]　截止日期:1948－07－10

省别	名次	截限日期	实物种类	额征数（市石）	实收数（市石）	收起成数（％）
贵州	1	1942－08－30	谷	747 900	997 782	133
广东	2	1947－12－31	谷	1 000 000	1 325 139	132
湖北	3	1947－10－30	谷	600 000	729 170	123
安徽	4	1945－06－26	谷	903 184	1 039 774	115
浙江	5	1943－03－30	谷	1 351 000	1 563 781	115
四川	6	1948－04－20	谷	6 000 000	6 872 711	114
宁夏	7	1947－06－30	麦	317 000	350 881	111
湖南	8	1947－11－08	谷	2 200 000	2 212 683	110

---

①陈国梁:《甘肃省田赋改征实物之经过》,《经济汇报》第 6 卷第 1、2 期合刊,1942 年。

②中国第二历史档案馆档案:八四 356:《粮食部 1941 至 1942 年度田赋征购配拨数额等表》。

续表

省别	名次	截限日期	实物种类	额征数（市石）	实收数（市石）	收起成数（％）
山西	9	1947－06－03	麦	322 581	344 827	106
河南	10	1947－12－02	麦	1 385 900	1 434 235	103
云南	11	1948－05－10	谷	900 000	904 182	100
陕西	12	1947－03－16	麦	1 000 000	998 327	100
江苏	13	1942－05－20	谷	94 900	94 523	99
江西	14	1947－11－30	谷	1 820 000	1 749 703	98
福建	15	1947－05－20	谷	1 380 000	1 207 101	95
青海	16	1942－04－30	麦	71 970	67 055	93
绥远	17	1947－10－31	麦	100 800	92 671	92
广西	18	1947－04－30	谷	1 571 744	1 264 997	82
西康	19	1947－04－15	谷	299 116	234 678	79
甘肃	20	1947－06－09	麦	872 401	626 180	71
山东			谷		228 951	
合计			谷	22 938 496	24 336 261	106

说明：谷麦以市石为单位，实收数中还有广东、贵州、浙江、河南、江苏、绥远、山东七省部分折征法币，表中所列是将法币折合成稻谷或小麦计算。

田赋征实所得粮食尚不足供应军公粮需要，故于征实之外，粮政机关在各省继续购粮（即定价征购，主要是在粮产丰富及有余粮地区，给价收购），以资补救。1941年征购与征实分开办理，也是抗战时期唯一两者分开办理的一次，此后无论征购或征借，均是与征实一同办理。举办定价征购十六省，征购原则由各省自定，各省征购办法不一，约有三种：一是随赋征购，即按田赋额多寡比例征购，四川、广西行之。四川采用征一购一原则，征实征购各600万市石。二系公购余粮，即调查大粮户余粮，向其征购，无余粮之小粮户免购，湖北、湖南等省实行。三是按亩分及商人营业额派购,陕西、河南诸省行之。征购配额是 3057 万余市石,截至 1941 年底(截限时间),仅四川一省完成,其他各省平均不过半数。截至 1942 年 10 月底,共征购谷麦 2885 万余市石,占征购额 96%,其中超过 100% 的仅四川一省;达 100% 的有云南、安徽、陕西、宁夏四省;90% 以上有广东、湖南、江西、河南、湖北、甘肃六省;80% 以上有西康、山西两省;80% 以下有贵州、绥远、广西三省。

表 5-2　1941 年度各省定价征购粮食成绩表①

省别	品种	额定征购数	实际购到数	百分比(%)	备考
四川	谷	6 000 000 市石	6 780 929 市石	113	
云南	米	571 500 大包	571 500 大包	100	
安徽	米	469 400 市石	469 400 市石	100	
	麦	70 000 大包	70 700 大包	100	
陕西	麦	1 400 000 大包	1 400 000 大包	100	
宁夏	麦	100 000 大包	100 000 大包	100	
广东	米	100 000 大包	994 147 大包	99	
湖南	谷	4 520 000 市石	4 349 770 市石	96	
江西	米	2 500 000 市石	2 370 082 市石	95	
河南	麦	2 135 000 大包	2 080 815 大包	95	
广西	谷	1 850 000 市石	1 158 736 市石	63	
甘肃	麦	554 890 大包	503 620 大包	90	
西康	米	100 000 大包	88 310 大包	88	

①中国第二历史档案馆档案:八三(2)62:《粮食部 1941—1948 年工作报告》。

续表

省别	品种	额定征购数	实际购到数	百分比（%）	备考
山西	麦	350 000 大包	308 162 大包	88	
湖北	谷	1 110 000 市石	870 826 市石	79	
	麦	450 000 大包	517 615 大包	115	
绥远	麦	312 489 大包	167 209 大包	54	
贵州	谷	1 380 000 市石	724 267 市石	53	
	麦	1667 大包	1667 大包	100	
合计数	米	771 500 大包	759 057 大包		＊1
	米	2 969 400 市石	2 839 482 市石		＊2
	麦	5 410 046 大包	5 087 088 大包		＊3
	谷	14 850 000 市石	13 884 528 市石		
折成谷麦市石总数	谷	22 846 134 市石	21 587 719 市石	96	
	麦	7 728 637 市石	7 267 269 市石	95	
谷麦合计市石		30 574 771 市石	28 854 983 市石	96	

说明：本表系至1942年10月止，就各省电报数填列，其中有报至六七月者，故实际截至10月之购到数当较表列多。

＊1　以4/3参数再以2乘折谷，计额定征购数为谷2 057 334市石，购到数为谷2 024 152市石。

＊2　每米1市石以2乘折谷，额定征购数为谷5 938 800市石，购到数为谷5 678 964市石。

＊3　每大包以10/7折市石，额定征购数为7 728 636市石，购到数为7 267 269市石。

1942年度，实施征实二十一省，征购十七省（山东、浙江、宁夏、江苏四省未办征购，仅办征实，康属各县局免购，宁雅二属摊配）。蒋介石最初指示 1942 年度田赋征实征购必须达到 1 亿市石,后财粮两部协商决定,于各县市带征县级公粮之外,征实征购实际征获数以 8000 万市石为标准,但在与各省分别洽商时,各省纷纷以灾歉或战事关系请求核减,最后核定征实征购共 6500 余万市石①。

　　征购与征实性质不同,对象亦异,征实是拥有土地的粮户(即土地所有者)对国家必须尽的一项义务,即征实对象具有广泛性的特征,凡是拥有土地者,不论占有多少土地皆应缴纳。而征购虽带有半征半购的强制意味,对象却应该是有余粮的大户(应以有余粮的大户为主体,余粮少者少征购,余粮多者多征购),最少也应本着有粮出粮、粮多多出的原则,对有余粮的大户应实行累进摊购,如此办理才算是公平合理的办法。1941 年,办理征购时,粮食部鉴于各省土地陈报进展情况不一,征购采取的是各省自定的原则。因筹集征购方法各不相同,"下级行政人员得以上下其手,包揽舞弊,人民所受需索细扰,其痛苦较一般苛捐杂税为甚"②。各省办法中唯有随赋征购"负担"较普遍,弊端较少,成绩较佳,而采用对大粮户征购余粮之法,却近似摊派。粮食部在总结 1941 年度征购时曾说:"省以其估定之额分摊于县,县以之分摊于乡镇,乡镇以之分摊于保甲,乡镇保甲长或自身即系大地主或则不敢得罪巨室,于是豪绅大户之负担转嫁于贫苦之小民,其不公不平为尤甚。因之反影响甚多,成绩不佳。"③

　　1942 年 6 月,粮食部召开粮政会议,各省粮政负责人一致认为:在对粮户余粮无确切的调查以前,随赋带购是比较公平而稳妥的方法,且手续较简单,一致主张采用随赋带购办法。同时各地公私团体

①事实上最后还有一些省核减征购额,故 1948 年统计表较上列总数要少,而之前的统计表格基本照此数。中国第二历史档案馆档案:八三 106:《粮食部 1943 年度政绩比较表》。
②赵既昌:《改进田赋征实制度刍议》,《财政评论》第 8 卷第 5 期,1942 年。
③中国第二历史档案馆档案:八三(2)62:《粮食部 1941-1948 年工作报告》。

目睹 1941 年征购摊派之弊端，亦纷纷请求随赋带购。在各地请求随赋带购的一片呼声中，蒋介石指示：1942 年度，"1. 征购部分，一律随赋带购，一次购足，以资便捷。2. 小额粮户，准予免购，大额粮户，酌采累进办法，使人民负担较为公平，但其配购成数，必须达到上项征购总额为限。"[1]此后，征购随同征实一起办理，如各省对大粮户征购有把握者，亦可采征购余粮办法[2]。换言之，将单独购粮改为随赋带购的主因，系单独购粮困难甚多，其最大困难是难以完成中央所定的购粮任务，随赋带购免去政府方面新定人民负担征购粮食的标准，比较简便。再则，征实征购办理手续本有相同之处，由田赋和粮政两机关分别办理，征收储运等费用极不经济，有背抗战建国原则，故宜一同办理。

随赋征购对政府经收人员诚属简捷易行，而对负担粮户方面则觉甚不公不平，故四川民意机关主张征购对象必系生产较丰之县与收益较多之户，征购方法则采累进原则。虽国民政府规定应酌采累进，然各省为保证征收足额，往往不予实施。

1942 年度，除湖北、贵州仍采公购或收购大户余粮办法（贵州以土地陈报不甚确实，专向有粮大户征购，负担较公平，手续较简单，并可寓累进之义于其中[3]）[4]；陕西、河南除随赋征购外，还有一部分征

————————

[1] 詹显哲：《实施国家总动员法与粮食动员》，国民图书出版社 1943 年版，第 46 页。
[2] 征购应采取何种方法，粮食部并无成见，只是要求各省如期如额购足即可。1942 年度，湖北采公购余粮办法，效果不佳；1943 年度，仍系采此办法。徐堪即做此答复。（台北）"国史馆"档案：国民政府 001000005944A：《田赋征实征借》（一）。
[3] 何玉书：《三年余来贵州粮政概述》，《粮政季刊》第 1 期，1945 年。
[4] 湖北贵州采用公购或收购大户余粮办法，较其他省随赋征购成绩欠佳，影响军公粮配拨甚大，以致 1943 年 9 月 16 日孔祥熙、徐堪呈蒋介石，希望蒋电饬两省改进购粮办法，以防下届再有短缺。因粮食在战时的重要性，蒋 21 日即电两省遵照办理。（台北）"国史馆"档案：国民政府 001000005944A：《田赋征实征借》（一）。

购额划出由商人摊购;绥远榆林军粮 6 万大包折麦 85 700 市石划出另行就地现款购买,余数 414 300 市石随赋征购;其余各省均实施随赋征购。由财政部粮食部核定各省征购总额(一般与征实额相当或略少),然后由各省根据田赋赋额多少决定征购标准,各省斟酌各县产粮丰啬情形、赋额轻重、土地肥瘠及洽定总额,比照征实数目分级规定随赋配购比例,不必全省一律,既符有粮出粮之旨,亦寓调剂赋额之意,如广东征购每元二市斗或三市斗。但各省县应征购总额不得短少。一般而言,核定数额小而原有田赋赋额大者,征购标准小,反之则大。原则上是征一购一(即按赋额比例带征),或征购率略小于征实率。

截至 1943 年 11 月底,共征征实 3490 万余市石,占配额 104％强;征购 3125 万余市石,占总额 96％强[1]。截至 1948 年 7 月 10 日,共征征实征购 6914 万余市石,达配额 106％。其中山东成绩最好,达配额 190％;陕西最差仅及 79％;江苏、江西在 90％以上;西康、甘肃在 80％以上;其他各省皆在 100％以上。

二、1943 年度田赋征实征购征借概况

抗战时期,征实、征购、征借三者同时出现仅在 1943 年度。1943 年度,为减轻国库负担,避免刺激粮价上涨,国民政府决定酌加征实数额以酌减征购数额,并极力避免抢购采购。核定征实配额 34 641 802 市石,征购 1347 万市石,征借 16 089 500 市石,三者共 64 201 302 市石。征实共二十省(山东停征),征购为湖北、江西、湖南、河南、绥远、青海、贵州(仍系向有余粮大户征购)、山西八省,征借为四川、福建、广西、甘肃、浙江、广东、绥远、云南、陕西、西康十省,捐献有安徽一省,其中绥远一省既办征购又办征借,宁夏、新疆两省既未办征购,亦未办征借。

---

①中国第二历史档案馆档案:八三 106:《粮食部 1943 年度政绩比较表》。

表 5 - 3 1942 年度各省田赋征实征购配额
及收起成数比较表 ① (截止日期:1948 - 07 - 10)

| 省别 | 名次 | 截止日期 | 实物种类 | 预计数(市石) | | | 实收数(市石) | | | 收起成数(%) |
				征实	征购	合计	征实	征购	合计	
山东	1	1943 - 02 - 12	麦	400 000		400 000	760 000		760 000	190
浙江	2	1946 - 06 - 30	谷	1 500 000		1 500 000	2 089 192		2 089 192	138
广东	3	1947 - 12 - 31	谷	1 500 000	1 000 000	2 500 000	1 924 657	1 402 626	3 327 283	133
河南	4	1947 - 12 - 02	麦	1 000 000	1 380 000	2 380 000	1 013 850	2 118 748	3 132 598	132
福建	5	1948 - 04 - 30	谷	1 600 000	733 300	2 333 300	2 051 263	933 205	2 984 468	128
云南	6	1948 - 05 - 10	谷	1 500 000	2 000 000	3 500 000	1 731 860	2 744 182	4 436 042	126
安徽	7	1947 - 04 - 26	谷麦	1 350 000	1 350 000	2 700 000	1 468 981	1 468 981	2 937 962	108
湖南	8	1947 - 10 - 30	谷	4 440 000	5 600 000	10 000 000	4 821 342	5 834 001	10 655 343	106
青海	9	1947 - 06 - 30	麦	71 970	67 052	139 022	28 788	114 285	143 073	103
四川	10	1948 - 04 - 20	谷	9 000 000	7 000 000	16 000 000	9 402 998	7 176 184	16 579 182	103
湖北	11	1947 - 10 - 30	谷	1 000 000	1 000 000	2 000 000	1 233 450	834 657	2 068 107	103
广西	12	1947 - 04 - 30	谷	1 481 480	1 481 480	2 962 960	1 488 396	1 491 309	2 978 703	100
宁夏	13	1947 - 10 - 29	麦	500 000		500 000	502 235		502 235	100

① 中国第二历史档案馆档案:八四 356;《粮食部征购配数额等表》。

续表

省别	名次	截止日期	实物种类	预计数（市石）			实收数（市石）			收起成数（%）
				征实	征购	合计	征实	征购	合计	
山西	14	1947－06－30	麦	350 000	250 000	600 000	350 749	250 000	600 749	100
绥远	15	1944－03－28	麦	100 000	414 300	514 300	100 000	414 319	514 319	100
贵州	16	1944－04－10	谷	1 400 000	1 500 000	2 900 000	1 892 250	1 014 024	2 906 274	100
江西	17	1947－11－30	谷	1 938 000	4 522 000	6 460 000	1 919 836	4 445 098	6 364 934	98
江苏	18	1944－03－10	谷	300 000		300 000	292 584		292 584	97
西康	19	1947－07－28	谷	300 000	400 000	700 000	248 267	330 527	578 794	82
甘肃	20	1947－05－31	麦	1 000 000	1 000 000	2 000 000	833 980	813 322	1 647 302	82
陕西	21	1947－12－31	麦	2 600 000	2 000 000	4 600 000	2 281 693	1 360 914	3 642 607	79
总计			谷	26 594 480	25 911 780	52 506 260	30 351 346	27 421 064	57 772 410	110
			麦	6 696 970	5 786 352	12 483 322	6 085 025	5 285 318	11 370 343	97
			合计	33 291 450	31 698 132	64 989 582	36 436 371	32 706 382	69 142 753	106

说明：谷麦以市石为单位，实收数中还有浙江、广东、河南、福建、江苏五省部分折征法币，表中所列是将法币折合成稻谷或小麦计算。

征购与征借均为弥补征实之不敷，目的相同。所谓征借，即政府向粮户预借粮食，是由征购发展而来。征购制度下，国家与粮户系买卖关系，征借是借贷关系。两者性质互异，对粮民之影响及办理效果亦不同。按常理，买卖应较借贷直接简单，更易办理，可是，在办理征购过程中却困难重重。主要困难有：

(1)规定购粮价格，不易平允。(2)搭发现款及储蓄库券等，辗转需时，实惠难及粮户。(3)征购粮确数，不易把握。(4)备款购粮，易刺激粮价上涨，且使国库加重负担。[1]

正因征购存在上述问题，官民双方均感不便。以上为其难避免之缺点，亦即改购为借之重要原因，其中第一、第四点是征购面临的最大难题，尤其是第一点。事实上，筹办征购时，财粮两部最头疼的正是征购粮食的价格问题。政府征购价格本身较低，且大部分搭发粮食库券，粮户损失已是巨大，即便如此，国家财政仍感异常困难。据曾任国民政府国家总动员会粮盐组秘书的詹显哲估计，1941年度粮食征购所付法币为10亿元，1942年度已超过12亿元[2]。1943年，核定征购价格时，蒋介石指示财政部粮食部仍照1942年定价成例办理，万不可再有增加，借纾国难。两部和各省协商时，各省咸以粮价上涨、粮产锐减、人民实无力负担、蒋之指示实难贯彻为由，纷请提高价格，双方为此文电往复，征购陷入僵局[3]。征购价格不解决，必将严重影响征购进行，因征购与征实是一起办

①秦孝仪主编：《革命文献》第115辑：《田赋征实》(二)，(台北)"中央"文物供应社1988年版，第349页。
②詹显哲：《实施国家总动员法与粮食动员》，国民图书出版社1943年版，第66页。
③中国第二历史档案馆档案：八三106：《粮食部1943年度政绩比较表》。

理,亦必影响征实进展,问题的关键仍是如何确定一个令双方皆能接受的价格。中央希望粮价低些,以免刺激粮价上涨,更重要的是减轻财政压力。各省则希望粮价能接近或略低于市价,如此才有利于征实征购进行。因战时国家财政困难,双方不可能协商出一个折中方案。最彻底的解决办法是将征购改为征借,不再制定粮价,不发现金,全部发粮食库券,没有粮价,令双方都头疼的问题自迎刃而解,更重要的是,国家再也不用支付现金,财政负担即可缓解;对粮户,因没有粮价,亦没有与市场粮价对比过于悬殊的问题,政府以粮食库券提前从粮户支付粮食,但给予一定利息,如此不致引起粮户过分不满。

　　由于征购给价产生了种种弊病,一般粮民并不欢迎。恰在此时,四川浙江两省政府及参议会有将征购改为征借之意,建议中央改征购为征借,四川省并率先表示自愿将征购改为征借(四川省政府虽同意将征购改征借,但各地意见并不一致。如遂宁区召开会议时,大多数人就反对借粮①),此举实与财政部粮食部的设想不谋而合。蒋介石立即去电嘉奖四川②,并期望各省仿效四川做法,对将征购改征借的省由他本人去电嘉奖。而此时恰逢1941年第一期粮食库券到期偿还之时,国民政府的兑现亦获得一般粮户拥护。

　　　　适该时中央允将卅年粮券五分之一及其利息,于卅二年征购额内扣抵,则粮券已不啻成为有价证券,引起民众重视,乐为收储,故全部改发库券,比较领取式微之现钞,容易引起粮

①《重庆区行政会议第三天,讨论兵役和征实》,《新华日报》1943年7月13日。
②蒋介石认为四川此举是:"此类急公尚义之精神实开数年来征购粮食之创例。各省政府及省参议会暨各地同胞尤应视为模楷,竞求比美。"(台北)"国史馆"档案:行政院014000008315A;《粤省府随赋征购粮食自三十二年度起改为征借全数发给粮食库券》。

民之拥护。况且政府所定之购粮价格，较市价低得多，故所得之三成现钞更少，转不如储藏与谷物实价相等之库券，即或稍有损失，亦不过兑现时间约略展缓而已。所购粮额，既全部改给库券，暂不定价格，将来偿还之时又可酌给利息，则粮券无非是一种粮食借贷之凭证，并不含有购买的意义，名为征购，实为征借。①

粮民对粮食库券的认可，使得征购改征借的阻力无形减少。在中央的大力提倡下，继四川之后，陆续改征购为征借的有广东②等九省，部分改征借的为绥远一省。至此，随赋征购变成随赋征借，征一购一变成征一借一，安徽省更进一步，将征购改为捐献，粮食库券和法币均不配发，无偿献给国家粮食（1944年，蒋介石希望各省仿照办理，唯各省均未响应，连安徽亦未实施）。总共征购改征借及捐献之后，节省国库支出达7亿元之巨③。但于广大粮户而言，尤其是中小粮户，负担无疑加重。征购属于商业性质，虽购价远低于市场，但粮户尚可得到一定的法币。征借则属于借债性质，粮户连一点法币都得不到，其损失更大。安徽之捐献，对粮户而言，实同附加。但对中央政府来说，征购改为征借，却为国家节省了巨额价款支出。其余各省，或因征购开征较早不及临时变更，或

①马寅初：《财政学与中国财政——理论与现实》（下册），商务印书馆1948年版，第376－377页。
②广东最初本不同意将征购改为征借。粮食部核定该省购粮价仍照上年每市石90元，三成发给法币，七成不发粮食库券拟改发储蓄券。广东省认为储蓄券不及粮食库券，故最终同意改征购为征借。（台北）"国史馆"档案："行政院"014000008315A：《粤省府随赋征购粮食自三十二年度起改为征借全数发给粮食库券》。
③中国第二历史档案馆档案：八三106：《粮食部1943年度政绩比较表》。

因灾歉较重，继续办理征购。

　　征购与征借实质都是为了弥补田赋征实所收粮食之不足，均系与征实相配套的制度。征购制度下，国家尚需支付一定法币，征购的粮食愈多，政府支付的货币亦愈多，势必加重国家财政负担，并易招致通货膨胀。征借连法币亦不用支付，对国家财政的挹注无疑更大。对粮户，因政府所定征购价格颇低，粮户拿到手的三成法币早已被通货膨胀所淹没，其实值大为减少，亦不似征借有利。从此视角观之，征借似优于征购。关于此点，时人早在 1942 年就有所认识："依征购办法，政府与国民之间，为粮食买卖之交易者；论交易，在原则上是自由的，但政府为求财政与粮食政策的安定，势又不能不采用限量、限价的办法，就理而言，究不及征借办法将来以实物还实物的公平与合理。"①但如从后来的粮食库券返还情形看，征借对粮户的影响则颇为复杂②，总体上看，征借下粮户负担更重。

　　无论如何，征购征借与征实一样，均系国民政府最大限度获取粮食的来源。两者与征实一样，均达到了既缓解政府粮食压力，又一定程度上解决了国家面临的财政问题，达到了国民政府实施田赋征实之初衷。从此观点出发，把征购与征借包含在征实之内，是较合适的。

　　1943 年度共征起谷麦 6519 万余市石，占总配额 102％，安徽第一，达征额 120％；福建第二；湖北第三；征达 100％的有十四省，河南在旱灾之后征得 100％，成绩相较其他各省更为难得（该省曾多次呈请照 1942 年度数额核减，不但未减反增加不少）；云南征起 97％，较前两年度明显退步；陕西、贵州、新疆三省征达 80％以上；山西最差，只及征额 60％；次为西康 79％；再次为新疆 81％。

---

①《论粮食征借并勉国民》,《中央日报》1942 年 9 月 4 日。
②能以到期粮食库券抵偿田赋征实的粮户，征借似较征购有利；反之，则不利。

表5-4　1943年度各省田赋征实征购征借收起数额表①

省别	名次	截止日期	实物种类	预计数（市石）				实收数（市石）				收起成数（%）
				征实	征购	征借	合计	征实	征购	征借	合计	
安徽	1	1946-04-10	谷麦	1275000		1275000	2550000	1622412		1456278	3078690	120
福建	2	1947-06-30	谷	1800000		1000000	2800000	1919409		1324788	3244197	115
湖北	3	1945-10-01	谷	858000	900000		1758000	1148183	838325		1986508	113
广西	4	1944-06-01	谷	1670000		1110000	2780000	1841048		1210133	3051181	110
江西	5	1945-08-10	谷	2610000	5220000		7830000	3416820	5125327		8542147	109
甘肃	6	1944-06-30	麦	800000		800000	1600000	925847		807143	1732990	108
浙江	7	1945-02-28	谷	1739000		869500	2608500	1981643		807558	2789201	106
宁夏	8	1947-02-28	麦	430000			430000	443247			443247	103
广东	9	1944-06-30	谷	1300000		900000	2200000	1357263		914584	2271847	103
湖南	10	1947-02-28	谷	3700000	3800000		7500000	3799389	3875445		7674834	102
河南	11	1944-05-20	麦	1500000	1500000		3000000	1513413	1499100		3012513	100

①《民国三十二至三十五年度田赋征实状况》，秦孝仪：《革命文献》第115辑：《田赋征实（二）》，（台北）"中央"文物供应社1988年版，第387页。

续表

省别	名次	截止日期	实物种类	预计数（市石） 征实	征购	征借	合计	实收数（市石） 征实	征购	征借	合计	收起成数（%）
绥远	12	1947-02-28	麦	100000	250000	150000	500000	100319	250000	150000	500319	100
四川	13	1947-06-10	谷	9000000		7000000	16000000	9208810		2954073	16162883	100
青海	14	1945-07-30	麦	77170	50000		127170	77170	50000		127170	100
云南	15	1945-10-20	谷	1200000		1335000	2535000	1210382		1246413	2474795	97
陕西	16	1945-04-30	麦	3000000		1400000	4400000	2415571		1221245	3636816	84
贵州	17	1944-12-20	谷	1400000	1500000		2900000	1265147	1161032		2426179	83
新疆	18	1944-12-20	麦	1532632			1532632	1240031			1240031	81
西康	19	1946-03-10	谷	300000		250000	550000	252739		191346	444085	79
山西	20	1944-02-20	麦	350000	250000		600000	164544	192639		357183	60
总计		谷		26214500	11420000	13102000	50736500	28749049	11000129	13787234	53536412	105
		麦		8427302	2050000	2987500	13464802	7154338	1991739	2514327	11660404	87
		合计		34641802	13470000	16089500	64201302	35903387	12991868	16301561	65196816	102

说明:谷麦以市石为单位。实收数中还有安徽、福建、湖北、浙江、广东、河南、云南、贵州等省部分折征法币,表中所列是将法币折合成稻谷或小麦计算。安徽为捐献,表中列为征借有误。

此外,国民政府尚在四川预借 1944 年度稻谷 300 万市石。1943 年度四川实征 1616 万余市石,而支出的军粮、公粮、囚粮、民粮等为 2000 万市石,不敷颇多,为解决军公民粮供应问题,财政部粮食部与四川省政府协商在四川各县交通便利、产粮丰富县份预借 1944 年度稻谷 300 万市石,准在 1944 年度征借数额内如数抵缴[①]。

三、1944、1945 年度田赋征实征借概况

自 1944 年度起,全国各省随赋征购一律改为随赋征借,不发现款,不搭发粮食库券,不计利息,仅在粮票内载明自第五年起分五年平均摊还,抵纳当年新赋,以节省开支,简化手续。此外,为平衡粮民负担,并试办累进征借,向大粮户累进征借粮食。此后征借成为一种制度,全面推行。但累进征借因诸多困难,仅于少数地区实行,且一年半即暂行停办。

1944 年度,实施征实共二十二省(增加重庆市),征借二十省,新疆、山东未办征借,累进征借九省市,多数省未实施累进征借。如山西,阎锡山认为:"晋西贫瘠,向无大粮户,即有少数因敌扰乱早经退居后方,对累进征借办法未能实行,可暂缓办理。"[②]征实、征借、累进征借合并计算,预计征收 6464 万余市石(河南、湖南因战事关系,比上年减少颇多,中央本意是按照原额征收,其他省则多有增加),实征 5789 万余市石。河南、绥远、宁夏、山西、云南、湖南、青海七省成绩最好,在 100% 以上;其次为四川、福建、浙江、安徽四省,在 90% 以上;再次为陕西、甘肃、湖北三省,在 80% 以上;新疆、贵州、江西、西康、广东五省在 70% 以上;广西因迭患水旱虫

① 侯坤宏编:《粮政史料(第五册)——田赋征实》,(台北)"国史馆"1990 年版,第 591 页。
② (台北)"国史馆"档案:"国民政府"001000005944A:《田赋征实征借》(一)。

灾,且产稻无多,成绩最差,仅及 43％。平均为 89％,较前三年超过 100％的佳绩,明显退步。

1945 年度,田赋征实征借继续办理,原定征实二十一省(山东停征),征借二十省(新疆不办),累进征借九省市,原配征实征借累进征借共 5919 万余市石。办理办法与 1944 年度相同①。旋因抗战胜利,9 月 3 日,国民政府以战时人民负担过巨,为昭苏民困,休养民力起见,明令凡曾沦陷省市一律豁免田赋一年,随赋带征各项一律豁免,在明令免赋之前已征起之田赋征实、征借,准由粮民于 1946 年度持同收粮粮票收据抵完当年田赋。后方十一省市田赋仍照常征实征借,1946 年度一律豁免一年(后分 1946、1947 两年度,每年度各免一半,新疆、云南经呈准于 1946 年度全部豁免)。按此规定,原已配征沦陷之湖南、湖北、浙江、江西、安徽、山西、河南、绥远、广东、广西十省皆在免赋之列,共免征实征借累进征借 2393 万余市石,实际征实仅十一省市,征借十省市(新疆不办),累进征借仅四省市,配额改为 3525 万余市石②,减少颇多。

截至 1947 年 6 月 30 日,实征 3005 万余市石,占配额 85％,其中宁夏位列第一,达 102％;次为甘肃 100％;再次为青海、四川,达九成以上;新疆、陕西、云南征达八成;贵州、重庆达七成;西康最差仅及六成。

---

①(台北)"国史馆"档案:"国民政府"001000005945A:《田赋征实征借》(二)。
②《民国三十二至三十五年度田赋征实状况》,秦孝仪主编:《革命文献》第 115 辑:《田赋征实》(二),(台北)"中央"文物供应社 1988 年版,第 329 页。

表5-5　1944年度各省市田赋征实征借收起数额表①

省别	名次	截止日期	实物种类	预计数（市石）				实收数（市石）				收起成数（%）
				征实	征借	累进征借	合计	征实	征借	累进征借	合计	
河南	1	1945-06-30	麦	723 300	682 175	50 000	1 455 475	703 164	648 278	123 066	1 474 508	101
绥远	2	1945-12-31	麦	100 000	150 000		250 000	100 004	150 003		250 007	100
宁夏	3	1945-04-30	麦	335 000	100 000		435 000	337 442	98 807		436 249	100
山西	4	1945-12-31	麦	200 000	200 000		400 000	200 000	200 000		400 000	100
云南	5	1945-10-31	谷	1 500 000	2 100 000		3 600 000	1 560 823	2 067 522		3 628 345	100
湖南	6	1947-02-28	谷	2 000 000	2 500 000		4 500 000	2 286 173	2 417 808		4 703 981	100
青海	7	1947-03-31	麦	70 000	100 000		170 000	70 000	100 000		170 000	100
四川	8	1947-02-28	谷	9 000 000	9 000 000	2 000 000	20 000 000	8 772 274	10 721 565		19 493 839	97
福建	9	1947-06-30	谷	1 750 000	1 200 000	130 000	3 080 000	1 706 034	1 181 664	16 055	2 903 753	95
浙江	10	1945-06-30	谷	1 570 000	670 000	240 000	2 480 000	1 812 853	589 537	46 191	2 448 581	95
安徽	11	1946-04-10	谷麦	1 240 000	1 375 000		2 615 000	1 099 926	1 329 645		2 429 571	90
陕西	12	1947-05-31	麦	2 850 000	1 330 000	250 000	4 430 000	2 456 571	1 231 075	204 006	3 891 652	87

①《民国三十二至三十五年度田赋征实状况》，秦孝仪：《革命文献》第115辑；《田赋征实（二）》，（台北）"中央"文物供应社1988年版，第402页。

续表

省别	名次	截止日期	实物种类	预计数（市石）				实收数（市石）				收起成数（%）
				征实	征借	累进征借	合计	征实	征借	累进征借	合计	
甘肃	13	1945-06-30	麦	950 000	1 080 000		2 030 000	861 236	858 552		1 719 788	85
湖北	14	1945-10-30	谷	1 020 000	880 000		1 900 000	1 040 632	493 753		1 534 385	80
新疆	15	1945-05-31	麦	1 532 632			1 532 632	1 207 141			1 207 141	79
贵州	16	1945-12-31	谷	1 600 000	1 550 000		3 150 000	1 246 042	1 246 441		2 492 483	79
江西	17		谷	2 840 000	4 270 000	430 000	7 540 000	2 281 718	3 422 167		5 703 885	79
西康	18	1945-09-30	谷	300 000	320 000		620 000	221 572	235 735		457 307	72
广东	19	1945-09-30	谷	1 230 000	790 000	100 000	2 120 000	817 206	663 612	44 985	1 525 803	72
重庆	20	1945-09-30	谷	18 000	18 000	4 000	40 000	11 775	14 856		26 631	66
广西	21	1945-10-30	谷	1 400 000	850 000	50 000	2 300 000	610 147	360 781	11 342	982 270	43
山东	22	1945-10-22	麦	19 343				19 343			19 343	
总计			谷	24 848 000	24 835 500	2 954 000	52 637 500	23 182 772	24 355 468	118 537	47 656 813	90
			麦	7 380 932	4 329 635	300 000	12 010 607	6 239 304	3 676 323	327 072	10 242 709	85
			合计	32 228 932	29 165 175	3 254 000	64 648 107	29 422 076	28 031 801	445 645	57 899 522	89

说明：谷麦以市石为单位；实收数中还有河南、浙江、湖北、福建、新疆、贵州、广西七省部分折征法币，表中所列是将法币折合成稻谷或小麦计算。

表5-6　1945年度各省市田赋征实征借收起额数表 ①

省别	名次	截止日期	实物种类	预计数（市石）				实收数（市石）				收起成数（%）
				征实	征借	累进征借	合计	征实	征借	累进征借	合计	
宁夏	1	1945-12-30	麦	300 000	60 000		360 000	306 338	61 267		367 605	102
甘肃	2	1946-08-30	麦	336 076	424 341		760 417	336 378	426 249		762 627	100
青海	3	1945-12-30	麦	38 196	54 565		92 761	35 026	54 564		89 590	96
四川	4	1947-06-10	谷	9 000 000	9 000 000	2 000 000	20 000 000	8 406 450	9 862 443		18 268 893	91
新疆	5	1947-02-20	麦	1 360 452			1 360 452	1 130 840			1 130 840	85
陕西	6	1947-06-20	麦	1 710 000	798 000	154 000	2 662 000	1 369 368	665 323	114 089	2 148 780	80
云南	7	1946-11-30	谷	1 502 486	1 502 486		3 004 972	1 142 172	1 283 312		2 425 484	80
贵州	8	1946-12-31	谷	1 600 000	1 550 000		3 150 000	1 207 366	1 073 671		2 281 037	72

①《民国三十二至三十五年度田赋征实状况》,秦孝仪:《革命文献》第115辑:《田赋征实(二)》,(台北)"中央"文物供应社1988年版,第425页。

续表

省别	名次	截止日期	实物种类	预计数（市石）				实收数（市石）				收起成数（%）
				征实	征借	累进征借	合计	征实	征借	累进征借	合计	
重庆	9	1946-06-30	谷	17 487	17 368	3 790	38 636	10 827	15 111	1 060	26 998	70
福建	10	1947-06-30	谷	1 850 000	1 250 000	130 000	3 230 000	1 296 788	890 547	12 127	2 199 462	68
西康	11	1946-09-30	谷	300 000	300 000		60 000	178 780	178 802		352 582	60
总计			谷	14 269 964	13 619 854	2 133 970	30 023 608	12 242 383	13 298 886	13 187	25 554 456	85
			麦	3 744 724	1 336 906	154 000	5 235 630	3 177 950	1 207 403	114 089	4 499 442	88
			合计	18 014 688	14 956 760	2 287 790	35 259 238	15 420 333	14 506 289	127 276	30 053 898	85

说明：谷麦以市石为单位，实收数中尚有新疆、云南、贵州、福建、西康五省部分折征法币，表中所列是将法币折合成稻谷或成小麦计算。

抗战时期,通过田赋三征,国民政府到底征了多少粮食,或因各省截限时间不同,或因档卷遗失等原因,向无准确统计。根据徐堪记录,1941—1945 年度,全国田赋共征得征实稻谷 110 489 332 市石,小麦 26 100 956 市石;征购稻谷 51 317 816 市石,小麦 12 716 580 市石;征借稻谷 51 514 625 市石,小麦 7 794 750 市石,谷麦总数达 260 114 059 市石[①]。徐堪记录的数字,与尹静夫在《中国粮政》一书中记录的数字完全相同(表 5-7)。另据论者查阅中国第二历史档案馆粮食部档案,将其 1941—1945 年度五个年度之征实征购征借相加,总数为 275 484 224市石。此数字较徐堪与尹静夫统计要多,似乎比前两者出入要大。论者统计的数字,截止日期为 1948 年 7 月 10 日,有可能徐堪与尹静夫之统计数字截止日期要早于此,故其总数较少,实不为奇。徐和尹都曾在粮食部任要职,根据两人和中国第二历史档案馆档案的资料数字,大致可以得出一个结论:即抗战时期通过田赋三征,国民政府征获的粮食在 2.6 亿至 2.7 亿市石。

就来源说:田赋征实所得最多,约占 52.5%,征购占 24.5%,征借占 23%。就年度实征数说:1942 年度最多,依次为 1943 年、1944 年、1941 年、1945 年度。自 1943 年度以后递减,主要是受粮食库券抵缴所致,至于 1941 年度实征数,因系草创故较其后三个年度为少。就地区言:四川省征粮最多,自 1941 年度起至 1945 年度止,五年间共征获稻谷 82 285 990 市石,占全国征起稻谷总量 38.57%,即就全国征起谷麦总量比较,亦占 31.63%。四川人民对抗战的贡献甚大,"而川人之负担奇重,从无怨言,尤足纪念者也"[②]。

[①]徐堪:《抗战时期粮政纪要》,(台北)《四川文献月刊》第 11、12 期合刊,1963 年。
[②]徐堪:《抗战时期粮政纪要》,(台北)《四川文献月刊》第 11、12 期合刊,1963 年。

表 5－7　战时田赋征实、征购、征借实收数（市石）

征实征购征借	年度	1941	1942	1943	1944	1945	合计
征实	谷	19 261 363	28 887 176	28 035 852	22 393 903	11 911 038	110 489 332
	麦	4 075 310	5 820 707	7 147 123	6 087 406	2 970 410	26 100 956
征购	谷	13 469 278	26 848 409	11 000 129			51 317 816
	麦	6 314 733	4 410 108	1 991 739			12 716 580
征借	谷			13 787 234	24 474 041	13 253 350	51 514 625
	麦			2 514 327	4 003 395	1 457 028	7 974 750
合计	谷	32 730 641	55 735 585	52 823 215	46 867 944	25 164 388	213 321 773
	麦	10 390 043	10 230 815	11 653 189	10 090 801	4 427 438	46 792 286
		43 120 684	65 966 400	64 476 404	56 985 745	29 591 826	260 114 059

说明：表中最后一栏数字系根据前列各项数字相加而得，其余数字引自尹静夫：《中国粮政》，（台北）四川文献社 1980 年版，第 29－31 页。

第二节　历年田赋征实绩效与原因分析

一、历年田赋征实绩效

要对历年田赋征实成绩做出一个十分准确的统计与评价,事实上有些困难。造成此种困难的因素有二:其一,历年各省田赋征实配额的核定,均是经过了多次协商,每次都比前次少,这点在财粮两部的档案中表现非常明显。在他们各自的汇报中,次次的配额皆不相同,甚至在最后的征收成绩统计表中,配额也有差异。如1941年度,最初核定为3675万余市石,后减为2884万余市石,最终核减为2293万余市石,与最初核定数相差颇巨。其二,各省截报日期不同,造成了征收成绩的差异,亦不能反映其实际征收数。如1943年度,同一表格中,最早截报日期有1944年2月20日的,最晚有1948年4月30日的,相差四年多。正由于此,历年征粮数很难有一个确切数。同是粮食部的工作报告,对1941年度征起成数的统计,因截报日期不同,却有106%、112%、116%三种。按常理,应该是前面的实收数小,后面的大,可恰恰相反,1944年统计数反较1948年大。连战时一直担任粮食部长一职的徐堪,在其历次汇报中亦是次次数额不同。所以,对抗战时期田赋征实成绩的分析,只能做大致比较,而不能细化。以下为公平起见,统一以粮食部1948年7月10日的统计表为标准,进行分析。

1941—1945年度,田赋征实成绩除1945年度外,其余四个年度均在5000万市石以上,其中1942年度成绩最好,达6900余万市石,次为1943年度,6500余万市石,实收数占额征数百分比按年度依次为106%、106%、102%、89%、85%[1],平均为97.6%,改变了以往田

---

[1] 中国第二历史档案馆档案:八四356:《粮食部1941至1942年度田赋征购配拨数额等表》。

赋难以征达八成的局面,实开国民政府田赋征收史上的新纪元,亦为近百年来田赋征起成数之罕有现象。和战后相比,更是成效显著。战后田赋征实成效却远远逊于战时,不仅配额少,且实征成绩亦很差,与战时有天壤之别。按理说战后实施征实征借省增多,配额应较战时多(战时实施征实省一般约为二十省,战后则在三十省以上),但实际并非如此,除了1946年度配额较多,三十省市配额为6940余万市石,实际完成5160余万市石;1947年度,三十四省市总共配额才5880万余市石,实际完成3870余万市石;1948年度,三十二省市配额为6910余万市石,实征仅1880余万市石。实征占预征百分比连年下降,1946年度实征仅及配额74%,1947年度更差只有66%,1948年度最差,仅有29%[①]。

　　分年度言,以1941、1942、1943年度成绩最好,均在100%以上。1944年度,因受豫湘桂战役影响,豫、黔、粤、赣等省战区相继扩大,征粮区域大为缩减(湘桂两省产粮县大多沦陷),加之豫、赣、鄂、黔、浙、皖、甘、宁等省受水旱、虫害偏灾,其中尤以鄂、黔、浙、皖四省灾情最为严重。额征数未减反增,导致该年度征收成绩下降。虽然粮食部财政部加派督导人员分赴各省加紧督征,并请蒋介石遴派大员前往上述灾情严重各省督征粮赋,蒋介石并电饬第三战区顾祝同司令长官及浙赣两省督粮特派员协同督征,行政院亦电饬川、黔、鄂三省加紧催征[②],唯因上述原因,效果并不显著。1945年度,田赋征收成绩相对较差,主因有四:第一,受收复区免赋各省影响,后方各省粮民对征粮多存观望心理;第二,各地忙于办理选举省县级参议员,催征

---

①中国第二历史档案馆档案:八四356:《粮食部1941至1942年度田赋征购配拨数额等表》。

②(台北)"国史馆"档案:"国民政府"001000005945A:《田赋征实征借》(二)。

工作松懈;第三,四川、云南、陕西、甘肃、青海等省普遭水旱灾害[1];第四,至 1945 年,田赋征实已实施至第五届,粮民负担加重,而粮政弊端亦愈来愈多,遂致是年成为战时田赋实征成绩最差的一年。但总体而言,历年田赋征实成绩还是相当不错的。

　　分省言,历年田赋征实平均约二十省,除少数省因情形特殊,征收成绩较差之外,其余省均在九成以上,其中尤以四川、湖南、江西三省,配额既多,实收成绩又好。四川历年征实额约占全国总额的 1/4 至 1/3(1945 年度更占全国总额的一半多),而年均成绩却在 100% 以上。宁夏虽征额不多,然地处西北,土地贫瘠,历年却名列前茅,1941 年度是全国第一个完成征实的省,1944、1945 年度分别取得第三、第一的优异成绩[2]。云南作为抗战时期的军事和交通重地,军公粮需要既殷又多,境内多山,历年平均成绩在 105% 左右,1944 年并取得第一的佳绩[3]。

　　各省之中,除山东、江苏等省因地处战区,省内大部分沦陷,征收成绩较差外,还有西康、陕西两省,特别是西康,几乎年年在倒数三名以内,1945 年度并为倒数第一名。西康历年成绩差的原因有二:其一,康属各县"位居高原,天寒气薄,土地异常枯瘠,出产不丰,上地播种一斗,实际收获只一石或一石一斗,中地只得八斗或九斗,下地只得六斗或七斗,能完粮纳税。仍按一斗二升与一斗及八升计算。是税率已达百分之十二以上,人民负担,似嫌过重"[4]。其二,西康赋额为清末赵尔丰厘定,对首先叛乱的定乡、巴安等县所定赋额特重,以

---

[1] 中国第二历史档案馆档案:八三 108:《粮食部 1945 年度政绩比较表》。
[2] 宁夏征收成绩好的主因是该省为田赋征实之前唯一完成土地陈报的省,赋额较明确。
[3] 云南征收成绩优异的主因是该省征额与其他省相比,相对较少。
[4] 《西康省田赋概况》:《经济汇报》第 6 卷第 1、2 期合刊,1942 年。

致各县粮额轻重不一,有地无粮、有粮无地等现象较多,致使田赋征收困难。

　　抗战时期,陕西田赋征实(征棉除外)成绩并不理想,堪称差。1941年度二十一省中排列十二名,为配额100%;1942年度二十一省中排列最后,仅及配额79%;1943年度二十省中排列第十六名,为配额84%;1944年度二十二省中排列第十二名,为配额87%;1945年度十一省中排列第六名,为配额80%。与战时大多数省成绩在90%与100%之佳绩相比(仅1941年度完成),确属差。陕西田赋征实成绩差的主因有四[1]:(1)粮民重视购粮而不重视征粮[2];(2)陕西驻军较其他省多,征购采购粮食也较多;(3)代河南、湖北、本省在陕西购粮较多[3];(4)陕西属于粮食自给之省,本身无多少余粮,又经常发生灾荒,外省尤其是河南逃亡陕西的难民又多。此外,征棉亦在一定程度上影响征粮,这些无疑增加了陕西粮食供应的负担,加之本身贫困,最终导致陕西田赋征实成绩差的结局。正由于此,蒋介石、徐堪、孔祥熙等人频频致电陕西省政府主席熊斌,要求其切实改善征收成绩,陕西也采取了诸多措施力求改善,但效果不佳。

二、田赋征实成功之因素

　　抗战时期,田赋征实成绩堪称优异。其成功的主要原因如下:
　　首先,广大粮户的相对支持。
　　一项大的制度不仅要求制度的制定必须合乎当时的环境和决策

---

①陕西田赋征实成绩差的主因详见拙文《抗战时期陕西田赋征实之研究》,《兰台世界》2007年第20期。

②中国第二历史档案馆档案:八四305;《陕西省各县田赋征实各项章则及有关文书》。

③中国第二历史档案馆档案:八三(2)109;《粮食部1944年度各项中心工作简要报告及有关文书》。

的可行性、正确性,更重要的是必须获得制度接受者的广泛支持,否则制度再好,也无法顺利运行。田赋征实是将土地税由缴纳货币改为缴纳实物,这一转变给广大粮户带来的不仅是缴纳上的不便,在粮价上涨的战时,实质上亦加重了其负担。然在 1941 年抗战正处于艰难的相持阶段的特殊环境中,为了国家和民族,为了前方战士和后方公教人员,大多数粮户激于爱国热情,节衣缩食忍痛输将。历年田赋征收优异成绩的取得,正是广大粮户积极配合贡献的结果。田赋征实期间,农民忍痛输将、热忱爱国的实例很多,他们忠爱国家民族的慷慨胸怀,既是田赋征实制度顺利推行的主因,更是抗战胜利的最有力保障。不能否认,后期当田赋征实舞弊增多之时,粮户的支持明显降低,甚或在某些地区出现粮户反抗的情事,但多数粮户还是按时缴纳征实征借。

其次,国民政府自上至下的重视。

抗战时期,鉴于粮食的重要性,国民政府将粮政提高到和役政同等重要的地位。上自最高领导人蒋介石,主管田赋粮政的孔祥熙、徐堪,各省政府主席、粮政局长、田赋处长、田粮处长,下至各县县长、粮政科长等,都对征实很重视。

历年田赋征实征额征率的确定,蒋介石都亲自指导,并多次指示孔祥熙、徐堪等人认真办理田赋征实,确保军公粮食供应无缺。每年田赋开征之机,他都电令各省主席,令其督促各该省财政厅长暨所属行政专员县长将征实列为各省市县政府最重要之中心工作,遵照规定限期切实办理征实。对田赋征实中出现问题的省,他更是多次手令各省主席切实改善。鉴于土地陈报之于田赋征实的重要性,他饬各省政府加速赶办土地陈报并利用其成果征实。

为确保田赋征实的顺利实施,财粮两部负责人多次协商,制定相关法令措施,对征粮困难之省,更是多次商请各省政府主席、命令田赋粮食主管人员切实办理。每年田赋开征之前,孔祥熙、徐堪纷纷告诚下属，严厉执行征实法令，严防弊端，并对表现突出的人员亲自致电表扬。各省各县亦能遵照中央规定，督促各机关认真办理征实。

再次，各级田赋、粮政机关的广泛宣传。

为使各地粮民明了田赋征实的各项法令措施，充分认识田赋征实与抗战的重要关系，社会舆论与广大粮民皆能真诚拥护征实，经办田赋人员皆能认真工作，完成征实起见，财政部先后制定《田赋征收实物宣传大纲》《田赋征收实物暨随赋带购粮食宣传大纲》，通饬各省田管机关切实宣传，务期家喻户晓，踊跃输将。粮食部亦制定了《推行粮政宣传大纲》，令各省粮政机关切实遵行。财政部编辑出版《田赋通讯》《督导通讯》等刊物，粮食部编辑出版《粮政月刊》（后改名《粮政季刊》）等刊物，大力宣传田赋征实，以利推行。

各省县市纷纷遵照上级旨意，拟订本省县市田赋征实宣传实施办法或宣传纲要，各县市组设宣传委员会，委员会之下以乡镇为单位，每乡镇设一宣传队，每乡镇内就天然区域划分若干村街，设若干分队，利用多种方式宣传征实，尤以发动各小学学生协助催缴收效显著。

复次，督导、监察之配合。

为加强督导力量，1942 年 7 月，蒋介石发出《令各省政府主席在田赋征收期间督饬各级行政长官定期分区出巡督导电》，令省府全体委员各厅处局长由主席指定分区出巡一次，其间定为开征后一个月内；各区行政专员在旺征期内每月出巡一次；各县市长及高级职员应于征期内随时出巡，并将省府委员厅处局长出巡区域、期间及办理情形具报①。以后各年，蒋也有类似电令。

为利视察工作进行，财政部制定《财政部整理田赋委员会视察

---

①关吉玉、刘国明编纂：《田赋会要》第五篇《国民政府田赋实况》（下），正中书局1944 年版，第 355 页。

人员暂行服务规则》及视察纲要（后改为督导工作提要），派遣视察人员（后改为督导）分驻各省，一面宣达中央意旨，实地督导，加强催征效率；一面考查各地实际征收情形，详求利弊，借供改进参考，以利征实进行。为避免督导人员报告因受工作提要拘束，未能充分发挥意见，准不拘形式随时向财政部报告。粮食部在外派有专门督粮特派员与督粮委员，分驻各地督导，查禁弊端。财政部在乡镇派有田赋通讯员，粮食部在重要省市设有粮政通讯员。各省亦派遣各级主管田赋粮政人员督察指导田赋征实，并设有省级督导人员。1941 年各征收处组织有征粮监察委员会，1942 年各省县市乡镇两级分别设有征购实物监察委员会，1944 年改为征借实物监察委员会，以推进征收。

从督导、监察制度观之，国民政府从上至下建立了一套机制，力求将田赋征实的各种问题和弊端最小化。事实上，这种严密的组织机制对预防可能出现的舞弊还是具有一定效果的，但对此不宜评价过高。因督导、监察委员多为义务职，没有薪资，所谓监察督导，在某些省或县难免流于形式。

最后，社会团体、人士的协助。

田赋征实事关粮食供应，牵涉各个阶层，更与抗战前途息息相关。正因其重要，抗战时期，它得到了社会各团体、人士的热心协助。各省县党政军各机关、参议会、文化界、舆论界、士绅、中小学校教员学生等，均义务参加了这项工作，他们或参加宣传，或协助催征，或为民众表率，争先恐后纳粮。四川大邑县开征后，西康省主席刘文辉的哥哥刘昇廷率先完纳征实征购；宜宾士绅赵铁铮等人在开征前，先后至该县田赋处申请倡先完纳；盐亭绅民胥济清等人在开征后首先缴纳①。类似的实例尚有很多。

①《川省征实顺利，各县绅民均倡先缴纳》，《新华日报》1942 年 10 月 3 日。

此外,每月公布一次的田赋征实竞赛成绩表和以征收成绩为考核目标的奖惩制度,亦对田赋征实起着促进作用[1]。因之,尽管田赋征实实施中尚存在诸多问题和弊端,但仍不失成功。

---

[1]宋同福认为1941年田赋征实成功的原因与笔者大致相同,仅是排列顺序不同。宋同福:《战时我国田赋征收实物之经过及其办法》,《经济汇报》第5卷第1、2期合刊,1942年。

第六章　田赋征实制度作用

对田赋征实制度如何评价,可谓仁者见仁,智者见智。1945 年,国民政府官方报纸《中央日报》对田赋征实做了如下评价:"田赋征实是我国战时行政最大的成就之一。由于田粮征实,政府掌握了充分的粮食,以供给军食,调节民食。"①孔祥熙指出:"无田赋征实,抗战经济会中途崩溃,使抗战无法继续进行。"②时任国民政府粮食部民食司司长后任管制司司长的尹静夫认为:田赋征实是一项划时代的政策③。关吉玉称田赋征实:第一,政府可以取得大量粮食,以供应军粮民食;第二,政府可因田赋征实而有巨额收入,不受粮价飞涨之影响;第三,政府取得粮食,不复以大量通货流通于市场,有紧缩通货之功,而控制大量粮食之后,复可由稳定粮价,而平抑物价,金融及物价可资稳定;第四,抗战以后,工商业者之税负已经加重,而地主如故,田赋征实可加重地主负担,使与工商业者平衡,有平均人民负担之效④。时人李惕乾认为:抗战胜利赖中央经济政策措施得当,"尤以确立法币制度、与田赋征实二事,收效最大。……田赋征实虽大有

①《田赋与粮政的合一》,《中央日报》1945 年 2 月 26 日。
②郭荣生编著:《民国孔庸之先生祥熙年谱》,(台北)台湾商务印书馆 1981 年版,第 162 页。
③尹静夫:《中国粮政》,(台北)四川文献社 1980 年版,第 7 页。
④《财政部田赋管理委员会主任委员关吉玉在第一次全国田赋征实业务检讨会议讲词》,《经济汇报》第 6 卷第 1、2 期合刊,1942 年。

助于抗战,然而病民之甚,亦罄竹难书,差与千百年来之盐政及战时之役政可比"[1]。故他主张战后田赋应折征法币。胡铭藻认为:田赋征实是解决经济问题的总枢纽。实行了田赋征实之后,"便展开我国经济的新阶段,抗战建国和个人生活需要,从国家民族贯到个人,从大我以至小我,从任何一省以至任何一个角落,连锁着解决了"[2]。陈敦常认为:田赋征实"因事属创举,固未完全臻于合理之境地,然抗战期内军粮民食得能源源供应,未尝不得力于征实政策之成功,而时人不察,好为过激之论,诋征实为弊政,粮政机构为无用,此无异因噎而废食,舍本而逐末……征实虽不合于租税进化之原则,然于控制粮源,征诸事实,固有成效,施行之际,纵有失误,亦不过大醇而小疵,吾人应高瞻远瞩作积极之改善,焉能本末倒置,斤斤于毛疵之吹求乎"[3]。

战时田赋征实的实施,对于财政与军粮的贡献,经济学者大多予以肯定;唯对政治与社会的影响,则有不同的见解。国民政府对田赋征实评价颇高(现今台湾学者对田赋征实评价也很高),而杨格、张嘉璈、易劳逸等人在认可田赋征实在粮食供应和财政方面贡献的同时,又指出田赋征实带来了严重的不良后果,最终是得不偿失。所以,客观公正地评价田赋征实制度,必须了解战时中国各方面的实际情况、制度本身的性质、制度产生的效益以及执行过程中可能发生的问题。

本章主要阐述田赋征实对国民政府财政、土地者、军队、公教人员、一般民众、粮价等之影响问题,借以实证它在抗战时期确实发挥

---

[1] 李惕乾认为,田赋征实之弊主要有:人民输纳不便;收粮之弊无法杜绝;集运之艰难;转运拨售之情弊;保管不易;征收及保管所耗经费之庞大。李惕乾:《田赋应折征法币》,《社会评论》第 24 期,1946 年。

[2] 胡铭藻:《田赋改征实物的经济观》,《广东政治》第 1 卷第 2 期,1941 年。

[3] 陈敦常:《行宪后之粮食政策》,《粮政季刊》第 8 期,1948 年。

了巨大作用,但其实施中的诸多不平不均又难以克服,为抗战胜利后国民党政权的迅速崩溃埋下了伏笔。

第一节　田赋征实与国民政府财政

一、国民政府解决财政危机的新三税

如田赋征实背景一节所论,战前国民政府税收的主要来源是关、盐、统三大税,战时三大税收入大幅锐减,严重影响到政府财政。战初采取的各种试图增加财政收入的措施,又收效甚微。政府支出又激增,财政遂陷入困境。税收是政府机器运行的经济基础。没有雄厚的财政基础,政府如何能发挥坚持长期抗战的职能?食盐战时附加税、货物税、直接税的开辟,即是国民政府财政试图脱困的产物。

食盐是国民生活中最基本的需求之一,选择食盐作为增税对象,可谓是一种正确决策。自 1942 年 1 月起,国民政府将食盐改为专卖,并加征食盐战时附加税。1942—1945 年度,食盐专卖、盐税、食盐战时附加税总额分别占财政总收入的 42％、24.3％、47.1％、53.5％[1],平均占 40％以上,位居税收榜首。货物税是合并统税、烟酒税而成,统税扩大为货物税后,不仅征收范围较前扩大,而且征课标准亦由从量税率改为从价税率。经此调整,货物税大增,成为仅次于食盐附加税的一项收入。直接税是直接向纳税人的收入或财产价值征收的税,在税收中位列第三。食盐战时附加税、货物税、直接税取代了关税、盐税、统税,成为国民政府战时新三大税。

---

①杨荫溥:《民国财政史》,中国财政经济出版社 1985 年版,第 107 页。

表 6-1　1942—1945 年度国民政府战时
新三税在税收中所占百分数①(％)

年度	食盐战时附加税及盐税占税收的百分数	货物税占税收的百分数	直接税占税收的百分数	三税合计占税收的百分数
1942	——	35.8	30.7	66.5
1943	9.9	22.3	31.2	63.4
1944	43.6	22.7	21.0	87.3
1945	51.7	24.2	14.4	90.3

　　从表 6-1 看,1942、1943 年度新三税已约占全部税收的 2/3,之后两年度更增至 87％乃至 90％以上,平均为 76.9％,即新三税成为国民政府财政收入之中坚。可是,从以新税收为主体的税收占总岁入和实际收入百分数观之(表 6-2),最高是 1943 年度,只占 19.8％,最低是 1941 年度,仅占 6.2％,平均仅有 12.4％。足见税收在国民政府财政收支中已退居微不足道的地位,和战前相比,一落千丈。庞大的财政支出主要还是与战初一样,采取通货膨胀政策,以银行借款的方式解决,即印刷更多的货币,逐渐将民间资源由民众手中转移至政府名下。

表 6-2　1941—1945 年度国民政府税项收入
及其占总岁入和实际收入的百分数②

年度	总岁入[*1]（万元）	实际收入[*2]（万元）	税项收入（万元）	税收占总岁入的百分数（％）	税收占实际收入的百分数（％）
1941	1 075 500	118 400	66 700	6.2	56.4
1942	2 571 300	526 900	280 700	10.9	53.5

①杨荫溥:《民国财政史》,中国财政经济出版社 1985 年版,第 114 页。
②杨荫溥:《民国财政史》,中国财政经济出版社 1985 年版,第 116 页。

续表

年度	总岁入*1（万元）	实际收入*2（万元）	税项收入（万元）	税收占总岁入的百分数（%）	税收占实际收入的百分数（%）
1943	6 126 100	1 651 700	1 216 900	19.8	73.7
1944	17 829 600	3 621 600	3 084 900	17.3	85.2
1945	125 614 000	15 006 500	9 998 400	7.9	66.6

＊1 连债款和银行垫款收入计算在内的总岁入。

＊2 债款和银行垫款收入除外的实际总收入。

二、田赋征实与国民政府财政

我国系农业经济国,田赋不但在财政收入中占据重要地位,而且具有较稳定的特质,是供给战时财政的优良税种之一。战时随着田赋收归中央,改征实物,其对集中财源充裕国库、支持长期抗战,更是有着举足轻重的作用。

(一)田赋征实与国库收支

抗战时期,田赋征实对国家财政的挹注究竟有多大?因以下三种因素限制,要精确计算出恐非易事。首先,抗战时期国民政府通过田赋征实征收的粮食到底有多少,各方说法不一,主管田赋征实的粮食部财政部报告中数字不一样。其次,战时粮价不断变化,其基本的趋势是上升,且不同地区不同时间的粮价各异,同一地区不同时间差价亦较大。要算出田赋征实对财政的作用,必须确定一个合适粮价,限于地区广阔和时间差异,加之各地田赋开征时间颇不一致,有7月开征的,也有迟至12月才开征的,计算粮价亦需将此考虑进去,基于上述诸多因素,要找出一个合适的粮价实非易事。最后,田赋原为一项税项收入,本应列入税收项目之内,但自征实后,财政部并未将它折成法币列入财政收支之内,它成为政府税收外甚至预算外的一项收入,故在国民政府官方资料中少有统计资料。所以,要将征实之实物折合成货币,难度很大。因之,田赋征实对财政之挹注,仅可做粗略计算,而不可细化。

田赋三征实物折合法币到底有多少? 我国经济学专家杨荫溥对1941—1944 年度田赋三征实物做了估计,大约折合法币 1700 亿元,各年度计算办法及数额见表 6-3。可是,杨之计算有两个问题:其一,他对每市石粮价的估算系以何为标准,未说明;其二,他只计算了四个年度,1945 年度田赋征实 3005 万余市石未列入计算,此项实物如折合成法币,为数必定不少。因此,我们仅能从杨之计算中得出一个大概结论:即国民政府通过田赋三征所掌握的粮食全部折合成法币,为数巨大,应在 2000 亿元左右。

表 6-3　1941—1944 年度国民政府田赋征实
征购征借所得实物折合法币数①

年度	谷麦(万市石)	每市石约价法币数(元)	折合法币数(万元)
1941	5620	91	511 400
1942	6560	216	1 416 900
1943	6530	760	4 962 800
1944	5780	1920	10 097 600

如果上述折合约数仍不能足证田赋三征在财政收入中所占重要地位的话,我们还可将田赋三征折合法币约数与同期税项收入做一比较,即可知晓其作用。从表 6-4 看,1941—1944 年度,田赋三征粮食折成法币,其数额每年度都超过政府通过各项税收的数额,最高年度几达 4.5 倍,最低年度接近 2.4 倍,平均为 3 倍,在增强财力方面的作用颇具。

前已述及,新三税取代旧三税,成为战时国民政府财政收入的主

---

①杨荫溥:《民国财政史》,中国财政经济出版社 1985 年版,第 120 页。

要来源,然若与田赋三征折和法币约数占税收百分数相比,则显然有天壤之别。1941－1944年度,田赋三征折和法币约数约占国民政府通过各项税收百分比分别为441%、239%、269%、281%,平均为308%,而新三税所占百分比为66.5%、63.4%、87.3%、90.3%,平均为77%。各年度前者约是后者的6.6倍、3.8倍、3.1倍、3.1倍,平均为4倍,后者与前者是无法比的,即田赋三征远远超过新三税,成为国民政府财政上之最重要税源。

表6－4　1941年7月－1945年6月国民政府各年度税项收入与田赋征实等所得折合法币约数比较①

年度	调整后的税项收入（万元）	三征折合法币约数（万元）	三征合税收的百分数(%)
1941	116 000	511 400	441
1942	592 800	1 416 900	239
1943	1 839 600	4 962 800	269
1944	3 589 400	10 097 600	281

　　说明:调整后的税项收入是指战时新三税以及其他的税项收入,不包括田赋征实征购征借所折合的法币数。

　　从田赋三征占国民政府的支出来源上(表6－5),亦可看出田赋在赋税领域的重要性。1942－1945年,中央政府财政支出来源构成发生了重大变化,通货膨胀仍是政府解决财政问题的主要办法,最高年度占80%以上,最低占50%左右,平均为62%,政府支出一半以上要靠银行借款。居第二位的则是田赋征实,它远远超过间接税直接税等其他税项收入,最高年度为28.3%,最低年度亦达18.2%,平均占22.55%。自田赋征实后,银行借款在国民政府支出来源上所占百分比大幅下降,由1941年的81.2%下降至1942年的60%,此后银

───────────

①杨荫溥:《民国财政史》,中国财政经济出版社1985年版,第120页。

行借款所占百分比一直徘徊在 50％～60％，在其他税项收入变化不大的情形下，使银行借款稳定在一定百分比的无疑是田赋征实。1945 年度银行借款百分比有所上升，主因是抗战胜利，国民政府对沦陷区免赋，实征数较前几年度几乎减少了一半，随着田赋征额的减少，银行借款势必增加。如仅从税收角度分析，田赋三征实已位居抗战中后期国民政府财政收入之榜首。

表 6-5　1941-1945 国民政府支出来源百分比①(％)

来源 ＼ 年度	1941	1942	1943	1944	1945
现金收入					
间接税	4.8	8.1	8.3	10.1	5.5
直接税	1.4	5.1	8.0	3.5	1.1
其他	2.3	1.4	0.6	0.5	3.1
出售外币和黄金	4.9	—	0.1	8.3	3.9
民间借款	5.4	5.3	5.1	1.8	0.4
实物收入	—	20.1	28.3	23.6	18.2
银行借款所弥补之赤字	81.2	60.0	49.6	52.3	67.7
总计	100.0	100.0	100.0	100.0	100.0

(二)田赋征实与紧缩通货发行

抗战时期，为缓解财政危机，国民政府迫不得已走上了一条简单易行的通货膨胀的征途，即通过大量增发货币的办法解决财政问题，此战略贯穿于整个抗战时期。这是落后国家在战时或其他紧急时刻解决财政危机的捷径。但如单纯靠此办法，而不采取其他实施有效

---

① (美)杨格：《1937 年至 1945 年中国战时财政及通货膨胀》(英文版)，剑桥、哈佛大学出版社 1965 年版，第 33 页。

的税收措施,大量发行货币所带来的严重恶果,将会把国家民族带入深渊,何谈抗战胜利?

表 6-6　1937—1945 年国民政府法币发行额及其指数①

年份 (年底)	发行数额 (亿元)	比上年增加	
		数额(亿元)	百分数(%)
1937	16	4*	33.3
1938	23	7	43.7
1939	43	20	87.0
1940	79	36	83.7
1941	151	72	91.1
1942	344	193	127.8
1943	754	410	119.2
1944	1895	1141	151.3
1945	10 319	8424	444.5

　＊　1936 年底发行数为 12 亿元,故 1937 年一年内增发数为 4 亿元。

　　从表 6-6 观察,抗战时期,法币发行量连年上升,愈往后发行量愈大。1937、1938 两年,法币发行量不大,在战争特殊时期,属于正常现象。1937 年比战前 1936 年增加了 30%多,1938 年较 1937 年增加 40%多。自 1939 年起,法币发行量猛增,为 1937 年的 2 倍多,较 1938 年增长 87%,和之前的增长率相比,增加了 1 倍。两年后的 1941 年,即田赋征实那一年,更是突飞猛进,是 1937 年的 10 倍弱,为 1939 年的 3 倍多。此后年年俱增,1944 年约为 1942 年的 6 倍。到 1945 年达到最高峰,与上年相比,增加 4 倍多,更是 1937 年的 645 倍。足见战时国民政府通货膨胀速度之快是惊人的!

　　钞票是物资的货币表现,物资是货币的承担者,发行钞票必须有可以相抵之物资,当真实收入高于支出时,发行货币可在短期内产生

──────────

①杨荫溥:《民国财政史》,中国财政经济出版社 1985 年版,第 157 页。

效用。1939年,因战区扩大,收入锐减,货币发行量已远远超出实际收入。易言之,多投放于社会上的货币已无足够的物资承担,大量的财政亏空是通过发行货币填补,财政收支平衡是一种假象,超出真实收入部分的货币就是财政赤字,即通常所说的通货膨胀。通货膨胀是纸币流通特有的经济现象,纸币是由国家发行的,依靠国家权力在市场上强制通用的货币符号。纸币流通出现通货膨胀的根本原因是因为纸币仅是一种货币符号,本身无价值,它仅是代替金属货币在流通和支付时起作用。财政赤字愈大,货币的信用愈低,物价愈高。为获得物资,政府必会再发行更多的货币投放市场以满足市场的需求,结果必然是刺激物价再度高涨甚或暴涨。如此反复循环,越演越烈,难以控制,最终形成通货和物价赛跑的恶性膨胀趋势,这是战时物价包括粮价上涨的主因,此趋势在1941—1945年表现更突出。在此期间,国民政府在财政方面的最大变革是开办食盐战时附加税、货物税、直接税新三税和田赋改征实物,应该说这两项变革均起到了一定作用。如仅从税收的立场言,田赋征实和新三税成为这一时期政府财政收入的主要来源,分别居第一位和第二位,尤其是田赋征实,使国家掌握大量的实物物质,从根源上截留部分货币流入市场,减少通货膨胀,挹注财政。

田赋征实除了增强政府的财政力量,平衡财政收支,尚有紧缩通货发行之作用。1940—1941年春,粮价高涨,粮源紧张,粮食供应面临着极大困难,尤其是军粮供应难以解决。如国民政府不实行田赋征实,而是继续之前的田赋征币政策,则必须用巨量法币从市场上搜购军粮,以满足军粮的大量需求。此与战前购粮无异,似无不可。问题的关键是战前粮价低廉,战时粮价飞涨,意味着政府必须拿出比战前不知多多少倍的法币才能解决粮食供应问题。政府以大量法币集中于市场购粮,无疑会促使粮价再次上涨,则政府下次必须拿出更多法币购粮,此举只会加速粮价上涨,如此循环,政府只能不断增加法币发行量,进而造成通货贬值、粮价飞涨的恶性循环局面。田赋征实是将田赋由战前征币转为征粮,即由征收在战时不断贬值之法币而改为征收持续上升之实物粮食。而征购,因征购粮价较低,且仅支付三成法币,其余七成支付几年之后才兑现的粮食库券,对政府是非常有利的。征借连三成法币也不用支付,实质上等于国家向粮户提前几年预支粮食,等同预借,对财政的贡献更大。田赋三征使国家获得了大量战时急需的粮食,是国民政府利用行政力量获取粮食的最佳捷径。

　　通过田赋三征,国民政府获得了巨额粮食,不仅在财政上减少了于市场上购粮的大量货币支出,而且尚把一部分余粮投放市场售济民食,回笼货币,一定程度上起到了紧缩货币发行的效用。1941 年度是田赋征实数较少的一年(除去 1945 年度),据财政部 1941 年 11 月估计,田赋征实和发行粮食库券征购粮食所得,按平均市价折算,再减去必要费用,国库纯收入 12.92 亿余元。如就实际总收入而言,征实征购之粮共合 42.52 亿余元,田赋征实与用粮食库券购粮支出的经费共 13.3 亿余元,节省法币 29.21 亿余元[①]。是年政府实际支出为 100.03 亿余元[②],田赋征实实际纯收入约占总支出的 1/3 弱,足见田赋征实对紧缩通货发行之重要。尤其是随着以后各年度征额增加及 1943 年征购改征借后,征收的粮食更多,支付的法币却更少甚或不用支付,紧缩通货发行之数额更大[③]。

---

① 吴相湘编著:《第二次中日战争史》(下册),(台北)综合月刊社 1974 年版,第
　　633 页。
② 陆民仁:《抗战时期的经济与财政》,秦孝仪主编:《"中华民国"经济发展史》(第
　　二册),(台北)近代中国出版社 1983 年版,第 722 页。
③ 据时人陈正谟记载,1941 年田赋征实给国库节省 53 亿元支出,1942 年节省
　　150 亿元。陈正谟:《田赋征实与粮食征借之检讨》,《四川经济季刊》第 1 卷第
　　2 期,1944 年。如其记载准确的话,那么 1941 年田赋征实纯收入约占总支出
　　的一半多。

粮食部以田赋三征征收的巨量粮食供应军公民粮,特别是在供应军粮公粮方面,作用非常明显。将庞大的军队和部分公教人员与少量的市民撤出了粮食市场,粮食市场上所剩人群大为减少,此举不仅节省了政府在市场上购粮的巨额开支,使严重亏空的财政稍得弥补,亦在实际上减少了投入市场的货币流通量,货币发行量必因之而减少,故田赋征实尚有抑制通货膨胀之效。

(三)田赋征实与粮价

决定粮价的核心因素为生产成本、供求关系、货币数量。粮食是商品,商品的生产成本直接影响价格,成本低价低,反之则价高。粮食又受价值规律左右,供过于求,粮价下跌,求过于供,粮价上升。平时粮价与其他物价一样,依照自由经济法则,由以上三种因素决定,无须政府管制,自能趋于平稳。当某地粮食缺乏、粮价高于他地时,粮商出于营利目的,会将粮食由价低地区运到价高地区,粮价自会达到一种自然平衡。加之民众对粮食的需求伸缩性不大,国家亦不会骤然发行大量货币,故平时,除了供给方面因有灾害等特殊原因外,粮价不会发生剧烈变动。非常或战争时期,决定粮价之因素除生产成本、供求关系、货币数量外,运输困难、囤积操纵、人口密集、心理恐慌等因素亦影响粮价。

抗战时期,粮价变化分为四个阶段:

第一阶段为1937年7月至1938年12月底,是物价上升粮价下跌阶段。战初因通货膨胀、战争等原因,各地物价开始普遍上涨,与物价上涨的趋势相反,粮价却因连年丰收,非但未涨反跌。根据国民政府主计处统计局所编全国零售物价指数显示(表6-7),以1937年上半年为100,重庆等7个城市物价粮价指数,1937年全年物价指数为103,粮价指数仅为97,略低于物价指数;1938年物价指数续涨为130,而粮价指数持续下跌,仅为95,远低于物价指数。

第二阶段为1939年1月至1940年6月,是物价续涨粮价渐涨阶段。在上一阶段,粮价虽未随物价上涨,但粮价系物价之一环,物价上涨,粮食生产成本必随之上升,且随着战区扩大、耕地面积减少、人力缺乏(农民被征服役)、外米无法进口(海口被封锁)、地主商人囤积,粮食出现供不应求现象,故自 1939 年开始,粮价追随物价上涨,然上涨指数始终远远落后于一般物价指数。1939 年物价指数为213,粮价指数仅 135,上涨幅度约仅及物价的一半。

　　第三阶段为 1940 年 7 月至 1941 年 7 月,是物价续涨粮价猛涨阶段。自 1940 年下半年起,物价开始猛涨,约为上年的两倍,物价指数已高达 503,粮价指数亦追随而上升为 340,与前几年缓慢上涨的趋势明显不同。1941 年,包括粮价在内的物价开始飞涨,粮价上涨指数是上年的三倍多,已大体接近物价指数。这年上半年,各地粮价指数大多已超过物价指数。如重庆 1941 年 7 月粮价指数是 141.5,物价指数仅 120.49,桂林粮价指数为 161.7,物价指数仅 103.7(以1941 年上半年为 100)[①]。尤其是征实前夕,粮价变动已脱离常轨,下半年粮食登场之际,粮价反而上涨。

　　第四阶段从 1941 年 8 月至 1945 年 8 月,是物价续涨粮价相对平稳阶段。何谓相对平稳? 其一,相对继续高涨的物价,粮价变动较稳定;其二,相对上一阶段的暴腾而言。唯粮价的绝对值仍是一天比一天高,只不过上涨较缓和而已。本阶段初,粮价虽落后于物价,但差距尚小。1941 年 8 月,昆明物价指数是 138,粮价指数 127.8,贵阳物价指数是 137.3,粮价指数 119.2。从 1942 年开始,两者相差越来越大,至年底,相差通常在一倍以上,甚有达数倍者。1942 年 12 月,重庆物价总指数是 508.1,粮价指数仅 231.7,贵阳物价指数是 661.7,粮价指数 301.9,皆相差一倍以上,赣州物价指数是 931.6,粮价指数

①濮孟九:《抗战以来之粮价与物价》,(台北)"国史馆"档案:"交通部"
　017000017581A:《战时粮价特辑案》。

292.4,相差三倍以上,仅兰州、西安、洛阳粮价指数略高于物价指数①。1942—1945年,粮价指数均落后于物价指数。换言之,此阶段粮价变动从短期言,有突涨现象,可其长期趋势则为渐涨而非暴涨。

从表6-7看,粮价指数一直低于物价指数,但1941年是粮价上涨的一个分水岭。之前粮价指数虽低于物价指数,但二者相差不大,之后粮价虽上涨,但相对物价上涨较平稳,两者差距明显拉大,与1941年之前两者相差不大的趋势相比,显然是一个进步。从粮价指数变化观察,1941—1945年,粮价上涨趋势较平稳,一般在两到三倍,此系战时通货膨胀下的正常现象,仅1945年上涨较猛②。

表6-7　抗战时期全国零售物价及粮价指数比较③
1937年1—6月为100(七城市指数之简单几何平均)

年度	物价总指数	粮价指数
1937	103	97
1938	130	95
1939	213	135
1940	503	340
1941	1294	1168
1942	4027	2998
1943	14 041	8466
1944	48 781	29 456

①兰州因甘肃土地贫瘠,粮产不丰,交通不便,粮价较高。西安、洛阳粮价高主要是受河南灾害影响。
②1945年粮价上涨较猛原因如下:(1)1944年华中、东南各省秋收歉收;(2)1945年夏初除西南各省外,全国普遍缺雨;(3)抗战胜利,粮食供应区域扩大,而田赋征收区域却大幅缩小,导致求大于供。
③关吉玉:《中国粮食问题》,经济研究社1948年版,第73页。

年度	物价总指数	粮价指数
1945	190 723	124 618

　　征实之前,粮价变动无规律可循,甚或出现粮食收获季节粮价反高于青黄不接季节之现象。征实之后,粮价仍在上涨,但较物价相对平稳,且有一定规律,上半年趋涨,下半年平稳或低落,即有上涨,涨势亦较轻微。其中成都表现最显著,以1941年成都上半年米价指数为100,6月是184.2,12月仅139.6,1942年6月是218.4,12月是229.2,1943年7月为1026.1,12月为883.2,1944年6月是3185,12月是2608.7。其他如昆明、桂林、曲江、雅安、西安、兰州等地,表现虽不若成都明显,然大体相似,这是符合粮食生产季节规律的。上半年是青黄不接时期,粮价必涨,下半年为粮食收获时期,粮价必跌,不符合粮食生产季节规律的多与战争或灾害歉收等原因相关①。如果说1940年7月之前粮价相对较低是粮食丰收、供过于求所致的话,那么1941年7月之后粮价相对较低则更多的是田赋征实所致。

　　从粮价变动的四个阶段分析,粮价在1940年7月之前尚比较平稳。之后粮价似决堤的洪水,飞涨不已,粮价暴涨除了粮食歉收、成本增加、战区扩大、交通困难等原因外,货币发行过多(即通货膨胀)是最重要原因。也就是说,抗战时期,粮价变动既非单纯的成本增加型(成本增加还是通货膨胀、货币贬值的结果),亦非单纯的通货膨胀型,更非供不应求型,而是三者综合作用之结果。以1940年为分界线,之前影响粮价的主因是供求关系(次为通货膨胀),之后则是通货膨胀(次为供求关系)。

①粮食部调查处编印:《中国各重要城市粮食价格及指数专刊》,1945年,第2—3页。

　　粮食问题的核心是"量"与"价",量多则价低,量少则价高,两者成反比例。1941 年粮食部成立后,采取的主要政策是"控量以制价",其"控量以制价"的核心策略即田赋征实。通过田赋征实,国民政府约掌握了 2.7 亿市石粮食,基本控制了后方粮食生产总量的 5%以上。据著名农业经济学家美国人、金陵大学卜凯调查:1929—1933年,二十二省粮食总产量平均约 15%出售市场,供自家食用者占56%,缴付佃租占 21%,余为种子及储藏。由此可见,通过田赋征实,国民政府"业已销纳可供应于市场量的半数,对控制囤粮之功效不言而喻"[1]。也就是说,国民政府将原本流通于粮食市场上 15%粮食的一半掌握在自己手中,对于阻止粮价上涨是最根本、最有利的条件,粮食市场面临的压力大为减轻,粮食供求紧张的矛盾较前明显缓解,粮价必会因需求减少而跌落。

表 6-8　1941 年至 1945 年田赋征实征起数占产量百分比表[2]

年度	种类	征实实收数 (千市石)	产量 (千市石)	征实实收数占产量 百分比(%)
1941	谷	32 731	680 459	4.8
	麦	10 390	165 120	6.3
1942	谷	55 736	672 169	8.3
	麦	10 231	209 729	4.9
1943	谷	52 823	642 761	8.2
	麦	11 653	199 196	5.9

---

[1] 沈宗瀚、赵雅书等编著:《中华农业史》,(台北)台湾商务印书馆 1979 年版,第333 页。

[2] 侯坤宏:《抗战时期粮食供求问题之研究》,台湾政治大学硕士论文 1988 年,第91 页。

年度	种类	征实实收数 （千市石）	产量 （千市石）	征实实收数占产量 百分比（％）
1944	谷	46 868	709 018	6.6
	麦	10 091	248 264	4.1
1945	谷	25 164	619 209	4.1
	麦	4427	219 481	2.0

说明：

1. 稻之产量包括籼粳稻与糯米。

2. 征实实收数采四舍五入。

　　田赋征实使流通于市场上的货币减少。货币减少，物价势必降低，粮价自会随之降低。不可否认，田赋征实后，粮价仍上涨不已，此和战时的特殊环境有关。战时因收入骤减支出剧增，政府必会增加货币发行量，田赋征实仅是国民政府缓解财政困境的一个办法，虽贡献巨大，但并不能彻底解决财政问题。事实上，从历年政府支出来源看，它仅占 1/5 强，其他税项大约占 1/5，剩余的大约 3/5，在国统区没有显著扩大的情形下，唯有通过增发货币的方式填补。货币发行愈多，物价愈涨，货币流通量必感不足，政府只有再加大货币发行额，如此反复循环，结果是货币发行额愈来愈大，包括粮价在内的物价愈来愈涨。长期堆积之后果，就是越往后，货币发行额越大，这是导致征实后粮价上涨的主因。

　　抑制粮价的最有效办法，就是政府手中掌握大量粮食，所以田赋征实不仅具有抑制通货膨胀的功效，尚有平抑粮价的功能。中华人民共和国成立初期，各地资本家尤其是上海资本家利用新政权立足未稳，囤积物资，特别是关乎百姓生活的必需品，掀起"米棉之战"，致使物价连续出现四次涨风。为打击不法资本家，人民政府采取的策略就是调动全国的粮食、棉花进行集中抛售，最终将物价涨风压制下去。此与国民政府利用田赋征实掌握的粮食压制粮价，实属大同小异。

田赋征实使国家获得了巨量粮食,减轻了粮食市场的供求压力,充裕了财力,减少了货币发行量与流通量,进而在一定程度上减缓了粮价上涨速度,此亦是田赋征实后粮价上涨符合粮食市场发展规律的主因之一。若无田赋征实,粮价将会像征实前一样暴涨,甚或会以更高的速度飞涨(随着后期通货膨胀的加剧,是极有可能的)。粮食是人民生活中一日不可或缺的非常重要的物资,牵扯到千家万户,关系国计民生,粮价上涨所引起的波动亦远远大于其他物资,且会波及其他物价,当时轻则引发更大的通货膨胀,损害国家财政,重则激起民变,妨碍抗战前途,甚或导致整个国家不稳,后果不堪设想。1949年,国民党政权的覆灭,除了他种原因之外,粮价上涨引起的民变亦是一个主要原因。

第二节　田赋征实与"公平"负担

英国著名经济学家亚当·斯密认为赋税的四大原则是:公平、确实、便民、省费,其首要原则就是负担公平。曾任国民政府福建省财政厅厅长的严家淦曰:"赋税含有强制征收性质。政府不患收入之不充实,惟患赋税之不公平,赋税负担分配问题,自是理财者首当注意的问题。"[1]田赋为赋税之一,故宜公平。所以,田赋征实无论采用什么标准,首要做到负担公平,唯此才能保证粮民纳粮之积极性。

---

① 严家淦:《闽省建立田赋改征实物制度的目的》,陈明鉴编:《田赋改征实物论集》,福建省银行经济研究室 1941 年,第 62 页。

一、田赋征实与赋额、征率

(一)各省原有赋额轻重及战时增长程度不一,导致各省之间税负不均

各省原有赋额轻重及战时增长程度不一,致使省与省间税负难以公平,甚至差别巨大,在此基础上实施田赋征实,自难达平均负担之目的。田赋征实要公平,首先要有准确、公平的赋额。征实期间,国民政府依据的赋额有两种:一种是 1941 年度各省正附税总额;一种是土地陈报或清丈后制定的新科则。1941 年度正附税总额的依据仍是旧有的征粮赋额,不过较之多了几倍而已。旧的赋额由于长期的政治、历史等原因,各地田赋正税本就轻重悬殊,极不公平,附加税更是悬殊[①]。1933 年后各省田赋附加税比正税多出 81% 到173%,湖南田赋附加最高超过正赋 7 倍,河南上蔡田赋附捐超过正税 5 倍,浙江全省七十五个县中有七十三个县的田赋附加超过正税[②]。不仅省与省间、县与县间,甚至乡镇与乡镇间,即拥有同等同则土地的粮户之间,负担差别也较大。如甘肃同一等则土地,正税相差即达 6 至 7 倍,附税相差更大,有些地方甚至相差 90 余倍,最高有相差 3400 倍的[③]。

朱元璋家乡凤阳以帝乡赋税特轻,处州以刘基赋税亦轻。而苏

---

① 各县财政无其他财源可筹时,即求诸田赋附加,地方上各种捐款及摊派,几无不以田赋为对象。正因附加税悬殊,1941 年 11 月,国民参政会二届二次大会参政员蒋继伊等 22 人认为:正税与附税并征,窒碍太多,民困太深,提出一案:请政府改善附税征实办法。建议政府将正附总税率减轻,附税原则为正税一倍,最高不得超过二倍;将实物征收率减低每元征稻谷一市斗(两法采其一,或二者皆用)。侯坤宏编:《粮政史料(第五册)——田赋征实》,(台北)"国史馆"1990 年版,第 238—240 页。
② 《中行月刊》第 9 卷第 3 期,1934 年。
③ 何让:《甘肃田赋整理与新科则实施之展望》,《财政学报》第 2 卷第 2 期,1944 年。

松常杭嘉湖以张士诚,南昌、袁州、瑞州以陈友谅,特增其赋。近代田赋科则之重,首推苏松①。四川因军阀割据,情形较他省更为严重。1934年之前,四川田赋除正税外,各种附加名目繁多,有时达六征以上。1935年之后,有所减轻,唯仍在四到五征左右。抗战爆发后,因人民反对,1939年再次减轻,变为三征九成,1937—1940年,平均在三征以上。四川不仅赋额巨大,且各地间差别很大,各县附加税,最少者与最多者相差16倍以上②。

　　抗战之前,旧有赋额本身各省之间已经悬殊,抗战爆发之后,因财政困难,各省莫不在田赋方面谋增收入,又在原有本就各异的田赋基础上再次加征,且加征标准、步骤各异,遂致田赋制度愈趋紊乱,人民担负愈趋不平。1937—1941年各省加征赋税情形如表6-9。

表6-9　1937—1941年各省田赋预算征收数及加赋情形表③(元)

年份 省名	1937年	1938年 (1—6月)	1939年	1940年	1941年	1941年较1937年增加倍数	1941年较1940年增加倍数
贵州	409 757	204 878	691 118	1 260 327	1 645 394	3.0	0.3
河南	10 224 820	5 112 410	3 481 915	4 428 366	5 283 813	-0.5	0.2
福建	5 393 540	12 722 067	4 233 482	4 607 106	23 724 601	3.4	4.1
湖北	2 603 200	1 301 600	3 654 538	3 235 900	6 940 694	1.7	1.1

①万国鼎:《田赋改征实物与地价税》,《人与地》第1卷第14期,1941年。
②彭雨新、陈友三、陈思德:《川省田赋征实负担研究》,商务印书馆1943年版,第32—40页。
③表内最后两栏是根据前列数字计算得出,其余引自:中华人民共和国财政部《中国农民负担史》编辑委员会编著:《中国农民负担史》(第二卷),中国财政经济出版社1994年版,第406页。

年份 省名	1937 年	1938 年 （1—6 月）	1939 年	1940 年	1941 年	1941 年较 1937 年增 加倍 数	1941 年较 1940 年增 加倍 数
陕西	5 993 114	2 996 557	5 083 086	5 481 360	11 450 000	0.9	1.1
宁夏	1 797 895	898 947	2 157 156	2 157 156	1 093 655	-0.4	-0.5
广东	5 286 700	2 643 350	3 829 120	4 185 810	6 255 210	0.2	0.5
四川	19 500 000	31 643 470	30 204 828	27 506 374	53 882 564	1.8	1.0

仅从省级财政预算数观察，战时各省均有不同程度的加赋现象。各年相比，1937－1940 年虽有加赋，但程度不大，甚至尚有少数省不仅未增加反有减少的现象，如陕西、广东等省，1939、1940 年均较1937 年少。到 1941 年则情形完全不同，与 1940 年相比，一年之间，除宁夏一省下降外，其余各省均有不同程度的增长，且增长幅度较大。湖北、陕西、四川增长均在一倍以上，福建更猛，在四倍以上。1941 年与 1937 年相比，仅有宁夏一省不但未增加反有所下降（河南下降主因是征税地区减少，其实际控制地区赋税仍有增长），其他各省均在加赋，最烈者为福建、贵州，较战前增加三倍以上，次为四川、湖北、陕西，四川、湖北接近两倍，陕西约为一倍。仅广东一省加赋速度减慢，增加 1/5 左右。表中虽仅列举了八省，事实上其余未列各省在战时也在临时加赋。如云南 1940 年将田赋增加一倍征收；江西1941 年照田赋地价税分别加征战时土地增益捐各若干倍，民国以后，江西田赋征数最高时，实收仅 600 余万元，全面抗战开始后，受产品滞销与征役影响，收数锐减，1938 年减至 300 余万元，1941 年田赋应征数已达 1400 万元以上；浙江田赋自 1928 年为地方税后，每年赋额约在 800 万元左右，自 1941 年度起，改征实物米折，是年田赋岁入

额增至 2400 余万元①。各省自行加赋的结果,导致战前本已不均的赋额再次加剧。

以上差距尚仅是田赋正税,至省县田赋附加税,较正税更是有增无减,紊乱复杂,尤以县附加为甚。广西省田赋附加,"在整理时期并未执行,抗战初期仍然维持旧习,计有省附加的有四十县。省附加税低的为正税的八成(上都县),高的达二倍(迁江、平南、榴江、天峨等县)。县附加税的名称和混乱则过于省附加"②。四川省田赋附加税,1939 年是正税的 4.98 倍,1940 年是 5.11 倍,1941 年增长最快,是年县附加为 1940 年的 2.68 倍。其名目之多,可以巴县为例,巴县附加多达八类共三十四种,为全国之冠③。

从战时各省加赋情形分析,各年都有增长,其中 1941 年增长最快。所以,田赋征实实际上是以赋额增长最快的一年为标准,此举虽可最大限度地保障战时国家获得较广之粮源,却由此带来各省间税负极不公平与土地所有者负担的再次加重。田赋由征币改为征实,在战时粮价总体趋于上涨的情势下,土地所有者的税负本身即加重,而政府又以抗战爆发以来加赋最高的一年为标准折算征收实物,无疑是再次加重土地所有者的负担。战时粮价不断上涨,原有田赋照战前标准征收货币,确属不合理,从此视角观之,各省以货币加倍征收田赋似无不可。而政府征实按照赋额最高的 1941 年为标准,其不合理性却是至为明显的。如要还原田赋实值,按照 1937 年即可(事实上不少省的加赋也是以 1937 年的粮价折算加征),退一步讲,即便是为了保障粮源,亦不该以涨幅最高的年份为标准,而应以涨幅相对较小的 1938—1940 年的某

①俞鸿钧:《战时田赋》,《经济汇报》第 6 卷第 1、2 期合刊,1942 年。
②中华人民共和国财政部《中国农民负担史》编辑委员会编著:《中国农民负担史》(第二卷),中国财政经济出版社 1994 年版,第 406—407 页。
③关吉玉、刘国明编纂:《田赋会要》第四篇《国民政府田赋实况》(上),正中书局1944 年版,第 98—100 页。

一年为标准征收,如此各省之间虽有不平,但差距不至过大。

由于历史原因,造成我国田赋长久的不公不平不均现象。战争特殊时期,要求国民政府彻底整顿田赋,以确切而公平的赋额征收田赋,对于急需粮食的政府而言,似亦不太现实。可是,最起码可以采取一些措置设法减少差距,而政府上述做法不仅未能减少差距,反使之加大。征实期间,凡战前田赋赋税重,战时增加又多的省,负担必重,反之则轻。因此,以轻重失平的赋额为基础而征收的田赋,各省甚至一省之内粮户间税负是难以公平的。如1941年,河南征实税率平均每市亩是三升零五勺,四川是六升二合三勺①,比河南高出一倍多。同为四川,地主每市亩各等则田地征实额占其租额百分比,长寿最低2.4%,三台最高43%②,后者负担约为前者的18倍。

对赋额悬殊所导致的各地税负不均,国民政府亦试图改善,即土地陈报。1941年中央接管田赋前,土地整理事项由各省自办(至抗战时多归停顿)。各省整理途径不一,或采丈量(又名清丈),或采航空测量,或采土地陈报,三种方法各有优劣。清丈耗款多需时久,绝非各省一时所能举办。浙江、江苏等十三省曾实行,迄中央接管前,不过丈量完一二十县,然耗款之巨,洵属惊人。云南费时十年完成清丈,唯缺点甚多,一是仅测耕地未测山地荒地,二是精确度较土地陈报尚有逊色者③。航空测量限于人力财力,大多数省未能采用。土地陈报实为治标之举,虽其精确度不如丈量与航空测量(测量登记为治本之法),然因省时省费易收速效,而被各省大量采用,至中央接管之前,全国共完成320县。中央接管之后,因受战时环境限制,国民政

---

①中国第二历史档案馆档案:八三252:《粮食部1941年10月对国民参政员郭仲愧等关于河南粮政询问的答复》。

②彭雨新、陈友三、陈思德:《川省田赋征实负担研究》,商务印书馆1943年版,第69页。

③史世珍:《当前之土地整理问题》,《经济汇报》第4卷第2期,1941年。

府未选择彻底的土地测量或清丈办法,而是选择了简单易行的整理地籍方法——土地陈报,并于各省县乡镇成立土地陈报办事处,主管各该地土地陈报事宜。

所谓土地陈报,就是由土地所有者自行陈报土地亩数、产量之意。具体办法为:由土地编查队按地形划片,测量该片的大致面积,然后由片内土地所有人自报占有土地的亩数、产量,经陈报人员查对陈报亩数与全片面积相符后,按片绘制详图,按丘发给土地占有人土地管业执照,一面登记土地面积、等级、应纳田赋科则,造具征册,按户征粮。田赋科则分三等九级,每亩纳粮多少按土地肥瘦情况酌定,一般以地价1%为原则。为便利工作推行起见,规定土地陈报不收任何费用。对有地无粮、地多粮少之土地,一律免费升科,无地之粮予以剔除。

为加速推行土地陈报,1940年10月,行政院公布《各省县土地陈报办事处组织通则》,中央接管土地陈报后,1942年5月行政院又公布《财政部各县(市)土地陈报办事处组织暂行规程》,6月财政部颁行《办理各县(市)业户总归户办法》,7月行政院公布《修正办理土地陈报纲要》与《办理土地陈报改定科则办法》,9月财政部颁行《各省利用土地陈报成果征实推行办法》,主旨是尽快利用土地陈报成果征收田赋,保证军公民粮供应。为及时纠正陈报中的错误,1944年10月,财政部订颁《土地陈报复查更正办法》,规定土地陈报后如业户对编查陈报或新定科则发现错误或遗漏时,准予申请复查更正。为防止陈报人员在陈报中舞弊起见,按陈报成果对其进行一定的奖惩①。

土地陈报实为整理田赋之基础工作,国民政府对其非常重视。

① 秦孝仪主编:《革命文献》第115辑:《田赋征实》(二),(台北)"中央"文物供应社1988年版,第103-118页。

中央接管期间,蒋介石多次特饬各省政府及主管机关分别切实协办遵行,并意会各省参议会,希望他们协助田赋机关推行土地陈报。孔祥熙亦多次令财政部订颁办法并通饬各省田赋处积极遵办①。

土地陈报本为整理田赋之有效办法,办理后可以纠正以往田赋上种种地粮脱离之弊端,户地确实,实现按亩计征之原则,按理说土地所有者负担应比较合理了。国民政府亦对土地陈报期望颇高,"欲求负担之彻底调整,自须于全国各县土地陈报办竣后,始能实现"②。结果如何呢? 1941年财政部接管各省土地陈报后,抗战时期共办理陈报410县(原计划办理466县,中途停办76县,1943年以后新增办27县,停办7县)。1945年春,限于经费、战事等原因停办③,连各省之前陈报的总共730县。据财政部报告,各省土地陈报后,平均面积、赋额都有增加,亩数增加55.7%,赋额增加34.9%,而每亩平均总税率反予减轻12%。此仅就科则已经核定县而言,如就全部统计,则其亩分赋额增加成数及每亩平均税率减少成数,当较上项数字多。然其精确度,国民参政会参政员们认为:"地亩查丈既不确实,订定科则,尤感纷乱。而民间因办土地陈报所受之损失,尤难以数字估计。加之其中错误百出,无奇不有,以后续办之抽查复丈工作,尤感纷搅多,而成效少,如不从根本减轻负担着手,终觉难达公平目的。"④主办土地陈报的财政部认为:

---

① (台北)"国史馆"档案:"国民政府"001000005943A:《田赋征实征购》。

② 秦孝仪主编:《革命文献》第115辑:《田赋征实》(二),(台北)"中央"文物供应社1988年版,第260页。

③ 影响土地陈报的原因很多,诸如经费短绌、时间短促、人才缺乏、器械缺乏、保甲人员协助不力、督导力量不够、敌伪窜扰、气候等。

④ 侯坤宏编:《粮政史料(第五册)——田赋征实》,(台北)"国史馆"1990年版,第312页。

"未能尽如理想,殆非由于办法不良,实乃人谋不臧。"①易言之,财政部自身对土地陈报的成果都不满意。

　　实际上,土地陈报亩分赋额的增加与税率的减少,仅是将大量无主土地与荒山荒地等不能纳赋的土地陈报了进来,或将一般粮户土地虚报之结果,它并不能表明各地无粮土地的增加与粮户负担的减轻②。甘肃土地陈报办理后,"新订科则虽云按土地收获量核定,但省县田管处每就已定地等及调查产额擅予提高,故除由陈报后增加百分之五十地亩中已增收粮额约三分之一有奇外,复由科则之提高,又加数倍之负担"③,以致参政员们呈请中央降低甘肃田赋科则,以轻人民负担。由于流弊太多,造成的错误更多。土地陈报中,有钱有势的地主豪绅勾结陈报人员,或隐瞒土地,或以多报少,或以好报劣(甲等报乙等或甲等一级报甲等二级三级者不乏其例),故按照土地陈报后新科则征收田赋,地主转嫁负担的情形仍很严重。与之相反,一般农户,田劣反负担重,或被多报了土地,承担了本不该承担的地主豪绅转嫁的负担。也就是说,由于土地陈报人员和当地保甲长、地主士绅勾结,不仅不能改善赋额,甚或使赋额不公平的现状再次加剧。所以,土地陈报并不是一个形式问题,假如弄得不好,其本身即会成为不公平的条件。在湖北,地主有田无赋的占 20％左右,农民有赋无田的占 15％(表 6-10)。

---

① 秦孝仪主编:《革命文献》第 116 辑:《田赋征实》(三),(台北)"中央"文物供应社 1988 年版,第 22 页。
② 国民政府期望通过土地陈报达到清厘地籍、充裕税收、平均负担之三重目的,事实上,仅达到充裕税收的目的。
③ 侯坤宏编:《粮政史料(第五册)——田赋征实》,(台北)"国史馆"1990 年版,第 317 页。

表 6−10　湖北省当阳县慈化和沔阳县彭家场
两地农民、地主田赋虚假情况表①

地区	总户数	有田有赋		地主有田无赋		农民有赋无田	
		户数	占比（%）	户数	占比（%）	户数	占比（%）
当阳慈化	966	619	64.04	196	20.28	151	15.63
沔阳彭家场	1239	809	65.13	274	19.94	185	14.93

　　不特湖北如此,全国各地都存在此类弊端,甚有人称土地陈报为一笔糊涂账者。"办理田赋征实的一件起码的工作——土地陈报,这末多年,又那里搞清楚过呢? 比如去年武隆县的土地陈报,一个自耕农收谷两老石多,上粮就要两老石多;一个收谷十四石的,上粮就要十石多;甚而有收谷几斗,要他上粮两石多的。相反的,在邻水的大户,有的收一千多石租,才上粮二十几石;有的收一百二十四石租,才上粮三石多,实行新科则的土地陈报,其办理情形,就有这样糊涂。"②按规定,若粮户发现陈报或测量错误可申请复查,唯复查却困难重重。"一因乡民不明申请手续,一点不合都受打回;二因申请复查准驳权握在田粮处手里,为了避免麻烦,往往不予核准;三因县田粮处处长,有的是前任土地陈报处长,自护其短,不允复查,就是复查也是敷衍,不予更正。"③土地陈报错误特多,然复查却进展缓慢。福建永春县,1943 年举办土地复查时,出征军人家属颜纯受被地籍员郑重茂索去贿金 300 元,但土地却并未复查④。

　　土地陈报的诸多弊端,不仅加重一般粮户的田赋负担,且严重影响田赋征收。陕西岐山县,1943 年应征实物 10.5 万余市石,由于土

---

①湖北省粮食厅编:《粮食问题今昔》,湖北人民出版社 1957 年版,第 40 页。
②《田赋还应征实吗》,《新华日报》1946 年 6 月 6 日。
③《川湘陕鄂到处是灾,不是干旱就是大水》,《新华日报》1945 年 8 月 1 日。
④《东南西北》,《新华日报》1944 年 4 月 6 日。

地陈报及归户错误,至 11 月仅征起 1.2 万余市石[1]。少数地区甚至激起民变。1942 年,甘肃办理土地陈报时,洮河附近各县就爆发了数万农民因陈报错误致负担加重而被迫抗粮的运动,政府手忙脚乱,调集兵力进行镇压,最后农民负担仍未得到丝毫减轻[2]。

改善赋额不均最彻底最公平的办法为土地测量或清丈,抗战时期要大规模实施,诚如国民政府所言,因技术人才缺乏、时间短促、经费不敷、基层组织不健全、地方豪强阻挠等原因,不太可能亦不太现实。土地陈报为整理地籍之捷径,如能认真实施,亦不失为改善赋额的良好办法。但是,土地陈报过程中的诸多问题和弊端却使其效果大打折扣。四川灌县,1943 年系按新科则征收,可是在 1944 年春季,粮民请求复查的申请书竟多达 9000 余件[3]。正因土地陈报错误百出,征实时有的县(如 1942 年四川彭县)依据土地陈报之后的新科则和新税率计算粮额,农民群起反对,认为负担加重,甚至要求仍依照旧有廒册纳赋的,以致酿成极大纠纷[4]。可见依据土地陈报的做法,并没有达到粮户负担公平之目的。

综上所述,无论是以 1941 年度田赋正附税总额,还是土地陈报后的新科则为标准征收田赋,皆存在负担不均的现象。也就是说,田赋征实缺乏真实的地籍资料,而是把存在很大问题的旧时赋额依据一定标准折算成实物,延续了过去田赋征收时的种种问题。

(二)征率的差异再次加重了税负的不公

1941 年度,田赋征实以每元折征稻谷二市斗为标准,唯各省

① 《岐山县长刘永德报告》,《陕政》第 5 卷第 2、3 期合刊,1943 年。
② 潘锡元:《从甘肃实例看反动统治时期的田粮制度》,中国人民政治协商会议甘肃省委员会文史资料研究委员会编:《甘肃文史资料选辑》(第三辑),1963 年,第 164 页。
③ 沛然:《论公平第一与得粮第一》,《新华日报》1944 年 7 月 3 日。
④ 潘鸿声:《田赋征实与粮食征购问题》,《中国行政》第 2 卷第 7、8 期合刊,1943 年。

仍有差异,多数省是按二市斗征收,云南一市斗二升,江苏一市斗,较其他省负担轻。据农产促进委员会调查十三省 219 县资料统计所得:如按每粮一两计算(以每粮一两计算,是按各省原有习惯,将征额数除以总两数得出,以下其他标准与之相同),四川最高,每粮一两征十七市石二市斗二升,湖南二市石六市斗八升,甘肃二市石三市斗七升,其他省都在一市石上下,最高和最低相差 17 倍以上。田赋原以石为标准者,其折征比率仍以四川为最高,平均每石粮折征十市石八升,甘肃次之,七市石二市斗,广西最低,不足二市石。以亩为单位者,每亩征实赋率以浙江最高,每亩征四市斗六升,陕西最低,仅七升,其余江西、湖北、云南、贵州等省皆在一市斗左右。举办地价税县,以元为单位,每元折征实物数量各地相差不远,除陕西每元征一市斗较低外,其余各省平均约二市斗①。无论是以元还是以两、石或亩为单位计算征率,各省之间税负均有悬殊,且在某些省之间悬殊。固然,造成各省征率差异的原因除其本身征率大小不一而外,前述赋额多寡不一亦是影响征率的一个主要原因。

　　1942 年度及以后各年度,田赋征实每元折征稻谷四市斗或小麦二市斗八升,且随赋征购或征借,即每元负担应为稻谷八市斗或小麦五市斗六升,粮户负担较 1941 年度加重了一倍。各省征收时,征实有按每元四市斗征收的,有按三市斗,最低仅一市斗五升(云南),最低和最高相差将近三倍,导致各省间负担不均。1942 年度,云南征实每元征稻谷一市斗五升,随赋带征县市公粮五升,征购每元二市斗,总共才四市斗;湖南仅征实一项,即四市斗,征购尚不算;陕西征实每元三市斗五升,征购二市斗一升,县级公粮一市斗多,总共已接

①《中外财政金融消息汇报》,《财政评论》第 7 卷第 6 期,1942 年。

近七市斗，比云南高出约三市斗①。各省确定征率的差异导致粮户之间税负的差别。

二、田赋征实与比例、累进税制

比例税指的是税率不因纳税人应课税的收入或财产价值的多少而变更，均按一定比率课征的税。累进税和比例税相反，税率随纳税人应课征的收入或财产价值的递增而递增的税。

时人朱剑农曾指出："就租税制度发展史看来，比例税固然已经成了落伍的税制，等级税也未见得能够完满的达成社会政策的任务；站在社会政策的立场来说，最进步与最合理的税则要算新近才被人们施用的累进税制。"②抗战特殊时期，国民政府应真正贯彻"有力出力""有钱出钱""有粮出粮""粮多多出"之旨，实行收入越多税率越高、收入越少税率越低的累进税制。1941年田赋开征之初，许涤新就主张发动民众调查地主的地租收入，然后根据其地租的实际收入，以累进税率作为征收标准，地租收入愈大征得愈多，愈少征得愈少，如此才合乎地主以至自耕农的负担能力③。可是田赋征实后，国民政府依然沿用之前的比例税制。1941年征购办法由各省自定（粮食部规定以随赋征购为原则，但仍有不少省未施行），各省或采随赋征购，或采公购余粮（福建系以各县区中余粮在10市担以上之大户为对象，余粮未达到此数者免征），或按亩分及商人营业额派购，其中后两种办法实已含有累进意味。但实施结果，后两种办法却推行不利，甚或变成公然摊派，原为减轻小粮户负担的办法却无形中加重了他

①中国第二历史档案馆档案：八三104；《粮食部1941年度七至十二月份政绩比较表及有关文书》。
②朱剑农：《论地价税累进课税问题》，《财政评论》第8卷第3期，1942年。
③许涤新：《论田赋与粮食券》，《新华日报》1941年7月1日。

们负担。而唯有随赋征购之省,不仅征收成绩较好,且负担相对较"公平",这实际上为后来政府采用随赋征购或征借埋下了伏笔。

据农产促进委员会调查,一般粮户对1941年征率"感觉太重,复以不分上田下地大农小农,均以同一比率征收,有失公允,致赋重者不利,赋轻者得沾其惠,故宜改用累进制,使大粮户赋重,小粮户减轻。同时各地收成丰歉不一,则其赋率尤应比例伸缩,以平负担"①。故一般粮户早在1941年即希望政府实施累进税。关于征收标准,时人认为:田赋"应依收益之多寡而制定,方无伤于民。此次田赋征实,不问土地收益高低,以同一标准征收,似欠公允,盖地质有肥瘠之分,收获有丰欠之别,而土地面积之大小,收租数额之高下,其经济状况,迥然不同,若依一样标准征收赋税,丰裕者应付固易,贫瘠者则力有不逮。是以实物赋率,应以人民之实际收益而分别拟订,以达到有粮出粮之目的,而诏公允"②。

1942年6月,粮食部召开第一次全国粮政会议,蒋介石出席并训话,指示1942年度要实施累进征购。"对于有余粮的富户,要以累进比例,多加征购,至少要使征购的总额超过征实的总额。如此,才合乎我们政府所定的公平原则。"③蒋之训话凸显了国民政府对有余粮的地主富绅实施累进的原因和决心。同时,在7月财政部召开的第一次全国田赋征实业务检讨会议上,孔祥熙和关吉玉亦有类似表示。此次会议通过的《三十一年度田赋征实及征购粮食工作计划书》明确指出:已编造或能编造全县总归户册之县,酌采累进办法,以期负担公平。似乎政府实施累进征购的决心很大,舆论界目睹征实中的种

---

① 秦孝仪主编:《革命文献》第113辑:《粮政方面》(四),(台北)"中央"文物供应社1987年版,第447页。
② 秦孝仪主编:《革命文献》第113辑:《粮政方面》(四),(台北)"中央"文物供应社1987年版,第448页。
③《蒋委员长对粮政会议训辞》,《大公报》1942年6月6日。

种不公,亦纷纷呼吁政府实行累进制,以平均粮户负担①。事实上,各地粮册多不完善,累进征收一时难获确实标准,在各省业户总归户事项未完成之前,要施行累进困难多多。尤其是 1941 年公购余粮与按亩分及商人营业额派购成绩的不理想②,国民政府担心实施累进制影响征购成绩,最终决定征购一律随赋征购,已编造或能编造总归户册之县可酌采累进制,起购点由各省自定,以期负担公平③。随赋征购实质上是对 1941 年公购余粮时,地主转嫁征购负担的让步,使不合理的比例税扩大至征购领域,农民与地主之间征购负担的严重不均合法化了。

　　征购是否实行累进,中央将决定权给予地方。一因累进办法复杂,须查清大户的确切土地及余粮,举办业户总归户,程序异常繁复,各地进展颇不一致,加以土地陈报办理不完善,业户总归户工作进展举步维艰;二因社会基础组织的松弛与阻碍。基层推动田赋的是乡镇保甲长,他们绝大部分是农村的大户,累进之结果,实际上就是要他们多缴纳粮食,势必遭其强烈反对或破坏,无疑实施累进税必将严重影响征收成绩。为减少推行阻力,各省征购纷纷采用与征实一样的比例税。

---

①事实上,当时舆论界呼吁累进制与随赋征购两种呼声均有,两者的主观愿望均是为了减轻小粮户负担,唯考虑问题的角度不同。前者认为只有实行累进制才可减轻小粮户负担;后者则相反,认为累进制不易实施,大粮户往往逃避累进,反使一般粮户负担加重,故主张实行随赋征购。对国民政府来说,在考虑两种意见的同时,最重要的是如何使征购足额,从当时的实际出发,随赋征购似更易达此目标,故最终国民政府倾向于后者。

②1941 年公购余粮效果不佳之主因是基层行政人员玩忽职守、营私舞弊所致,并非因办法不善。对此,政府本该采取除弊措施,以求赋税公平,而它却选择了逃避。

③关吉玉、刘国明编纂:《田赋会要》第五篇《国民政府田赋实况》(下),正中书局1944 年版,第 302 页。

少数省为减轻小粮户负担,曾规定一定的起购点,起购点以下之粮户免予征购。起购点之规定,严格说不能视为累进,但实含有累进的性质。所以若起购点规定合理,也不失为一项减轻小粮户负担的善举①。何谓合理的起购点？时人以为:"(起购点)不宜过高,有碍政府的收入(恐征购额无法收足),但亦不宜过低,有损一般粮户的最低生活水准(有违体恤小农之旨)。我们以为维持一个平常人家的最低生活水准,是规定起点的分水岭。"②如四川1942年征购时③,以载粮5分为起购点,5分以下的粮户均一律免购,以减轻小粮户负担。然照四川一般情形,普遍载粮一两者,约田五六十亩,5分粮则约折合2亩余,载粮5分之粮户每年收谷米不过10市石,10市石谷的收入尚不能养活五口之家,若再缴纳应购实物,不足之数将更多。是则此项规定,仅于一般极小粮户稍稍沾惠,而其余5分以上之小额粮户仍未能普遍顾及④。1943年征购改征借后,仍沿用上述购粮办法,以载粮5分为起点,载粮5分以下的粮户免借(之后四川一直照此执行)。湖南1942、1943、1944年规定征实额不满一市斗小粮户免予带购⑤。云南1943年规定以原纳耕地税5元为起购点,不满5元者免

①1941年,粮食部曾规定以随赋征购为原则,但仍希望各省考查实际情形,酌定起购点,在规定起购以下之小户不予征购,以免过涉苛细。实有保护小农之意。但各省遵照酌定征购起点者固有,而坚持随粮征购,丝毫不肯通融者亦多。侯坤宏编:《粮政史料(第五册)——田赋征实》,(台北)"国史馆"1990年版,第306页。

②《为田赋征购实物进一言》,《新华日报》1942年7月14日。

③其实四川早在1941年6月即建议中央采用累进办法征购,但并未实施。"采购标准,半数按粮额摊购,半数向各县收益较丰、生产较大之大户,酌用累进办法派购。"财政部《财政年鉴》编纂处编纂:《财政年鉴续编》(中册)(第五篇第二章),时事新报印刷1945年版,第40页。

④施复亮:《为改善征购粮食办法敬告重庆区行政会议》,《新蜀报》1942年8月3日。

⑤财政部湖南田赋管理处编印:《三十一年度湖南省随赋购粮价款收支总报告》,1943年。

购。福建 1943 年规定赋额 4 角以下的粮户免借,1944 年取消,1945年规定不及 4 角者免借,除普通征借外,另加办大户累进征借,以赋额 20 元为累进起借点,超过 20 元以上,分五级累进征借。湖北 1944年征借以赋额 8 元为起点,超过起借点者分七级累进征收。重庆1944 年规定赋额 1 元以下免借,2 元以下者免累进征借;1945 年元额满 1 元或两额满 5 分者起借,累进征借,元额满 5 元或两额满 2 钱以上者照原额分三级累进征收。贵州 1945 年规定随赋征借起借点为 5元,不满起借点者免借,累进借征起借点为 10 元,不及起借点者免借,超过起借点者分五级累进征收。广东、浙江、河南规定小户免借一成,安徽规定留 5 分为小户免借数。宁夏因省内大粮户甚少,经商妥民意机关按地亩平均征借①。

　　尽管蒋介石指示粮食部、财政部、各省主席,征借起借点应酌为提高,并特别注重大户多借之原则,以期大小粮户负担趋于公平②。然因起购点或起借点③定得太低,事实上仅有少数特别贫困的小粮户从中获益,大多数小粮户仍摆脱不了征购或征借的命运。故时人认为:"欲顾及小粮户之负担能力者,则征收税率,应改比例税为累进税,以小粮户之负担,不较三十年度增加为原则,则人民负担庶几合理。"④且起购点或起借点的规定,从维护粮户的利益和公平负担方面言,自属必要,但在实际办理过程中却困难重重。正如福建田粮处在解释 1944 年废除起借点时所言:"在地籍整理还未达到理想程度的时候,各县不特对于分析四角以下之赋额,感到手续的麻烦,即对于造册填单与稽核工作,也感觉非常的困难。同时在一般民众,教育

---

①(台北)"国史馆"档案:"国民政府"001000006023A;《粮政》(一)。
②(台北)"国史馆"档案:"国民政府"001000005944A;《田赋征实征借》(一)。
③征购改征借后,起购点改为起借点。
④潘鸿声:《田赋征实与粮食征购问题》,《中国行政》第 2 卷第 7、8 期合刊,1943 年。

没有普及,有了征借起借点的规定,反而容易引起粮户蓄意将其名下赋额,化整为零,企图免除征借的弊病,因此我们以为所得小而所失大,不如取消,反较便利。"①在重庆区行政会议上,各专员、县长、县田赋处长亦大多认为规定起借点,易使大粮户规避②。

正是基于此,尽管社会舆论纷纷呼吁政府尽早实施累进税,国民政府却一直拖而不行。1941年《国民公报》刊登了一篇题为《论发行粮食库券》的社论,作者认为应切实调查产量,按粮户的收入累进摊派③。1942年施复亮在《新蜀报》上疾呼,在征实不能采用累进率之时,征购却绝对非采用累进率不可。1943年詹显哲在《实施国家总动员法与粮食动员》一书中,鉴于每年征购国家需支付大量法币,为缓解财政压力,亦提出征购应提高起购点和实行累进制的要求④。其他社会人士也有类似表示。但是在"得粮第一"的口号下,直到1944年,国民政府才迈出了累进征借的步伐。6月粮食部发布《粮食征借办法》,8月颁发《征借大纲》,规定征实征借划分计算,合并办理,借粮标准仍按田赋原额计算⑤。为实行累进征借、平均粮户负担,财政部制定了《累进征借粮食实施办法》,累进起借点及累进征借率,由各省按照赋额多寡、地权分配、土地收益等情形,拟呈财政部核定,分饬各省市田赋处遵办。大户分级每省最高不得超过五级,其起借级之累进征借率比照普通级借率一成至五成拟定,每级递增率亦同⑥。9月,《战时田赋征收实物条例》亦明文规定征借必须采用累进

---

①《福建之田粮》,福建省政府印行1944年,第29页。
②《重庆区行政会议第三天,讨论兵役和征实》,《新华日报》1943年7月13日。
③《论发行粮食库券》:《国民公报》1941年8月5日。
④詹显哲:《实施国家总动员法与粮食动员》,国民图书出版社1943年版,第66页。
⑤周开庆编著:《民国川事纪要》,(台北)四川文献研究社1972年版,第246页。
⑥中国第二历史档案馆档案:八三(2)391:《累进征借粮食实施办法及办理情形文件及有关文书》。

办法。但累进征借事属初创,各省情形不同,所有累进级距及累进比率等仍由各省斟酌情形自行决定,以利推行。

1944 年,蒋介石指示累进征借 1200 万市石,但粮食部财政部认为:"在各省赋籍总归户尚未办理完竣,难得正确依据以前,(累进征借)本系试办性质,目前各省主席来渝参加全国行政会议时,对原拟累进征借配额,已多感无甚把握,纷请核减,如再加配额,实有困难,拟请俯察实情,仍照八百万石总额办理,暂不增加。"[①]1944 年度实施累进征借的有四川、河南、福建、浙江、陕西、江西、广东、广西、重庆九省市,配额 325.4 万市石,只占征实征借总额的 5%。实征时,办理的仅河南、福建、浙江、陕西、广西、广东六省,征起谷麦共 445 645 市石,仅占征实征借实征数的 0.77%。1945 年度实施累进征借仅有四川、陕西、福建、重庆四省市,配额 2 287 790 市石,占征实征借总配额的 6%,实征 127 276 市石,仅占征实征借实征数的 0.42%。不仅配额少,尚不及征实征借总额的 1/10,成绩更差,1944 年度累进征借仅完成配额的 13.7%,1945 年度更差,仅达 5.56%[②]。累进税实施范围如此之小,数量又如此之少,对于减轻一般粮户负担实难有大的作为。更有甚者,大户采用各种办法将其负担转嫁到一般粮户身上,反而致使一般粮户的负担加重。对累进征借,财粮两部的认识是:"惟累进征借一项,因各省市县征赋册籍多有散失,尚待整理,业户总归工作,亦未能普遍办理,计算征率缺乏根据,经一年半在少数地区之试办,窒碍良多,至三十五年度,乃呈奉国府核准暂行停办。"[③]

抗战时期,田赋征实一直采用比例税制,征购自 1942 年度起也

① (台北)"国史馆"档案:"国民政府"001000005944A;《田赋征实征借》(一)。
② 以上数字系根据第五章所列 1944、1945 两年度征实征借数字计算得出。
③ 《民国三十二至三十五年度田赋征实状况》,秦孝仪主编:《革命文献》第 115 辑;《田赋征实》(二),(台北)"中央"文物供应社 1988 年,第 349 页。

一律实行比例税制(湖北、贵州仍采公购余粮办法),其间仅有少数省有起购点的规定,对小粮户负担酌予减轻。征购改征借后,随赋征购改为随赋征借,大多数省对征借仍采用和征实一样的比例税制。换言之,整个抗战时期,征购征借基本上也是比例税制。

　　表面上看,比例税是合理的,依土地所有者占有土地多少课税,事实上对土地所有者的负担却迥然不同。土地越多,田赋所占收入比例越少,反之越多,该税制明显对农民,特别是贫苦农民不利。四川长寿县,一个收入4500市石租谷的大地主,缴纳田赋150市石,仅占其总收入的3%;而高县,一个收入10市石的小自耕农,缴纳田赋1.336市石,占其总收入的13%多①。对地主,缴纳征实征购后尚余很多粮食。而对小自耕农,缴纳征实征购各要1石多,总共将近3石,再加上其他附加税,则所余粮食不足养家活口,来年的土地投资尚不在内,负担沉重。所以,征实采用比例税制是非常不合理的。

　　田赋征实粮食以土地为课征对象,凡土地所有者,无论占有土地多少皆应缴纳,从此角度分析,征实采用比例税制,虽不合理,似尚可理解。可是,征购征借和征实性质截然不同,征购是一种商业行为,征借是一种借贷行为,征购征借应以余粮为对象,所以应把握好向余粮户征购或征借(最好是大户)的尺度,最少应做到征购或征借后,粮户能维持生活为原则,一些中小粮户在缴纳田赋后,所余粮食尚不敷食用,自不应再加征购或征借。"且向小户征购,数少而户多,集中手续亦繁。向大户多购,一户即可抵购十数小户之所纳,数量既大,集中手续亦易,为购粮数巨及集中便利计,亦不宜与征实同采大小户比例缴纳之标准。再就发给价款言,小户过多,发款手续不胜其繁,擎据登账,多耗人力财力。故为节省费用

①沛然:《论公平第一与得粮第一》,《新华日报》1944年7月3日。

及增进工作效率计,亦宜多购于大户。"①可是在随赋征购或随赋征借之下,国民政府却将本该不应由他们承担的负担平均地分摊到了他们头上。

若说国民政府不愿实行先进的累进税制,多少有些冤枉了国民政府(1942年财政部颁行《办理各县(市)业户总归户办法》,其实就是为顺利推行累进税做准备)②。1941年,中央同意各省采用公购余粮办法,实质上是对累进税的承认,可该年度公购余粮成绩较差的结局无疑是对中央采纳累进税制的一次沉重打击。1942年,蒋介石、孔祥熙、徐堪等人都表示要做到田赋征收公平,首要条件是采用累进税,无奈慑于1941年度征购的教训,最终决定一律采用随赋征购,各省如对公购余粮有把握的话,中央亦不反对,前提是必须完成中央分配的征购总额。1942年度实施公购余粮之省,成绩仍较差,这无疑是对国民政府的再次沉重打击,所以1943年,行政院决定无论征购征借一律采用随赋征购征借的方式。直至1944年,国民政府才实施累进征借。其效果正如国民政府所担心的那样,收效甚微,仅完成累进征借配额的13.7%,如全国普遍实施,将严重影响征借,显然累进税似尚不宜大量实施。1945年,当蒋介石要求徐堪扩大累进征借范围时,徐即表示不敢贸然于全国推行,仅同意依1944年成例,仍在九省市实施,其余各省须在不影

①(台北)"国史馆"档案:"国民政府"001000005943A:《田赋征实征购》。
②为逐渐实行累进征收制,并便利粮民完纳,1942年6月财政部颁行《办理各县(市)业户总归户办法》,1943年订颁《三十二年全国各省县市举办业户总归户推进办法》,并于1944年10月将上述两办法合并修正为《办理全县(市)业户总归户办法》,公布施行。然自1943年通令各省举办以来,以战局、经费、物价、人事等关系,历年办理成果均未达预期目的。《民国三十二至三十五年度田赋征实状况》,秦孝仪主编:《革命文献》第116辑:《田赋征实》(三),(台北)"中央"文物供应社1988年,第32页。

响征粮的原则下,方可推行①。意即如不能保障征借足额,即不可扩大实施累进征借范围。

国民政府迟迟不实施累进税的原因,可从1945年5月16日徐堪呈蒋介石的电文中窥知。徐在电文中承认累进税是近代租税中进步的课税理论,但认为其在中国实施困难重重。

> 田赋册籍多沿旧制,业主户名分散,田赋机构改隶本部(指粮食部)以前,财政部曾赶办业主总归户,惟为经费时间所限,迄今办成者全国不过二百五十县市,且以办理仓卒,成果难期完满。因是累进征借缺乏依据。上年各省试办成效亦微。此事推行稍有窒碍,即易影响得粮,深虑变动四年来征粮既成之基础。转使军公粮之筹措,更增困难,利害相权,实不敢徒重理论,贸然为全面之改革。所幸胜利在望,战后彻底整理赋制,平均负担之目的可期。故本年度(指1945年度)累进征课仍照上年成例,在征借项下,划出一部分继续推广试办,期于切实把握粮源,免误要需之外,仍能达逐步改进贯彻平均负担之目的。②

客观地说,徐之分析不无道理。欲推行累进税,必先办理业户总归户,而要办理业户总归户,必须有确切的土地陈报为依据,二者缺一不可。即使已办理土地陈报,在业户总归户工作未完成之前,大粮户为逃避赋税,往往将其土地分割成多块或尽其所能将负担转嫁予一般粮户,以对付累进。各省主席亦认为:“目前大粮户册籍不备,近

①中国第二历史档案馆档案:八三(2)396;《1945年度各省(市)征实征借及县级公粮配额表暨有关文书》。
②(台北)“国史馆”档案:“国民政府”001000005945A;《田赋征实征借》(二)。

两年来更多化整为零,如着重于累进办法办理,深感棘手,尤恐影响正供,至多作为试办性质,绝无把握。"[1]在此情形下实施累进制,效果必不佳。故在累进缺乏可靠的依据之前,国民政府选择比例税制,主旨是为了保证田赋三征的顺利完成,以便掌握更多的粮食配拨军公民粮,缓解粮食问题的压力。从抗战的角度看,似无可厚非。同时亦应看到,国民政府此举多少也含有减轻农民负担的意味。无奈的是,在整个官僚机构腐败贪污的大气候之下,减轻一般粮户负担的所有措置均变成水中月、镜中花,何谈公平?

三、田赋征实后土地所有者负担

(一)田赋征实后土地所有者负担概论

因相关统计数字的不完整与不准确(此和战时环境有关),要准确计算出土地所有者的实际负担率,困难较大。从田赋三征占土地生产量的百分比看土地所有者负担,据徐堪报道:1941 年度征实征购稻麦总数为 5200 万市担,为后方稻麦总产量的 6.1%。1942 年度征实征购为 6700 万市担,是该年总产量的 7.4%,再加上 1942 年度带征的县级公粮 750 余万市石,约为 8.2%,尚不及收获物的 1/10[2]。另据杨格统计:1941 到 1942 年,征实征购实收稻米约占稻米总产量的 3.4%;1942 至 1943 年占 4.6%;1943 至 1944 年占 8.8%;1944至 1945 年占 7.1%。小麦实收量较小(约为 2~6%)[3]。再据时人统计:1941 年度征实征购约占粮产总额的 4%,1942、1943 年度约达

---

①(台北)"国史馆"档案:"国民政府"001000006030A,《粮政》(九)。

②徐堪:《粮食管理》,1943 年英文《中国年鉴》,重庆国际事务委员会汇编(伦敦印行),第 557 页。

③(美)杨格:《1937 年至 1945 年中国战时财政及通货膨胀》(英文版),剑桥、哈佛大学出版社 1965 年版,第 58 页。

10％①。又据财政部督导员调查，河南自耕农所纳粮约合生产额的1/15，贵州约合 2.5％，湖南约合生产额 2％，收益额 3％，江西约合生产额 1/20，四川新都县征购实际负担与收获量比例为 5％，如系地主则占收益额的 8％强②。各种统计中，仅张嘉璈的统计较详细，张所列 1941—1944 年度田赋三征实收数系根据 1947 年统计提要编列，将市石折合成英斗，并列出产量估计数，以比较田赋征实负担。据他估计，田赋征实后，三征约占总产量米为 4.9％到 15.37％之间，平均9.86％，麦为 1.87％至 5.62％之间（表 6 - 11）。故田赋三征对土地所有者负担，从其占全国粮食总产量方面观察，较古人什一而征之标准犹低③，负担可谓不重。

表 6 - 11　1941—1944 年度田赋征实征起数及占总产量百分比④

年度	种类	田赋征实（千英斗）	征购（千英斗）	征借（千英斗）	收入总额（千英斗）	产量（千英斗）	收入占产量百分比(％)
1941	米	38 416			38 416	783 000	4.90
	麦	9202			9202	408 000	1.87

①沛然：《论公平第一与得粮第一》，《新华日报》1944 年 7 月 3 日。
②赵既昌：《改进田赋征实制度刍议》，《财政评论》第 8 卷第 5 期，1942 年。
③粮食生产总量除去前方诸省被侵占区域不计外，按抗战以来各年生产情形平均估计，谷、麦共约 9 亿市石。今征购数量约 7000 万市石，换言之，征购数量仅达生产数量之 7.8％，再以谷、麦占所有各种粮食总生产量之六成计，征购数量实际仅占粮食总生产量 4.7％，尚不及 5％，较古人什一而征之标准犹低。张华宁：《田赋征实后之粮食管理问题》，《中农月刊》第 4 卷第 7 期，1943 年。
④Chang Kai-ngau, *The Inflationary Spiral , The Experience in China 1939-1950* , p. 144.

续表

年度	种类	田赋征实（千英斗）	征购（千英斗）	征借（千英斗）	收入总额（千英斗）	产量（千英斗）	收入占产量百分比（%）
1942	米	45 957	41 356		87 313	793 000	11.01
	麦	20 121	14 174		34 294	610 000	5.62
1943	米	46 248	18 146	22 774	87 168	567 000	15.37
	麦	19 650	5376	6913	31 939	579 000	5.51
1944	米	36 941		40 493	77 434	948 000	8.16
	麦	16 736		11 006	27 743	722 000	3.84

　　从各省看，各省间由于因袭旧有的赋额致其负担差距较大，最高是四川，征实、征购各占总产量的 7.5%、7.3%，最低为广西，征实、征购分别占 2.2%、1.9%，四川、广西两省悬殊。唯总体上仍未逾总产量的 1/10，以古代什一税的标准衡量，土地所有者税负较轻。

表 6-12　1941 年度不同省区之田赋征实征购占粮食总产量比较表①

省份	田赋征实		强制收购（征购）	
	千公担	占总产量（%）	千公担	占总产量（%）
四川	6781	7.5	6566	7.3
贵州	998	6.4	724	4.7
湖南	2402	2.7	4220	4.7

---

①引自陈兴家对沈宗瀚《抗战时期的粮食生产与分配》一文的评述。薛光前编著：《八年对日抗战中之国民政府（1937－1945）》，（台北）台湾商务印书馆1989 年版，第 238 页。

续表

省份	田赋征实		强制收购(征购)	
	千公担	占总产量(%)	千公担	占总产量(%)
湖北	652	3.0	800	3.7
广西	1364	2.2	1159	1.9

　　但是,正如分析田赋征实与赋额关系一节所论,由于各省赋额本身不均及加赋情形不一,导致田赋三征在农民年收获量中所占比重,各省间差异较大。1941年,云南田赋征实占总收获的百分比,上等田地田赋负担仅及总收获的1.45%,中等田地0.82%,下等田地0.47%,平均负担仅0.9%,税负甚低[①]。而与四川农民田赋负担约占生产的1/20相比[②],云南农民负担仅及四川的1/5,和上表相较,差距更大。1942年,四川稻田亩产量平均为4市石,负担之征实、征购、县级公粮附加、地方积谷以及按政府规定加征的15%"折耗"等,总共2.38市石,占亩产量的59.5%;广东征实征购加上带征县级公粮,约占地主所收谷租的1/3,积谷、水利谷及其他不可减免以田亩为标准之科派尚不在内;广西约占36%[③];湖南滨湖等十县每亩负担为产量的52.79%;云南为49%。上述数字尚不包括杂派、经手人浮收、中饱之数。易言之,农民收获物中约有一半用于缴纳赋税。如表6-12所列,四川农民负担比广西要重很多。不仅各省间差别大,即便同一省各县间,差别亦很大。1941年湖南人均负担田赋0.113市石,南县0.33市石,凤凰0.001市石[④],南县为凤凰的330倍。田赋征实后农

①谷苞:《云南田赋征实与农民负担》,《新经济》第6卷第11期,1941年。

②吴景超:《四川田赋征实的办法及其问题》,《新经济》第6卷第1期,1941年。

③侯坤宏编:《粮政史料(第五册)——田赋征实》,(台北)"国史馆"1990年版,第336－337页。

④《湖南省各县田赋负担额比较表》,财政部湖南省田赋管理处编印:《湖南省田赋统计提要》,1942年。

民税负悬殊如此之大,骇人听闻!

　　抗战中后期,国民政府的粮仓主要在四川、湖南、陕西,大粮仓在四川,四川每年大约负担全国田赋三征总数的 1/4 到 1/3,又未带征县级公粮,只要算出田赋三征占全省稻麦总产量百分比,即可得出土地所有者的田赋负担。

表 6-13　田赋征实征购或征借后四川人民田赋税负表①

年代	稻麦产量(万市石)	实收税额(万市石)	实际负担率(%)
1941	11 802	1374	11.6
1942	8595	1658	19.2
1943	12 322	1596	13.0
1944	14 449	1886	13.0
1945	14 401	1845	12.8

　　说明:表内实收数额 1941、1942 年是指征实征购总额。1943 年起,为征实征借总额。

表 6-14　抗战中后期陕甘宁边区人民公粮负担表②

年代	粮食产量(万市石)	公粮数额(万市石)	实际负担率(%)
1941	163	20	12.3
1942	168	16	9.5
1943	184	18	9.8
1944	200	16	8.0
1945	—	12	—

---

①《四川统计提要》,转引自刘仲麟:《也谈 1942 年田赋征实的税率与税负问题——兼与朱玉湘同志商榷》,《近代史研究》1987 年第 4 期。

②刘仲麟:《也谈 1942 年田赋征实的税率与税负问题——兼与朱玉湘同志商榷》,《近代史研究》1987 年第 4 期。

从田赋三征占稻麦总收获量看(表6-13),四川土地所有者税负率一般在11.6%到19.2%之间,平均为13.9%。与同期共产党控制的陕甘宁边区相比(表6-14),四川土地所有者实际负担率明显要高,陕甘宁边区土地所有者实际负担率最高为12.3%,比四川低约7%,而四川最低实际负担率仅比陕甘宁边区最高实际负担率低0.7%,陕甘宁边区平均为9.9%,总体上比四川低4%多。

陕甘宁边区农民公粮负担率本身较低,如与同期晋绥边区与四川比较,可发现,晋绥边区农民最高实际负担率比四川高5.4%,最低实际负担率比四川高5.8%,平均为20.39%,比四川高约6.5%。且晋绥边区的调查,1941年农民公粮负担尚不包括村款、田赋在内,加上这两项,其实际负担率还要高。易言之,抗战中后期,仅就田赋赋税而言,国统区田赋赋税较共产党统治区要轻。但国统区土地所有者除了田赋三征之外,还要承担很多额外的附加,如将此一并计算,则国统区土地所有者税负显然重于共产党控制区。

表6-15 晋绥边区历年征收公粮及公粮占农民收入百分比统计表①

年代	征收公粮数(市石)	典型调查材料中负担占收入百分比(%)
1941	204 430	24.60
1942	163 200	17.40
1943	219 500	19.61
1944	205 600	19.35
1945	324 500	21.00

从上述分析看,如仅从田赋三征占总产量百分比看土地所有者负担,全国平均负担并不如一般想象之重,仅是在某些省或县因原有赋额不均,负担较重(即负担不均的现象严重)。如四川,1941

①李成瑞:《中华人民共和国农业税史稿》,中国财政经济出版社1962年版,第93页。

年各县田赋征实占土地所有者总产量百分比,最高在 50％以上(通
江 52％,梓潼 57％),最低是 0.21％(秀山)①,两者相差 270 倍以
上。时人陈友三、陈思德认为:"目前各省田赋征实负担,虽不能谓
为甚重,但因田赋税基的不确实(如田多粮少,田少粮多,或有粮无
田,或有田无粮等,此实为征粮工作之重要阻碍),田赋税率的轻重
失平(省与省间不平,省内各县间亦不平均),致一般粮户负担显见
渐重。"②

(二)田赋征实后地主、自耕农、佃农负担

1.田赋征实与地主

田赋征实对地主之负担,计算方法有两种:一是按地主每亩土地
应纳田赋占其租额百分比;一是地主缴纳田赋占总收益百分比。以
四川各等各则土地平均数为计算标准,长寿等十六县地主田赋征实
税负,轻重颇为悬殊。就每市亩各等则田地征实额占其租额平均百
分比言,长寿最轻,仅为 2.4％;江津、阆中次之,分别为 3.9％、4.7％;
百分比在 8％—10％者有成都、温江、泸县、崇庆;在 10％—15％者有
南溪、宜宾、剑阁;在 15％—20％者有德阳、城口;仅万源等四县最重,
万源是 27％,万县 28％,峨眉 30％,三台 43％③。一般约为 15％,负
担不算太重。万源等四县负担重,主要是因其每亩原载赋额较多,致
纳赋额特多。也就是说,各县同一等则田地原载粮额之多寡实为各
地税额及税负失平的主因。

欲真正揭示地主田赋征实税负,若仅从每市亩土地征实额占

①彭雨新、陈友三、陈思德:《川省田赋征实负担研究》,商务印书馆 1943 年版,第
　56—58 页。
②陈友三、陈思德:《论粮食库券掉换金公债金储蓄券或法币储蓄券问题》,《经济
　建设季刊》第 1 卷第 3 期,1943 年。
③彭雨新、陈友三、陈思德:《川省田赋征实负担研究》,商务印书馆 1943 年版,第
　69 页。

其收租额百分比多少,就得出地主负担不轻的结论,似有些臆断。因地主异于自耕农,其土地相对较多,每亩净收入(指缴纳田赋后所得)或较少,但总收益却相当可观,所以只有进一步分析地主总收益额及其缴纳田赋后所剩纯收益多少,方可得出正确结论。从表6－16看,长寿等六县收租在300市石以上的地主缴纳田赋后,剩余租谷平均在600市石以上,成都、江津甚至在900市石以上。再从各等则田地征实额占其租额平均百分比分析,除万县较高为27.97%外,其余各县均在10%以下。表中虽仅列举了六县,据彭雨新分析,其他各县情形大体与之相似,因此这六县基本可以代表四川地主的田赋税负概况。

**表6－16　四川长寿等六县300市石以上地主
缴纳田赋后之余粮情形表[1]**

县别	平均每户收益额(市石)	平均每户应纳实物额(市石)	各该县各等则田地征实额占其租额平均百分比(%)	平均每户缴纳田赋后之余粮数额(市石)
万县	478.6	133.86	27.97	344.74
长寿	452.1	10.85	2.40	441.25
崇庆	560.3	54.69	9.76	505.61
温江	878.3	74.04	8.43	804.26
成都	997.9	80.93	8.11	916.98
江津	1020.0	39.58	3.88	980.42

　　田赋征实后,若仅从每市亩征实额占收租额百分比言,地主征实税负在有些县较重,多数县一般。但若从每户地主收益总额看,则四川各县300市石以上地主税负大多轻微,此从地主缴纳田赋后之余

---

[1]彭雨新、陈友三、陈思德:《川省田赋征实负担研究》,商务印书馆1943年版,第74页。

粮多少可看出。综合两项标准,可说:征实后地主负担普遍较轻,尤以大地主最轻。正如时人在分析贵州田赋征实对于地主负担时所言:其实如果以地主原来的田赋数与征实数比较,"这无疑地是增加了地主的负担,因为过去一元钱的田赋改征二市斗的粮,以新谷登场时的谷价论,约超原田赋十倍至二十倍不等,但是这一种解释是不正确的,因为抗战期间,有力出力有钱出钱是天经地义的道理,谷价上涨的结果,当然表示了地主所得既有增加,而田赋仍不增不减,保持原来的银数,这显然失了公平的原则。故往所得方面去解释,则知黔省征实对于地主的负担并没有加重"[1]。

田赋征实后,9/10 的地主将钱租改为物租,粮食多集中于地主之手,有余粮卖的多系大地主,他们不急于卖粮,而是待价而沽,粮价上涨,获利的只是地主,发愁的是自耕农和佃农。与大地主相反,小地主的负担却加重。一个有 30 石租的小地主,1944 年秋收后仅收了 20 石租谷,缴纳征实征借摊派的献粮及附加 10 石后,剩余 10 石,除一家人食用外,几无剩余,其他开支只有靠向大地主借贷或卖地维持。小地主的土地部分流向大地主,土地兼并加剧[2]。甚至连收租 50 石的地主也出现生活难以维持的惨状。丰收之年,其所收租额除了上粮税 20 多石,让给佃户几石,剩余至多只有 20 多石谷,约值 20 多万元,月均不足 2 万元,假如他有一个三口之家,一定得省吃俭用才能勉强够用[3]。故时人认为:"因地方上一切的摊派及捐募均以田赋为主要对象,又因(田赋)征实、征购之结果,就负担能力言,中、小地主之情况较为困难。"[4]

---

①丁道谦:《贵州省田赋征实问题》,《经济汇报》第 6 卷第 1、2 期合刊,1942 年。
②佚名:《今天的农村》,《新华日报》1944 年 12 月 29 日。
③《风雨如晦看农村》,《新华日报》1945 年 2 月 3 日。
④林兴育:《三十年度广西的粮政》,《经济建设季刊》第 1 卷第 3 期,1943 年。

2. 田赋征实与自耕农

决定自耕农田赋征实后税负轻重的因素有二:一为自耕农应纳实物占其耕种土地所得总收益之百分比;二为自耕农经营农场之规模。彭雨新根据金陵大学 1941 年对成都市附近七县米谷生产成本的调查计算,温江、成都、崇庆三县自耕农每市亩可收谷 4 市石多,减去种子、肥料、人工等生产成本,每市亩收益额为 2.77 市石,各等则田地每市亩平均约需缴谷 0.1989 市石,征实额占收益额的 7.3%[①]。1941 年四川是征一购一,即征购尚须 0.1989 市石,征实征购共0.3978 市石,占自耕农每市亩收益额的 14% 多,负担已不轻,再加上积谷,所占比例还要高一些。且彭雨新选择的这三县均地处成都平原(分析地主税负时,他是从四川各地分别抽查了两三县),1941 年四川因气候原因水稻多减产,唯成都平原各县因有都江堰水利灌溉,所受影响较少,收成约为平常年的九成以上。所以受灾各县自耕农税负比成都平原各县要重,受灾愈重地区负担愈重。如将受灾各县与成都平原各县税负合并计算,则整个四川自耕农税负比 14% 要高。

自耕农和地主的最大区别是自耕农的土地较少,其经营农场规模之大小影响农产品的生产成本,农场愈大,每市亩的成本愈小,反之则大。因自耕农大多仅有少量土地,总收益远比地主少,虽每市亩征实额占收益额百分比和地主大略相当,实际负担却比地主重。温江、成都、崇庆三县自耕农平均自耕田地 10 亩,收益额约为 27.7 市石,缴纳田赋 2 市石,仅余 25.7 市石[②]。而三县地主在缴纳田赋后之余粮,崇庆是 500 余市石,温江是 800 余市石,成都为

---

①彭雨新、陈友三、陈思德:《川省田赋征实负担研究》,商务印书馆 1943 年版,第80 页。

②中华人民共和国财政部《中国农民负担史》编辑委员会编著:《中国农民负担史》(第二卷),中国财政经济出版社 1994 年版,第 413—414 页。

900 余市石,平均在 700 市石以上,两者是无法比的。甚至在甘肃天水,贫农因无力缴纳田赋,多以重利贷款,粜粮完赋[1],面临破产的边缘。由于征购征借在大多数省仍系采用随赋征购征借的方式,更扩大了负担失平的严重程度。

上述负担是指正常情况下的负担,至于征收过程中征收人员的刁难舞弊以及地主倚仗势力转嫁的负担,尤其是土地陈报错误给自耕农带来的额外负担,尚不在内。如将这些负担加在内,则自耕农负担更重。粤东五华安流,某自耕农仅有 3 担田,可田赋册上却有 13 担,每年征实即多负担了三倍多,足足多纳了两年无田的粮。而梅县白渡堡一带,地主 60 担租谷的地只报 35 担,其余 25 担征购额是由村子里的穷人给他缴纳了[2]。因土地陈报错误,自耕农甚至有全部收入都不足缴纳粮赋者,申请更正,经人情包袱活动之后,县田赋处复查队复查结果,不仅未更正,反致重的更重轻的更轻。类似的实例太多。土地陈报被以少报多的情形绝大多数出在自耕农身上,间有部分旁及中小地主[3],但绝少出在大地主身上。办理土地陈报的人员多假手保长,而保长则任意增减一般粮户自行陈报的土亩,他们大多是以多报少,将其负担转嫁到自耕农与小地主身上。四川某保长有田土 200 余亩,陈报单上仅填 80 余亩,其余地亩则多分摊在一般小自耕农身上。许多小自耕农仅有 6 亩田,被增加成 9 亩或 10 亩[4]。

---

①《各地经济市况》,《经济汇报》第 7 卷第 12 期,1943 年。
②隆泰:《粤东粮政值得注意》,《大公报》1944 年 11 月 28 日。
③四川巴县一小地主,每年收租谷老量 15 市石(1 老量约等于 3 市石),给佃农打折扣外,实际约收入 10 市石,1943 年要上老量 3 市石多。请求更正,县田管处要求先纳粮后改正,多退少补。1944 年 3 月丈量员来了后,送去 1 万元,结果下年亩数等级丝毫未改,且纳粮额增到七八石,再加上学谷积谷及其他杂款,简直一无所存。请求更正,又是先纳粮后改正,多退少补。《丈量地亩要包袱》,《新华日报》1945 年 6 月 19 日。
④老圃:《大后方的农民生活》,《新华日报》1944 年 2 月 29 日。

土地陈报的不确,无疑加重了农民负担。自耕农与小地主每年征实征购征借加上积谷,占收获量的十分之三四,一年剩余之粮本无多少,若再陈报错误,他们将无法生活。

3.田赋征实与佃农

田赋征实之对象是土地所有者,本应和佃农无关。1941年9月,行政院公布的《田赋征收通则》第七条规定:"田赋应由纳税人自向征收处缴纳,不得有任何个人及团体,包收代缴。"[①]1942年6月公布的《战时田赋征收实物暂行通则》和1944年9月公布的《战时田赋征收实物条例》都有类似规定。唯佃农因租种地主土地,地主借口田赋征实后负担加重,往往将负担全部或一部转嫁予佃农。根据经济学原理,田赋为一种直接税,是不能转嫁的,但此仅适用于田多人少之国,中国人多地少,农民唯一出路为农业,故佃农对地主议价能力甚弱,地租高低全听地主决定。地主主要以三种形式转嫁田赋征实负担。

其一,让佃农替自己完赋,称"扣谷完粮"。

征实远较征币烦琐,为避免缴纳过程中的艰辛和额外负担,地主往往让佃农代其完赋。此办法1941年兴起于四川,后被国民政府推广及全国。何谓"扣谷完粮"?即佃农于粮食收获后,"应负责扣留部分,以便开始征购时代为缴纳,掣取收据凭向地主抵算。倘不扣谷完粮,率将租谷完拚全交业主,即以该佃户是咎"[②]。之后各年度田赋开征时,国民政府又多次重申此令。换言之,代地主完赋成为佃农应尽的一项义务。国民政府制定该法令,主观上是为确保田赋征收足额,客观上却为地主转嫁负担大开方便之门。正是在国民政府这项法令的庇护下,地主将完赋过程中大量的额外负担"合法"地转移到

①宋同福:《田赋征实概论》,中央银行经济研究处1942年版,第340页。
②"抗日战争时期国民政府财政经济战略措施研究"课题组编著:《抗日战争时期国民政府财政经济战略措施研究》,西南财经大学出版社1988年版,第63页。

佃农身上,"赋从地出"变成了"赋从租出"。

"扣谷完粮"不仅让佃农承担了本不该负担的缴纳田赋的义务,更可怕的是,缴纳田赋过程中的一切额外负担亦重重地压在其身上。这类额外负担总共有初度集中费、斗升折耗、车风折耗、围席费、翻晒粮谷费、代换粮票手续费、代领券款手续费、田赋附加、再度集中补助费、票费、通知单遗失请补费、缴谷手续费、招待费、加工工具损失费、代购谷运费十五项①。佃农支付这些额外负担后无法得到地主承认,成为自身一笔沉重的额外负担。如佃农居住地距缴纳地点较远,则其负担更重。贵州远的地方纳粮往返需四五天,四五天的旅费不是一笔小数目,地主往往将此项负担转嫁到佃农身上②。上述负担是佃农代地主完赋最沉重的额外负担。四川三台县甚至出现佃农代地主完粮后,得不到地主承认的事情。佃农为此闹到乡公所,乡公所调解结果是:"两相退让,两造吃亏。"③如此佃农负担更重。

其二,普遍改货币地租为实物地租,增加押金或押租。

货币地租向实物地租逆转以及增加押金或押租的现象,早在粮价开始上涨之际就已出现,随着田赋征实的实行,该趋势愈加明显。在地主这一转变过程中④,国民政府又起了推波助澜的作用。1942年7月,国民政府在颁布《各省田赋改征实物后业主收租不敷完粮补救办法》中明文规定:田赋征实后地主可以将货币地租改为实物地

①四川省训练团编著印行:《四川省西充等十八县乡镇调查总报告》(第五篇),第41—42页。
②丁道谦:《贵州省田赋征实问题》,《经济汇报》第6卷第1、2期合刊,1942年。
③南田:《从一个村子看今天的农村》(下),《新华日报》1945年5月22日。
④田赋征实后,确有部分地方地主收租不敷纳粮者,如广西1941年就出现中、小地主收租不敷纳粮的现象。林兴育:《三十年度广西的粮政》,《经济建设季刊》第1卷第3期,1943年。故在战时粮价上涨之际,地主将货币地租改为实物地租,似是合理的。问题是,地主大多未按照政府的规定办理。

租;改为实物地租后,仍不敷完粮者可以加租;如佃农抗不缴租,地主并可向司法机关起诉佃农①。有了国民政府这把庇护伞(中央本意是为了解决浙江等省业主收租不敷完粮的情况,但地主实施时却不分情况一律改为实物地租),地主普遍将货币地租改为实物地租,并实施加租,但租额往往超过正产物收获总额的 375‰(政府规定地租不得超过耕地正产物收获总额的 375‰,系为防止过分加重佃农负担),否则即以退佃威胁佃户。

　　增加押金或押租,四川又曰"稳首"。以前佃农佃 100 石租押金才六七百元钱,1944 年已涨至 8 万,有些地方甚至高达 10 万,且佃农支付的押金是没有利息的。粮价上涨时,地主还将押金改为押租。一个佃 30 石田的佃农,缴稳首就缴了 4 石,不缴谷子做稳首的,用钱做稳首,价格更高,要 6 万元②。在此情况下,佃农要么被退佃,由佃农变成雇农,要么接受加"干租"。所谓"干租",又名"干加",即租额超过土地所能出产正产物的最大限度。如一块只能产 10 市石谷的土地,硬要佃农出 15 市石地租。因干租远远超出了佃农的承受能力,势必导致佃农破产。而地主却可用押金放高利贷,甚有地主宁愿少加租而多加押,因租额要在粮食收获后才能到手,而押金则可早一年到手。佃农是早一年付钱,迟一年得粮。地主用押金放高利贷,利润来得比加租更快更大更有保障,故此,地主加押之风极为盛行。

　　其三,普遍增加地租,否则即以退佃相威胁。

　　1930 年,国民政府制定《土地法》,规定地租不得超过耕地正产物收获总数的 375‰。1938 年,为发展战时农业,保护佃农利益,国民政府通过《战时土地大纲》,规定地租额不得超过地价的 7%,并严

―――――――――

① 关吉玉、刘国明、余钦悌编纂:《田赋会要》第四篇《田赋法令》,正中书局 1943 年版,第 110 页。

② 《风雨如晦看农村》,《新华日报》1945 年 2 月 3 日。

禁任意撤佃抗租。1941年又在《土地政策战时实施纲要》中做出地租不得超过报定地价10.5％的规定①。事实上,除山西、浙江、广西等少数省及陕西一部分曾试行"二五减租"外,中央及各省政府对各地的地租剥削并未进行干预。

田赋征实后,各地租额普遍疯涨。如四川,川东各地以前租谷有对分的,有主六客四的,有主七客三的,征实后对分已没有,起码是主七客三,甚有主八客二的②。迁建区是主得七五,佃得二五,租额已经很高,但地主还要加租,佃农中有十分之二三将耕牛卖掉以补足租额。万县更高,一般是主八佃二,也有主九佃一的情形③。陕西某些地方甚至出现正产物全部归地主的情况④。徐堪亦承认佃农负担沉重,他指出,成都附近一带佃农所缴田租,最高的竟达收获量的73％,其他各地大概要以60％归地主⑤。

可是,在"得粮第一"的口号之下,国民政府不仅允许地主在原定货币租额不敷的情况下,可将货币地租改为实物地租,如改实物地租后仍不敷完粮者,并可增加地租。政府在保护地主权益的同时,也对增加地租限额做出规定,以保护佃农利益。地主往往只执行前者(加租),而不执行后者(加租限额),政府的良政在地主的反对下无法实施。

实际上,在战时土地价与粮价上涨之时,全国已经出现普遍性地租上涨的趋势。征实后,这一趋势非但没有得到遏止,反越演越烈,随着征实总额逐步增长,租额亦随之增长,地主谓"羊毛出在羊身

①中华人民共和国财政部《中国农民负担史》编辑委员会编著:《中国农民负担史》(第二卷),中国财政经济出版社1994年版,第418—419页。

②《四川租佃制度的习俗》,《新华日报》1943年8月11日。

③《大地的女儿》,《新华日报》1943年2月8日。

④《经济周报》第2卷第3期,1946年,第12页。

⑤闻汝贤、闻亦博编著:《中国现行粮政概论》,正中书局1944年版,第76—77页。

上"。刘老汉佃了 20 石谷的田,原来缴租谷 8 石,苞谷 2 斗。1943 年加到谷 15 石,苞谷 1 石,该年仅收了 15 石谷和 2 石苞谷,交租后仅剩 1 石苞谷,副产品只有十几石红苕①。佃农一贫如洗,地主还要加租,否则即以退佃威胁。1942 年四川丰收,但重庆近郊"退佃加租之风仍盛,若干区域中,地主愿出佃户押租原额之三倍至十倍之款而行退佃,另以高租转佃他人。故粮价虽高,但耕者无利可获,只有造成若干大地主,进行兼并"②。由于土地价暴涨,促使土地兼并之风加剧。换佃成为一时风气,近中心城市之农田尤为显著。成都附近一块土地,一个月内变了八个主人,每换一次主人,佃农就得跟着变更一次租佃,必须担负批租、过租、顶租、过户的损失,也免不掉增加地租和押金的负担③。地主如此胡作非为,与国民政府的撑腰是分不开的!

租额像累进税一样年年加重,退佃加租的风气像瘟疫般地传染流行,退佃加租成为地主镇压佃户的有效武器。因物价上涨货币贬值,佃农得到的押租还不够搬家费。地主正是抓住佃农不愿退佃与搬家的心理,某些地方甚至有佃农(多为新佃农)未租种土地之前,先将一年租额提前缴纳的现象。加租加佃是影响佃农生活的最大因素,加租撤佃的盛行,逼得佃农无法生活,农村因租佃发生的纠纷亦愈来愈多。据四川永川法院 1944 年 5 月统计:"因租佃发生纠纷的案子,要占全部案件百分之六十(平时只占百分之三十到四十),甚至有好些地方,竟有因续佃不成而酿成命案的,由此足证租佃问题的严重。"④在地主的重压下,也有佃农联合起来反抗地主加租,地主不仅

①华湘:《和刘老汉摆龙门阵》,《新华日报》1944 年 4 月 7 日。
②《川省农村退佃加租之风仍盛》,《大公报》1942 年 5 月 27 日。
③《大地的女儿》,《新华日报》1943 年 2 月 8 日。
④《保障佃农权益》,《新华日报》1944 年 7 月 27 日。

准备用巨款与佃农打官司,且将土地收回雇长工耕种,最终吃亏的还是佃农。

四、田赋征实与额外附加

以土地为对象的摊派,严格意义上说,不应算在田赋征实头上,但此类摊派往往与征实同时征收,故又与征实密不可分,或成为征实之附带品。田赋项下的附加税普遍大于正税,田赋征实实施时,国民政府顾虑粮户负担过重,影响农业生产,于 1941 年 7 月的《战时各省田赋征收实物暂行通则》中明文规定:"各省田赋征收实物后,其积谷一项,仍照旧征收,其他一切以土地为对象所摊筹派募之款项,悉予豁免。"[①]1942 年 6 月的《战时田赋征收实物暂行通则》规定:"各省(市)田赋,依照中央核定征率征收实物后,除积谷一项,仍照旧办理外,不得再以土地为对象,带征或摊派任何税捐。"[②]这两个条例是 1941 年度和 1942—1943 年度实施田赋征实的最高准则,都规定田赋征实后,除积谷外,其他以土地为对象的摊筹派募应予豁免,且不得再以土地为对象进行摊派或带征。1944 年 9 月的《战时田赋征收实物条例》亦有类似规定。

事实上,田赋征实后各地以田赋为对象的摊派捐募仍很多。1941 年,征实二十一省中完全免除一切附加税的仅湖南、云南两省,其余省仍附征杂税,名目繁多,有保甲经费、团警食米、修缮费、谷担捐、学谷捐、征属食米、保安粮、抗属贷金、壮丁费、航空捐、献机捐、夷务食粮与路工食米(西康)、县府职工食米(甘肃)、特别预算(临时摊

---

①秦孝仪主编:《革命文献》第 115 辑:《田赋征实》(二),(台北)"中央"文物供应社 1988 年版,第 2 页。
②宋同福:《田赋征实概论》,中央银行经济研究处 1942 年版,第 429 页。

派)之农民捐、富户捐、各县区保所派之黑款(河南,且征实)等①。上项苛捐杂税大多以田赋为依据,向小地主、自耕农、佃农摊收②。其后各年,各省各种额外附加非但未减轻,反愈形加重。此外,地方凡有临时需要,莫不以摊派方法募集应付,虽非法所许,而为事实所难禁绝者,不胜枚举,以致粮民多有变卖产业完粮,甚有沿门乞募粮食以完赋之事实③。如湖南,1941年虽免除了一切田赋附加税,但却在田赋征实征购之外摊派军米,在驻有军队各县代购军米,"价格有时低至十一元五角一石者,地方征购机关或驻军,甚至只令将军米运达目的地,给以空头收据一纸,丝毫不予贷价,人民亦只有椎心泣血而已"④。如此摊派,农民负担亦不轻。地方摊派与附加层出不穷,致使各地田赋税负差距更形拉大。

对各省的违规做法(即额外附加和摊派),中央有时非但不予严厉制止,反予默许支持,甚或自食其言,于有意无意之间,明定或暗示地方政府在田赋征实之外可以土地为对象进行摊派。对此,连蒋介石和粮食部亦不否认。1942年5月,蒋介石发出1942年度征实征购要点四项电,其中指出:

> 上年中央明令原定实行征实征购以后,各级地方政府不得再作任何摊派,顾究其事实,则各县地方并未彻底恪遵,仍多自由摊派,而且名目纷繁,人民甚苦苛扰,自本年度起各省应就所

① 《中外财政金融消息汇报》,《财政评论》第7卷第6期,1942年。
② "乡间的保甲大多是比较握有权势地主操纵着,因此,许多应该为地主出的钱,经他们来一次会商,就给农民或者是小地主加上了。"一鸣:《看丰收中的农村》,《新华日报》1944年10月15日。
③ 赵既昌:《论战时土地税》,《财政评论》第12卷第3期,1944年。
④ 侯坤宏编:《粮政史料(第五册)——田赋征实》,(台北)"国史馆"1990年版,第254—255页。

属各县自治财政范围以内必不可少之公学谷等，一并切实核计，报由财粮两部会核后，并同一次征收，照额分拨，经此调整之后，绝对禁止各县级政府再向人民摊派，以除繁苛之弊。[①]

蒋介石的言外之意，1941 年各省各类附加仍多，1942 年可适当附加，经财政部、粮食部同意后征收，此外不得再附加。本意是为了减少各地附加，无形中却为各省各类附加大开方便之门。1943 年 8 月，粮食部在对国民党五届十一中全会关于粮食征实征购困难等情的工作报告中说："地方政务繁兴，遇事筹款仍多以土地为对象，中央所颁法令，于有意无意之间，明定或暗示许其摊派者亦甚多。"[②]"如马粮及士兵副食物柴草等之公给现品，均以较低额之价款责令地方政府供给定量之物品，事前责其垫款购办，事后如有亏短责其全省公摊抵补。其派募之公债强制储蓄，土地所有者又列为最大之对象。"[③]1944 年 6 月，徐堪一面说，为体恤民艰，各省政府必须严行禁止地方私立名目摊派粮食。但又说，"惟关于各县市之优待抗属谷及学谷有必须派收时，须呈经省政府核准，县市政府不得自由摊派"[④]。国民政府的默许支持，致使田赋征实后，各种额外附加不仅未见减轻，反有加重之趋势。

更有甚者，中央带头违背自身制定的法令，带征县级公粮正是中央附加的明证。1942 年，国民政府规定带征县级公粮三成，实质上等于征实又加征了三成。此后，带征县级公粮一直被延续下来，粮户

① 秦孝仪主编：《革命文献》第 114 辑：《田赋征实》（一），（台北）"中央"文物供应社 1988 年版，第 158 页。
② 中国第二历史档案馆档案：八三 100：《粮食部 1943 年 8 月对国民党五届十一中全会关于粮食征实征购困难等情的工作报告》。
③ 中国第二历史档案馆档案：八三(2)2160：《粮食部 1942 年粮食征收情形》。
④ （台北）"国史馆"档案："国民政府"001000005944A：《田赋征实征借》（一）。

的负担又加重了 30％。

田赋三征是通过县、乡镇、保甲系统征收的。县长、乡镇长、保甲长利用职权从中牟利，上级要 1 石，下级便加到 2 石、3 石，这种浮派侵吞给粮民带来的额外负担非常沉重。粮食部督导室视察员袁逸之于视察川南各县之后，在 1942 年 9 月给粮食部的报告中写道：

> 局部粮政贪污已为人民司空见惯之事……各地经办人员浮收冒斗勒派等影响之普遍，如未身临各地省者，几难置信。经职分在泸县、纳溪、古宋等地调查，五十粮户中，有三十七户，在浮收勒派冒斗三种方式下，多上原粮之一半者六户，多上原粮之十分之三者十一户，多上原粮之十分之二者二十户。事实上确有十分之五六的人民受痛苦，而各地仓余全被侵占至少在百分之十至百分之二十五。[1]

据詹显哲估计，1941 年四川征实征购约为收获量 1/10，人民实际负担已达收获量 3/10，足见县级任意摊派之苛扰[2]。另据杨荫溥估计，这种额外负担尚是被大大缩小了的，事实上通过浮收等公开贪污向粮民多收的实物至少达 20％，乃至 50％，侵占已进仓的仓余又至少 10％，乃至 25％，仅此两项，粮民于正额外增加的负担就至少达 50％～60％。再加上盗窃所造成的损失，政府到手 1 石，粮民恐至少须拿出 2 石。政府每年平均约征收有 6000 万市石粮食，而粮民实际

①中国第二历史档案馆档案：八三 1443:《各省对于粮政问题各项建议暨有关文书》。
②中国第二历史档案馆档案：八三 1438:《中国粮政协进会扩大粮政宣传田赋征实问题讨论会记录等文件及有关文书》。

负担至少在 1 亿市石以上[1]。云南"农民因征实、征购,有因累至死者,有破家丧产者,有弃家逃亡者,接近边境者避入敌区,接近山泽者流为盗匪"[2]。如将粮民纳粮的运费计算在内,则其负担更重(甚有粮户的送粮工资,竟超过应完田赋)。征收过程中,有些地方甚至出现了征收人员百般索要包袱,拿少了的,即与土地陈报人员勾结,将粮户的农田以少丈多,致使粮户赋额实超过几倍甚至十几倍,即便丰收,全部粮产也凑不足征额[3]。

抗战时期,国统区包括地处西南的川、云、贵,地处西北的陕、甘、宁、青、新的大部分地区,地处战区的湘、桂、粤、闽、浙、赣、鄂、豫等省的部分地区,1944 年豫湘桂战役失败后,豫、湘、桂、粤等省又有大片土地沦陷,因此战时国民政府控制的稳定大后方,事实上仅西北西南二隅。从地域缩小来看,农民负担势必加重。战前西北西南农业基础设施薄弱,技术落后,地贫粮微,战时农业虽有所发展,但与战争所需的粮食差距较大。故从农业生产力与供需的角度来看,农民负担必会加重。再从生产关系来看,战时租佃关系不仅未缓和,反因地价粮价上涨而恶化,因之,佃农负担加重是不可避免的。最后,从财政收入来看,战前国家以工商业为征取之目标,战时则侧重于土地农民为增税之对象,走上以农业农民养战的道路,此种战略无疑会加重农民负担[4]。同时,国家战时采行大量印制纸币的政策亦会加重农民

①杨荫溥:《民国财政史》,中国财政经济出版社 1985 年版,第 124 页。

②侯坤宏编:《粮政史料(第五册)——田赋征实》,(台北)"国史馆"1990 年版,第 304 页。

③佚名:《涪陵欠粮加紧催收》,《新华日报》1945 年 6 月 22 日。

④各地在田赋征实过程中,为弥补流滥短收,在中央核定的征额上往往再加征一成,如此粮户负担无形再次加重,而征币则无此问题。如四川 1942 年,征实征购共 1600 万市石,加征一成,实际为 1760 万市石。马骅:《四川田赋征实与粮食征购(借)问题》,《四川经济季刊》第 1 卷第 2 期,1944 年。

负担。总之,战时农民负担加重是不可避免的。

　　田赋征实后,从总体上看,农民负担不能说重。故农民对征实,正如一位四川参议员所说:"人民对征实没有话说,只看负担是否公平。"①问题是在征实过程中,因政府政策失误及吏治腐败等诸多原因,使农民承受了许多不必要的额外负担,这些种类繁多的额外负担是农民贫困乃至破产的根源。新县制实施后,地方财政无合理来源,使原本不合理的地方摊派更加紊乱。因地方摊派的主持者为农村豪强巨室的族亲或后台,承担者主要是中下层农民,致使一般农民乃至小地主有不胜负荷之感。所以征实后,从征额与收获量上看,粮户负担不重。但从各个粮户看,负担最轻的是大地主,次为中小地主,再次为自耕农,负担最重的是佃农。易言之,田赋征实的症结是大户与小户之间负担不公平,很多地方是大户少出或不出,反之,小户则累进地在多出。所以在不合理的土地制度下,田赋征实要达到政府所标榜之公平原则,自无可能。时人认为:"县与县间,粮户与粮户间之负担,极不平均,实为今日急待改进之问题。"②

　　得粮固然第一,公平尤应第一,唯有公平,方能维稳求粮。唯有田赋征实照顾到租税的主要负担者,即农业生产者,才可得粮。田赋征实时期,国民政府一直力求粮户负担公平,惟因赋额不确、基层机构不健全、地方势力的阻挠等诸多因素制约,终却难达公平,这亦是田赋征实成绩不断下降的主因。"苛而不扰,重而能平,这是四川民间对于政府实施田赋征粮的唯一希望。"③此亦为国统区所有农民的心声。自古得民心者得天下,田赋征实负担的不均及各种摊派的苛

①沛然:《论公平第一与得粮第一》,《新华日报》1944 年 7 月 3 日。
②赵既昌:《改进田赋征实制度刍议》,《财政评论》第 8 卷第 5 期,1942 年。
③《田赋征粮实施一月》,《新蜀报》1941 年 10 月 12 日。

重,激起社会主要生产者农民对政府的深深不满,他们对政府的背离,正是国民政府下台命运的开始。如果说战时农民是基于爱国热情缴纳征实的话,那么战后,在政府继续实施征实,尤其是对田赋土地相关弊失仍不思改革之际,他们选择站在政府的对立面就丝毫不奇怪了。

第三节　田赋征实与军公民粮

粮食是国家经济命脉之所在,立国之本,无论何时,均须保证其充分供给,战时更重要。粮食供应之足阙,乃支持战争求取胜利之最要条件。何应钦说:"战争的胜负取决于粮食。"前方军粮供应是否及时与充裕,直接关系战争胜负,间接影响抗战大局,不容稍有短缺或迟缓。因之,抗战时期国民政府粮食供应的重点首为军粮,次为公粮,最后为民食。

一、田赋征实与军粮

抗战时期,随着粮价变化和国民政府掌握粮食的多寡,军粮供应经历了粮饷混合、试办粮饷划分、主食供给现品三个时期。1940年以前,军粮供应主要以部队自筹为原则。1940年以后,因粮价上涨,部队自行采办粮食愈来愈困难,国民政府开始试行粮饷划分、主食公给现品制度,但因政府掌握的粮食相当有限,主食公给现品实施对象仅为参战部队。田赋征实之后,随着政府控制的粮食愈来愈多,军粮即采取由粮食部直接配拨给军粮机关的原则。

(一)田赋征实之前的军粮供应

1.粮饷混合时期

所谓粮饷混合,即部队官兵的主食、副食、饷金三者列入同一预算,拨发各部队,由部队长官统筹支配,军粮由各部队就地自购。

　　平时我国军粮补给,因幅员广大粮食丰饶,各地粮价平稳,交通便利,军粮采办分配较容易,故一直沿用粮饷混合制度。粮秣由各部队自理,国家既减少了筹运繁累,又节省了运费支出。在粮价较低筹购便利时,部队自筹粮秣尚属简捷便利,所以战初因战区范围相对较小、交通阻碍不大、粮食丰收,国民政府没有专门统筹军粮供给的机关,所有参战部队的给养仍采粮饷混合制度,此种局面一直延续到1940年初。易言之,粮饷混合制度更多地适合于粮价平稳时期。军队粮饷未划分,所有粮食在额定的饷项内,由各部队自理。倘若部队驻地粮价过高,则实施难度很大,强制施行,必严重影响部队战斗力。如1939年云南及西北各省,士兵的伙食每月均达20余元,生活几乎不能维持①。

　　1938年,因战区扩大、粮价上涨,军粮采购运输困难重重(尤其在山岳地带和粮产不丰之处更难)②。在这种情形下,军粮供给由官兵自筹的方式改为由政府发给现品或米津的方式(仅限参战部队),唯政府划拨饷银之方式不变,仍是主食、副食、饷金一次划拨,凡由军需及兵站发粮之部队,在其所发饷款内将所购粮款扣缴,谓之"价拨"。因之仍系实施粮饷混合制度,只不过部分部队军粮不再自购,而是由相关军事机关代购,当时主要由军需署储备司下设的粮秣科会同各军粮库筹办。但享受该待遇的部队很少,绝大多数部队仍需自筹军粮,部队以有限之月饷购高价之粮,士兵生活非常艰苦,对抗战很不利。据曾担任某师中校粮服科科长赵宗霖讲:

①何应钦:《军粮经理会议开幕训词》,《陆军经理杂志》第1卷第2期,1941年。
②尤其是武汉会战后,军粮运输非常困难。"湘赣等省虽有存米,但受敌威胁,运输不易。"中国第二历史档案馆档案:四 15572:《军事委员会后方勤务会议大会报告》。

"物价畸形澎涨,就是以士兵全部饷项购买主食,亦不可能。影响军食,像呈普遍。"[①]部队自办粮秣困难重重,对部队战斗力影响很大。在军粮供给困难的背景下,国民政府不得不改变军粮的供应方式。

2.试办粮饷划分、主食公给现品时期

所谓粮饷划分、主食公给现品,即军政部将部队官兵的主食费在饷额内扣除,交军粮总局转各战区军粮局、各省购粮委员会整购一年的军粮现品,配发各部队。该制度从1940年2月开始在部分地区实施,唯当时系采行屯粮制度,各部队领粮以部队经理性质不同,或按规定主食费扣价,或按成本价发。田赋征实施行后,粮饷划分、主食公给现品制度广泛地实施于整个部队,官兵主食遂一律以发给现品为原则,此制度一直施行到抗战胜利。

为使部队不因筹划粮食而致作战分心,粮价上涨不致影响官兵生活,饷有定额粮有定量,从1940年开始,军政部开始试行粮饷划分制度。1月成立了军粮总局,隶属于军政部,专司全国军粮筹拨事宜;并在陕西、河南、湖南、广东、广西、湖北、江西等省分设九个军粮局,专司各该省战区的军粮筹拨事宜;各管区内酌设军粮办事处,专门负责各该省战区管区的军粮筹拨业务。当时筹粮方法仍旧,唯四川所需军粮系由农本局洽购备用,全国粮食管理局成立后,即改归全国粮食管理局购拨。粮食部成立后,全国各地所需军粮均由粮食部配拨。

为使军粮筹拨有所遵循,国民政府订立了《粮饷划分初步实施办法》《军粮经理暂行大纲》等法令,规定官兵主食给养定量先自战区实费经理部队(先为第十战区,次推及第四、第八战区)及流动性较小之部队试办,其后逐渐推广。凡实费经理部队实行主食公给,每一士兵每月规定主食费4元,不足之数由各部队在饷项下开支,如仍不敷由

---

① 赵宗霖:《部队军粮经理概况》,《陆军经理杂志》第5卷第3期,1943年。

军政部负担,使其对士兵生活不致产生影响。薪饷副食费及未列入试办粮饷划分部队之主食费,仍由各部队自理,就地采购,但如主食现品筹办确有困难时,可酌予价发现品[①]。

　　按照上项规定,自1940年2月起,国民政府首先在第十战区开始实行粮饷划分,次在第一、二、四、八战区实行。按计划,粮饷划分、主食公给制度先在战区及流动性较小的部队试办,四川、云南、贵州等省本属大后方省,实施应在战区之后,但驻四川、云南、贵州等省军队以粮价高涨、军食筹办困难为由,亦请求加入粮饷划分行列,获得军政部批准,上述三省驻军的主食供给遂提前实行。未实施粮饷划分的部队及军事机关学校也以粮价高涨、额定主食费不敷甚巨,纷纷呈请改发现品,实行粮饷划分。为彻底改善军粮供给,军政部决定部队所需主食,不论发给现品或代金,一律由公家负担,以符粮饷划分之原旨[②]。至1940年底,正式实行粮饷划分的部队共有53个单位,约60万人。1940年度内,粮饷划分已树立了初步基础[③]。

　　1941年1月,军政部颁行《陆军部队机关学校民国三十年度军粮经理实施办法》,粮饷划分范围扩大。"陆军部队机关学校,自民国三十年度起,除委任经理部队及游击部队外,逐渐实行粮饷划分。""驻在地有粮可购,及交通困难与不便屯粮之地区者一律核发代金,(以原定主食费四元为标准,如有不敷得酌加主食补助费)交由该主管委托当地地方政府,或购粮机关平价购办现品。""凡有粮可购,而当地产量无多,不能全部供给者,得由军粮(兵站)机关就附近屯粮,调拨运济之。""凡当地确实无粮可购者,得由军粮(兵站)机关就附近屯粮

————————

①张柱:《吾国战时军粮之补给及其改进》,《陆军经理杂志》第4卷第2期,1942年。
②张柱:《吾国战时军粮之补给及其改进》,《陆军经理杂志》第4卷第2期,1942年。
③何应钦:《军粮经理会议开幕训词》,《陆军经理杂志》第1卷第2期,1941年。

全部调拨运济之。"①

　　在试办粮饷划分时期,粮饷划分逐渐推广及部分部队,并在少部分部队开始实行主食公给现品制度。不过从 1941 年军政部所颁《军政部所属各部队及补训处接领新兵部队给养修正暂行办法》内容分析,供给现品的部队不多,绝大多数部队是发代金。该办法规定:本年度军粮经理以发给主食代金、就地自购为原则。各接兵部队主食按地区规定标准一律发给代金,委托地方政府代购,以不超出代金为原则。这一时期,国民政府未彻底实施粮饷划分的主因是军粮采集筹购不易。政府没有掌握足够的粮食,无法大量供给军需,导致军粮问题随着粮价高涨而日行严重,影响极为重大②。

　　(二)田赋征实之后的军粮供应——粮饷划分、主食供给现品时期

　　田赋征实之后,国家掌握的粮源越来越充裕,军粮来源有了保障,为其在全国范围内实施粮饷划分、主食公给现品制度奠定了基础。粮食部并以征得之粮,尽先拨充军粮,由粮政机关运送至指定地点,交由军粮机关或兵站接收,所有军队主食补给以供给现品为原则,但在交通不便、运输不及地区仍使用代金,以资补助。更为便利部队自行采办,免兹流弊而纾民困起见,代金标准参照征购粮价标准分别予以提高,并规定嗣后如粮价上涨,准照实际情形增加。

　　1942 年,粮食部召开全国粮政会议,进一步决议除地处非粮食征购区之游击部队归军粮总局发给代金,由当地政府协助抢购战区

---

①《陆军部队机关学校民国三十年度军粮经理实施办法》,《陆军经理杂志》第 1 卷第 1 期,1941 年。
②程树隐:《粮食公卖与军粮问题》,《时事类编》特刊第 69、70 期合刊,1942 年。

粮食以资补给外,其余各部队及军事机关学校一律供给粮食现品①。至此,粮饷划分由部分试办阶段发展到全国军队普遍实施阶段,不仅前方参战部队,而且后方部队及军事机关、学校、医院、兵工厂之官兵、夫役等均按定量标准配给米麦等现品,仅特殊地区或特殊部队除外。如湖北 1942 年,因鄂北春荒,粮食紧张,驻在该区各部队自 4 月1 日至 6 月 15 日,发七成现品、三成米金②。

　　粮饷划分、主食公给现品制度是战时粮价飞涨、部队自行购粮困难下的产物,可谓时移势迫。国民政府规定所有部队一律供给现品粮食,军粮补给迅速确实,又免去部队自行筹办军粮之烦,尤其是部队长官因此而减掉一项重大的烦琐事务,专一于战事,对于战争胜负必会产生积极影响。从此视角观之,该制度确是抗战时期补给军糈的一大善策。

　　粮食远道输送不易,加之战时军队调动频繁,各地军粮需要时有增减,供应追补运输困难,故历年军粮筹备,粮食部均本着"预算从宽,支用从严"之旨,事前宽为配备,以便调度,适应军队流动需要。当然,此点亦导致每年度军粮预算数额较大。军粮的主要来源,自田赋征实后,大部在征实内拨用。如因交通受阻无法追补,即于征粮之外,另就适当地区,由各战区军事长官委托地方政府以现款采购,就地补充,但较征实为数不多。

　　1941 年度各战(省)区所需军粮,包括经常补给与屯粮两项,由军粮计核委员会议定共为米 10 073 000 大包,麦 7 529 870 大包③,均

①张柱:《吾国战时军粮之补给及其改进》,《陆军经理杂志》第 4 卷第 2 期,1942 年。

②载咏棠:《军政部驻鄂军粮局审核科工作报告》,《陆军经理杂志》第 5 卷第 3期,1943 年。

③军粮年度系上年 10 月 1 日起至下年 9 月底止为一个完整年度。1941 年度军粮配拨实际上是指 1941 年 10 月 1 日至 1942 年 9 月 30 日。

在各省征实征购所得粮食项下尽先提拨,不足则以抢购之粮补充。
该年度供应军粮除江苏、绥远因大部沦陷未予额定配额外,其余十九
省一律进行。各省配拨数额,依照军事需要与各省粮食生产情形及
交通状况决定,一般而言,驻军较多且又为产粮大省,或是产粮一般
但驻军较多,又是大后方各省,则配额较多;反之,如驻军不多,且粮
产不丰,则配额较少。实拨军粮米 9 629 836 大包,麦 7 619 679 大包,
约达预算 98%,其中由抢购粮食项下拨米 471 000 大包,其余均由征
实征购的粮食配拨①。是年度军粮大量补给现品因系创办,征粮困
难或原配数额不足应用之地酌发代金,属于游击性的部队则多发
代金。

1942 年度,军粮补给范围较 1941 年度略为扩大,除驻在非粮食
征购区的游击部队因环境限制多系发代金自行采购外,其余一律由
粮食部配拨现品。该年度全国军粮供应依据军政部计划,按 628 万
人用量筹备,分省分区配备,后军政部提出 88 万人的粮食移作眷粮
及马粮。实际军粮预算配拨数为米 12 267 688 大包,麦 7 277 612 大
包,比 1941 年度配额明显增多,实拨军粮现品米 11 039 656 大包,麦
7 019 843 大包,约占预算 92%强。各省除新疆未配拨,上年度未配
拨的江苏、绥远亦加入配拨行列,总共配拨军粮的省有二十省,较上
年度多一省。

1943 年度,军粮预算总共现品部分为米 10 428 875 大包,麦
7 051 349 大包(后蒋介石又电令加拨空军军粮米 203 076 大包,麦
16 344 大包),代金委购部分配拨米 659 000 大包,麦 1 335 000 大包。
实拨军粮米 9 338 141 大包,麦 6 594 891 大包,约达 91.2%。现品和
代金合计军粮总量较上年度减少米 1 042 500 余大包,增加麦 91 万余

---

① 中国第二历史档案馆档案:八三 104;《粮食部 1941 年度七至十二月份政绩比
较表及有关文书》。

大包,总消费量略为减省①。各省除新疆一省外,其余二十省一律实施供应军粮。

1944 年度,军粮仍就各战(省)区军事部署与征粮丰啬情形进行分配,凡有粮可拨之处尽量配拨现品,其因征实征借项下不敷配拨,或因战事影响运济困难者,酌配一部分代金,就地委购。配定军粮现品部分为米 9 839 500 大包,麦 5 957 576 大包,代金委购部分为米 1 102 000 大包,麦 1 420 000 大包。实拨军粮米 8 085 400 大包,麦 4 886 800 大包,约达配额 82％强②。各省除江苏、新疆情形特殊,暂时停止供应军粮外,其余十九省一律实施。1945 年 8 月,抗战胜利,豁免田赋之省市军粮补给除就现存余粮配拨外,其余由中央拨款组织军粮筹购委员会负责办理购补事宜③。

---

①中国第二历史档案馆档案:八三(2)62:《粮食部 1941－1948 年工作报告》。

②日本投降后,因部队向收复地区推进,军粮需给情形顿形变更,所有后方各省拨配之现品无法追送,由军政部改发 9 月份购粮价款一个月,命令部队于行进途中及到达目的地后,暂时自行就地购补,仍抵 9 月份应拨军粮现品配额。

③(台北)"国史馆"档案:"国民政府"001000005943A:《田赋征实征购》。

表 6－17　粮食部 1941—1944 年度配拨军粮数量表 ①

年度	预算配拨数（大包）		实际配拨数（大包）		实拨数占配拨数百分比（%）
1941	米 10 073 000	麦 7 529 870	米 9 629 836	麦 7 619 679	98
1942	米 12 267 688	麦 7 277 612	米 11 039 656	麦 7 019 843	92
1943	米 10 428 875	麦 7 051 349	米 9 338 141	麦 6 594 891	91.2
1944	米 9 839 500	麦 5 957 576	米 8 085 400	麦 4 886 800	82

表 6－18　粮食部 1941—1944 年度军粮配拨数量统计表 ②

年度	预算配拨数（大包）		实际配拨数（大包）		实拨数占配拨数百分比（%）
1941	米 10 428 875	麦 7 051 349	米 9 267 854	麦 6 472 695	90
1942	米 12 267 688	麦 7 277 612	米 10 148 707	麦 6 885 203	87
1943	米 10 018 100	麦 7 529 870	米 9 316 244	麦 7 558 250	96
1944	米 9 455 500	麦 5 929 500	米 8 095 600	麦 4 894 800	84

①本表系根据粮食部历年工作报告和政绩比较表汇编而成，其中 1943 和 1944 年度代金委购部分未包括在内。具体参见粮食部历年工作报告、政绩比较表和粮食部档案八三 181：《各省配拨及实拨军粮数量表》。
②（台北）"国史馆"档案"粮食部"档案"119000000004373A：《历年配拨军粮实数表》。

表6-17和表6-18统计资料均来自粮食部,前者为国民党遗留在南京目前保留于中国第二历史档案馆的档案,后者来自国民党保留在台湾"国史馆"的档案,两表除1942年度统计基本相同以外,其他各年度均不同。不过对比二表可知,其差距不大。通过这两表,我们可得到一个较肯定的结论:即1941-1944年度,国民政府供应的军粮为数不少。

田赋三征之外,又采行采购抢购政策。之所以如此,一是历年田赋征实最终核定数和最初预定数之间有一定的差距。征收时,各省(战)区又因灾歉或军事转移等原因,实征数与最初核定数相差甚多,部分地区每感不敷配拨军粮。二是田赋征实系按各地原有赋额普遍配征,来源遍布各地,而军粮需要往往集中于若干地点,且以军事转变,偏僻或山岳地区运输不便缺粮之处往往需粮反独多,天然粮食产区自难与军队配备相适合。三是战时交通艰阻输力不足,粮食系笨重物品,无法追送补给或远程运济。所以,为配合军事需要,不得不于田赋征实之外,另于缺粮最多、支应较巨地区,由粮食部拨款交各战(省)区军事长官委托地方政府就地采购补充,或在接近敌区,为防止粮食资敌并充裕军粮起见,设法以较高价格抢购粮食。不过,因受财力限制,抢购采购粮食较田赋征实,数量不多。此外,国民政府还鼓励各省捐助军粮,数量更少。

表6-17所列配拨军粮数,包括田赋三征和采购抢购,要算出历年实拨军粮中田赋三征数占田赋三征总额之百分数,必须将采购抢购数减去,方可得到一个较准确的数字。因粮政机关和军粮机关计算粮食单位不同,粮政机关征粮大多用量,以市石计算,且所收多为稻谷,配拨军粮之前必须碾成米,各地出米率又不一致。而军粮机关供给部队主食标准以市两为标准,故其接收粮食用衡,以市斤论,军粮配拨中更多使用大包计算(每大包200市斤)。在粮食部军政部的档案中,大包换算成市石的标准不一致,即在粮食部自己的计算中,

亦不尽相同,所以要将表中以大包为单位的米麦换算成以市石为单位的稻谷小麦,亦颇不易。现以米一大包乘以 4/3 再乘以 2 折合稻谷一市石,以小麦一大包乘以 10/7 为一市石作为计算标准①,照此计算,1941 年度征实征购配拨军粮数约为 3656 万市石,实征数为 5300余万市石,前者约为后者的 69%。此后各年度一般为 50%～60%。另据《抗日战争时期国民政府财政经济战略措施研究》一书统计,除1944 年度因田赋征拨数据不齐无法比较外,1941－1943 年度,配拨的军粮数约占当年田赋三征总额的 79.85%、57.07%、52.99%②。也就是说,田赋三征所得粮食一半以上用于配拨军粮。

　　分年度而言,前三个年度成绩较佳,均达到了 90% 以上的佳绩,尤以 1941 年度成绩最好,达配额 98%,仅 1944 年度成绩相对较差,为 82%。反观 1937－1940 年度(表 6－19),实际补给军粮明显较征实后少太多,仅 1940 年较多,也较征实后少一半左右。因 1937－1940 年度军粮全部或大多由军队自购,粮食来源没有保障,致其成绩不似前者明显。而 1941 年度以后,因田赋征实的施行,政府掌握了巨量粮源并尽先将其大部配拨军粮,粮源充足,配拨自会顺利。

表 6－19　1937－1940 年度军粮筹备与补给数量统计表③

年度	筹备			补给		
	人数(万)	大米(包)	面粉(袋)	人数(万)	大米(包)	面粉(袋)
1937	500	1 386 441	1 500 000	42.865	1 039 431	918 227

①此标准为粮食部计算 1941 年度各省定价征购粮食所用标准,该标准似较其他标准稍低一些。

②"抗日战争时期国民政府财政经济战略措施研究"课题组编著:《抗日战争时期国民政府财政经济战略措施研究》,西南财经大学出版社 1988 年版,第 48 页。

③何应钦:《八年抗战》附表十三,(台北)"国防部"史政编译局 1982 年版。

续表

年度	筹备			补给		
	人数（万）	大米（包）	面粉（袋）	人数（万）	大米（包）	面粉（袋）
1938	300	3 595 200	5 570 400	254.01	3 086 200	4 670 800
1939	300	3 184 400	4 120 000	246.075	2 656 876	4 024 140
1940	500	6 645 700	5 337 000	387.65	5 465 860	5 125 600

因军粮来源主要为田赋征实所得,故军粮供应数量实与田赋征实成绩有着密切关系。换言之,田赋征实完成得好,军粮供应自有保障,配拨军粮自易于完成,反之则难。1941—1943 年度,田赋征实实征数占预征数分别为 106%、106%、102%,均超额完成了任务。1944年度,仅完成预征数的 89%,此种成绩自会严重地影响到军粮供应,该年度尽管额定军粮配拨数较前三个年度减少了很多(按理说应该完成顺利),实际配拨数仅及预算配拨数 82%。除了上述原因之外,1944 年因豫湘桂战役致战区扩大,粮食生产颇受影响,后方各省又多遭受灾害,且此时随着粮政弊端愈来愈多,人民对征实不似之前拥护,反对之声时有耳闻,田赋征收成绩遂差,各地政府代购军粮亦是困难多端,致使 1944 年度成为战时田赋征实时期国民政府供应军粮成绩最差的一年。

分省而言,历年供应军粮除了个别省因情形特殊难以实施而外,其余后方各省一律供应,平均在二十省左右。四川、湖南、河南、陕西四省,历年配拨数是各省之中最多的,占配拨总数的 10% 以上,实拨成绩又好,平均在 90% 以上。各省之中,大致征实较多之省,因其军粮来源较为充裕,预算配拨军粮数亦较多,实拨数也多,完成相对较易,成绩亦相对较佳。如四川,年均征实预征数近 1700 万市石,各年征收成绩又好,故完成军粮配额亦较顺利。唯独陕西例外,陕西征实预征数并不多,每年约为 400 万市石,但实征成绩却是各省中较差的。而奇怪的是,该省历年配拨军粮不仅预定数额多,且完成成绩好。1941—1944 年度,实拨数占配拨数百分比分别为 106％、95％、100％、82％,除了最后一个年度外,其余三个年度均排在全国前列。陕西征实历年成绩差,按理说配拨军粮本应不顺利,恰恰相反,该省在征实成绩较差的背景下,却顺利地完成了军粮供应任务,个中原因值得深思。当然,导致各省配拨军粮成绩差异的原因是多方面的,例如有些省既要完成供应本省军粮的任务,又要接济临近战区与省区,如接济过多,自会影响到本省成绩。再如额定配拨数是否与本省产粮情形相匹配等因素,亦足影响其供应军粮之成绩。

从抗战时期国民政府的军粮补给办法观之,抗战初期,国民政府先是延续战前粮饷混合时期的常规,军粮所需系由中中交农四联总处拨款交各战区军事机关自行购办,即政府拨款,军队自筹军粮(即此时期国民政府对军粮没有供应)。官兵主食每人每日大米 22 市两或面粉 26 市两[1]。继之 1940 年,开始在部分省(战)区试办粮饷划分制度,并在部分粮饷划分部队实施主食公给现品。但因政府掌握的粮食非常有限,并未大规模实施,最初仅对前线参战部队供给粮食现品,其余部队与粮饷划分之前一样,仍需自行采购军粮,或委托地方政府代购。供给标准略为降低,每人每日减为大米 20 市两或面粉 24 市两。施行之后,各部队咸以不足食饱,有碍官兵营养,纷纷呈请增加。据曾参与军粮配拨的先纪斌言,西南各省主食以大米为主,供应士兵大米 20 市两,无论食物营养、容积均感不够,各单位纷请增加 2 市两或三四市两[2]。在各方呼声之下,1941 年 5 月,又增为大米 22

①张柱:《吾国战时军粮之补给及其改进》,《陆军经理杂志》第 4 卷第 2 期,1942 年。
②先纪斌:《两个月军粮经理纪》,《陆军经理杂志》第 1 卷第 6 期,1941 年。

市两或面粉 26 市两①。因无有效的筹粮办法,军粮大量供应现品似不可能。

　　全国一律实施田赋征实制度之后,粮源充足,国民政府将粮饷划分、主食公给现品制度推行于全国,仅除了游击区部队或确属供应困难之处,其余各地各部队一律由粮食部供应主食粮食。军队受粮食补给的人数逐年增长,1941—1944 年度依次为 425 万、512 万、546 万、681 万余人②。据时任国民政府军政部部长何应钦记述,抗战期间国民政府总共供给了近 3000 万人的军粮。年供应量从 1937 年的近 200 万担增加到 1945 年的 1800 多万担,增加了 8 倍多,供给军队从 1937 年的 42.8 万增加到 1945 年的 681.8 万,增加了将近 15 倍。台湾著名历史学家吴相湘认为田赋征实对军粮供应意义重大。"实施田赋征实后,中国军队官兵的薪饷,从 1941 年 10 月起,每人每月可得主食米或面不受粮价波动影响,各部队学校机关的官佐眷属也是计口授粮,官兵生活比较安全了。"③1942 年 2 月,官兵主食供给标准较前两个阶段略为提高,每人每日为大米 24 市两或面粉 26 市两,但以各部队及军事学校为限,其余机关或单位仍按大米 22 市两或面粉 26 市两发给。部分地区因粮食不足,对于增加的 2 市两大米,按各地区代金标准改发代金,用以补助副食,但仍以主食列报④。1943 年,又增为大米 25 市两。若非实施田赋征实,军粮供应人数的增加及供给标准的提高,显然是较困难甚或不可能的。换言之,在军粮供应圆满

①张柱:《吾国战时军粮之补给及其改进》,《陆军经理杂志》第 4 卷第 2 期,1942 年。
②何应钦:《日本侵华八年抗战史》,(台北)黎明文化事业有限公司 1982 年版,附表十三《抗战期间历年军粮筹备及补给数量统计表》。
③吴相湘编著:《第二次中日战争史》(下册),(台北)综合月刊社 1974 年版,第633 页。
④载咏棠:《军政部驻鄂军粮局审核科工作报告》,《陆军经理杂志》第 5 卷第 3期,1943 年。

解决的历程中,田赋征实功不可没。

二、田赋征实与公粮

公粮是指公教人员、团队、法吏、警察、学生等群体所需的粮食。这类群体因收入固定,在通货膨胀之下,工资调整迟缓,远不及物价上涨速度,实际购买力下降。所有行业中,公教人员的实际收入下降幅度最大,甚至连一般工人都不如。据统计,如以 1937 年 12 月做基数为 100,以后每年按同一月物价计算,1940 年各界就业人员真实所得指数,工人为 147,工业工人(重庆)为 76,乡村工人(四川)为 63,农民(四川)为 88,而依靠薪俸收入的公教人员(包括大学教授、中小学教师、公务人员)所得仅为 23[①]。即其实际收入较抗战初期减少了 3/4,生活异常困窘。

公粮配拨制度正是 1940 年后物价上涨,公教人员薪俸所入不足以维持生活背景下的产物,国家希望借此减轻物价上涨带给公教人员的生活压力,遏制其生活进一步恶化甚或改善其生活,使能安心工作。按照行政隶属机关层级,分为中央、省、县三级,故谓中央公粮、省级公粮、县级公粮。

(一)中央公粮

中央公粮之筹设肇端于四川重庆。1940 年秋,四川歉收,加之政府在四川采购了大批军粮,以致粮价高涨,甚或出现有粮不上市的现象。粮食上市数愈少,公私竞购之风愈烈,粮价愈涨,某些地方甚至发生抢米风潮。战时陪都重庆人口众多,需粮更迫。中央机关一般公务员由于俸薪收入固定,未能随物价上涨,生活颇感困难,且有时备款购粮,只能求之黑市,公务员生活不安,颇影响行政效率。在此背景下,国民政府遂决定平价发给公务人员食米,一为安定其生

---

①薛光前编著:《八年对日抗战中之国民政府(1937—1945)》,(台北)台湾商务印书馆 1989 年版,第 277 页。

活,二为减轻其负担。又鉴于"各机关学校团体员工人数众多,需要米粮甚巨,若不由政府统筹供给,则争相竞购屯储,益促成心理恐慌,波动粮价益甚"①,又决定对教员学生亦进行供应。唯当时国民政府尚无全国性的粮政机关统筹粮食供应,故此时政府虽有供应公教人员粮食之议,但尚未付诸实施。

1940年8月全国粮食管理局成立后,为减轻公务员负担与安定其生活,颁行《重庆市区中央各机关学校员役平价米办法纲要》,自1940年11月起实行,每月拨米1.8万市石(超过此数改发代金),供应重庆市各机关公务员购领,由重庆市粮食管理委员会及全国粮食管理局重庆市区平价食米供应处负责配发(粮食部成立后,由新设之陪都民食供应处办理)。购领平价米标准为成人每人每月2市斗,5岁以下减半,每市石收基本价60元②。此实为筹发公粮之开端。

此1.8万市石平价米,因重庆市各机关学校人数众多,经月余试办结果,因原定数量过少,不敷分配,故决定自1941年1月,凡未领得平价米的机关学校,可由原机关编具人口清册,送重庆市粮食管理委员会审核并核转财政部按市价补发代金。自重庆市对中央机关公务员发售平价米之后,各省也陆续对其政府机关人员发售平价米。但各省能领到平价米的公务员实际上是很少的,一般仅是在大城市部分地解决政府人员的食米问题③。

1941年,行政院设置了非常时期改善公务员生活委员会,同时又颁行《非常时期改善公务员生活办法》,规定:"除供给各员工食米外,另发战时生活补助费,其不能领得米粮或领购不足之机关学校,得造册送

①张柱:《当前我国粮食供应之实施及其改进》,《中农月刊》第3卷第8期,1942年。
②于登斌:《战时粮食管理政策与重庆粮食管制》,《四川经济季刊》第1卷第4期,1944年。
③王洪峻编著:《抗战时期国统区的粮食价格》,四川省社会科学院出版社1985年版,第163—164页。

粮食管理委员会审核,汇请国库按照平价发给代金。"[1]7月,又修订公布《非常时期改善公务员生活办法》,除军事机关学校由军事委员会另订办法外,不仅中央党政机关公务员役本人可领购平价米,其直系眷属亦得领平价米,但以 5 口为限(本人连同眷属),公役以 2 人为限。家属领平价米标准为母女及配偶,须由本人抚养者,子在 5 岁以上至 16 岁以下者,父在 60 岁以上者,或父与子系残疾或有痼疾者,每人每月得领平价米 2 市斗,每市斗仅收基本价 6 元,子女年龄不及 5 岁者减半。陪都及迁建区以外者,由中央发给平价米代金。凡眷属不在渝市任所者,则不发米而是按服务地中等熟米价减收回基本价之差额,发给代金。并推广购领米范围,凡中央机关之附属机关而不在渝市者,亦遵照本办法办理(唯发给代金折价,系按该地中等熟米价差额计算)。又以各员役饮食习惯不同,同时又制定《公务员购领平价面粉办法》,凡不愿领取食米者,可另案申请购领面粉,以米 2 斗换面粉 1 袋[2]。

中国地域辽阔,各地产粮不同,中央公粮全部配拨米不甚现实,为便于各地支拨公粮起见,粮食部规定了以他种粮食发给公粮对米之折合标准。各种粮食对米 1 市斗之折合数量分别为:稻谷 2 市斗,小麦 1 市斗 6 市升,玉蜀黍 1 市斗 7 市升,高粱 1 市斗 7 市升,荞麦 1 市斗 8 市升,大麦 1 市斗 8 市升,青稞 1 市斗 8 市升[3]。

此项中央公粮来源,田赋征实之前,系由采购军粮中拨给一部分,由外地采购一部分。田赋征实之后,则在田赋征实下配拨。事实上,因 1941 年田赋征实系刚刚举办,征得粮食有限,中央公粮发放仅限于重庆及迁建区,并有一定数量是发给代金[4],发米数量不多,实

①张柱:《当前我国粮食供应之实施及其改进》,《中农月刊》第 3 卷第 8 期,1942 年。
②张柱:《当前我国粮食供应之实施及其改进》,《中农月刊》第 3 卷第 8 期,1942 年。
③《粮政法规——配拨类》,粮食部印行 1944 年,第 53 页。
④中国第二历史档案馆档案:八三 104:《粮食部 1941 年度七至十二月份政绩比较表及有关文书》。

施范围很小。特别是田赋征实之前,因粮源没有保障,实施范围更小。未办平价米之地或平价米不敷分配时,即发给代金,除了陪都多系发实物外,陪都以外均发给平价米代金。

1942年10月,国民政府鉴于按《非常时期改善公务员生活办法》规定查报眷属人数配发平价米或代金,因机关分布甚广,人数众多,查报手续烦琐且不易核实,加之物价粮价再次上涨,故又颁行《公务员战时生活补助办法》,与之前的《非常时期改善公务员生活办法》相比,有三大变化:

(1)配给数量以年龄为标准。年在30岁以上者月领米1市石,26~30岁者准领8市斗,25岁以下者6市斗,工役一律6市斗。所领食米按本人及其住在任所眷属人数,照每人每月2市斗标准核实配发(小口减半),其应领部分超过人口所需食米数量者,超过部分发代金。

(2)改平价供应为免费配给。

(3)无论是在陪都还是在各省,均以发实物为原则[1]。

1942年度,中央公粮除渝市及迁建区者一律发给实物外,各省的司法、田赋等机关也改发实物[2]。虽未达到国民政府规定的"陪都重庆及各省均以发实物为原则"的目标,但较1941年度仅限于重庆及迁建区(且有部分系发代金),发放范围大为扩大。

1943年度,中央公粮仍是按《公务员战时生活补助办法》规定,以核发实物为原则,田赋征实较少地区可一部或全部折发代金。最初核定:四川、江西、浙江、广东、湖北、广西、福建、贵州、陕西、甘肃、

[1]中国第二历史档案馆档案:八三104:《粮食部1941年度七至十二月份政绩比较表及有关文书》。
[2]中国第二历史档案馆档案:八三104:《粮食部1941年度七至十二月份政绩比较表及有关文书》。

山东十一省全部发实物;西康、云南、江苏、湖南、绥远、宁夏六省及皖南一部分发实物,一部分发代金;河南、河北、山西、青海、新疆五省及皖北全部发代金。后甘肃、西康两省因所征实物不敷配拨,这两省中央公粮除已拨发者外,其余均改发代金。广西上半年全部发实物,下半年改发代金。截至1943年12月19日,各省中央公粮除代金部分不计外,共配拨米200余万市石。发放范围较之前更广,已扩充及十八省,凡有粮地区均尽量配拨实物,公粮发放标准亦较前大为改善,严格按照公务员年龄配发,领粮数额较为覆实平允①。

1944年1月,行政院公布《三十三年度中央公粮拨发办法》,办法规定按照各地实物盈绌情形,分别拨发实物或代金,拨发实物或代金地区为:

(1)广东、福建、江西、甘肃、宁夏、绥远六省全部发给实物。

(2)四川省发给实物,但雷波等十九县因实物不敷配发改发代金。

(3)浙江省发给实物,但金华等十九县因实物不敷配发改发代金。

(4)贵州省因实物不敷配发,各中央机关公粮按月半数发给实物,半数发给代金。

(5)其他各省全部发给代金。

实物由当地粮政机关拨发,代金由财政部拨发。贵州实物代金同时拨发,为求手续上便利起见,所有代金由财政部拨交该省粮政机关就地配发②。

1944年度,中央公粮实际配拨基本上是按照上项办法,广东、福建、甘肃、江西、宁夏、绥远六省全部发实物;四川除雷波等十九县和

①中国第二历史档案馆档案:八三106;《粮食部1943年度政绩比较表》。
②《三十三年度中央公粮拨发办法》,《陆军经理杂志》第7卷第4期,1944年。

浙江除金华等三十一县,因实物不敷配发改发代金外,其余各县均发实物;贵州因田赋所征实物不敷配发,半数发实物,半数发代金;其余各省拨发代金;安徽配拨军公粮外尚有余额,中央公粮改为全发实物;其他领取代金各省中央机关可在赋粮有余地区,以所领代金价拨实物①。

　　1945年度,依照行政院核定之《三十四年度中央公粮拨发办法》,南方各省以发米为原则,北方各省以发麦为原则,但当地田赋征实实物全系杂粮或系权征杂粮者,应全部配发或比例搭配杂粮。各中央机关应领公粮按各机关驻在省区实物盈绌情形,分别拨发实物或代金,具体如下:

　　(1)陪都及迁建区,由陪都民食供应处依陪都公粮核发调整办法规定,分别配发实物及代金。

　　(2)四川省在成都由四川民食第一供应处拨发实物,在内江及自贡市,由四川民食第三供应处拨发实物,在其他各县由四川粮食储运局拨发实物,但綦江等二十七县由财政部拨发代金。

　　(3)江西、浙江、广西、福建、安徽、云南、甘肃七省均由各该省粮政机关拨发实物,但福建东山县、江西萍乡、莲花二县及浙江金华等三十一县,由财政部拨发代金。

　　(4)其余各省均由财政部拨发代金。

　　(5)前项规定发实物省份如因情形特殊无实物可拨时,由财政粮食两部商定,由财政部拨发代金,并应呈行政院备查。②

　　按照上述规定,四川、江西、浙江、福建、云南、安徽、广西、甘肃八

---

①中国第二历史档案馆档案:八三107:《粮食部1944年度政绩比较表》。
②《三十四年度中央公粮拨发办法》,《粮政季刊》第1期,1945年。

省拨发实物,其余各省核发代金。后因抗战胜利情形改变,中央公粮实际拨发实物的仅江西、福建、安徽、云南、甘肃五省及四川、浙江两省部分县市(四川雷波等二十县、浙江金华等三十一县发代金)[1]。

各年粮食部配拨中央公粮如下:1943年,四川、湖南、浙江、江西、西康、安徽、湖北、福建、广东、广西、云南、江苏、贵州、陕西、甘肃、宁夏、绥远、山东十八省共拨谷578.9万余市石,麦33.8万余市石,拨发代金折合谷约197.5万市石,麦75万市石。1944年,四川、贵州、浙江、福建、江西、广东、甘肃、绥远、宁夏九省共拨谷457.5万市石,麦30万市石,拨发代金折合谷约197.5万市石,麦75万市石。1945年,四川、福建、江西、浙江、安徽、云南、甘肃七省共拨谷536.0656万市石,麦35.5013万市石,其余各省发代金折合谷约350.8万市石,麦108.9万市石。三年共拨实物1670余万市石,代金折合实物1000余万市石。此外,司法监所、教育、电讯等机关所需粮食,商由粮政机关价拨者,1943年拨谷96.6万余市石,1944年143万余市石,1945年196.2万余市石,三年共435万余市石,两项合计在2100万市石以上(代金除外)[2]。另据徐堪记录,1943—1945年度,中央公粮共配拨谷2043.1万余市石,麦283.2万余市石[3]。徐堪记录较粮食部工作报告多200余万市石,估计是各省报表迟缓所致。

各省田赋征实粮食在配拨军粮和划拨省级公粮后盈虚不一,所以中央公粮普遍配拨实物势有困难,凡缺粮地区仍不得不将一部分或全部公粮拨发现金代替。如党务及团务工作人员公粮(陪都及迁建区者除外),中央军事机关学校员工眷粮,缉私团队官佐眷粮,各省

①中国第二历史档案馆档案:八三108:《粮食部1945年度政绩比较表》。
②中国第二历史档案馆档案:八三(2)62:《粮食部1941—1948年工作报告》。
③徐堪:《抗战时期粮政纪要》,(台北)《四川文献月刊》第11、12期合刊,1963年。

地政业务员工公粮,各国立学校教职员工公粮,均系拨发代金[①]。

中央公粮从 1940 年仅供应重庆市少部中央机关公务员,到 1941 年的供应重庆及迁建区的大部中央公务员,再到 1942 年的供应重庆及迁建区和各省的部分中央机关公务员,最后到 1943－1945 年供应大多数省中央机关公务员,供应范围随着田赋征实征购征借的施行而不断扩大,尤以 1943 年配拨范围最广,波及十八省。不过从历年供应情形分析,中央公粮配拨实物仅限于部分省的少数地区(四川配拨相对较多),而领取公粮代金的单位与人数远远多于领取实物的单位和人数,因代金发放的迟滞(相对粮价上涨)[②],给其生活带来极大不便。但少量的代金,在战时物价粮价不断上涨之时,对中央公务员生活或多或少有一些改善。

(二)省级公粮

省级公粮供应对象为省级机关公教人员及其家属,与中央公粮一样,经历了不供应到平价定量供应再到免费定量供应的过程。

田赋征实之前,因国家掌握的粮食极为有限,国民政府对省级公粮供应未做规定。政府对中央公务员及其眷属供应粮食后,陪都所在地的四川大批公务员生活同样处于困境,省级公务员与中央公务员待遇悬殊,对于地方政务之推行,势必造成诸多不利影响。故国民政府对四川特先从田赋征实征购所得粮食中核定省级公教人员及团警稻谷 70 万市石[③],此实为省级公粮配拨之开端。也就是说,这一时期,省级公粮配拨仅限于四川,且为数很少。

---

① 《国立学校教职员战时生活补助办法》,粮食部编印:《粮政法规——配拨类》,1944 年,第 18－21 页。

② 公粮代金标准虽多次调整,然与市场粮价相差仍甚远,故领取代金远不及领取粮食划算,在无法领取粮食时,公务员唯有领取代金。

③ 中国第二历史档案馆档案:八三 252:《行政院 1941 年 10 月对国民参政会第二届第二次大会的报告》。

田赋征实之后,国家控制了大量粮源,政府开始对全国各省省级公教人员及其眷属供应粮食。但国民政府对省级公粮供应办法和中央公粮不同,不是由中央规定每个公务员应领取公粮的数额,而是采用提成分拨办法,准各省在本省全年田赋征实总额 30% 内划拨,不足可拨发代金,各个公务员工分配数量由各省政府就其所属总额及地方生活情形统筹分配①。

由于中央未规定统一办法,各省关于省级公粮筹拨办法,有估计全年需要总量,按数统筹分配者,如江西、湖北两省;有确定每人每月购领标准,分别购领,按机关性质再汇数统筹者,如福建、广东两省;有组织公粮审核委员会,先确定领粮人数,进而确定数量者,如河南。办法互不相同。各省公粮分配也是不相统一,领购机关员役数额参差不一,收回基本价款亦不一致,多视本省粮食来源之丰啬情形而定,发给标准亦颇不一致。广东省,凡省属各机关公务员及小学教职员、中学大学学生,每人价拨米 15 斤,保安团队、省警、税警等拨发主食代金 18 元,价领实物;福建省,公务员购米每元 2 斤半,眷属得购领平价米,以 5 口为限;湖北省,每人每月得购领平价米 36 斤,眷属以 5 口为限;江西省,公务员月薪在 60 元以下者,每月得领购公粮 37 斤半,团队警察每人准购41 斤 4 两。省级公粮来源,中央规定在田赋征实额 30% 内划拨,唯有些省在配拨军粮外,本无余粮可拨,故省级公粮来源也不一致,有由征实项下划拨者,有由省政府自行采购者,还有由积谷项下挪用者②。

1942 年度,鉴于提成划拨难与省级公粮实际需要数相符,因此改按各省所报应领公粮人数,核实在本省田赋征实项下划拨,但大体以田赋征实总额 30% 为度。各省实际划拨时,最高有按田赋征实划

①中国第二历史档案馆档案:八三 104:《粮食部 1941 年度七至十二月份政绩比较表及有关文书》。
②张柱:《当前我国粮食供应之实施及其改进》,《中农月刊》第 3 卷第 8 期,1942 年。

拨 44％者,最低有划拨 22％者。除河南全部及山西一部分折发代金外,其余各省均划拨现品。省级公教员工领粮数量、标准、收取价款与中央公务员相同。公教人员本人及其眷属(以 5 口为限),每人每月可购领平价米 2 市斗,核拨之粮以稻谷为准者,以稻谷 2 市石折米 1 市石,以小麦为准者,以小麦 1 市斗 6 升折米 1 市石,每市斗米收基本价 6 元,但以省预算内列入之机关为限。省(市)级公教人员无发实物必要或无粮可拨时,得改发代金。

自 1943 年 1 月起,省级公粮改照中央公粮执行新标准,与中央公务员工一样,以年龄大小为发放标准,每月领米数量为:31 岁以上者 1 市石,26～30 岁者 8 市斗,25 岁以下者 6 市斗,工役一律 6 市斗,改为免费发给,不再收基本价格。按各省省级机关实有员工人数核计应需粮食数量,列入省预算,在各该省田赋征实项下划拨。如因田赋征实粮额在配拨军粮后不敷配拨时,则由财政部拨付代金,由各省政府采购现品配发或折发代金①。

1943 年度,为使省级公粮发放覆实起见,国民政府明确规定:省级公务机关员役领粮范围,以列入省预算内之机关单位为限,并分应领、得领、价领三种。得领机关为省赈济会,社会处主办之救济、保育、教养、习艺等机关收容之难童艺徒(已成年难民除外),但若省级公粮不敷支拨时,改发代金;价领机关为省营事业机关待遇与公务员完全相同之实际执行职务人员(生产工人除外),照市价九折购领;其余省级机关,如省政府及其直属各厅局处、省政府主办之教育机关教职员工学生、省保安团队及警察局等员役,均为应领人员②。如粮食

①中国第二历史档案馆档案:八三 104:《粮食部 1941 年度七至十二月份政绩比较表及有关文书》。
②《各省市公务员役生活改善审查纪录》,粮食部编印:《粮政法规——配拨类》,1944 年,第 47—48 页。

不敷供应时，按应领、得领、价领顺序逐渐递减，即首先满足应领人员，次为得领，最后为价领。除河南因灾减征无粮可拨，省级公粮全部拨发代金，山西因实物不足配拨，以 2/3 拨发实物，1/3 折发代金，江苏、山东等省情形特殊外，其余各省全部在田赋征实内配拨实物[①]。

1944 年度，除山东、江苏、河南、青海等省，或以情形特殊，或以实物全部配拨军粮，经行政院批准改由国库支拨代金，其余各省一律核发实物[②]。

1945 年度，四川、重庆、湖南、江西、浙江、湖北、福建、安徽、西康、云南、贵州、陕西、甘肃、宁夏十四省市拨发实物；广东、山西两省一部分拨发实物；其余各省则全部核发代金[③]。

1942－1944 年度，配拨省级公粮数量，据粮食部统计，1942 年度为谷 348.5021 万市石，麦 66.2 万市石；1943 年度为谷 606 万市石，麦 117.045 万市石；1944 年度为谷 534.7 万市石，麦 93.5 万市石。三个年度总共为谷麦 1766 万市石，其中以四川配拨最多，1942 年度为谷 70 万市石，1943、1944 年度均为谷 90 万市石[④]，占总额的 14％；次为湖南与江西，其他省相对较少。

（三）县级公粮

县级公粮配拨对象为县级公教人员。1942 年以前由各省自筹，全国未做统一规定。但因事实需要，县级公务员应与中央、省级公务员同样待遇，因县级公务员人数与所需粮额为数庞大，自 1942 年起，国民政府准各省在田赋征实下带征三成县级公粮。此举虽增加了粮户

①中国第二历史档案馆档案：八三 106：《粮食部 1943 年度政绩比较表》。
②中国第二历史档案馆档案：八三 107：《粮食部 1944 年度政绩比较表》。
③中国第二历史档案馆档案：八三 108：《粮食部 1945 年度政绩比较表》。
④《最近三年各省省级公粮配拨数量（三十一年至三十三年）》，《统计月报》第 91 期，1944 年。

30％的负担,但对改善县级公教人员生活,进而对抗战的最终胜利都起到了一定的积极作用。从此视角观之,在战时国家困难之际,无法拿出更多粮食与资金解决其生活之时,此实为无奈且值得肯定之举。

战时因物价高涨,县级公务人员实际收入下降,优良者以俸给不足以自饱,多转业营商,不肖者多违法舞弊,剥削民众。各县为安定公务人员生活,大多发给补助费,唯因县经费有限,杯水车薪,不足补济。且1941年,国民政府对中央和省级公务人员皆有配拨公粮的规定,唯独对县级公务员未做规定。上级既未统筹,是故各县或以地方收入不敷,或以物价飞涨,基层政治建设颇受影响,县级公教人员生活难以维持为由,纷纷自行摊派粮食。或于代购军粮中附征,或于征实项下带征提用,如四川系在田赋征实征购中配拨县级公粮120万市石①,或按地亩派收,或额外摊派,或挪用积谷,或向大户商富挪借。粮食来源各异,发给范围和标准亦多歧义,如安徽、江西发至保甲员役,广西等省则发至乡镇为止。如常令各县各自为政,中央难以控制,不肖官吏难免操纵营私,不仅无法健全下级政治基础,更何况各县擅自动用额征田赋征实实物或军粮,势必影响粮食供应,且各地摊派标准不一,负担不均,更易引起民众不满,连带影响田赋征实之施行。

为防止地方漫无标准摊派公粮之弊端,安定县级公务人员生活,提高行政效率,国民政府决定自1942年起,实行随赋带征分拨县级公粮。由各省考核各县级公粮实际需要与地方负担能力,酌拟数额,呈请财政部粮食部核定后,一次随赋带征,以不超出征实额三成为度(唯四川系准照田赋征实征购实收数1/10提留②),不得并入征实征

---

① 中国第二历史档案馆档案:八三252:《行政院1941年10月对国民参政会第二届第二次大会的报告》。

② 侯坤宏编:《粮政史料(第五册)——田赋征实》,(台北)"国史馆"1990年版,第615页。

购总额之内,借以贯彻严禁摊派之初旨。县市公粮支给范围为:以县市政府及其直属机关向县市政府支领经费,有组织规程及预算分配表之规定者为限,并拨发至乡镇公所专任员役为止。给领数量为:职员每人每月食米 5 市斗,公役 2 市斗 5 升,一律免收基本价格。但如带征数额不敷分配时,发给范围及数额得酌予缩减①。

1942 年度,四川(征实征购最多 1600 万市石)、湖南(征实征购仅次于四川 1000 万市石)两省因田赋征实征购颇巨,该两省政府以粮民负担已觉甚重,若再带征县级公粮,深恐民力不胜,转碍征实征购之进行,请将县级所需公粮归入中央补征实物之内支配。中央特准该两省县级公粮免予带征,由征实征购内划拨,四川划出谷 210 万市石,湖南划出 160 万市石,作为各该省县级公粮,以资兼顾;青海因 1942 年黑霜为灾,收成大减,民力难胜,亦免带征县级公粮;绥远县级公粮以各县公学产租谷收入全部拨用,亦不另加征;其余各省以征实额三成为加征原则,依照各县实际需要核定数额,大致按原有田赋赋额多寡比例带征,因各省实际需要数额和原有赋额不同,导致各省带征县级公粮之比率亦不尽相同。陕西、河南、甘肃、广西四省按征实额三成带征;山西按征实额五成带征;宁夏按亩带征,每亩平均加征黄白米五升另八勺(或每元四合八勺)。大多数省是按元带征,但带征比率不尽相同,最高有每元带征一市斗三升的(福建征实县),最低有五升的(湖北、云南)。贵州、浙江、广东三省均按每元一市斗标准经收(广东地价税县每元带征七市斗);西康除康属各县不加征外,其余宁雅两属均按每元八升加征;福建征实县按赋额每元带征一市斗三升,征币县按每元带征代金 11 元;江苏按征实额加成征收,宜兴、溧阳二县加征一成五,高淳、宝应、泰县、东台四县加征三成,淮

①秦孝仪主编:《革命文献》第 115 辑:《田赋征实》(二),(台北)"中央"文物供应社 1988 年版,第 294—295 页。

安、兴化、盐城各按八成加征,阜宁按九成加征。唯安徽江西两省办法较特殊,安徽采查大户累进征收办法,划分各县大户为五级,1000亩以上者为甲级,每亩征谷二市斗五升;600亩以上不满1000亩者为乙级,每亩征二市斗;300亩以上者不满600亩者为丙级,每亩征一市斗五升;100亩以上不满300亩者为丁级,每亩征一市斗;不满100亩者为戊级,每亩征五升;50亩以下原定免予征收,嗣因50亩以上之大户过少,改为30亩以上起征。江西采带购办法,按田赋正附税总额或地价税额每元至多带购县级公粮一市斗,各县应核实估计全县应需数额,除将公学产租谷未规定用途者尽先提用外,不足之数即全部随赋带征①。

1943年度,各省县级公粮大致均按原有赋额比例带征,各省带征比例不尽相同。四川、湖南两省仍延续1942年办法,县级公粮在征实征借项下划拨(四川210万市石,湖南160万市石);贵州因县级公粮不易自行筹足,在征实内拨补10万市石外,余数每元带征一市斗;新疆、青海两省情形特殊,免予带征;湖北每元带征一市斗;山西每两带征一市石;云南每元带征五升;其他甘肃、宁夏、江西、福建、浙江、河南等省均按随赋加征三成为原则②。

1944年,为谋加强控制征率,平均人民负担,《战时田赋征收实物条例》第八条明确规定:"办理田赋征实地方,……并得呈准以征实额三成为范围,带征县级公粮。"③同时又颁行《各省省政府处理县市公粮办法》,对县级公粮的征集及其数额、配拨范围、支给标准等做了

---

① 秦孝仪主编:《革命文献》第 115 辑:《田赋征实》(二),(台北)"中央"文物供应社 1988 年版,第 292—294 页。
② 中国第二历史档案馆档案:八三 106:《粮食部 1943 年度政绩比较表》。
③ 秦孝仪主编:《革命文献》第 115 辑:《田赋征实》(二),(台北)"中央"文物供应社 1988 年版,第 15 页。

详细规定,"以杜各县自行摊派,漫无价限之弊。"①县市公粮每人每月支给标准为:文职人员、教职员、警察局所队官佐食米5市斗;警察局所队兵警夫2市斗7升5合;公费学生2市斗3升;公役2市斗3升。一律免费发给,如公粮不敷分配时,发给范围及数额可酌予缩减。县级公粮如发给小麦或其他粮食者,按照粮食部所订折合率发给。符合上述规定之人员,如系隶属本籍有粮食收入或其本身及眷属之实际需要不及上述规定数量者,其应领公粮得全部或一部改发代金②。

1944年度县级公粮,四川是在征实征借内划拨210万市石(湖南不划拨,另行带征,每元带征一市斗二升);青海、新疆因情形特殊不予举办;西康每元带征黄谷一升五合;贵州、湖北、浙江每元带征一市斗;陕西、河南按各县实情核配;山西按上年办法,每两带征一市石;福建每元带征一市斗五升;安徽每元带征稻二市斗或麦一市斗四升;云南每元带征稻谷七升;其余重庆、广西、甘肃等各省市带征三成③。

1945年度,抗战胜利,国民政府明令凡经沦陷各省市田赋全部豁免,县级公粮亦同时豁免。豁免田赋之省市,所有中央及省县级公教人员公粮一律拨发代金。浙江、安徽、江西、湖北、湖南、广东、广西、河南、山西、绥远十省,已核定预算之1945年度中央及省级公粮暨专案核定配拨或价拨之国立学校员生粮、中央警校学生粮、电政员工粮、各种工程粮、司法人犯因粮、救济机关被救济人食粮,原规定在1944年度征粮内拨发实物者,照原案拨发,至1945年12月止。各该机关学校在1945年以内迁移者,实物拨发至迁移之月为止,停发实

---

①中国第二历史档案馆编:《中华民国史档案资料汇编》〔第五辑第二编——财政经济(九)〕,江苏古籍出版社1997年版,第371页。
②粮食部编印:《粮政法规——配拨类》,1944年,第49—51页。
③中国第二历史档案馆档案:八三107:《粮食部1944年度政绩比较表》。

物以后，公粮改发代金[①]。后方各省，四川仍在征实征借项下划拨 210
万市石；青海、新疆两省不带征；其余西康、云南、贵州、福建、陕西、甘
肃、宁夏、重庆市等十一省市，县级公粮仍照常征收，但以不超过征实额
30％为度。各省带征征率为：云南每元带征稻谷五升，宁夏五升三合九
勺，西康一市斗，重庆、贵州按征实额三成征收，福建一市斗五升，陕西
按实情征收。分配范围及支给标准仍照《各省省政府处理县市公粮办
法》规定办理[②]。

　　1942—1945 年度，随赋带征连同在征实项下支拨的县级公粮，总
共 4790 万余市石，其中 1942 年度为谷麦 11 294 217 市石，1943 年度为
10 764 528 市石，1944 年度为 13 397 587 市石，1945 年度为 12 448 137
市石[③]。

　　公粮实质上是国家战时以实物形式发给公教人员的物价补贴，
故抗战胜利后，国民政府以战事结束，公粮已无配拨必要为由，规定
自 1946 年 1 月份起，废止各机关公务员役公粮实物及公粮代金供给
办法，应发公粮并入生活补助费内统一发给，所有中央及省县公教人
员均不再配拨公粮实物或代金，三成县级公粮仍旧带征，作为充裕省
县地方财政及改善公教人员待遇之需。

　　自 1943 年度起，所有中央、省、县三级公教人员公粮始确立了
配给制度及统一办法。中央、省、县三级公粮，从配拨数额看，
1943—1945 年度，中央、省级公粮均在 2000 万市石以上，县级公粮
却远在 3000 万市石以上，县级公粮配拨数额最多。再从来源看，
中央公粮系在配拨军粮和省级公粮支拨后的余粮内配拨，故来源

①（台北）"国史馆"档案："国民政府"001000001679A；《粮食管理法令》（二）。
②中国第二历史档案馆档案：八三 108；《粮食部 1945 年度政绩比较表》。
③中国第二历史档案馆档案：八四 112；《各省市历年随赋代征县级公粮数额及
　标准表与有关文书》。

很难保证,所以历年支拨的实物最少,代金比例最高。省级公粮虽于征实内划拨,但各省因灾歉或军事原因核减征额,或军粮配拨后余粮不多时,便不能支付或支付很少,来源也难以保障,配拨代金的比例仅次于中央公粮。唯县级公粮系随赋带征,来源最为确实,所拨实物亦最多,核发代金比例最少。从某种程度上言,田赋征实为县级公粮的带征创造了机会。换言之,如无田赋征实,在县级财政相当短绌的背景下,靠县级自身能力缓解公务人员的粮食供应问题是不可能的!

据《抗日战争时期国民政府经济法规》一书统计,从田赋征实中支出的公粮共约谷 6533.7 万市石,麦 1142.3 万市石,约占田赋征实所得粮食总量的 27％[1]。虽为数不少[2],然相对于广大的各级公教人员而言,显系不多(且带征粮食还有一部分被县政府挪用,挹注地方财政,故公务员实际所得应比上数还少),但在粮价高涨之时,毕竟在一定程度上缓解了他们购粮的困境,减轻了其生活压力,为其安心工作创造了条件。不过对这种作用不宜评价过高,因实际用于配拨中央省县三级的公粮为数不多,大多数公教人员系领取代金,生活颇为艰难。如福建省财政厅第二科科长林振民,曾因无处购粮,全家十余口仅赖蔬菜与开水维持生命,并以唱歌抵抗饥饿达三日[3]。是故战时由于长时间营养不良,公教人员染恶疾而亡者,时有所闻。

---

[1] 重庆市档案馆编:《抗日战争时期国民政府经济法规》(下册),档案出版社 1992 年版,第 340 页。

[2] "上述数字或为带征所得,并非实际配给公务人员食用之数。且其时县级财政普遍困难,而战时地方供应极多,各县借附征公粮所得之一部,挹注地方财政之不足,为当时习见习闻者也。"徐堪:《抗战时期粮政纪要》,(台北)《四川文献月刊》第 11、12 期合刊,1963 年。故公教人员实际配拨公粮数额应较此数少。

[3] 华松年:《点滴录》,(台北)天工书局 1983 年版,第 139 页。

三、田赋征实与民食①

抗战时期,国民政府民食供应经历了一个由不供应到少量供应再到部分供应的过程,其供应范围随着粮食问题的严重逐渐扩大。

全面抗战爆发至全国粮食管理局成立之前,国民政府对民食没有供应。全国粮食管理局时期,鉴于四川粮价较他省高涨更烈,所以全国粮食管理局着重调剂四川民食,尤其着重于战时陪都所在地重庆市的民食调剂,对其他省仅能酌量办理。

1940 年,国民政府颁布《重庆市区中央各机关公务员役及各学校教职员役平价食米办法纲要》,决定从 1940 年 11 月起,由全国粮食管理局每月拨米 1.2 万市石,交重庆市粮食管理委员会及全国粮食管理局重庆市区平价食米供应处分配,供给贫苦市民,贫民平价米为糙米②,购领标准为:成人每人每月 2 市斗,5 岁以下减半,每市石作价 50 元。自重庆市实施对城市贫民发售平价米后,各省亦陆续对城市贫民发售平价米,此实谓抗战时期民食供应之肇端。

可是,因国家没有掌控大量粮食,平价米的发售范围异常狭小。如重庆市,1940 年,供给贫苦市民的食米仅 1.2 万市石,绝大部分市民是吃不到平价米的,他们只能在高涨的粮市上买米吃③。重庆尚且如此,其他省平价米的发放范围更狭小。也就是说,田赋征实之前,国民政府仅在少数大城市的部分地区对民食进行了少量供应,对

---

① 参考拙文《抗战时期国民政府民食供应研究》,《中国矿业大学学报》(社会科学版)2015 年第 6 期。

② 糙米出米率高,可比熟米节省一成。为节省粮食,战时国民政府、各省政府曾多次呼吁、提倡民众食用糙米。(台北)"国史馆"档案:"粮食部"119000001817A:《饬各省一律改食糙米》。

③ 于登斌:《战时粮食管理政策与重庆粮食管制》,《四川经济季刊》第 1 卷第 4 期,1944 年。

绝大部分地方并未供应。

　　田赋征实后,民食供应范围明显较前扩大。粮食部在四川设四个民食供应处,设在重庆的称陪都民食供应处,设在成都的称四川民食第一供应处,设在内江的称四川民食第二供应处,设在绵阳的称四川民食第三供应处,办理民食公粮配给供应事宜。在其他各省重要消费市场设粮食调节处22处,主要负责调节各该地区民食事宜。22处粮食调节处分别是:江西省泰和、吉安、赣州,浙江省云和、永嘉、丽水,福建省永安、福州、南平,安徽省立煌、屯溪,贵州省贵阳、独山,广东省北江、西江、东江、韩江、南路,陕西省西安,山西省隰县、乡宁、云南省昆明等①。由粮食机关将田赋三征余粮(指配拨军公粮后之余粮)交民食供应处或粮食调节处,用于调剂民食。

　　历年民食供应所需之粮,除极少数来自采购外,多数来自田赋三征项下。调剂办法是按照1942年3月颁行的《价拨各省田赋征实余粮调剂民食办法大纲》规定,按当时当地市价减低5%定价出售②,或比照市价略低出售调剂民食。

　　各省各年度在田赋征实征购征借项下拨民食粮食分别为:

　　1941年度,四川、西康、云南、江西、贵州、福建、广东、广西、湖南、湖北、安徽、浙江、甘肃、宁夏、青海、绥远十六省共拨谷900.2万余市石,麦20.8万余市石③;1942年度,四川、湖南、江西、云南、广东、广西、浙江、安徽、福建、西康、陕西、甘肃、宁夏、绥远十四省共拨谷842.6万余市石,麦13.9万余市石④;1943年度,四川、江西、浙江、广东、安徽、福建六省共拨谷758.6万余市石(北方各省拨麦资料不全);1944

①尹静夫:《中国粮政》,(台北)四川文献社1980年版,第64-68页。
②粮食部编印:《粮政法规——配拨类》,1944年,第43-44页。
③中国第二历史档案馆档案:八三104:《粮食部1941年度七至十二月份政绩比较表及有关文书》。
④中国第二历史档案馆档案:八三106:《粮食部1943年度政绩比较表》。

年度,共拨民食谷 540.4 万市石,麦 2.3 万余市石①。

四个年度总共拨谷麦 3078.1 万市石。此外,对战时生产工业所需职工食粮(主要指四川),资源委员会在甘肃之油矿,江西之钨、锑、锡等矿区职工食粮,也由粮食部在各该省征实余粮下尽先价拨②。

田赋征实期间,三征之粮用于民食的总共 3078 万市石,年均仅 769 万市石,如按每人一年需谷 5 市石计算,大约仅为 150 万人一年的口粮,而后方依靠商品粮过日子的市民何止是这个数字的十倍以上。如此少的粮食,自无法根本满足民食所需,众多百姓的粮食,除四川在大城市进行了一定的供应外(配拨民食中四川约占一半),其他各省或无或仅有少量供应,绝大部分仍需自行解决。徐堪亦认为历年田赋征实之粮用于调剂民食的太少③,三十年度征实征购所得之粮食,对于军粮公粮,勉强供给④。徐堪之意,田赋征实仅勉强够军粮公粮,自无多少余粮供应民食。就连此点,从上述公教人员大部领代金分析,也是被夸大了的,更何谈供应民食?这也是上述各省民食供应处或调节处设置很少的主要原因。

因历年余粮有限,故余粮大多于青黄不接时出售调剂民食,或是用于救济灾荒、粮荒等突发事件。1944 及 1945 年度,因田赋征实所征粮食逐渐减少,而各地物价粮价继续高涨,需粮调节之处日多,全国各重要地区民食调节所需粮食除四川在征粮内拨谷办理外,其他各省大多拨发资金,其中 1944 年拨调节民食资金 33 945 万元⑤,

①中国第二历史档案馆档案:八三(2)62:《粮食部 1941－1948 年工作报告》。
②中国第二历史档案馆档案:八三 98:《粮食部 1945 年对国民党五届十二次全会决议案实施情形报告稿》。
③中国第二历史档案馆档案:八三(2)62:《粮食部 1941－1948 年工作报告》。
④徐堪:《我国当前粮政之概述》,《粮政月刊》第 1 卷第 2、3 期合刊,1943 年。
⑤中国第二历史档案馆档案:八三 107:《粮食部 1944 年度政绩比较表》。

1945 年拨 25 000 万元①。然相较高涨的粮价与民食的大量需求,上述资金显系杯水车薪。然若无田赋征实,政府应付军公粮尚且不及,何来资金救济民食?军粮尚无保障,民食出现危机时,要借拨军粮更无可能(1942 年度豫省灾荒、粤省粮荒时,就曾借拨附近军粮以解燃眉之急)。不能因配拨民食之粮不多,即否定田赋征实制度。

军队、公教人员、一般民众,三者皆系国家的子民。按理说他们都应是国家粮食供应的对象,不应有孰重孰轻、先后顺序之分,国民政府也想三者同时兼顾,可惜,田赋征实的粮食根本无法同时满足三者,故只能由政府统筹规划,调剂使用。军粮为抗战胜负所关,不容稍有短缺,所以国民政府首先保证军粮供应,配拨军粮之后,仅剩不到一半粮食,全部拨付公粮都不够,而民食又不能不兼顾,故政府只有将剩下的粮食分为几份,大部给公粮,少部用于应付突发事件,最后剩余部分供应民食。此实为政府战时迫不得已之选择,实质上也是粮食不足之下的一种正确选择。客观地说,田赋征实对粮食供应贡献多多,尤其是对军粮供应贡献最大,次为公粮,相对而言,对民食供应贡献最小,但在救济灾荒、粮荒等方面,却凸显其重要性。

田赋征实之前,公教人员、工商业者每因粮食之不易获得,而心存疑虑恐慌。田赋征实之后,国民政府对军公民粮的定量供应和配给,对于稳定大后方社会秩序、坚持持久抗战起到了中坚作用。尽管在军公民粮供应过程中,存在这样或那样的问题,在一定程度上减弱了其实效,但在抗战特殊环境中,它基本保障了粮食供应体系的畅通,粮食危机得以缓解甚或在某段时间内得以消除,从此视角分析,对之不应过分苛求。

---

①中国第二历史档案馆档案:八三 94:《粮食部 1944 年至 1948 年度各项中心工作简要报告稿暨有关文书》。

结　语

　　田赋征实是应时而生的产物,迄今已有七十余年,是研究抗战和国民政府历史避无可避的课题,同时也是研究战争状态下特殊经济规律和经济措施的珍贵素材。但长期以来,人们对其的研究终是浅尝辄止,评价亦是褒贬不一、各执千秋。作为一名民国史的学习研究者,倾其所能,力求站在客观公正的立场上再现田赋征实,为读者了解其制度缘起、实施过程、实际成效等具体方面力尽绵薄,正视历史,总结经验教训,面向未来。下文拟在前文主要观点的基础上,谈三点自己的粗浅认识和对现实的两点启示:

　　第一,认识评价田赋征实制度必须紧扣中国抗战的大环境。

　　一项制度的产生、存在与发展,绝非偶然,定有其客观的事实基础,亦即环境需要。田赋征实即是抗战特殊历史环境的产物,是不得已采取的制度。战争环境下,只要对赢得战争有利的一切制度均可实施。长达八年的全面抗战,是当时世界帝国主义强国日本和尚处于落后的半殖民地半封建社会的中国之间的一场殊死较量,在这民族存亡的紧要关头,需要国民政府最大限度地调度和利用本国的资源,采取必要措施来应对战争的庞大需求。田赋征实,即是国民政府为缓解战时粮源和财政紧张状况,以强撑抗战的产物。虽有悖田赋征收发展规律,但在护国保族的大背景下,亦无关痛痒。

　　田赋征实是抗战特殊环境下的权宜之计。从国家立场而言,实为统制物资之措施,合乎战争的需求,尤其合乎军粮民食的需求。所以可以这样说,田赋征实是国民政府在抗战特殊环境下的必然选择,与其说它是国民政府自动调整经济政策的结果,还不如说是战争逼迫下的产物。难能可贵的是,国民政府毕竟迈出了这一步,可谓亡羊补牢,为时未晚。

第二,田赋征实是国民政府在抗战时期实施的一项成功的制度。

衡量一项制度是否成功的最重要标准,是看它在历史前进中所起之作用,凡是推动历史前进的制度,都是成功的制度。具体到抗战时期,凡是对中国取得抗战胜利有利的制度,均是应该值得肯定的制度。依上述标准衡量,田赋征实实谓成功的制度。

其成功之处主要有三:一是田赋征收成绩堪称优异,1941－1944年四年平均达100.75%,达到了国民党在大陆统治二十二年历史上征收田赋成绩的最高峰,亦达整个民国历史的最高峰。二是基本完成了预期的粮食供应任务,即满足军粮,尽量解决公粮,适度缓解民食压力。抗战时期,国民政府田赋征实的最大成效是在很大程度上保障了粮食供应体系的基本畅通。为保证抗战,国民政府将征实所得尽先拨作军粮;配拨军粮之后的余粮平价或免费配给公教人员,改善其生活;之后的余粮价拨民食,调剂平衡市场粮价。三是在一定程度上达到了预期的平抑粮价、调剂粮食市场供求、挹注国家财政的功效。正如关吉玉所言:田赋征实"不仅为财政上之重要税源,抑亦为供应军粮民食支持长期抗战之中流砥柱矣"①。尽管田赋征实尚存在着诸多不尽如人意之处,但在抗战时期,它是成功的,为抗战胜利奠定了坚实的物质基础。

①关吉玉:《中国田赋沿革及征实政策之运用》,中央银行经济研究处编辑:《经济讲座》第1集,新中国文化社1943年版。

　　第三,田赋征实的诸多流弊在很大程度上削弱了其实效①。

　　田赋征实贡献很大,解决战时粮食问题,平衡战时财政收支,但不能因此抹杀掉其发生的诸多严重问题,唯其贡献之大与功效之著,更足证明这些问题不可稍予忽视。

　　制度的制定与执行之间势必有差距,差距越小,制度被贯彻得越好,反之则差。问题的关键是,国民政府田赋征实相关制度的制定与执行之间差距过大,严重影响了其实效。田赋为赋税之一,故宜公平。国民政府决定恢复田赋征实时,对于以往弊端不能不资为殷鉴,所以在田赋征实之初,曾制定了田赋征实的公平、除弊、便民、省费四项原则,以为一切施设之准绳,唯在实施中,均未做到。公平方面,不仅征收田赋依据的赋额难达实地实粮之旨,而且不分粮户大小,一律采用比例税制而不是累进税制,是故不公平。便民、省费方面,要做到便民,必须具备两点:一是征收处设置不应距离粮户居住地过远;二是随到随缴,最起码使粮户能当天完成缴纳任务。这两点要求国家必须多设征收处,多配备人员,但战时国家经费不足,不仅设置的征收处过少,且每一征收处人员亦少,故仅做到省费,便民却成了奢想!

　　田赋征实欲达公平,一须依照准确的赋额征税;二须实行累进税。要做到这两点,一须彻底改革土地,二须彻底打击农村的特权阶层。但这两点在战时要贯彻实施,实则很难。便民与省费本是一对矛盾体,在抗战特殊时期实难二者同时兼顾,故政府未能兼顾两者,似情有可原。然在公平、便民、省费均不能实现之时,政府完全可以做到防弊除弊。可惜的是,国民政府并没有做到。田赋征实后,征收、仓储、运输、加工、配拨等各个阶段,贪污舞弊俯拾即是。田赋征

────────────

①参考拙文《抗战时期国民政府粮政研究——田赋征实弊失分析》,《历史档案》2010年第2期。

实较征币要繁复得多,更是舞弊产生的温床。因之上述弊端,从理论上来讲,似尚可理解。关键是国民政府并未对各种弊端进行有力的革除,导致田赋征实越到后期弊端越多,愈演愈烈,此实谓越往后田赋征实成效越差的主因。

田赋征实弊端如此之多,引起各阶层人士的强烈不满。在国民参政会的历届会议上,都有参政员请求改善,唯收效甚微。对于田赋征实过程中的舞弊,身为粮食部长的徐堪自是十分清楚。他在1945年8月8日的讲话中谈到此问题时也很气愤,认为田赋征实"重重弊端,不一而足,言之至足痛恨",以致使"贤良者视效力粮政为畏途,社会更以粮政为弊薮"①。腐败的粮政颇遭舆论抨击,清廉正直者不愿与之为伍,粮政办到如此地步,其效果自会大打折扣。政府看到了舞弊不但不采取确实有效的遏制措施,甚或怂恿,这也是抗战时期田赋征实舞弊越来越多的主要原因之一。

批评归批评,客观地说,田赋征实是适时的,产生的影响亦是复杂、多面的。一方面,它为抗战胜利提供了坚实的物质保障。通过田赋征实,国家掌握了巨量粮源,由国民政府集中掌握,统筹规划,调剂使用,有效地保证了军粮的配拨、公粮的供应与民食的调剂,进而起到充裕财力、稳定金融、平抑粮价的作用。另一方面,由于战时诸多因素限制以及国民政府执法不严,又对国民政府和社会产生了许多不利影响,特别是战后田赋征实的种种问题与弊端不仅未减,反愈演愈烈。最终导致国民党败退台湾的原因很多,其中田赋征实以及由此带来的隐患,无疑是一个重要原因。但是在抗战时期,积极性是其主要方面。

最后浅谈两点本书研究的现实意义,抑或是对现今的两点启示:

①(台北)《徐可亭先生文存》编印委员会编印:《徐可亭先生文存》,1970年,第162页。

其一，国家制定政策制度必须紧密结合社会环境。甲制度放在乙环境中不合适，乙制度放在丙环境下亦难生存。所谓橘生南方为橘，橘生北方为枳，即此理也。我国领土辽阔，民族众多，国家制定政策制度切忌全国一刀切，而应因地制宜，因时而异。国民党在战后依然实施田赋征实，实则是为今人提供了一个反例，足资借鉴。

其二，2006 年我国政府宣布废除农业税，是一项划时代的利民举措。这项在我国延续了两千多年的传统税制自此终结，卸下了农民沉重的负担，皇粮国税成为封存在人民记忆里的过往。这项惠农政策使农村社会更加稳定，并有助于全社会的稳定发展。没有富裕的农民，就没有富裕的中国，没有农村的稳定，就不可能有一个稳定和谐的中国社会。在以农为主的中国，农民的小事，加乘人口系数比重，亦是关乎社会和谐稳定的大事。关注解决"三农"问题，是实现民族复兴的前提，亦是历史抛给时人的最好借鉴。

参考文献

一、档案资料

（一）中国第二历史档案馆馆藏档案

国民政府、行政院、财政部、粮食部、农林部、社会部、内政部、全国粮食管理局、粮食部田赋署、仓库工程管理处、国民政府最高经济委员会、行政院全国经济委员会档案。

（二）（台北）"国史馆"馆藏档案

"国民政府""行政院""粮食部""财政部""行政院""交通部""内政部""司法行政部""外交部""司法院""蒋中正总统"档案。

（三）（台北）"中央研究院"近代史研究所档案馆馆藏档案

"农林部""实业部""经济部""水利部""行政院水利委员会""全国经济委员会"档案。

二、报刊资料

《中央日报》《新华日报》《大公报》《解放日报》《益世报》《新蜀报》

《商务日报》《东南日报》《国民政府公报》《国民公报》《农林公报》《四川省政府公报》等。

《粮政月刊》《粮政季刊》《粮食问题》《田赋通讯》《督导通讯》《财政学报》《财政评论》《经济汇报》《经济建设季刊》《经济周报》《新经济》《四川经济季刊》《中国农民》《现代农民》《中农月刊》《生力旬刊》《陆军经理杂志》《统计月报》《中国行政》《新新新闻》《中行月刊》《时事类编》《学习》、(台北)《四川文献月刊》、(台北)《中国经济》等。

三、资料性文献

贾士毅:《民国财政史》,商务印书馆 1917 年版。

陈登原:《中国田赋史》,商务印书馆 1936 年版。

陈正谟:《米谷生产成本调查及川粮管理问题》,中山文化教育馆 1940 年版。

陈明鉴编:《田赋改征实物论集》,福建省银行经济研究室 1941 年。

湖南省粮政局编印:《湖南省粮政法规汇编》(第一辑),1941 年。

贾德怀编:《民国财政简史》(上、下册),商务印书馆 1941 年版。

蒋中正讲,中国国民党中央执行委员会宣传部编印:《总裁关于粮食问题的训示》,《江西粮政》第 1 卷第 4 期,1941 年。

孔祥熙:《四年来的财政金融》,中国国民党中央执行委员会宣传部 1941 年。

粮食部编印:《粮食管理法规》,1941 年。

全国粮食管理局编印:《全国粮食会议报告》,1941 年。

四川省银行经济研究室编印:《四川征购粮食办法概论》,1941 年。

中国国民党中央执行委员会宣传部编印:《国父关于粮食问题的

遗教》,1941年。

中央训练团编印:《中华民国法规辑要》第四册,1941年。

湖南省税务局编印:《湖南省战时田赋征收实物法令》(初编、续编、三编),1941—1942年。

财政部福建省田赋管理处编印:《福建省田赋征收实物征收征购法规辑要》,1942年。

财政部湖南省田赋管理处编印:《湖南省田赋统计提要》,1942年。

顾寿恩:《战时粮价问题》,国民图书出版社1942年版。

郭　垣:《战时整理田赋问题》,国民图书出版社1942年版。

宋同福:《田赋征实概论》,中央银行经济研究处1942年版。

徐　堪:《粮食问题》,中央训练团党政训练班演讲录,1942年。

浙江省粮政局编印:《粮政法令汇编》,1942年。

杨蔚主编:《战时物价特辑》,中央银行经济研究处1942年版。

朱博能:《中国田赋改造》,中华正气出版社1942年版。

财政部湖南省田赋管理处编印:《三十一年度湖南省随赋购粮价款收支总报告》,1943年。

财政部田赋管理委员会编:《三年来之田赋整理与征实》,中央信托局印制处1943年。

关吉玉:《田赋·土地陈报·土地税》,中国文化服务社1943年版。

关吉玉、刘国明、余钦悌编纂:《田赋会要》第四篇《田赋法令》,正中书局1943年版。

湖南田赋粮食管理处编印:《粮户纳粮手册》,1943年。

粮食部编印:《粮政法规——管制类》,1943年。

彭雨新、陈友三、陈思德:《川省田赋征实负担研究》,商务印书馆1943年版。

濮孟九主编:《战时粮价特辑》,粮食部调查处 1943 年。

闻亦博:《中国粮政史》,正中书局 1943 年版。

詹显哲:《实施国家总动员法与粮食动员》,国民图书出版社 1943 年版。

中央训练团编印:《现行法规选辑补编》(一),1943 年。

朱　傚:《中国战时税制》,财政评论社 1943 年版。

陈友三、陈思德编著:《田赋征实制度》,正中书局 1945 年版。

程滨遗、罗巨峰等编:《田赋史》(上册),正中书局 1944 年版。

《福建之田粮》,福建省政府印行 1944 年。

关吉玉、刘国明编纂:《田赋会要》第四、五篇《国民政府田赋实况》(上、下),正中书局 1944 年版。

粮食部编印:《粮政法规——征集类》,1944 年。

粮食部编印:《粮政法规——配拨类》,1944 年。

马大英、汪士傑等编:《田赋史》(下册),正中书局 1944 年版。

闻汝贤、闻亦博编著:《中国现行粮政概论》,正中书局 1944 年版。

张　柱编著:《我国战时粮食管理》,正中书局 1944 年版。

朱子爽编著:《中国国民党粮食政策》,国民图书出版社 1944 年版。

财政部《财政年鉴》编纂处编纂:《财政年鉴续编》(上、中、下册),时事新报印刷 1945 年版。

粮食部调查处编印:《中国各重要城市粮食价格及指数专刊》,1945 年。

尹静夫:《战后粮政》,上海自由西报社 1945 年版。

财政部直接税署编印:《中央接管后之土地税》,1946 年。

广东省田赋粮食管理处编:《田赋粮食法令汇编》(上、下册),新广州印刷文具行 1946 年版。

粮食部编印:《粮食部田粮业务检讨会议汇编》,1947年。

财政部《财政年鉴》编纂处编纂:《财政年鉴三编》(上、下册),中央印务局1948年版。

关吉玉:《中国粮食问题》,经济研究社1948年版。

国防部政工局编印:《粮食的管制及增产》,1948年。

粮食部参事厅编印:《粮政法规汇编》,1948年。

马寅初:《财政学与中国财政——理论与现实》(上、下册),商务印书馆1948年版。

四联总处秘书处编辑:《四联总处重要文献汇编》,(台北)学海出版社1970年版。

(台北)《徐可亭先生文存》编印委员会编印:《徐可亭先生文存》,1970年。

卜　凯主编:《中国土地利用》,(台北)台湾学生书局1971年版。

刘振东编:《孔庸之先生演讲集》,(台北)文海出版社1972年版。

沈宗瀚、赵雅书等编著:《中华农业史》,(台北)台湾商务印书馆1979年版。

尹静夫:《中国粮政》,(台北)四川文献社1980年版。

(美)杨　格著,陈泽宪、陈霞飞译,陈泽宪校:《一九二七至一九三七年中国财政经济情况》,中国社会科学出版社1981年版。

郭荣生编著:《民国孔庸之先生祥熙年谱》,(台北)台湾商务印书馆1981年版。

(台北)"中国国民党中央委员会"党史委员会编印:《"中华民国"重要史料初编——对日抗战时期:第三编:战时外交(一)》,1981年。

何应钦:《八年抗战》,(台北)"国防部"史政编译局1982年版。

何应钦:《日本侵华八年抗战史》,(台北)黎明文化事业有限公司1982年版。

杨荫溥:《民国财政史》,中国财政经济出版社1985年版。

秦孝仪主编:《革命文献》第 102—105 辑:《抗战建国史料——农林建设》(一至四),(台北)"中央"文物供应社 1985—1986 年版。

秦孝仪主编:《革命文献》第 110—113 辑:《抗战建国史料——粮政方面》(一至四),(台北)"中央"文物供应社 1987—1988 年版。

秦孝仪主编:《革命文献》第 114—117 辑:《抗战建国史料——田赋征实》(一至四),(台北)"中央"文物供应社 1988—1989 年版。

侯坤宏编:《"中华民国"农业史料(二)粮政史料》(第一至六册),(台北)"国史馆"1988—1992 年版。

陈昭桐主编:《中国财政历史资料选编》,中国财政经济出版社 1990 年版。

重庆市档案馆编:《抗日战争时期国民政府经济法规》(上、下册),档案出版社 1992 年版。

林满红主编:《台湾所藏"中华民国"经济档案》,(台北)"中央研究院"近代史研究所 1995 年。

四、相关研究著作、论文

朱兰卿:《田赋改征实物问题》,国立武汉大学第十一届毕业论文 1941 年。

罗警华:《论田赋征实》,国立武汉大学第十一届毕业论文 1941 年。

马忠杰:《我国田赋制度研究》,国立武汉大学第十一届毕业论文 1941 年。

梁德智:《田赋征实论》,国立武汉大学第十二届毕业论文 1942 年。

孙莲英:《我国战时粮食调整方案》,国立武汉大学第十二届毕业论文 1942 年。

凌宗虞:《中国田赋之整理》,国立武汉大学第十三届毕业论文1944年。

杨泽浓:《田赋征实论》,国立武汉大学第十三届毕业论文1944年。

任宝泉:《今后整理田赋之刍议》,国立武汉大学第十五届毕业论文1945年。

黄以华:《中国之田赋问题》,国立武汉大学第十六届毕业论文1946年。

谭熙鸿主编:《十年来之中国经济》(上、中、下册),中华书局1948年版。

翁之镛:《民国财政简论》,(台北)华冈出版社1952年版。

湖北省粮食厅编:《粮食问题今昔》,湖北人民出版社1957年版。

中国现代史资料编辑委员会翻印:《抗战中的中国经济》,1957年。

李成瑞:《中华人民共和国农业税史稿》,中国财政经济出版社1962年版。

杨培新编著:《旧中国的通货膨胀》,三联书店1963年版。

(美)杨　格:《1937年至1945年中国战时财政及通货膨胀》(英文版),剑桥、哈佛大学出版社1965年版。

周开庆主编:《民国川事纪要》,(台北)四川文献研究社1972年版。

吴相湘编著:《第二次中日战争史》(上、下册),(台北)综合月刊社1973—1974年版。

沈云农:《民国经济史》,(台北)文海出版社1977年版。

周开庆:《民国经济史》,(台北)华文书局1977年版。

(台北)《"中华民国"建国史讨论集》编委会辑:《"中华民国"建国史讨论集》,(台北)正中书局1981年版。

华松年：《点滴录》，（台北）天工书局 1983 年版。

薛暮桥、冯和法编：《〈中国农村〉论文选》（上、下册），人民出版社 1983 年版。

萧　铮：《中华地政史》，（台北）台湾商务印书馆 1984 年版。

王洪峻编著：《抗战时期国统区的粮食价格》，四川省社会科学院出版社 1985 年版。

（台北）"中央研究院"近代史研究所编印：《抗战建国史研讨会论文集》，1985 年。

张公权著，杨志信摘译：《中国通货膨胀史（1937－1949 年）》，文史资料出版社 1986 年版。

"抗日战争时期国民政府财政经济战略措施研究"课题组编著：《抗日战争时期国民政府财政经济战略措施研究》，西南财经大学出版社 1988 年版。

史全生主编：《中华民国经济史》，江苏人民出版社 1989 年版。

薛光前编著：《八年对日抗战中之国民政府（1937－1945）》，（台北）台湾商务印书馆 1989 年版。

中国通商银行编：《五十年来之中国经济（1896－1947）》，（台北）文海出版社 1990 年版。

中华人民共和国财政部《中国农民负担史》编辑委员会编著：《中国农民负担史》（第一至四卷），中国财政经济出版社 1990－1994 年版。

曾景忠编：《中华民国史研究述略》，中国社会科学出版社 1992 年版。

（美）费正清主编，章建刚等译：《剑桥中华民国史》（第二部），上海人民出版社 1992 年版。

何思瞇：《抗战时期的专卖事业（1941－1945）》，（台北）"国史馆" 1997 年版。

（台北）《抗日战争胜利五十周年国际研讨会论文集》编辑组编：《抗日战争胜利五十周年国际研讨会论文集》，（台北）"国史馆"1997年版。

（美）莱斯特·R.布朗著，陈国斌等译：《谁能供得起中国所需的粮食》，科学技术文献出版社1998年版。

董孟雄编著：《中国近代财政史·金融史》（上、下卷），云南大学出版社2000年版。

侯坤宏：《抗战时期的中央财政与地方财政》，（台北）"国史馆"2000年版。

郑学檬主编：《中国赋役制度史》，上海人民出版社2000年版。

朱汉国、杨　群主编：《中华民国史》，四川出版集团、四川人民出版社2006年版。

郝银侠：《社会变动中的制度变迁：抗战时期国民政府粮政研究》，中国社会科学出版社2013年版。

侯坤宏：《抗日战争时期粮食供求问题研究》，团结出版社2015年版。

侯坤宏：《抗战时期粮食供求问题之研究》，台湾政治大学硕士论文1988年。

陈善本：《1937－1945年国统区军粮问题探析——以安徽省为例》，河北大学硕士论文2007年。

冯　敏：《抗战时期国民政府田赋征实政策探讨——以运行机制及绩效为中心》，郑州大学硕士论文2007年。

陈　雷：《国民政府战时统制经济研究》，河北师范大学博士论文2008年。

陈丹丹：《抗战时期国民政府粮食征收述论》，湘潭大学硕士论文2009年。

陈新征：《抗战时期国统区粮食供给研究》，湘潭大学硕士论文2009年。

陈学祥:《抗战时期国民政府粮食管理体制探析》,湘潭大学硕士论文 2009 年。

肖鸿今:《论抗战时期四川田赋"三征"》,四川师范大学硕士论文 2010 年。

唐佳娟:《抗战时期国统区的粮荒与地方政府的因应——以浙江省为例》,杭州师范大学硕士论文 2013 年。

王红格:《抗战时期国民政府粮食管制政策研究》,华中师范大学硕士论文 2013 年。

黄均霞:《抗战时期湖南仓储研究》,湖南科技大学硕士论文 2014 年。

杨　颖:《抗战时期云南田赋征实研究》,云南大学硕士论文 2015 年。

朱玉湘:《抗日战争时期国民党政府的田赋征实与粮食征购》,《山东大学学报》(历史版)1963 年第 1 期。

孙美莉、傅元朔:《评抗日战争时期国民党政府的田赋征实》,《农业经济问题》1986 年第 3 期。

刘仲麟:《也谈 1942 年田赋征实的税率与税负问题——兼与朱玉湘同志商榷》,《近代史研究》1987 年第 4 期。

崔国华:《论抗战时期国民政府田赋改征实物的意义》,《天府新论》1988 年第 3 期。

侯德础:《抗战时期四川田赋征实述评》,《四川师范大学学报》(社会科学版)1988 年第 6 期。

朱玉湘:《再谈抗战时期国统区的田赋征实问题——答刘仲麟同志》,《近代史研究》1988 年第 6 期。

晓　史:《山西田赋征实小议》,《沧桑》1995 年第 6 期。

于景洋、李明、董金清:《抗战时期国民政府田赋征实评析》,《黑龙江财专学报》1997 年第 5 期。

李铁强：《抗战时期国民政府田赋征实政策再认识》，《中国社会科学院研究生院学报》2004年第3期。

王印焕：《民国政府公教人员生活状况的演变》，《北京科技大学学报》（社会科学版）2005年第1期。

于成安：《福建抗战时期田赋征实始末》，《福建党史月刊》2005年第5期。

陈　炜：《略论抗战时期广西的田赋征实》，《广西地方志》2007年第2期。

郑立柱：《抗战时期国统区"三农"问题研究》，《重庆社会科学》2007年第4期。

潘红石：《试析抗战时期国民政府田赋征实之弊端》，《邵阳学院学报》（社会科学版）2008年第1期。

蔡慧敏：《抗日战争时期国统区粮食库券述略》，《重庆科技学院学报》（社会科学版）2009年第8期。

陈国庆：《抗战时期国民政府土地税收政策的调整》，《广西师范大学学报》（哲学社会科学版）2009年第5期。

魏殿金：《国民政府战时公粮配给制度》，《南京财经大学学报》2009年第3期。

陈　雷：《抗战时期国民政府的粮食统制》，《抗日战争研究》2010年第1期。

陈　雷：《抗战时期云南的田赋征实》，《大理学院学报》2012年第8期。

方　勇：《蒋介石与战时粮食统制》，《历史教学》（下半月刊）2012年第7期。

陈　雷：《抗战时期安徽的田赋征实》，《安徽农业大学学报》（社会科学版）2013年第4期。

黄均霞、胡忆红：《抗战时期湖南田赋征实述论》，《当代教育理论与实践》2013 年第 3 期。

刘家富：《略论抗战时期安徽省的粮食供应》，《农业考古》2013 年第 1 期。

丁新正：《"田赋征实"经济法律制度在陪都、四川地区的实施及效果分析》，《南阳师范学院学报》2014 年第 10 期。

陈　雷：《抗战时期国民政府的粮食仓储管理》，《宝鸡文理学院学报》（社会科学版）2015 年第 1 期。

范　松：《浅析抗战时期的贵州田赋征实》，《贵州文史丛刊》2015 年第 3 期。

郭从杰：《徐堪与战时中国粮政》，《农业考古》2015 年第 6 期。

胡忆红：《抗战时期政界与学界对粮食统制问题的讨论与研究》，《历史教学》（下半月刊）2015 年第 2 期。

黄　昊：《抗战时期贵州田赋的征实及其贡献》，《贵州社会科学》2015 年第 9 期。

李丽杰、蓝勇：《抗战时期西康省田赋征实仓建设》，《历史教学》（下半月刊）2015 年第 1 期。

曹凤雷：《抗战时期河南的田赋征实探析》，《连云港职业技术学院学报》2016 年第 1 期。

五、外文资料

Arthur N. Young, *China's Wartime Finance and Inflation, 1937-1945*, Harvard University Press, 1963.

Ch'ao-ting Chi, *Wartime Economic Development in China*, New York, 1939.

Shun-hsin Chou（周舜辛）, *The Chinese Inflation, 1937-1949*, Columbia University Press, 1963.

Han Liang Huang, *The Land Tax in China*, New York: Columbia University, 1919.

John Lossing Buck, *Land Utilization in China : A Study of 16 786 Farms in 168 Localities and 28 256 Farms in Twenty-Two Provinces in China, 1929-1933*, 3 Vols. University of Chicago Press, 1937.

John Lossing Buck, *Chinese Farm Economy : A Study of 2866 Farms in Seventeen Localities and Seven Provinces in China*, University of Chicago Press, 1930.

Hsiao-tung Fei(费孝通) and Chih-i Chang(张直易), *Earthbound China*, Chicago, 1945.

Han-sheng Chen(陈翰笙), *The Chinese Peasant*, Oxford University Press, 1945.

Dwight Perkins, *Agricultural Development in China, 1368-1968*, Chicago, 1969.

Evelyn Rawski, *Agricultural Change and the Peasant Economy of South China*, Harvard University Press, 1972.

Ramon H. Myers, *The Chinese Peasant Economy : Agricultural Development in Hopei and Shantung, 1890-1949*, Harvard University Press, 1970.